创新思维法学教材
Legal Textbooks of Creative Thinking

合同法学

Contract Law

（第二版）

韩松 等 编著

撰稿人（以撰写章节为序）

韩　松　张　翔　樊丽君
杨丽珍　牟宪魁　程淑娟

WUHAN UNIVERSITY PRESS
武汉大学出版社

图书在版编目(CIP)数据

合同法学/韩松等编著. —2 版. —武汉：武汉大学出版社,2014.7
创新思维法学教材
ISBN 978-7-307-13717-2

Ⅰ.合… Ⅱ.韩… Ⅲ.合同法—法的理论—中国—高等学校—教材
Ⅳ.D923.61

中国版本图书馆 CIP 数据核字(2014)第 150149 号

责任编辑:田红恩　　责任校对:汪欣怡　　版式设计:马　佳

出版发行：**武汉大学出版社**　(430072　武昌　珞珈山)
(电子邮件：cbs22@whu.edu.cn　网址：www.wdp.com.cn)
印刷：湖北睿智印务有限公司
开本：787×1092　1/16　印张:21.25　字数:502 千字　插页:2
版次：2009 年 3 月第 1 版　　2014 年 7 月第 2 版
2014 年 7 月第 2 版第 1 次印刷
ISBN 978-7-307-13717-2　　定价:42.00 元

《合同法学》（第二版）作者简介

韩松，西北政法大学民商事法律科学研究中心主任，《法律科学》主编，民商法学院二级岗位法学研究员、法学博士，博士生导师。

张翔，西北政法大学民商法学院副院长，教授、法学博士。

樊丽君，北京化工大学法律系主任，教授、法学博士。

杨丽珍，西北大学法学院教授。

牟宪魁，山东大学法学院教授、法学博士。

程淑娟，西北政法大学民商法学院副院长，教授、法学博士。

前　言

合同法是民法的重要组成部分，是调整民事财产交易关系的基本法律制度，是市场经济法律体系中的重要组成部分，在市场经济的运作和发展中，发挥着十分重要的作用。为了适应合同法的教学需要，经武汉大学出版社策划，我们编写了这本合同法教材。在编写过程中，我们以《中华人民共和国合同法》以及最高人民法院的有关合同法司法解释为主要依据，并适当介绍了有关学者观点、国外法例，系统地论述了合同法的基本理论，以期对专业教学和其他读者学习合同法提供基本的材料。使用本教材，学好合同法，我想有以下几点值得注意：

一、加强对合同法基本概念、基本理论和基本规则、制度和法条的学习和掌握。目前，我国的法学教学方法主要是以概念阐释为主的方法，区别于案例教学法。合同法的教材也主要是学者依据国家合同法律、法规和司法解释的规定，对合同法律问题进行阐释和整理，并依照一定的逻辑形成的概念、原则、理论和规则制度的知识体系。一本好的合同法教材，就应当做到对合同法的概念阐释简明准确，理论体系完整而且逻辑严谨，对制度规则的阐述明确清晰，使学生和学习者能够深入浅出地获得有关合同法的基本知识。因此作为学生和学习者在学习过程中当然要注重教材对合同法的基本知识的论述。翻开教材我们在各个章节所看到的首先是大量的有关合同法知识的基本概念，例如，合同、合同法、合同法基本原则、平等原则、自愿原则、诚实信用原则、公平原则、合同的效力、合同的订立、合同的成立、合同的生效、要约、要约邀请、承诺、合同的条款、合同的标的、无效合同、可变更可撤销合同、缔约过失、合同的履行、合同履行的原则、履行抗辩、同时履行抗辩、先履行抗辩、不安抗辩权、违约责任、实际违约、预期违约、合同的变更、合同的转让、合同的解除、合同的终止、买卖合同、租赁合同，等等。这些基本概念是构成合同法知识的元点。由这些基本概念伸展就形成合同法一个方面的基本理论，例如由要约的概念就引申出要约的内容和构成条件、要约的生效、要约的撤回、要约的撤销、要约的失效等概念，这些概念就形成关于要约的基本理论和制度；由承诺的概念引申出关于承诺的条件、承诺的生效、承诺的撤回、承诺的迟到、承诺的迟延等关于承诺的理论和制度。由要约和承诺的理论和制度按照一定的逻辑就构成关于合同成立的理论和制度。各个方面的理论和制度逻辑地构成合同法理论和制度的体系。因此，只有从掌握这些基本概念入手才能获得有关合同法理论和制度的系统知识。为此，在学习教材时，要按照章节顺序，着力掌握每一章节的有关合同问题的基本概念，在概念清晰的基础上系统掌握合同洪的基本理论、基本原则和制度。因此对这些概念以及规定概念制度的法条不一定要死记硬背，但也应当在理解的基础上强化记忆，否则，对基本概念不清或者张冠李戴，就很难说将合同法学好了。为了能够理解地记忆要注意运用民法总论的知识基础来理解合同法的概念、理论和制度，要将合同法置于民法的整体结构中从整体与部分的关系中，从其知识的逻辑联系中理解合同法的理论和制度。例如民法关于民事法律关系的理论就是理解合同民事法律关系的理论基础，民法关于民事法律事实，特别是关于民事法律行为的理论就是理解合同法律行为的理论基础，要善于借助民法总论学习获得的基础知识学习和理解合同法律知识。同时，要注意合同法的总则和分则结构，合同法的总则部分是对各类合同所涉及的共同性问题的概括和抽象的规定，它是适用于分则当中各类合同的一般性规定，因此，关于合同法的总则的理论，也是适用于理解各类合同的基本理论和知识。但是，分则部分所规定的是各类合同的特殊问题，是总则理论和知识不可替代的，且不可以认为只要学好了合同总论，合同分论就不学自通了，还应当认真地学习各类合同的具体的理论和制度的特殊规定。应当在民法——合同法总则——合同法分则的演绎逻辑结构中，从其内在关联上理解和把握其基本概念、理论和制度，获得体系化的知识。另外，在学习中应当注意合同法的特点。合同法有三个最大的特点：一是合同法多任意性规范的特点，所以在学习中应当特别注意当事人意思表示的约定与合同法规则之间的关系。二是合同法多普遍性规范的特点。各个国家的合同法都具有相通性。因此参照学习有关国家的合同立法例和合同法理论有助于加深对我国合同法的理解。三是合同具有相对性，有关合同法的知识点之间往往也呈现出相对应的特点，因此应当在比较之中加深对有关概念和理论的理解和记忆。例如，每个合同一般都有两方以上的当事人，合同当事人的权利义务都具有对应性，当事人订立合同的活动和合同的履行也具有对应性。例如，要约与承诺、履行给付与受领、请求履行与履行抗辩、违约行为与履行抗辩、实际违约与预期违约、买卖合同的买受人与出卖人、标的物的交付与付款、租赁合同的出租人与承租人、出租物与租金，等等。许多知识点在这种对应关系的比较中是很容易理解和记忆的。例如，要记住买卖合同的概念首先想到买卖合同的当事人是出卖人与买受人，买卖的对象是买卖标的物，权利义务的内容是移转标的物的所有权和支付价款。将这些要素用一句话总结这就是：买卖合同是出卖人转移标的物的所有权于买受人，买受人向出卖人支付价款的协议。这就是从买受人与出卖人及其权利义务的对应中来理解和记忆的。总之，学习合同法要尽量增加对合同法基本概念、理论和制度、法条的理解和记忆，由少到多，不断积累形成对合同法的系统知识。否则，脑中空空，对合同法的基本知识一问三不知，就谈不上学好合同法。

二、学习合同法应当努力地理解合同法的基本概念、理论、规则和制度所蕴含的理念和价值。合同法概念的总结、理论的提出、规则的制定和制度的建立，都是受到由合同法调整的社会关系决定的理念和价值支配的。蕴含在这些概念、理论、规则和制度背后的理念、价值，构成合同法的基本原理，是我们理解合同法概念、理论、规则和制度的理论基础。合同法是调整市场交易关系的民法制度。由市场经济关系决定了它必然奉行私法观念、贯彻尊重当事人的意思自治的理念、切实保护当事人的私权利，要贯彻提高经济效益，维护社会公正和公平，鼓励交易和促进交易便捷，维护交易安全的基本价值取向。这些理念和价值都是我国合同法所遵循的基本理念和价值。不仅在合同法的基本原则部分集中反映，而且贯彻于合同法的各项具体制度和规则之中，也体现我国合同法基本理论研究中。学习合同法不仅要掌握合同法的基本概念、规则、制度和法条，而且一定要注意深入地了解这些概念、规则、制度和法条背后的这些理念和价值。对于这些比较抽象的理论在教材之中有所阐述，但是限篇幅，教材的重点还是阐述合同法的基本概念、基本理论、基本规则和制度的，因此，对于这一层次的抽象理论的理解，除了阅读本教材还应当借助其他学科知识的帮助，例如法理学科、经济学学科、经济法学科和民法学等学科知识来加深对合同法理念和价值的理解。

三、学习合同法应当注意对合同法基本的应用技能的掌握。合同法是实践性最强的法律。学习合同法要坚持学以致用的方向。因此在合同法的学习中要坚持理论联系实际。一方面要借助于各类合同法的案例来理解合同法的概念、理论、规则和制度；另一方面要能够将所学的合同法概念、理论、规则和制度运用于现实民事生活分析和解决各类合同生活实例和案例中的问题，能够起草各种合同文本，分析和处理各种合同案件。合同案件从合同责任的承担来讲主要有两大类：违约责任案件和缔约过失责任案件。从各类合同案件发生的原因来讲：有确认合同成立纠纷案件、确认合同效力纠纷案件、合同变更和转让纠纷案件、合同的解除和终止纠纷案件、合同违约纠纷案件。对各类案件的分析都有其内在的逻辑规律。对各类案件都首先要依据合同订立的理论和制度规则查明合同产生和变化的法律事实，再根据相应的法律事实所引起的合同法律关系状态，依据法律规定或者当事人的合同约定确定合同当事人的权利义务发生、变更、消灭或者履行的状态；依据所确定的权利义务关系适用法律规定或者合同的约定，确定当事人的民事责任。例如，对于违约纠纷案件，首先要依据合同订立的基本概念、理论和法律规定查明当事人之间所争执的合同关系是否成立；如果合同确已成立的，再依据合同效力理论分析确认该合同是否有效生效；对于已经生效的合同才谈得上履行，然后再依据合同履行的理论分析义务人是否按照合同法的规定和合同的约定履行了自己的合同义务，有没有违约行为；被追究违约责任的一方当事人有无抗辩权，其所主张的抗辩事由是否成立；如果义务人没有按照合同的约定履行合同义务，又无抗辩权或者主张抗辩权的事由不成立的，就构成违约责任，就应当依据合同的约定和合同法的规定追究其应当承担的违约责任。总之，对于违约纠纷案件首先要分析所争执合同的成立和法律效力，合同有效这是承担违约责任的前提，不能看到一个主张违约责任的案例一下子就作违约处理。这是初学者在分析案例时务必要注意的。为了培养学习者的案例分析能力，本教材适当编写了一些案例分析实例和一些要求学习者分析的思考案例，但这远远不够，因此除了利用本教材上提供的案例外，学习者还应当通过其他途径接触经济生活实际或者司法实践，训练其合同法的应用能力，也可以阅读其他一些案例分析类著作，以获得更多的案例素材和分析经验。还可以通过课堂、课外案例讨论的方式，提高合同法的应用能力。学习和培养案例分析能力，还要特别注意学习最高人民法院发布的司法解释和指导性案例。最高人民法院先后发布了关于适用《中华人民共和国合同法》若干问题的解释（一）、（二）等司法解释，还就各类合同发布了诸如《关于审理买卖合同纠纷案件适用法律问题的解释》、《关于审理建设工程施工合同纠纷案件适用法律问题的解释》、《关于审理物业服务纠纷案件具体应用法律若干问题的解释》、《关于审理城镇房屋租赁合同纠纷案件适用法律若干问题的解释》等多个司法解释。这些都是司法实践经验的总结，也是合同法理论知识在实践中应用的具体化，学习这些司法解释以及指导性案例，对于合同法应用能力的养成大有裨益。

总之我希望学习者通过合同法概念、理论、规则和制度的学习，通过对合同法理念和价值的理论升华，通过案例实践的训练，能够从理论和实践的结合上融会贯通地掌握合同法的理论、制度和应用，获得良好的学习效果。

韩　松

2014 年 6 月

目　录

第一章　合同与合同法概述

第一节　合 同 概 述

一、合同的概念和特征

《中华人民共和国合同法》（以下简称《合同法》）第2条规定：“本法所称合同是平等主体的自然人、法人、其他组织之间设立、变更、终止民事权利义务关系的协议。”这就是我国《合同法》对合同的法定定义。由此可以看出，合同概念具有如下要点：首先它是一种协议，所谓协议就是人们之间为着一定目的相约、协商或者谈判取得一致的意见。但合同又不是一般的协议，它是平等主体的自然人、法人、其他组织之间，设立、变更、终止民事权利义务关系的协议。因此，合同具有如下特征：

（一）合同是平等主体间的协议

合同主体地位平等，是指各方主体在合同订立和履行关系中，都平等地享有民事权利和承担民事义务，都有独立、自由、自主表达意思的权利，都平等地受法律的保护和约束，任何一方不得将自己的意志强加给另一方。具有平等主体地位的合同主体包括自然人、法人和其他组织。在这里自然人和法人都具有民事权利能力，依法能够独立享有民事权利和承担民事义务，而其他组织不具有民事权利能力，不能独立享有民事权利承担民事义务，但依据合同法的规定其他组织可以是合同的主体，能够享有合同权利义务，这是因为合同法调整的合同关系主要是财产流转关系，在流转过程中其他组织以其名义享有权利承担义务，涉及最终的权利义务的承受或者责任的承担时，则可以由与其相关的自然人或者法人承受。例如，合伙组织的合伙人，法人分支机构所属的法人等。

（二）合同是双方或者多方的法律行为法律事实

合同是法律事实，因为合同依法成立能够引起民事法律关系的设立、变更或者消灭。例如，甲和乙依法订立房屋买卖合同，就在甲和乙之间引起了房屋买卖民事法律关系的设立，甲作为出卖人依据合同的约定，有权要求买受人乙交付房屋价款，有义务将房屋的所有权依法移转给买受人乙；买受人乙则有权依据合同约定要求甲移转房屋的所有权，有义务向甲支付房屋价款。合同是法律事实，能够引起民事法律关系的设立、变更或消灭。这就将合同与非法律事实区别开来，例如，朋友之间相约一致去游玩的协议，就不是法律事实，不能在当事人之间引起民事权利义务关系的设立、变更或消灭的后果，因而，它虽然也是协议，但不是合同。

合同是法律事实，但它是行为法律事实，不是事件，事件是与人的行为和意志无关的客观情况，而合同是人的行为，是人的意志的产物。这就将合同与事件区分开来，有些事件是可以与合同有关的，但事件本身并不是合同。例如，地震这一自然事件，可以引起保险合同的赔偿义务的开始，但地震本身并不是合同，合同法学第一章合同与合同法概述只有在依法订立了保险合同的当事人之间，地震才可以引起合同约定的保险赔偿义务的开始，如果没有保险合同，地震发生也并不发生赔偿的问题。当事人之间是否订立保险合同完全取决于他们的意志，他们可以订立保险合同，也可以不订立保险合同；但是否发生地震完全与当事人的意志无关，即使订立了保险合同，但是否发生保险事故的地震也是当事人决定不了的。因此，在这些法律事实中，事件和行为法律事实是明显区分的，保险合同属于行为法律事实。

合同属于行为法律事实，但它属于法律行为而不同于事实行为。事实行为是指当事人并没有发生某种民事法律后果的意思，也无须进行意思表示，只要实施了某个行为就可以依照法律规定产生相应的法律后果。而法律行为是当事人表示意欲发生一定民事法律效果的意思而实施的行为。它是以当事人的意思表示为特征的。法律行为有单方法律行为和双方或多方法律行为。单方法律行为是以一方当事人的意思表示产生相应法律效果的行为，例如，立遗嘱的行为、放弃继承权的行为等。双方或者多方法律行为则是两个或者两个以上的当事人意思表示一致的法律行为。合同是平等主体的自然人、法人、其他组织之间明确民事权利义务关系的协议，是两个或者两个以上的当事人意思表示一致的法律行为，是双方或者多方法律行为。合同是双方或者多方法律行为的实质是指合同的成立必须有两个或者两个以上的当事人，各个当事人必须以其独立意志作出设立、变更或者消灭民事权利义务关系的意思表示，并且意思表示须达成一致。

（三）合同的内容是在当事人之间设立、变更或者终止民事权利义务关系

合同是双方或者多方法律行为法律事实，这是从民事法律事实意义上认识合同的特征的，而我们说合同的内容是在当事人之间设立、变更、终止民事权利义务关系，则是从法律关系意义上认识合同的特征的，而且这二者之间是密切联系的，就是说合同不仅是法律事实，而且是法律关系。合同法律行为法律事实所引起的合同法律关系就是合同的内容。其内容无非包括三个方面：设立、变更或者终止民事权利义务关系。设立就是从无到有在当事人之间确立民事权利义务关系。变更就是将当事人之间已经存在的民事法律关系内容加以局部的改变。终止就是将当事人之间已经存在的民事权利义务关系的效力予以消灭。无论设立、变更或者终止都是当事人的特定的民事生活目的，当事人订立合同，实施合同法律行为，其进行的意思表示的内容就是设立、变更或者终止一定民事权利义务关系，这是当事人欲求发生的民事法律效果，也是其欲求实现的民事生活目的。民事法律关系就是民法规范调整民事社会关系在民事主体之间形成的民事权利义务关系。当事人根据其民事生活目的需要设立、变更或者终止其民事法律关系，都可以通过订立合同实现。民事法律关系的内容十分广泛，包括财产关系和人身关系，依据《合同法》第2条的规定，婚姻、收养、监护等有关身份关系的协议，适用其他法律规定。例如，离婚协议适用婚姻法、收养协议适用收养法、监护协议适用民法通则或者婚姻法、遗赠抚养协议适用继承法等。由此，合同法调整的合同关系主要是指民事财产权利义务关系，而在财产关系中财产归属和利用关系主要由物权法和知识产权法调整，合同法所调整的主要是财产流转过程的民事权

利义务关系。这种财产关系就是债权民事法律关系。

合同的概念所揭示的合同的特征：合同是平等主体间的协议、是双方或者多方法律行为，合同以设立、变更或者终止民事权利义务关系为内容。由此决定了合同的最大特点在于：合同是具有相对性的法律事实和法律关系。其相对性体现在：合同必须有两个或者两个以上的平等主体，各方主体意思表示一致才能成立合同，各方主体互为合同权利义务的当事人，一方只能向合同的另一方主张权利或者承担义务；或者追究违约责任。

二、合同的分类

合同的分类是指依据一定的标准划分的具有不同法律特征的合同类别，即具有相同法律特征的合同为一类合同。民事生活复杂多样，当事人实现民事生活目的的合同交易方式也复杂多样。合同分类的意义在于通过合同的类型化，认识各类合同的法律特征，以便对同一类合同采取同一法律调整规则，对不同合同采取不同的法律调整规则，从而制定完善的合同法律制度，使当事人能够依据法律订立和履行合同，在发生合同纠纷时，法院或者仲裁机构也能够依据合同的不同类别，正确适用法律，解决合同纠纷。

（一）双务合同与单务合同

依据合同当事人是否互负对待给付义务，合同可以分为双务合同和单务合同。

双务合同是指合同双方当事人互负对待给付义务的合同。所谓互负对待给付义务是指合同双方当事人都互以对方当事人为权利人，都要向对方履行义务，以对方履行的义务为自己向对方履行义务的对价。也即一方履行的义务正好对应对方的权利，双方互负义务互享权利。例如，买卖合同中，买受人交付价款的义务对应的就是出卖人收取价款的权利；而出卖人交付货物的义务对应的就是买受人受领货物所有权的权利。属于双务合同的有买卖、租赁、承揽、互易、有偿运输、有偿保管、仓储等合同。

单务合同是指合同关系中只有一方当事人向对方当事人负有给付义务，对方只享有权利并不为对待给付的合同。例如，借用合同中，只有借用人负有按照约定使用或者合理使用借用物，并按期或者按照权利人要求归还借用物的义务，出借人并不负有对待给付义务。

区分双务合同与单务合同的意义在于：

(1) 合同法规定的履行抗辩规则适用不同。例如，我国《合同法》第 66 条规定的同时履行抗辩权，第 67 条规定的先履行抗辩权，第 68 条规定的不安抗辩权等都适用于双务合同，不适用于单务合同。

(2) 因不可归责于当事人之事由致履行不能的风险负担不同。因不可归责于当事人之事由（如不可抗力）致合同不能履行的，在双务合同中就有不能履行的风险由谁承担的问题，而单务合同则没有这个问题。在双务合同中，因不可归责于双方当事人之事由，致一方的给付全部不能或者部分不能的，对方当事人的对待给付义务予以免除，风险由给付不能的债务人负担。如果仅仅是其中一部分给付不能的，应当按照给付不能的比例减少对待给付。如果一方因不可归责之事由发生全部或者部分给付不能的，对方当事人应当免除对待给付，但对方已经为全部或者部分给付的，可以依据不当得利的规定请求返还。

(3) 合同解除后的后果不同。双务合同解除后，双方负恢复原状的义务。一方从对方受领的财物或者劳务都应当返还给对方。在单务合同合同解除或者撤销后，只发生单方返还以恢复原状。例如，《合同法》第 194 条规定，撤销权人撤销赠与的，可以向受赠人要求返还赠与的财产。这里只发生受赠人的单方返还。

（二）有偿合同与无偿合同

依据合同方当事人履行给付义务是否以对方当事人支付对价为标准将合同分为有偿合同和无偿合同。

有偿合同是指一方当事人履行的合同给付义务是以对方当事人支付相应对价利益为条件的合同。例如，买卖合同的出卖人向买受人交付货物的义务是以买受人向其支付价款为条件的，买受人支付价款是以出卖人向其移转货物所有权为条件的。

无偿合同是指一方当事人向对方当事人履行义务并不要求对方支付对价利益的合同。例如赠与合同，赠与人向受赠人交付赠与物并不要求受赠人支付对价。

有偿合同是市场经济法则在合同上的体现，大多数合同都是有偿合同，而无偿合同则是市场经济等价有偿原则的例外，在民事生活实践中属少数。有的合同只能是有偿的，例如，买卖、互易、租赁、承揽、仓储、雇佣等。有的只能是无偿的合同，例如，赠与、使用借贷等。有的合同既可以是有偿的，也可以是无偿的，取决于当事人的约定，例如，委托、消费借贷、保管、运输等。有偿合同和无偿合同的分类与双务合同与单务合同的分类不同。双务合同都是有偿合同，但有偿合同不一定是双务合同，也有单务有偿合同，例如有息借贷合同；而无偿合同都是单务合同，但单务的不一定就是无偿的。

区分有偿合同与无偿合同的意义在于：

（1）法律适用上的意义。在法律适用上有偿合同可以参照买卖合同的有关规定。例如，《合同法》第174条规定，法律对其他有偿合同有规定的，依照其规定；没有规定的，参照买卖合同的有关规定。

（2）合同中义务人对义务的履行负有的注意义务的程度不同。有偿合同中义务人承担的注意义务的程度一般较无偿合同义务人的注意义务的程度要高，其责任要重。在无偿合同中义务人负有如同处理自己事务的注意义务；在有偿合同中义务人则负有善良管理人的注意义务。例如，《合同法》第406条规定："有偿的委托合同，因受托人的过错给委托人造成损失的，委托人可以要求赔偿损失。无偿的委托合同，因受托人的故意或重大过失给委托人造成损失的，委托人可以要求赔偿损失。"

（3）限制行为能力或者无行为能力人法律行为效力限制之不同。无民事行为能力人不能以自己的独立行为进行民事活动，限制民事行为能力人不得以自己的独立行为进行与其年龄、智力状况不相适应的民事行为，否则，他们所进行的民事法律行为不产生法律效力。但是如果无民事行为能力人或者限制民事行为能力人实施了纯获利益的民事法律行为的则具有法律效力。无偿合同中无民事行为能力人、限制民事行为能力人纯获利益，不付出对价，因而是有效的。而对于有偿合同，无民事行为能力人和限制民事行为能力人原则上不能独立实施，其实施与其年龄、智力状况不相适应的民事法律行为，须经其法定代理人同意或者追认。

（三）有名合同与无名合同

依据法律上是否规定了合同的特定名称，将合同分为有名合同与无名合同。所谓有名合同是指法律上规定了特定的名称及其具体制度的合同，也称典型合同。例如，《合同法》分则第9～23章规定了买卖合同，供用电、水、气、热力合同，赠与、借款、租赁、融资租赁、承揽、建设工程、运输、技术、保管、仓储、委托、行纪、居间合同等。除合同法规定的合同外也有其他法律规定的有名合同。例如，《农村土地承包法》所规定的农村土地承包合同。无名合同则是指法律上没有明确规定特定名称及其具体制度的合同，也称非典型性合同。

在这里要注意，无名合同并不是说它没有名称，而是说其名称不是法律明确规定的，而是当事人选定的。

区分有名合同与无名合同的法律意义在于正确适用法律。除《合同法》的总则部分适用于所有合同外，对于有名合同由于法律明确规定了有关该合同关系的具体制度，所以当然地应直接适用法律有关该合同的具体规定。而对于无名合同来说，由于没有法律明确的具体制度规定，除使用合同法关于合同的一般规则外，应当比照与其最相类似的有名合同的具体规定适用。例如，《合同法》第 124 条规定："本法分则或者其他法律没有明文规定的合同，适用本法总则的规定，并可以参照本法分则或者其他法律最相类似的规定。"《合同法》第 174 条规定："法律对其他有偿合同有规定的，依照其规定；没有规定的，参照买卖合同的有关规定。"

（四）诺成合同与实践合同

依据合同成立是否需要以标的物的交付为要件，将合同分为诺成合同与实践合同。

诺成合同是指合同的成立只需要双方当事人的意思表示一致即可成立，而无需标的物的交付。例如，买卖合同、租赁合同、承揽合同等。

实践合同，则是指合同的成立除双方当事人意思表示一致外，尚需标的物的交付才能成立的合同。例如，借用合同只有出借人将出借物交付给借用人后，借用合同才能成立并生效。保管合同只有当委托人将保管物交给保管人时才能成立并生效。

区分诺成合同与实践合同的意义在于，二者的成立要件的不同，诺成合同只要双方当事人意思表示一致，合同即告成立；实践合同除双方当事人意思表示一致外，还需要标的物的交付合同才告成立。例如，《合同法》第 367 条规定："保管合同自保管物交付时成立，但当事人另有约定的除外。"

（五）要式合同与非要式合同

依据合同成立或者生效除当事人意思一致外是否需要履行一定的方式为标准，将合同分为要式合同与非要式合同。

所谓要式合同是指除当事人双方意思表示一致外，尚需履行一定方式，才能成立或者生效的合同。在这里一定的方式可以是法定的方式，也可以是约定的方式，前者称之为法定要式合同，后者则称之为约定要式合同。依据法律规定，需具备一定方式合同成立者，不具备该方式则合同不得成立；若法律规定，具备一定方式合同方能生效者，不具备该方式合同不发生效力从理论上讲，要式合同的形式要件决定合同的成立或者生效，但从立法规定来看，多是要式合同的形式要件决定合同的生效的法律规定，很难找到要式合同形式要件决定合同成立的明确例证。因此，应当将要式合同的形式的效果统一解释为决定合同的生效，不具备特定形式者不生效力。① 当事人约定具备一定方式合同成立或者生效者，

① 从理论上讲，要式合同的形式要件决定合同的成立或者生效，但从立法规定来看，多是要式合同的形式要件决定合同的生效的法律规定，很少找到要式合同的形式要件决定合同成立的例证。因此，本书将要式合同形式的效果统一解释为决定合同的生效，不具备特定形式者不生效力。

不具备该方式合同便不成立或者生效。法律仅仅规定某个合同应当具备一定方式，但并未规定该种方式对合同成立与生效的影响者，该方式对于合同仅具有证据作用或者管理上的意义，不属于要式合同的要件。法律规定的要式合同的适例，如依据《招标法》第 3 条规定属于必须招标的工程项目，必须依招标方式订立合同，否则，合同无效。又如，依据《中华人民共和国技术进出口管理条例》第 16 条规定："技术进口经许可的，由国务院外经贸主管部门颁发技术进口许可证。技术进口合同自技术进口许可证颁发之日起生效。"第 17 条规定："对属于自由进口的技术，实行合同登记管理。""进口属于自由进口的技术，合同自依法成立时生效，不以登记为合同生效的条件。"第 18 条规定："进口属于自由进口的技术，应当向国务院外经贸主管部门办理登记……"第 21 条规定："依照本条例的规定，经许可或者登记的技术进口合同，合同的主要内容发生变更的，应当重新办理许可或者登记手续。经许可或者登记的技术进口合同终止的，应当及时向国务院外经贸主管部门备案。"这里对进口属于自由进口的技术的合同规定的登记和备案，显然不属于要式合同要件，仅具有管理的意义和证据的作用。

所谓非要式合同是指法律并未规定，当事人也并未约定合同成立或者生效须具备一定方式，只要当事人意思表示一致即告成立的合同。

区分要式合同与非要式合同的意义在于，二者的成立或者生效须具备的方式不同，对于要式合同欠缺法定或者当事人约定的特定方式的，其不能成立或者生效；对于非要式合同，无论当事人自由采取何种方式，均不影响其成立与生效。在市场经济条件下，合同实行意思自治原则，因而，合同一般为非要式合同，要式合同为少数情况。

（六）主合同与从合同

依据相互关联的合同之间的主从关系将合同分为主合同与从合同。

主合同是指在相互关联的两个或者多个合同中能够独立存在的合同。从合同则是依从于主合同存在而存在、主合同消灭而消灭的合同。例如，甲公司在乙银行贷款 50 万元的贷款合同为主合同，丙公司就甲公司的贷款向乙银行担保的保证合同则为从合同。

区分的意义在于，主合同可以独立存在，而从合同与主合同同其命运，随主合同存在、变更或者消灭。

（七）预约（预备合同）与本约（本合同）

依据两个合同在订立阶段上的联系性将合同分为本合同（本约）与预备合同（预约）。本合同（本约）是指预备合同确定将来要订立的合同或者通过履行预备合同（预约）而订立的合同，其内容为已经确定的直接实现当事人民事生活目的权利义务关系。预备合同（预约）则是预先约定将来订立一定合同的合同，其内容仅仅确定将来订立合同，使当事人负有订立一定合同的义务，其本身并未确定直接实现当事人民事生活目的的权利义务。

区分预约与本约的意义在于，预约与本约为当事人确定的权利义务不同，预约仅仅约定当事人将来订立本约的权利义务，如果一方当事人违反义务不订立本约的，对方当事人有权请求其承担违约责任，但不能请求其直接履行本约可能确定的义务。《最高人民法院关于审理买卖合同纠纷案件适用法律若干问题的解释》第 2 条规定："当事人签订认购书、订购书、预订书、意向书、备忘录等预约合同，约定在将来一定期限内订立买卖合同，一方不履行订立买卖合同的义务，对方请求其承担预约合同违约责任或者要求解除预约合同并主张损害赔偿的，人民法院应予支持。”

本约则规定直接实现当事人民事生活目的的权利义务，若一方违约，对方请求其承担违约责任，可强制其履行义务，实现其民事生活目的。

（八）为自己订立的合同与为第三人利益订立的合同

依据当事人订立合同的目的是为自己还是为第三人，可将合同分为，为自己利益订立的合同与为第三人利益订立的合同。

为自己利益订立的合同是指当事人订立合同的目的是为自己设定权利，并取得利益。民事生活实践中，当事人订立合同一般情况下，都是为实现自己的民事生活目的，为自己谋取利益的，所以大多数合同都是为自己利益订立的合同。但在一些情况下，订立合同的当事人订立合同的目的不是为自己取得利益，而是为第三人的利益订立合同，这就是为第三人利益订立的合同。例如，投保人向保险公司投保订立保险合同，而指定受益人取得保险赔偿金。运输合同的托运人与承运人订立的货物运输合同，指定第三人为收货人。

区分为自己利益订立的合同与为第三人利益订立的合同的意义在于，认识为第三人利益订立的合同在法律上的不同特点，以便于正确处理合同关系。为第三人利益订立的合同的特点是，第三人不是订立当事人，不参与合同的订立，合同的订立无须第三人的同意，也无须其签字，也不需要对其事先通知，但第三人是享有权利，取得利益的当事人，义务人须向第三人履行合同义务，第三人也有权利主张合同为其设定的利益。但因第三人不参与订约，合同也不为其设定义务，所以其合同权利受到一定的限制，与变更、消灭合同有关的当事人权利，第三人一般不具有。

第二节　合同法概述

一、合同法的概念和特征

（一）合同法的概念

合同法是调整平等主体的自然人、法人、其他组织之间设立、变更、终止民事权利义务的合同关系的民法规范。简而言之，合同法就是调整合同关系的民法。由此可知，合同法属于民法的一部分。民法是调整平等主体的私人之间（包括私团体和基于私人地位的其他团体）的财产关系和人身关系的法律规范的总称。这种民事的财产关系和人身关系都是通过当事人之间的协议即合同设立、变更和终止的。例如，财产的买卖、赠与、借贷、运输、保管等，婚姻的缔结和解除、收养的设立和解除、监护的设立和解除等。由此在当事人之间就会因合同的订立、履行而发生关系，即合同关系，但是因这些关系性质的不同，它们分别属于民法的各个特定部分调整，例如，婚姻关系的协议就由婚姻法调整，收养关系的协议就由收养法调整。关于财产关系的合同则由合同法调整。合同法调整的财产关系是以合同形式流转的财产关系，即财产以合同形式在主体之间的交易关系。这种财产关系不同于由物权法所调整的物的归属和直接支配性利用关系，而是财产的交易或者说流转关系。它属于债的关系的一种，即合同之债的关系，在这一关系中，依据合同的约定，一方有权请求对方为一定行为或者不为一定行为，以实现自己的利益；对方则负有义务为或者不为一定行为，以满足对方的利益。这种债的关系，对于当事人民事生活目的的实现而言，它仅仅是一种手段，它不能像物权那样权利人可以直接支配特定物享受物上利益，直接满足民事生活目的需要。合同权利人只能通过请求义务人履行给付，并受领义务人的给付后，才能实现其民事生活目的。因此债权是手段性的民事权利。实质上合同所设立、变更、终止的民事权利义务关系就是债的民事权利义务关系。平等主体的自然人、法人、其他组织，总是有其民事生活目的的。其各种民事生活目的都可以根据需要通过合同的方式，即合同手段来实现。因此在当事人之间就会发生合同关系，这种关系就必须由合同法来调整。调整合同的订立、履行，规定合同的效力、合同的变更与转让、合同权利义务的终止、违约责任，以及各类合同规则的法律制度就是合同法。合同法所调整的合同关系是平等主体以合同设立、变更、终止的民事权利义务关系，依据合同约定当事人有权请求对方当事人为或者不为一定的行为，并受领利益；对方当事人则负有义务为或者不为相应的行为，以满足对方的利益。在合同关系中各方当事人互为权利义务人。通过合同的履行以实现各方当事人的各种民事生活目的。因此，合同权利义务关系其实质是债的民事权利义务关系。① 它有以下特点：

（1）它是平等主体间的民事财产关系。行政关系，如财政拨款、征税、行政收费等财产关系以及所谓的“行政合同”关系，合同法不调整；非财产关系合同法也不调整，例如，婚姻、收养、监护等有关身份关系的协议适用其他法律的规定。

（2）它是平等主体间的财产交易关系。所谓财产交易关系是指主体在地位平等、意

---

① 对合同确立的民事权利义务关系是否都属于债的民事权利义务关系学者有不同的观点。有的观点认为如果认为合同只是发生债权债务的合意，未免将合同的定义限定得过于狭窄。因为要受到合同法调整的一些共同行为如合伙合同、联营合同就不是纯粹的债权行为，当事人订立这些合同的目的不在于发生债权债务关系，而在于共同投资、经营或分配盈余；在人格权行使方面，也存在合同关系，如名称权的转让合同、肖像权的使用权转让合同，在合同内容上都涉及人格权的全部（如名称权的转让）或部分转让问题。通过转让，使受让人获得了全部或部分人格权，这就表明这些转让不完全为了设立、变更、终止债权债务关系，而在很大程度上是为了移转或受让某项人格权及其权能。对受让人而言，是某项人格权及其权能的取得。（参见王利明、房绍坤、王轶：《合同法》，中国人民大学出版社 2007 年版，第 5 页。）对此，笔者认为，应当将合同设立、变更、终止民事权利义务关系的目的，与合同当事人欲通过合同实现的民事生活目的区分开来，针对当事人所想要实现的民事生活目的而言，任何当事人订立合同发生债权债务关系都只是手段而不是目的，没有当事人订立合同仅是以债权债务关系为目的的，其所要实现的民事生活目的是多样的，有的是取得所有权、有的是取得知识产权的支配、有的是取得他人人身权的部分权能。但我们不能反过来以目的的非债权债务性质而否定作为实现目的手段的合同的债权债务性质。如果这样的话也许就没有合同之债了。例如，当事人订立房屋买卖合同的目的是要转移和取得房屋的所有权，也不是为了发生房屋买卖的债权债务，我们能说房屋买卖合同不纯粹是债权债务关系吗？正确认识合同所设立、变更、终止的民事权利义务的性质，关系到对合同法的民法定位问题。这些合同关系属于债权债务性质，那么合同法就属于民法的债法部分，如果在当事人的民事生活目的中有超出债权债务的内容，恰恰这些内容是需要其他法律调整的，例如，合伙中不属于债的因素，则应当由合伙企业法调整；名称权、肖像权则由人身权法调整；房屋所有权则由物权法调整。如果认为合同权利义务关系不限于债权债务关系，还有其他关系如人身权关系等，那么合同法是不是也不单是债权法，而具有综合性呢？这是需要认真思考的。本书采取了合同民事法律关系债权债务说的观点。

志自由基础上协商进行的交换关系。其特点就是平等、自愿、有偿。它是财产在主体之间的流转过程中的关系，它不同于由物权法调整的财产归属和直接支配性利用关系。由侵权行为法调整的侵权损害赔偿关系、债法调整的无因管理和不当得利关系、继承法调整的对自然人死亡所留遗产的继承关系、破产法调整的破产企业财产清算关系，这些都属于民事财产关系，也都属于财产流转关系，但都不是当事人之间的平等协商发生的交易关系，所以合同法不予调整。又如，企业内部管理者与被管理者之间签订的责任制协议，也不是在双方完全自愿基础上发生的，所以也不适用合同法调整，它从属于劳动合同，由劳动法调整。劳动法合同法调整的劳动合同不同于民事合同。劳动合同具有团体性特征，处在劳动者集体之中的劳动者要受到团体的约束和限制。劳动者的弱势群体地位在劳动合同关系中又受到国家的更多的强制保护。

总之，只要是平等主体之间的交易性的财产关系，都是由合同法调整的。不仅自然人之间，自然人与法人、其他组织之间、法人相互之间、法人与自然人及其他组织之间订立的各类财产交易性的合同都适用合同法调整。国家机关作为法人与自然人、法人、其他组织之间的交易性财产关系，也是由合同法调整的。例如，政府机关单位购买办公用品的买卖合同，政府的工程建设合同、政府采购合同都受合同法调整。

在明确了合同法的调整对象和范围之后，需要说明的是，合同法的概念也有广义（实质意义）和狭义（形式意义）的区分。所谓广义（实质意义）的合同法是指凡调整平等主体之间的以合同形式进行的财产交易关系的民法规范都属于合同法。不仅包括《中华人民共和国合同法》，也包括民法通则中以及其他法律、行政法规中关于财产交易合同关系的规定。在法律适用上则按照《合同法》第123条规定："其他法律对合同另有规定的，依照其规定。"第124条规定："本法分则或者其他法律没有明文规定的合同，适用本法总则的规定。"所谓狭义（形式意义）的合同法是指以合同法命名的民事立法文件，在我国就是指1999年10月1日起实施的《中华人民共和国合同法》。该法由第九届全国人民代表大会制定，共248条，分为总则、分则两大部分，总则部分全面规定了合同法的基本原则、合同的订立、合同的效力、合同的履行、合同的变更和转让、合同的权利义务终止、违约责任等合同基本问题；分则规定了买卖，供用电、水、气、热力合同，赠与，借款，租赁，融资租赁，承揽，建设工程，运输，技术，保管，仓储，委托，行纪，居间等各类典型性合同的基本规则。该法是我国调整合同关系的基本法典。

（二）合同法的特征

合同法是调整平等主体的自然人、法人、其他组织之间设立、变更、终止民事权利义务的合同关系的民法规范。它所调整的合同关系是平等主体之间的交易性财产关系，因而，它属于民法之债法部分，与同属调整财产关系的物权法比较，合同法具有如下特点：

1. 合同法多为任意规范，贯彻合同自由原则；而物权法多为强制性规范，贯彻物权法定原则。所谓任意性规范是指法律规范所规定的权利义务，具有相对肯定形式，允许当事人之间相互协议或者单方面予以变更的法律规则。强制性规范是指所规定的权利义务具有绝对肯定形式，不允许当事人之间相互协议或者单方面予以变更的法律规则。① 合同法所调整的合同关系是财产交易关系，是平等主体的当事人自愿协议的结果，因此合同法对

① 张文显：《法理学》，法律出版社1997年版，第69页。

合同关系的调整必须贯彻当事人意思自治的原则，尽可能地在交易领域赋予当事人的行动自由，允许当事人自由地选择交易的内容。因此，合同法的规定多为任意性的规范，允许当事人通过协议改变或者排除适用。例如，在合同的种类上，虽然法律规定了典型的合同种类的规则，但同时允许当事人在法律规定的典型合同种类之外，以意思自由创设新合同，只要合同内容不违背法律的强制性规定，合同法就认可其效力。合同法的许多条文在对当事人的权利义务作出处理时都规定，当事人另有约定的除外或者从其约定。例如，《合同法》第253条规定："承揽人应当以自己的设备、技术和劳力，完成主要工作，但当事人另有约定的除外。"第415条规定："行纪人处理委托事务支出的费用，由行纪人负担，但当事人另有约定的除外。"有的条文在对当事人权利义务的处理上，则规定多项权利，由当事人选择。例如，第248条规定："承租人应当按照约定支付租金。承租人经催告后在合理期限内仍不支付租金的，出租人可以要求支付全部租金；也可以解除合同，收回租赁物。"这些都体现了合同法多任意性规范的特点。这只是将合同法与物权法比较而言的，当然合同法当中也有许多强制性的规范。

2. 合同法多共通性和普遍性规范，而物权法多固有性和特殊性规范。合同法由于它调整财产的交易关系，无论在哪个国家或者民族，财产交易关系都具有相同的规律性，因而在调整规则上各个国家的合同法具有相通性。我国合同法在制定过程中就大量借鉴了其他国家的合同法律制度，以及《联合国国际货物销售合同公约》等国际惯例中的制度；其不仅借鉴了大陆法系国家的合同法律制度，而且对英美法系国家的合同法制度也予以借鉴和吸收。例如，对英美法系合同法上预期违约制度的引入。这些都体现了合同法的共通性和普遍性特征。物权法则因不同国家的社会政治经济制度、民族、历史传统等的不同特点决定了各有不同的特殊性，各个国家的物权法多维持其固有的制度。

二、合同法的作用

合同法的作用就是合同法调整社会关系所应发挥的社会效果。《合同法》第1条是对合同法立法目的的规定，立法目的就是制定合同法所欲达到的社会效果，立法的指导思想。这也是对合同法的作用的概括。

（一）保护合同当事人的合法权益

合同当事人就是合同法律关系的主体，即合同关系中，享受权利承担义务的自然人、法人、其他组织。自然人的生存和发展离不开物质的保障，获取财产的需求是其基本的民事生活目的。法人、其他组织的活动也离不开对财产的获取。合同是他们在社会经济关系中通过交易获取财产的其本手段，也就是其基本的利益所在。合同是民事主体平等地、自由地追求幸福和利益的其本权利。在合同关系中，至少有两个或者两个以上的当事人，他们都有各自的民事生活目的，为了实现其民事生活目的，他们通过自愿协商，达成协议，明确其民事权利义务关系，或者设定民事权利义务关系，或者变更民事权利义务关系，或者终止民事权利义务关系，总之，都与当事人的权利和利益密切相关。如果合同的订立无序，当事人则无法通过合同明确其权利义务关系，而且可能遭受损害。如果当事人达成了协议，没有合同法的调整，协议不具有法律效力，当事人的权益仍然不能实现。因此通过合同法的调整，规定了合同的订立、合同的效力、合同的履行、违约责任等制度，从而建立良好的合同法制秩序，这样就能保护当事人依法订立合同的权利以及保障订立的合同得到切实履行，维护当事人的合法权益。

（二）维护社会经济秩序

社会经济秩序，是整个社会进行经济活动的基本规则。没有秩序，社会经济活动就会陷入混乱，无法进行。社会经济秩序是基本的社会秩序，它是由各种社会规范建立起来的。由法律规范所建立的社会经济秩序就是经济的法治秩序。市场经济是通过市场交易进行资源配置的经济模式，它本质上要求市场主体平等、自由、公正、公平地进行交易。这样一种经济秩序只有靠法律来建立和维护。因此市场经济是法治经济。合同就是交易的基本法律形式，它是市场经济各个主体、各个部门、各个环节连接的纽带，是整个市场经济运行的链条。调整财产交易关系的合同法，通过合同法律关系将财产的交易关系纳入法治的轨道，建立其市场经济的法治秩序，通过合同法的遵守和实施维护社会的经济秩序。

（三）促进社会主义现代化建设

我国处在社会主义的初级阶段，现阶段的根本任务就是要大力发展社会生产力，集中力量进行社会主义的现代化建设。合同法维护当事人的合法权益，调动市场主体参与社会主义现代化建设的积极性；维护社会经济秩序，确保市场主体能够在平等、自由、公正、公平的良好经济秩序中进行经济活动，提高经济效益，促进社会财富的创造和增加。这样就从根本上有力地促进了社会主义的现代化建设。

第三节　合同法的基本原则

合同法的基本原则是合同法的基本精神，它是由合同法所调整的财产交易关系的本质属性决定的对合同各项制度和规则体系具有统领作用的根本准则，它是制定、解释、适用、遵守合同法的指导思想或者出发点，也是学习和领会合同法制度、研究合同法问题的指导思想。它是国家的合同立法政策的体现，是市场经济规律的内在要求在合同法上的体现。它为合同立法提供了指导思想，为合同司法活动提供了根本准则，为合同当事人提供了订立和履行合同的基本行为准则，即交易的指导准则。依据我国《合同法》的规定，我国合同法的基本原则主要包括：平等原则、自愿原则、公平原则、诚实信用原则、合法原则、维护合同效力原则等。①

① 关于合同法基本原则的概括各个教材有所不同，例如陈小君主编的《合同法学》列举的有：意思自治原则、平等原则、公平原则、诚实信用原则、公序良俗原则。王利明、房绍坤、王轶著的《合同法》列举论述的基本原则有：合同自由原则、诚实信用原则、合法原则、鼓励交易原则等。本书则认为因合同法就是调整财产交易关系的，所以鼓励交易应是其最高价值层面的理念，各项基本原则如平等原则、自愿原则、诚信原则、合法原则等都应贯彻鼓励交易的理念，都体现了鼓励交易，所以没有将鼓励交易再作为与这些基本原则平行的基本原则列举。同时认为从鼓励交易的理念出发应当将维护合同效力作为合同法的基本原则列举。因为这有合同立法依据，《合同法》第 8 条所规定的内容就是维护合同效力，它是规定在一般规定，即基本原则部分的，同时它对合同立法的各项具体制度、对合同民事实践、对合同司法实践都有重要的指导作用，从合同法的一系列具体制度规定看都体现了维护合同效力的原则，因此，将维护合同效力作为基本原则符合合同法基本原则的特点。韩世远在其所著之《合同法总论》中论述了合同圣神与合同严守原则，与此相近。

一、平等原则

依据《合同法》第1条的规定，平等原则是指在合同关系中当事人的法律地位一律平等，任何一方不得将自己的意志强加给另一方。平等原则强调的是当事人地位平等和意志平等。在这里地位平等是意志平等的前提，意志平等是地位平等的体现。所谓地位平等是指合同当事人享有民事权利和承担民事义务的资格是平等的。在合同订立前和缔约过程中都是独立的平等民事主体，合同订立以后也处于平等的关系之中，平等地享有权利、承担义务，平等地受法律的保护和约束，任何一方无论在合同订立之前、订约过程中，还是订约之后的合同履行过程中，都处于平等的地位，都不享有任何特权。所谓意志平等，就是在合同的订立或者履行过程中，任何一方都不得将自己的意志强加给对方，双方必须协商一致，合同才能成立或者变更、终止，这是地位平等的要求和体现。合同法之所以贯彻平等原则，这是合同关系的本质属性所决定的。合同关系在本质上是商品交易关系，商品的交换的尺度或者标准是商品的价值，而不论商品生产者、交换者的地位，其生产者和交换者的地位是一律平等的。因此合同是当事人协商一致的协议。合同当事人的地位是平等的。

二、自愿原则

依据《合同法》第4条规定："当事人依法享有自愿订立合同的权利，任何单位和个人不得非法干预。"自愿原则也就是合同自由原则，它是指在不违反法律、行政法规的强制性规定，不违反社会公道和公共秩序的原则下，当事人都有以其自由意志订立合同的权利，而且其自由权利不受任何单位和个人的非法干涉。其内容包括：决定是否订立合同的自由，选择与谁订立合同的自由，决定合同内容和合同方式以及合同纠纷的处理的自由。在这些问题上都取决于当事人的自愿。自愿原则的实质是强调当事人的意志自主性及其表达自由以及这种自由的不受干涉。这也是由合同法所调整的财产交易经济关系的本质属性决定的，是主体地位平等原则的体现。只有坚持当事人自愿原则，才符合商品按照价值规律交换的要求，也才符合合同是当事人明确民事权利义务关系的协议的属性。自愿原则是当事人实现其民事生活目的的保障；是当事人抵制国家机关公权力非法干涉，抵制其他任何单位或者个人非法干涉的法律武器；是当事人抵制对方当事人非法强制的依据。这一原则大量体现在合同法中，除在第4条作原则规定外，合同法规定了大量的任意性规范，确认当事人的约定对处理合同关系的优先适用效力，以充分尊重当事人在合同是否订立、选择合同对方当事人、确定合同内容和形式、确定违约责任及纠纷处理方式等方面的选择自由和决定自由。合同法宣布任何欺诈、胁迫、乘人之危所订立的合同都是违背自愿原则的，将其规定为无效的或者可变更、可撤销的合同。

三、公平原则

《合同法》第5条规定："当事人应当遵循公平原则确定各方的权利义务。"所谓公平原则就是合同当事人在合同的订立和履行过程中，应当按照社会正义要求的公正合理的观念确定各方的权利义务关系，合理分配权利、义务和风险，平衡各方利益。公平原则是公平这一基本的社会道德观念在法律上的体现。这一原则是对各方当事人在合同订立和履行过程中确定各方权利义务的法律指引，其基本要求就是各方要公平合理地订立和履行合同，一方在享有权利时一般情况下也要承担相应的义务；一方在实现自己利益时，也要兼顾他方的利益，利益的取得与付出的对价大体相当。这一原则体现在合同法中，除第5条作原则规定外，还在合同法的大量条文和许多制度中有体现。例如，第54条关于重大误解、显失公平的合同，可以变更可以撤销的规定；第53条关于造成对方人身伤害、因故意或者重大过失造成对方财产损失的免责条款无效的规定；第114条关于约定的违约金低于造成的损失的，当事人可以请求人民法院或者仲裁机构予以增加；约定的违约金过分高于造成的损失的，当事人可以请求人民法院或者仲裁机构予以适当减少的规定，等等，都体现了公平原则。公平原则还通过司法解释贯彻于司法实践中。例如《最高人民法院关于适用中华人民共和国合同法若干问题的解释（二）》第19条规定："对于合同法第七十四条规定的'明显不合理的低价'，人民法院应当以交易当地一般经营者的判断，并参考交易当时交易地的物价部门指导价或者市场交易价，结合其他相关因素综合考虑予以确认。转让价格达不到交易时交易地的指导价或者市场交易价百分之七十的，一般可以视为明显不合理的低价；对转让价格高于当地指导价或者市场交易价百分之三十的，一般可以视为明显不合理的高价。债务人以明显不合理的高价收购他人财产，人民法院可以根据债权人的申请，参照合同法第七十四条的规定予以撤销。"第26条关于情事变更原则规定："合同成立以后客观情况发生了当事人在订立合同时无法预见的、非不可抗力造成的不属于商业风险的重大变化，继续履行合同对于一方当事人明显不公平或者不能实现合同目的，当事人请求人民法院变更或者解除合同的，人民法院应当根据公平原则，并结合案件的实际情况确定是否变更或者解除。"第29条规定："当事人主张约定的违约金过高请求予以适当减少的，人民法院应当以实际损失为基础，兼顾合同的履行情况、当事人的过错程度以及预期利益等综合因素，根据公平原则和诚实信用原则予以衡量，并作出裁决。当事人约定的违约金超过造成损失的百分之三十的，一般可以认定为合同法第一百一十四条第二款规定的'过分高于造成的损失'。"

四、诚实信用原则

《合同法》第6条规定："当事人行使权利、履行义务应当遵循诚实信用原则。"诚实信用原则是指当事人在民事活动中应当诚实守信，与对方善意协作，切实履行义务，在实现自己的利益的同时，兼顾对方的利益，而不得滥用权利、规避法律或者合同规定的义务。所谓诚实就是在合同的订立和履行中当事人各方都要以诚相待，善意相待，互惠互利，而不得欺诈对方，损人利己。所谓信用，就是指当事人在合同的订立和履行中，要讲信誉，守诺言，自觉履行义务，不得失信于人。诚实信用是传统文化道德准则，也是市场道德伦理准则。以诚实信用规范合同当事人的行为，是维护市场经济秩序的要求。它的作用就是防止、减少和矫正市场经济生活中的一切唯利是图、尔虞我诈、欺行霸市、损人利己的行为；弘扬诚实、信用、善意、互惠、童叟无欺的风尚，以维护良好的市场经济秩序和社会道德。它不仅对当事人的行为具有规范作用，而且为解释法律和弥补法律漏洞提供了一般准则。在《合同法》中除第6条作基本原则规定外，在合同的订立、合同效力的维护、合同履行、合同解释、合同变更和转让、合同的解除和终止、合同纠纷的处理等各个环节的制度规定上都充分地贯彻了诚实信用的原则，诚实信用原则在合同法中得到了充分的体现。例如，在合同订立阶段，当事人不得有欺诈或者其他违背诚实信用义务的行为，否则就会构成缔约过失的责任；在合同成立后，当事人必须信守合同的效力，不得擅自变更或解除合同；在合同履行阶段，当事人必须全面履行合同义务，应当遵循诚实信用原则，按照合同的性质、目的和交易习惯履行及时通知、协助、提供必要条件、保密、保护等义务；在发生违约时，要采取切实措施防止损失扩大；在合同终止以后，当事人也应当依据诚实信用原则履行保密等后合同义务。

五、合法原则

《合同法》第7条规定："当事人订立、履行合同，应当遵守法律、行政法规，尊重社会公德，不得扰乱社会经济秩序，损害社会公共利益。"民事活动合法，是法治社会的基本要求，也是民事活动的基本准则。合同法确立的合法原则就是要规范当事人的合同订立和履行行为，使其符合国家法律的要求，符合社会公共利益，不损害他人的利益，使各方利益冲突得以平衡，以维护公共道德和正常的经济秩序。合法原则不仅为当事人的合同行为提供了规范，而且为国家干预民事主体的合同行为也提供了尺度。一般来讲，合同是当事人的私事，国家实行当事人的意思自治原则，国家不予干涉。但是，各个民事主体又是处在社会关系的普遍联系之中的，其对自身利益的追逐，往往与他人利益、社会利益和社会公德发生冲突，当事人的合同关系的纠纷涉及公共经济秩序。因此，对当事人的意思自治和合同自由必须限制在法律、行政法规允许的范围内，限制在为社会公共道德所容忍的范围内，限制在不扰乱社会经济秩序，不损害社会公共利益的范围内。如果当事人的合同行为超越了这个范围，国家就要干涉。国家干涉的尺度就是以法律为准绳，以社会公共道德、公共利益和公共经济秩序为标准。因此，当事人的合同行为必须遵守法律和行政法规，尊重社会公德，不得扰乱社会经济秩序，损害社会公共利益。依据合法性原则的要求，当事人订立和履行合同首先要遵守法律、行政法规中的强制性规定，不得违反强制性规定。同时，在法律没有明确禁止的情况下，也要自觉地以社会公共道德约束自己的行为。例如，《合同法》第52条规定：一方以欺诈、胁迫的手段订立合同，损害国家利益；恶意串通，损害国家、集体或者第三人利益；以合法形式掩盖非法目的；损害社会公共利益；违反法律、行政法规的强制性规定等情形之一的合同无效。就是对这些行为的明确禁止。《合同法》第38条规定："国家根据需要下达指令性计划任务或者国家订货任务的，有关法人、其他组织之间应当依照有关法律、行政法规规定的权利义务订立合同。"这类合同就与国家的经济秩序有关，当事人必须依法订立和履行合同。

六、维护合同效力的原则

《合同法》第8条规定："依法成立的合同，对当事人具有法律拘束力。当事人应当按照约定履行自己的义务，不得擅自变更或者解除合同。依法成立的合同受法律保护。"合同区别于其他协议的最大特点就是合同依法成立对于当事人具有相当于法律的效力，即合同的法律拘束力。因此维护合同效力是合同法的根本任务。只有维护合同效力，才能建立良好的合同法制秩序，有效地促进交易，加快流转，提高经济效益，实现合同法的公平与效率价值。维护合同效力原则有以下要点：

一是体现于合同立法。首先是要积极地赋予合同的法律效力，尽量扩大合同的有效范围，严格限定认定合同无效的条件。只有这样，才能不断地鼓励交易向前进，而不是通过无效使交易向后退。我国《合同法》在第52条明确规定了认定合同无效的5种情况，特别强调“违反法律、行政法规的强制性规定的”合同无效，这就明确告诉人们，并不是任何违法的合同都是无效的，只有违反法律和行政法规的强制性规定的违法合同才属于无效合同，违反法律的任意规定、违反地方法规、部门规章的情况都不构成合同无效的事由，这就大大缩小了无效合同的范围。我国合同法严格区分了无效合同和可变更可撤销合同，将一些并不完全符合合同的有效条件，但又不损害国家利益和社会公共利益的事由，不直接作为认定合同无效的事由，而是将这类合同作为可变更可撤销的合同，赋予当事人请求变更或者撤销的权利，将合同交由受害一方当事人以其意志判断，作出是否变更或撤销合同的决定，当事人有权请求变更或者撤销合同的效力，也可以不提起变更或者撤销的请求，听任合同有效履行。另外，《合同法》还严格区分了合同的无效和效力待定的情况。将一些不完全符合合同有效条件，存在效力瑕疵的合同不直接作为无效合同对待，而是按照效力待定合同对待，允许通过有补助权人的补助行为补助后使之转化为有效合同或者确定无效的合同。《合同法》还严格区分了合同的成立和合同的生效，区分了合同的无效与未生效。一般来讲，合同依法成立即具有法律效力，但有些合同虽已成立，但依据法律和行政法规的规定或者当事人的约定尚需具备一定的生效条件才能生效，在未具备生效条件以前处于未生效状态，但它并非无效合同，而是可以在具备了生效条件时生效的合同，是允许当事人补充生效条件以达有效生效的合同。这也就减少了无效合同的范围，维护了合同的效力。其次，合同立法上规定的合同履行制度、合同的变更与转让制度、合同的解除、终止制度、违约责任制度都体现了对合同效力的维护。例如，《合同法》第94条就严格规定了解除合同的一般条件，只有符合该条规定的情形，当事人才可以解除合同，否则合同一旦依法成立，就具有法律效力，当事人是不得解除的。又例如，对于当事人约定了违约金的，一般情况下就要严格按照约定追究违约责任，如果要做调整必须严格按照《合同法》第114条规定的条件，经当事人申请，人民法院或者仲裁机构才可以调整。否则，即使人民法院或者仲裁机关，也不得以约定的违约金数额高于或者低于实际损失直接予减少或者增加。

二是贯彻于当事人的民事生活实践，合同依法成立对当事人就具有法律的拘束力，当事人应当按照合同的约定履行自己的义务，非依法律规定或者经对方当事人协商一致，不得擅自变更或者解除合同；任何一方都不得违反合同。合同依法成立就受到法律的保护，任何一方擅自变更或者解除合同，或者不按照合同的约定履行义务，对方当事人都有权依法追究其违约责任，强制其履行合同义务。合同法以维护合同法律效力为基本原则，就有利于增强合同当事人的法制意识，促进合同的实际履行。

三是体现在民事司法实践中，当事人的合同权益受到损害，依法请求人民法院或者仲裁机构确认合同效力，请求变更或者撤销合同，或者请求追究对方的违约责任，强制其履行合同义务等，人民法院或者仲裁机构应当依法受理、审理、判决（裁决）和强制执行，维护合同效力。特别是在合同效力的认定上要严格依法办事，同时从鼓励交易的效率价值观念出发作出认定，积极维护合同效力，不要动辄就认定合同无效。审理过程要及时，不得久拖不决。判决（裁决）作出后，人民法院要采取强有力的措施，加大执行力度，切实的执行判决（裁决）。因此，合同法以维护合同效力为基本原则，有利于指导司法实践，正确地实施和适用合同法。

维护合同效力原则强调的是在交易的常态下，要尽量严格维护合同的效力，维护合同的法律效力也就维护了交易的常态秩序。当然在合同违反了法律、行政法规的强制性规定，符合法律规定的认定合同无效的条件的，也要严格依法办事，否定这些合同的效力。这与维护合同效力原则并不矛盾。

◎ 思考题

1. 简述合同的概念和特征。
2. 简述各类合同的分类标准及其分类的意义。
3. 简述合同法各项基本原则的意义。

◎ 案例思考

某县种子公司与某镇种子站于2006年4月20日签订了玉米种子买卖合同，约定由县种子公司向镇种子站供应种子公司2005年培育的608号玉米良种5 000千克，种子纯度95%，出芽率在90%以上，供货时间2006年5月10日前，单价每公斤4元。共计价款20 000元。种子站在收到种子后10日内付款。合同签订后种子公司于2006年5月8日给种子站用汽车送去种子5 000千克。种子站收到种子后，即向当地农户销售。当地马某等209户农民购得此种子，并于当年9月份播种。播种后农民发现该种子的出芽率仅为60%，与销售时标明的90%以上相去甚远。于是，马某等农民与种子站交涉。种子站经对该批种子检验发现其中有杂质，经查是种子公司在供种时将一部分2004年的陈种子掺入所致。于是，种子站一方面向农民赔偿种子款和减产损失，一方面将种子公司起诉法院，要求其赔偿经济损失20万元。

请分析此案所属的合同类别，并以合同法的基本原则对此案进行分析。

第二章　合同的订立

第一节　合同订立概述

一、合同订立的概念

合同的订立是指各方当事人或者其代理人，为实现各自的一定民事生活目的，就合同的各项主要条款，通过要约、承诺方式，进行意思表示，协商明确其民事权利义务关系的设立、变更、终止，追求合同成立的过程。由此概念可以看出合同的订立具有如下特征：

（一）合同订立的主体是各方当事人或者其代理人

合同是当事人之间明确民事权利义务关系的协议，因此，至少要有两个或者两个以上的当事人，当事人就是具有相应的民事权利能力和民事行为能力，为实现一定的民事生活目的，需要订立合同，并享受合同权利，承担合同义务的人。

当事人具有民事权利能力就是其依法能够订立合同，享有权利、承担义务的资格。自然人、法人都是独立民事主体，都具有民事权利能力，当然具有订立合同的权利能力。其他组织有没有民事权利能力，学者之间存有争议，但都承认其他组织能够订立合同。因为合同是财产交易关系，其他组织以自己的名义订立合同，享有权利，承担义务，其最终责任可以由对其负责任的自然人或者法人承担，例如合伙主体的合伙人，法人分支机构所属的法人、非法人事业单位的开办人等。因此，合同法规定自然人、法人、其他组织都具有合同当事人资格，都具有订立合同的资格。

民事行为能力是民事主体能够以自己的行为为自己设定民事权利和民事义务的资格。自然人的民事行为能力，依据《民法通则》的规定，分为完全行为能力人、限制行为能力人和无民事行为能力人。年满18周岁，且不属于不能辨认自己行为的精神病人的自然人，都是具有完全民事行为能力的人，完全民事行为能力人能够以自己的行为订立任何他需要订立的合同。10周岁以上的未成年人和不能完全辨认自己行为的精神病人，属于限制民事行为能力人；限制民事行为能力的自然人只能以自己的行为订立一些与其年龄、智力、精神状态相适应的合同，其他合同则超出了其行为能力范围，应当由其法定代理人代理订立或者经其同意订立。10周岁以下的未成年人和完全不能辨认自己行为的精神病人属于无民事行为能力人；无民事行为能力人不能以自己的行为订立合同，为实现其民事生活目的需要订立合同的，应当由其法定代理人代理订立。限制民事行为能力人和无民事行为能力人以自己的行为订立为自己纯获利益的合同，如获奖、受赠等，则是受法律保护的。法人和其他组织一般都具有以自己的行为订立合同的行为能力。

合同法学第二章合同的订立当事人可以自己订立合同，也可以委托代理人代订合同。代理人以被代理人即当事人的名义，在代理权限范围内，为被代理人利益，独立进行意思表示，与对方协商，由此订立的合同的权利义务关系由被代理人，即当事人承受。因此，代理人只是代订合同的关系人，他并不是合同当事人。

（二）合同订立的内容是合同的主要条款

合同的内容就是明确当事人设立、变更、终止民事权利义务。这是由当事人的意思表示的协商一致所达成的，将协议确定的当事人的权利义务进行条理化的表述就是合同的条款。因此合同的订立过程就是对合同的各项主要条款达成一致的过程。合同条款是合同订立过程中当事人意思表示的内容。合同的订立必须围绕合同的各项主要条款进行。只有对合同的各项主要条款达成合意，合同才能够依法成立。

（三）合同订立的方式是通过要约、承诺的方式，进行意思表示

合同是双方或者多方法律行为，当事人订立合同的行为就是实施合同民事法律行为，而法律行为是以当事人的意思表示为特征的。而合同作为双方或多方法律行为，各方当事人意思表示的方式就是要约和承诺。要约就是一方当事人希望他方当事人与自己订立合同的意思表示，要约要向对方表达订立合同的意图，就合同主要条款有明确具体的内容，以便对方能够答复。承诺则是受要约一方当事人对要约内容的完全同意的意思表示。要约得到对方的承诺合同就成立。如果受要约人不完全同意要约的内容，提出修改和补充的意见，就不是承诺，而是一个新的要约，这时，收到新要约的当事人，可以对新要约作出承诺或者再提出新要约。合同的订立过程就是这样由要约到承诺，或者要约到新要约多次反复直至承诺的过程，是当事人各方不断进行意思表示协商的过程。其目标就是意思表示的一致，即承诺，也即合同成立。

（四）合同订立所追求的效果就是合同的成立

即明确当事人设立、变更或者终止民事权利义务关的协议的达成。

二、合同的订立与合同的成立

合同的订立与合同的成立是密切联系而又各不相同的概念。合同的订立是当事人进行意思表示实施合同法律行为的过程，这个过程追求的目标就是合同的成立。合同的成立则是合同法律行为的成立，是以当事人意思表示的一致而对合同订立过程的终结。合同订立表明合同处于产生的过程之中，还没有形成合同；合同成立则表明合同在客观事实上已经存在，即特定当事人之间已经存在设立、变更或者终止民事权利义务关系的协议。合同成立在本质上是各方当事人对合同的标的、数量等主要条款的意思表示的一致；在形式上是承诺的生效。承诺生效一般来讲是承诺的通知到达要约人时生效。那么一般来说，在承诺到达要约人时合同也就成立了。合同的成立作为一种法律事实的存在，具有重要的法律意义，要引起相应的民事法律效果，如果符合法律的规定，即在当事人之间产生他们欲求的民事权利义务关系的设立、变更和终止；如果违反了法律和行政法规的强制性规定，即产生无效合同的法律后果。因此，对合同成立的事实就有一个法律评判的问题。《合同法》第8条规定，依法成立的合同，对当事人具有法律约束力。当事人应当按照约定履行自己的义务，不得擅自变更或者解除合同。依法成立的合同，受法律保护。由此，合同成立，是对合同进行法律评判的事实基础，是合同产生法律效力的基础，是无效合同认定和合同被撤销的基础，是合同履行的基础，是合同纠纷及违约责任产生的基础，是合同变更解除的基础。有关合同的一切问题都在合同成立的基础上展开。

第二节　合同当事人的权利义务

合同是当事人之间明确其民事权利义务关系的协议，当事人的合同权利义务构成合同法律关系的内容。

一、当事人的合同权利

当事人之合同权利是指当事人依据合同的约定或者合同法的规定，在合同关系中请求义务一方当事人履行合同约定的或者法律规定的义务，并受领债务人之给付利益的权利。合同权利属于债权性质的民事权利。其权利的发生依据是合同的约定或者法律的规定，其权能内容包括请求债务人履行给付的请求权能和受领给付的受领权能。所谓请求债务人履行给付的权能就是指权利人依据合同约定或者法律规定请求债务人为一定行为或者不为一定行为。如买卖合同的买受人请求出卖人交付标的物并移转标的物的所有权，出卖人请求买受人交付标的物价款；加工承揽合同的定做人要求承揽人交付工作成果，承揽人要求定做人交付完成工作成果的报酬；运输合同的托运人要求承运人将托运的货物运送到指定的目的地，承运人请求托运人支付运费；等等。所谓受领债务人的给付利益的权能，就是指对义务人依据合同约定或者法律的规定所履行的给付利益，权利人能够接受和领取的权能。① 例如，出卖人

① 关于合同债权的权能的概括，学者的观点是不同的。例如，李宜琛认为，“债权之主要的作用，即在于请求他人之行为，固无庸疑”。“盖此请求权并非债权内容之全部；债权之主要内容在受领债务人之给付（给付受领权）。”李宜琛：《民法总则》，中国方正出版社2004年版，第41页。王利明教授则认为，“对债权人而言，受领主要是一种义务，而不是一种权利。如果认为受领是一种权利，则债权人可以任意行使权利，可以拒绝债务人的给付，这显然是不妥当的。”由此，他所概括的债权的权能是请求履行的权利，保全债权的权利，请求保护债权的权利，处分权能。（参见王利明、房绍坤、王轶：《合同法》，中国人民大学出版社2007年版，第90～91页、第101页。）对此，笔者认为，受领给付应当为债权之权能，否则，债权仅为请求给付，而对方给付时又无权受领，其权利目的就无法实现；债权人未为请求而债务人主动给付时债权人的受领不是权利而是义务，就意味着债权人必须受领，若债权人要以拒绝受领放弃权利，即使对债务人有利也因违反必须受领的义务，而不能放弃，这样受领单纯成为义务债权岂不成为不可放弃的权利了？如果债权人请求给付，而债务人给付时，他负有的是受领的义务，这就是说债权人给自己请求了必须受领的义务，这在逻辑上显然是不妥当的。至于将受领看做债权的权能是否会发生债权人任意行使权利拒绝债务人给付的缺陷呢？这也是不会发生的。因为权利虽然具有任意性，但同时权利行使要受到权利不得滥用原则的限制。特别是所有权以外的财产权利的处分都是可以受到限制的，不是绝对的。债权的处分权可以受到交易习惯或当事人意思的禁止。例如，《合同法》第79条对合同转让的限制、第99条对债务抵消消灭债权的限制。当债权人以逃避对债务人的义务而拒绝受领的，显然构成权利滥用。另一方面，合同一般为双务合同，在买卖合同中除买受人对出卖人负有对应的支付价款的债务外，在出卖人履行给付义务时，受领给付系买受人的义务。（参见王泽鉴：《债法原理》第1册，中国政法大学出版社2001年版，第21页。）但这与将受领同时作为债权的权能是两回事，而且并不矛盾，恰恰说明债权人受领给付的权利的行使，受到债权人对债务人承担的及时受领给付的义务的限制。同时应当将债权本身具有的权能与债权受保全的效力、受法律强制保护的效力、债权的可处分性区分开来。因此，本书将合同债权的权能概括为请求债务人履行债务，并受领给付的权能，而没有将合同债权具有权利都具有的可处分性、受法律强制保护的效力以及其具有特殊的保全效力作为债权的权能。

向买受人交付买卖标的物的，买受人能够领受、取得。这两项权能就是合同权利，也即合同债权的基本内容，是合同权利本身的内容，是权利人对于义务人的原本权利。而权利都具有法律属性，是受法律保护的，这就是权利的效力。所谓权利的效力就是权利受法律保护并使其实现的强制力，即法律强制力。例如，对于任何权利来讲，在权利人不滥用权利的前提下，权利具有可处分性，权利人可以抛弃权利，可以转让权利。合同债权作为民事权利的一种，当然具有可处分性。合同债权人能够将债权转让给他人，能够免除债务人的债务而抛弃权利等。另外，一般情况下，权利都具有请求法律上强制保护其实现的效力，即当权利受到侵害时，都有获得法律救济的权利。债权也具有这样的效力。例如，当合同的义务一方不履行合同义务或者其履行不符合合同约定或法律的规定的，合同的权利人就有权依法请求国家机关予以保护，强制义务人履行义务或者承担其他违约责任。这是债权所具有的救济效力或者说属性。另外，合同债权还具有特殊的效力，即保全效力。所谓保全效力是指当债务人的怠于行使其到期债权不增加其财产或者不适当处分其财产的行为危害债权实现时，法律允许债权人对于与债务人危害债权行为有关的第三人的行为行使一定的权利，以排除对其债权实现的危害，保全债权的实现。包括债权保全的代位权和撤销权。所谓代位权，是指债务人怠于行使其到期债权，对债权人造成损害的，债权人可以向人民法院请求以自己的名义代位行使债务人的债权。所谓撤销权，是指因债务人放弃其到期债权或者无偿转让财产，对债权人造成损害的，债权人可以请求人民法院撤销债务人的行为。债务人以明显不合理的低价转让财产，对债权人造成损害，并且受让人知道该情形的，债权人也可以请求人民法院撤销债务人的行为。

总之，应当将合同债权本身的内容与保障合同债权实现之效力区分开来。在合同订立过程中当事人通过意思表示协商所要订立的条款内容是关于合同债权本身内容的具体约定，而合同债权的效力是合同债权成立后，依据合同法的规定具有的效力，是不需要当事人在合同订立过程中协商约定的。

二、当事人的合同义务

当事人的合同义务，是相对于合同债权而言的合同债务，是指合同当事人依据合同的约定或者法律的规定必须为一定行为或者不为一定行为的义务。债务产生的依据是合同的约定或者法律的规定，但主要是由合同约定。因此，在合同的订立中协商约定当事人的义务是订立合同的主要内容。约定当事人的义务对双方都有极为重要的意义。义务是对应权利的，权利是通过义务的履行实现的。义务对义务人一般来说是负担，是损失，又是取得权利的对价，是必须付出的。因此义务必须在合理的界限内。订立合同中，明确、合理地界定义务对于权利人实现其权利和义务人合理承担义务都是极为重要的。因此，全面了解义务的分类，对指导合同的订立是十分必要的。义务可以依据不同的标准，分为以下几类：

（一）依据义务产生的依据的不同，可以分为约定义务和法定义务

依据义务是因合同约定产生还是因法律、行政法规的规定产生，将义务分为约定义务和法定义务。约定义务就是当事人依据合同约定所承担的义务。法定义务是当事人依据法律的规定所承担的合同义务。由于合同法实行自愿原则，在一般情况下，合同义务有当事人自愿约定。只要当事人约定的义务内容不违反法律、行政法规的强制性规定，不损害社

会公共利益和第三人利益，法律就认可其效力，当事人就必须履行其依据合同约定所承担的义务。在法律允许当事人意思自治的范围内，约定的义务，优先于法定的义务。

依据法律规定当事人承担的义务主要有以下情况，一种情况是法律、行政法规的强制规定，例如《合同法》第222条规定，承租人应当妥善保管租赁物，因保管不善造成租赁物毁损灭失的，应当承担损害赔偿责任。这就是对承租人妥善保管租赁物义务及违反义务的赔偿责任的强制规定。另一种情况是合同义务由当事人约定的适用当事人的约定，当事人没有约定的则适用法律的规定。例如，《合同法》第220条规定："出租人应当履行租赁物的维修义务，但当事人另有约定的除外。"据此，合同没有另外约定的，出租人则依据法律规定承担租赁物的维修义务。再有一种情况就是，当事人对应当约定的义务没有约定或者约定不清楚，就要按照法律规定的原则来解释确定当事人的义务内容，如果仍然解释和确定不了当事人的意思的，则依据法律规定确定当事人的义务。例如，《合同法》第226条规定承租人应当按照约定的期限支付租金。对支付期限没有约定或者约定不明确，依照本法第61条的规定仍不能确定，租赁期间不满1年的，应当在租赁期间届满时支付；租赁期间1年以上的，应当在每届满1年时支付，剩余期间不满1年的，应当在租赁期间届满时支付。还有一种情况就是，合同义务人，依据诚实信用原则负有注意、照顾、忠实等附随义务，这也是当事人的法定合同义务。所谓附随义务就是当事人应当依据诚实信用原则，根据合同的性质、目的和交易习惯承担的通知、协助、保密等义务。附随义务具有法定性，它不是当事人在合同中约定的，也不允许当事人以合同约定排除对附随义务的适用。附随义务具有附随性，是指它附随与合同的主给付义务，其作用是促进或者补充主给付义务更好地履行。其内容也随主给付内容在合同订立、履行、终止等各个阶段的变化确定。这些方面的法定义务都构成合同内容的当事人义务的组成部分，当事人必须履行，否则若有违反便构成违约责任。

区分约定义务和法定义务的意义主要在于义务产生的依据不同，在确定当事人合同义务时，针对不同性质的义务适用不同的依据。在当事人意思自治的范围，应当优先适用合同约定确定当事人义务以及违约责任追究的依据。当事人对约定义务没有约定或者约定不明的，法律有规定的则适用法定义务。法律强制规定不允许当事人另有约定的，则以法律规定为确定当事人义务及其违约责任的依据。

（二）给付义务与附随义务

依据合同义务是经当事人约定或者法律规定在合同成立时就确定的直接实现债权人请求的义务还是在合同关系的发展过程中依照诚实信用原则确定的服务于债权人利益的义务，将合同义务区分为给付义务和附随义务。给付义务就是指在合同成立时就依据当事人的约定或者法律规定确定的，直接实现债权人请求权的义务。例如，某甲出卖汽车给某乙，向某乙交付汽车，并移转汽车的所有权，提供该车的运行执照和保险合同等有关资料。出租人甲将出租的房屋交付给承租人，并对房屋进行装修，等等。附随义务，是指在合同成立时并不确定，而是随着合同关系的发展，为促进债权人利益最大可能的满足或者维护其人身安全，依据诚实信用原则确定的，债务人必须承担的通知、协助、保密、保护等义务。例如在合同订立过程中的说明、告知、保密、保护等义务，在合同履行过程中的通知、协助、保密、保护等义务以及在合同履行完毕以后的通知、协助、保密等义务。例如，在甲乙的汽车买卖合同的订立过程中，甲应当向乙就该车的状况和瑕疵如实说明、告知；甲在向乙交付汽车并移转汽车所有权和交付有关资料时，必须就该车的特殊危险性予以告知的义务。

给付义务依据其是否为合同性质或者实现当事人合同目的所固有、所必须区分为主给付义务和从给付义务。主给付义务是指依据合同性质或者当事人的约定所固有的、所必备的，直接决定合同类型和影响到合同当事人的合同目的能否实现的义务。例如依据买卖合同的性质，出卖人必须向买受人交付标的物，买受人必须向出卖人交付价款的义务；依据租赁合同的性质出租人必须向承租人交付租赁物的义务，承租人必须向出租人交付租金的义务。

从给付义务是指依据法律的规定或者当事人的约定，当事人必须承担的辅助主给付义务，以确保债权人利益最大满足的义务。例如，出卖人向买受人交付标的物时要交付有关单证和资料的义务。

主给付义务与从给付义务的区别在于，主给付义务决定合同的类型，决定当事人合同目的的能否实现；而从给付义务存在的目的，不在于决定合同的类型，而在于确保债权人利益能够获得最大的满足。例如，甲单位雇佣某乙为其总工程师，约定乙不得同时在其他单位兼职，其目的就是为了确保乙集中精力服务于甲单位，以最大限度实现甲单位的利益。对主给付义务和从给付义务，当事人都可以独立以诉请求履行。就双务契约而言，主给付义务构成对待给付义务，于他方当事人未为对待给付前，有权拒绝自己对待给付；因不可归责于双方当事人之事由，致一方之给付一部或全部不能者，他方免为对待给付之义务。因可归责于债务人之事由，致给付不能、给付迟延或不完全给付时，债权人有权请求损害赔偿或者解除契约。而对于从给付义务，在双务契约上，一方的从给付义务与他方的给付，是否处于互相对待给付之关系，能否发生同时履行抗辩，应视其对契约目的之达成是否必要而定。从给付义务的债务不履行，债权人是否可以解除契约，也以视其对契约目的之达成是否必要为标准判断。① 可见，主给付义务对与当事人合同目的之达成是必要的，它决定合同目的的实现，而从给付义务对合同目的之达成不一定是必要的，应当视具体情况而定。如果从给付义务对达成合同目的是必要的，则在双务合同，对待义务之构成、同时履行抗辩之发生、债务不履行之解除权等问题上的处理同于主给付义务。

主给付义务不同于附随义务，其区别主要有三点：（1）主给付义务自始确定，并决定债之关系的类型。反之，附随义务随着债之关系的发展，于个别情况要求当事人的一方有所作为或者不作为，以维护当事人的利益。（2）主给付义务构成双务契约的对待给付，一方当事人在他方当事人未为对待给付前，有权拒绝自己的给付。反之，附随义务原则上非对待给付，不发生同时履行抗辩。（3）因给付义务的不履行，债权人有权解除契约。反之，附随义务的不履行，债权人原则上不得解除契约，但就其损害，有权依据不完全给付的规定，请求损害赔偿。② 另外，主给付义务当事人有权独立以诉请求其履行。而附随义务当事人不得独立以诉请求履行，只能请求损害赔偿。

---

① 参见王泽鉴：《债法原理》，中国政法大学出版社 2001 年版，第 36～37 页。

② 参见王泽鉴：《债法原理》，中国政法大学出版社 2001 年版，第 40 页。

从给付义务与附随义务，都不决定合同的类型，都是辅助主给付义务最大限度地实现债权人的利益，但从给付义务也不同于附随义务，其区别在于从给付义务当事人可以独立以诉请求履行，附随义务则不得独立以诉请求履行。①

依据我国《合同法》第36条的规定："法律、行政法规规定或者当事人约定采用书面形式订立合同，当事人未采用书面形式但一方已经履行了合同的主要义务，对方接受的，该合同成立。"在这里主要合同义务就是指能够决定合同成立的义务。"所谓合同主要义务是指依据合同的性质所固有的，合同当事人双方应当承担的义务。合同主要义务的特点在于：第一，主要义务是合同的性质确定的，合同性质不同主要义务的内容也不完全相同……第二，主要义务与当事人的缔约目的是直接结合在一起的。对主要义务的不履行将会导致债权人订立合同的目的不能实现，债务人的违约也会构成根本违约，因此债权人有权解除合同。第三，在双务合同中如果一方不履行其依据合同所负有的主要义务，另一方有权行使同时履行抗辩权，拒绝履行自己的全部义务。但对方未履行次要义务，则不得通过行使同时履行抗辩权拒绝履行自己的全部义务。"② 主要义务除合同性质固有的以外，也有当事人约定的主要义务。主给付义务是决定合同类型的，依合同性质固有的、必备的义务，缺少主给付义务就不能成立这样性质或者类型的合同。因此，主给付义务是主要义务。从给付义务不决定合同的类型，但视具体情况，从给付义务为达成当事人合同目的之必要者，也应当是合同的主要义务。相对于主要义务而言，附随义务则为合同的次要义务。对达成合同目的非必要的从义务，也属于次要义务。③

在合同订立中当事人要依据合同的性质明确主给付义务以明确合同的主要义务，也可以根据自己的特定要求将一定的义务确定为合同的主要义务。

（三）明示义务与默示义务

依据当事人对合同义务的确定形式将合同义务分为明示义务和默示义务。所谓明示义务，是指当事人以书面的形式或者口头形式所确定的约定义务。这就是说书面写明的义务或者口头言明的义务都是明示义务。所谓默示义务是指虽然当事人在合同中没有以书面或者口头形式明确表达但依据合同的性质或者交易习惯可以确定的合同义务。例如甲租赁乙的房屋，虽然未明确约定租金，但依据租赁合同性质乙必须负有给付租金的义务。交易习惯是指在交易关系中，一定行业或者地域或者普遍的生活关系中，人们习以为常的惯例。例如，在旅馆住宿的合同中，人们习惯在12点以前结账，这就是确定离馆结账义务的时间的惯例。又如甲将堆放在自家拆除房屋场地上的砖瓦木料出卖给乙，虽然没有言明乙在什么时间将这些材料运走，但按照生活常识乙负有将所购砖瓦木料运走的义务，而且应当在合理的时间运走。

---

① 参见王泽鉴：《债法原理》，中国政法大学出版社2001年版，第41页。

② 王利明、房绍坤、王轶：《合同法》，中国人民大学出版社2007年版，第96~97页。

③ 有学者指出："次要义务不同于从义务。所谓从合同义务，是指依随于主合同义务的义务，这是根据合同相互间的主从关系确定的。"（王利明、房绍坤、王轶：《合同法》，中国人民大学出版社2007年版，第97页）对此，笔者认为，从义务不等于从合同义务，应当将合同的从义务与从合同义务区别开来，这是两个不同合同的义务。

在合同订立过程中当事人应当尽可能地以明示方式明确合同义务，特别是以书面方式明确义务，如果以口头方式明确义务的就应当注意保留证据。如果在订立合同的过程中，对有关条款义务未能明确约定的，则要依据合同性质或者交易习惯加以确定。例如《合同法》第61条规定："合同生效后，当事人就质量、价款或者报酬、履行地点等内容没有约定或者约定不明确的，可以协议补充；不能达成补充协议的，按照合同有关条款或者交易习惯确定。"这里按照合同有关条款或者交易习惯所确定的合同义务就是以默示方式所确定的合同义务。

（四）给付义务与受领义务

依据合同义务是义务人向权利人付出利益还是受取利益将义务分为给付义务与受领义务。所谓给付义务是在合同关系中，义务人向权利人为一定行为或者不为一定行为的义务。其中，为一定行为，称为积极的给付；不为一定行为，称为消极的给付。受领义务则是指在合同关系中，债权人在义务人向其履行给付义务时，对其给付予以接受的义务。本来债权人所享有的是对债务人的给付利益予以受领的权利。但是债权人的受领是以债务人的履行为前提的，而债务人的履行是其利益的付出，因此债权人的受领就不只是债权人的权利实现问题，而且同时关系到债务人的利益，如果当债务人向债权人履行给付时，债权人不及时受领给付就会给债务人造成损害。因此，债权人在享有受领的权利时，同时负有及时受领给付的义务，而且其受领的权利在双务合同中受其受领义务的限制不得放弃，不得以行使权利为由拒绝债务人的给付。

第三节　合同条款

将合同权利义务的内容条理化表达就是合同条款。因此，订立合同就是围绕合同条款进行的，通过订立条款以明确当事人的民事权利义务关系，合同必要条款协商一致了，合同就成立。

一、合同条款的概念和种类

合同条款是合同当事人条款及其约定的权利义务内容的条理化、固定化和规范化的表现。也就是说除了当事人条款以外，合同内容即当事人约定的权利义务的表现或者存在形式就是合同的条款，合同条款具有条理化、固定化和规范化的特点。所谓条理化就是指合同内容分条目有序表达。所谓固定化是指合同内容以条款形式加以固定。所谓规范化是指合同条款具有规范当事人合同行为，指导当事人如何行使权利，如何履行义务的作用，条款是确定当事人权利义务的依据，是裁判当事人之间的合同纠纷的依据。

订立合同就是订立合同条款，做到合同条款明确、具体、齐备、完整、协调是合同订立的基本任务。如果在合同订立过程中，欠缺了合同的必要条款，就会影响合同的成立；如果欠缺了非必要条款或者对条款约定不明，就需要由当事人订立补充协议予以补充或者依据法律规定的解释予以补充。为此，订立合同就要全面认识合同的条款，知道合同一般包括哪些条款，各种条款在合同中的地位作用如何。合同条款主要有以下分类：

（一）必要条款和非必要条款

依据合同条款对合同成立或者合同目的的实现是否必要，将合同条款分为必要条款和非必要条款。所谓必要条款就是指合同必须具备的条款，如果缺少，合同就不能成立或者合同目的就不能实现。例如，当事人条款、标的条款。这是任何合同都不可缺少的条款。另外依据合同性质必须具备的条款是合同的必要条款。例如依据买卖合同的性质，必须具有价款条款，这对于买卖合同是必不可少的。如果合同订立过程中对价款没有约定或者约定不明的就应当由当事人协议补充或者明确。如果当事人不能达成补充协议的，则要依据法律规定的原则予以确定。总之无论由当事人直接约定明确，还是依据法律原则确定，必须要有，不能缺少。

非必要条款是指对合同的成立和目的的实现并非必须具备的条款。例如，在当事人无特别要求情况下，公证条款的有无并不影响合同的成立或者合同目的的实现。合同纠纷的处理方式条款、担保条款等，都属于合同的非必要条款。

（二）格式条款和非格式条款

依据合同条款的形成方式的不同将合同条款分为格式条款和非格式条款。所谓格式条款是指有一方当事人为了反复使用预先制定的不与对方当事人协商的具有固定格式的条款。格式条款可以是合同中的个别条款为格式条款，其他条款可以是经过协商的非格式条款，也可以是合同的全部条款都是格式条款，这样的合同就是格式合同。非格式条款是指在合同订立过程中，当事人协商订立的条款。

明确格式条款与非格式条款在合同订立过程中有不同的意义。格式条款能够反复使用，在合同订立过程中直接由一方提出对方会签，因而极大提高了缔约效率。但是，格式条款由一方当事人提出，不与对方当事人协商，容易使提出格式条款的一方利用自己的经验和优势损害对方利益，特别是广大消费者面对格式条款时其利益更易受到损害。因此在利用格式条款订立合同时，提出格式条款的一方当事人要遵守法律对格式条款提出方规定的义务；相对方当事人，特别是消费者要注意依法维护自己的合法权益。非格式合同虽然没有格式合同便捷，但由于各方当事人充分协商，能够更好地贯彻自愿原则，维护各方当事人的利益。

正是由于格式条款区别于非格式条款的特点，为了保护非格式条款提出一方当事人的合法权益，法律对于格式合同条款有以下方面的规制。

1. 格式条款提供者的义务

我国《合同法》第 39 条规定："采用格式条款订立合同的，提供格式条款的一方应当遵循公平原则确定当事人之间的权利和义务，并采取合理的方式提请对方注意免除或者限制其责任的条款，按照对方的要求，对该条款予以说明。"由于格式条款由一方当事人事先提出，在订立合同中未与对方当事人协商，因此，提出格式条款的一方很有可能设置不公平条款，特别是提出免除或者限制其责任的条款，利用对方的不理解或者不注意，订立不公平条款，损害对方权益，因此，法律规定其有义务遵照公平原则确定当事人之间的权利义务，并采取合理方式提请对方注意免除或者限制其责任的条款，按照对方要求对该条款予以说明。所谓合理的方式就是提请对方注意的方式足以引起对方的注意，能起到引起对方注意的作用，如果所采取的方式不能引起对方的注意就是不合理的方式。比如以醒目的文字予以标示，在合同订立过程中主动给对方予以讲解，当对方要求说明的，以尽可能使对方明白的方式对有关合同条款内容予以介绍和解释。《最高人民法院关于适用中华人民共和国合同法若干问题的解释（二）》第6条规定："提供格式条款的一方对格式条款中免除或者限制其责任的内容，在合同订立时采用足以引起对方注意的文字、符号、字体等特别标识，并按照对方的要求对该格式条款予以说明的，人民法院应当认定符合合同法第三十九条所称'采取合理的方式'。提供格式条款一方对已尽合理提示及说明义务承担举证责任。"

2. 关于格式条款无效的规定

我国《合同法》第40条规定："格式条款具有本法第五十二条和第五十三条规定的情形的，或者提供格式条款一方免除其责任、加重对方责任、排除对方主要权利的，该条款无效。"可见，格式条款在以下情形下无效：

（1）违反《合同法》第52条和第53条的情形。例如，一方以欺诈、胁迫的手段订立合同，损害国家利益；恶意串通，损害国家、集体或者第三人利益；以合法形式掩盖非法目的；损害社会公共利益；违反法律、行政法规的强制性规定。

（2）免除造成对方人身伤害的责任或者免除因故意或者重大过失造成对方财产损失的责任。

（3）提供格式条款一方免除其责任、加重对方责任、排除对方主要权利的，该条款无效。

3. 对格式条款的解释

我国《合同法》第41条规定："对格式条款的理解发生争议的，应当按照通常理解予以解释。对格式条款有两种以上解释的，应当作出不利于提供格式条款一方的解释。格式条款与非格式条款不一致的，应当采用非格式条款。"该条就是对格式条款解释原则的规定。对一般争议按照通常理解解释的原则；对两种以上解释作不利于条款提供人解释的原则；格式条款与非格式条款不一致的采取非格式条款优先于格式条款的原则。实行这些原则目的就是限制格式条款提供者一方利用其优势地位损害对方当事人利益的情况的发生。

（三）实体条款与程序条款

依据合同条款是规定当事人的实体权利义务关系还是规定当事人权利义务的履行程序及其纠纷解决方式，将合同条款分为实体条款和程序性条款。实体条款就是规定当事人实体合同权利义务的条款；规定合同成立、合同权利义务履行的程序及其纠纷解决方式的条款则是合同的程序性条款。例如，规定合同的标的、数量、质量、价款、酬金、违约责任等内容的条款就是实体条款。规定合同经公证成立的条款、规定合同发生纠纷应当由仲裁机构仲裁的条款等都是合同的程序条款。依据《合同法》第57条规定："合同无效、被撤销或者终止的，不影响合同中独立存在的有关解决争议方法的条款的效力。"

（四）赋责条款和免责条款

依据条款内容是赋予当事人义务和责任还是免除义务人的责任，将合同条款分为赋责条款和免责条款。以赋予当事人义务和责任为内容的条款为赋责条款。约定以免除义务人在合同履行过程中将来可能发生的责任为内容的条款为免责条款。一般情况下合同条款都是约定当事人的义务和违约责任的条款，但当事人也可以约定限制或者免除义务人将来在合同履行过程中可能发生的责任。由于限制或者免除义务人的责任涉及权利人合同权利的实现和合同秩序的维护，因此，对于免责条款法律给予适当的干预。例如，《合同法》第53条规定："合同中的下列免责条款无效：（一）造成对方人身伤害的；（二）因故意或者重大过失造成对方财产损失的。"由此看见，人身伤害不适用免责，这是为了更好地保护人身权利不受侵害。对故意或者重大过失造成的财产损害也不适用免责。因为故意或者重大过失损害他人的财产明显具有违法性，构成侵权行为，甚至构成犯罪，也破坏基本道德，因此不得约定免责条款。另外，对于格式条款或者格式合同中的免责条款，法律也作出规制。《合同法》第40条规定，提供格式条款一方免除其责任、加重对方责任、排除对方主要权利的，该条款无效。

区分赋责条款与免责条款，当事人在订立合同中，根据需要不仅可以订立确定其承担义务和责任的条款，也可以订立免责条款。特别是免责条款的适用，可以合理分摊风险、避免纠纷、鼓励交易，促进经济发展。但是订立免责条款，不得损害国家、社会公共利益和第三人利益，不得免除损害对方人身权益的责任，也不得免除故意或者重大过失损害对方财产权的责任，提出格式条款的一方不得免除自己的责任，加重对方的责任。

二、合同一般包括的条款

合同一般包括的条款是指在一般情况下合同都可能具有的条款，但并不是合同都必须具备的条款。合同具有了这些条款，有利于较好地明确其权利义务关系，避免在明确其权利义务关系方面的条款漏洞；但不具备其中的某些条款除非为合同成立所必要，也不导致合同的不成立。我国《合同法》第12条规定："一般合同包括以下条款：（一）当事人的名称或者姓名和住所；（二）标的；（三）数量；（四）质量；（五）价款或者报酬；（六）履行期限、地点和方式；（七）违约责任；（八）解决争议的办法。当事人可以参照各类合同的示范文本订立合同。"依据法律的提示，当事人根据需要，以意思自由决定合同条款的内容，可以参照各类合同的示范文本订立合同。在法律提示的一般包括的条款之外，当事人还可以增加其他条款。

（一）当事人的名称或者姓名和住所

以确定当事人的名称或者姓名和住所为内容的条款就是合同的主体条款或者当事人条款。合同必须要有两个或者两个以上的当事人。合同中首先应当对当事人的姓名、名称和住所加以确定。在书面合同中除了在合同书的开头写明当事人的名称、姓名和住所等事项外，在合同书的结尾，还要当事人或者其代理人签名或者盖章。

（二）标的

标的是合同当事人的权利义务指向的对象。没有标的当事人的权利义务就没有指向，当事人的民事生活目的就无法明确和实现。因此标的是合同的必要条款。没有规定标的条款的合同不能成立。例如，在物权移转或者物的用益类合同中，标的就是物的所有权或者使用权，称之为标的物。例如，房屋买卖合同的标的物就是房屋的所有权，房屋租赁合同的标的物就是房屋的使用权。在承揽合同中标的物是应当完成并交付的工作成果。在劳务类合同中是完成一定的劳务的行为。在合同订立过程中，应当写明标的物或者劳务的具体名称，使之确定。

（三）数量和质量

数量是对合同标的的量化，是衡量和确定合同当事人权利义务大小或者多少的额度。只有数量确定，合同当事人的权利义务才能明确。数量条款确定是合同能够履行的前提条件。数量条款的订立应当根据合同标的的特点，明确其具体的能够固定的数量，或者明确计量的单位和方法，在计量方法上还应当明确合理的损耗等原因导致的合理磅差和尾差。对于计量方法在解释上必须确定，不得有歧义。例如，对于标的计量要符合标的度量衡特点，例如，电视机多少台、粮食多少千克、布匹多少米等。劳务量多少日多少小时，计件劳务多少件等。要明确总量，还要明确分量，总量和分量要相互一致。

（四）质量

合同的质量条款是规定合同标的质量的条款。合同标的的质量是标的的内在品质和规格的具体化和确定化，以物为标的的合同的质量条款是对标的物的物理的或者化学的性能的具体要求，以劳务为标的的合同的质量条款是对劳务行为的规程及其行为结果的评价要求的具体化。如果说数量条款是衡量权利义务大小或者多少的依据，质量条款则是衡量和评价当事人履行义务的好坏和优劣的依据。只有特定质量的标的才能满足当事人特定的民事生活目的。因此，质量条款的确定关系当事人权利实现和义务人的义务履行。当事人订立合同一定要明确合同的质量条款。明确质量条款不仅要明确质量的具体标准，而且要明确质量检验的方法和程序。如果质量条款对标的质量无约定或者约定不明的，依据《合同法》第 61 条和第 62 条的规定，加以确定。依据《合同法》第 61 条规定，可以协议补充；不能达成协议的，按照合同的有关条款或者交易习惯确定。依据《合同法》第 62 条的规定，在依据第 61 条的规定仍不能确定的，按照国家标准、行业标准履行；没有国家标准、行业标准的，按照通常标准或者符合合同目的的特定标准履行。

（五）价款或者报酬

价款或者报酬条款是指明确合同标的物的价格或者劳务的酬金的条款。价款和酬金是合同当事人取得标的物或者得到劳务服务所应付出的对价，或者当事人履行义务所应当取得的回报，是合同当事人重要的权利义务内容以及当事人所要实现的合同目的。在有偿合同中价款或者酬金是合同的一项必要条款。价款和酬金一般是以货币或者金钱计算的。当事人在订立合同的过程中，应当订明合同的价款或者酬金条款。应当明确计价方法、明确单价和总价、明确货币的种类。在我国的国内交易中，一般是以人民币为单位计价和支付的。当事人在订立价款或者报酬条款中，应当遵守国家物价管理法律法规的规定，不得违反有关强制性的规定；在有关法律法规允许的范围内，当事人可以自由约定。当事人对价款条款无约定或者约定不明的，应当依据《合同法》第 61 条和第 62 条的规定，加以确定。依据《合同法》第 61 条规定，可以协议补充；不能达成协议的，按照合同的有关条款或者交易习惯确定。依据《合同法》第 62 条的规定，在依据第 61 条的规定仍不能确定的，按照订立合同时履行地的市场价格履行；依法应当执行政府定价的或者政府指导价的，按照规定执行。

（六）履行的期限、地点和方式

履行的期限、地点和方式条款是指表现当事人履行合同义务的期限地点和方式的条款。期限，指履行合同义务的时间界限，即当事人在什么时间开始履行义务、什么时间履行完毕，什么时间受领履行等；地点是指履行合同义务的空间所在，即在什么地方交付标的物、什么地方验收、什么地方受领等；方式是指履行合同义务的方式方法，例如，是一次性履行完毕还是分期分批履行，是送货、是自提还是代办托用，是空运还是陆运，采取什么包装等。履行期限、地点或者方式，是当事人权利义务的履行和实现的时间、地点和方式方法，关系到当事人合同目的的实现。例如，甲商场要求乙电器公司在4月份交付空调1 000台，从5月份起销售就能够实现其利润目的。如果乙电器公司迟延至8月份交货，对于甲销售公司的经济目的就无法实现。因此，合同的期限、地点和方式条款是合同的重要条款。当事人在订立合同中要依据各自的经济目的的实现要求订明合同的期限、地点和方式条款。这也是确定当事人是否在适当的时间、地点，以适当的方式履行合同义务的依据，是确定当事人的履行行为在时间、地点或者方式方法上是否构成违约的依据。因此，当事人在订立合同时应当约定明确，以免发生争议。如果当事人对于履行期限、地点和方式条款无约定或者约定不明的，应当依据《合同法》第61条和第62条的规定，加以确定。

（七）违约责任

违约责任条款是指约定当事人在违反合同约定的情况发生时，违约一方当事人应当向对方承担违约责任的合同条款。违约责任主要包括继续履行合同义务、采取补救措施和赔偿损失等。违约责任条款的意义在于强化合同的法律责任，以保证合同的履行。对于违约方，违约责任具有惩罚的作用，从而通过事先约定以增强义务人的合同责任性，督促其切实履行合同义务。对于权利人一方在遭受违约损害时则可以依据约定追究违约方的责任救济其权利。因而，违约责任条款对于合同当事人合同目的的实现具有重要的意义。当事人订立合同过程中，应当对违约责任作出约定。当事人可以事先约定一方违反合同时的违约责任形式，约定违约金数额、幅度、比例，可以事先约定损害赔偿额的计算方法或者具体数额，也可以约定违约时的免除责任的条件和事由。当事人约定了具体的违约责任条款，可以对当事人事先起到责任警示的作用，在发生了违约责任时也能够为责任的及时追究和纠纷的尽快解决提供依据和基础。但是当事人没有约定违约金的，也并不意味着违约当事人可以不负违约责任；当事人仍然可以依照法律规定的违约责任制度追究违约方的违约责任。

（八）解决争议的方法

解决争议的方法条款是指表现当事人约定的就他们之间关于合同内容的理解或者履行的争议的解决途径和方法的条款。这一条款的意义在于一旦发生合同纠纷，由于有实现关于争议解决方法的约定，从而确保当事人之间的合同纠纷能够及时得到解决。因此当事人订立合同时应当订立解决争议的方法条款。当事人可以约定的内容包括：约定合同纠纷是通过诉讼方式解决还是通过仲裁方式解决，如果当事人约定了采取仲裁方式解决争议，就排除了诉讼管辖；当事人约定仲裁条款或者另行达成仲裁协议的，一定要写明具体的仲裁机构的名称。当事人还可以约定如何选择适用的法律，如何选择管辖的法院等。例如在涉外合同中，当事人就可以选择适用中国法律或者外国的法律，但法律有限制性规定的则依照法律的规定。

当事人订立了解决争议的条款的就适用其条款解决其纠纷。当事人选择了仲裁的，就排除法院的管辖，只有在仲裁条款无效或者经仲裁但被法院裁定撤销仲裁裁决或者不予执行的才可以由法院管辖。但当事人约定了调解或者和解方式解决争议的，并不排除法院的诉讼管辖。当事人没有约定解决争议的方式的，当然可以通过诉讼方式解决纠纷。当事人约定的解决争议的方式条款具有独立性，即使合同无效的或者被撤销，争议解决方式条款仍然有效，仍可适用于其合同纠纷的解决。

三、合同其他条款

合同的其他条款是指相对于合同一般应当包括的条款而言，合同当事人特别约定的条款，也就是合同一般不具有，只有当事人特别约定时才具有的条款。当事人订立合同时可以根据其特定要求订立一般应当包括的条款以外的条款。例如，约定担保条款、约定采取公证的条款。

四、当事人订立合同对合同示范文本的参照

我国《合同法》第 12 条第 2 款规定，当事人可以参照各类合同的示范文本订立合同。所谓合同的示范文本就是由有关机构依据各类合同的特定事项拟定的合同一般应当包括的条款的表述样本，以对当事人订立合同起示范指导作用。它只是为当事人订立合同提供了可以参考的范本，本身并不具有强制作用。合同示范文本也不是格式合同，在订立合同过程中双方当事人仍然要对合同条款协商。法律之所以规定当事人可以参照各类合同示范文本订立合同就是因为示范文本是有关合同应当包括的一般条款的正确表述的经验的总结，是对有关条款的比较成熟和规范的表述，它能对当事人订立合同起到指导作用。

第四节　合同的形式

一、合同形式的概念

合同的形式是指合同当事人订立合同的意思表示的表达方式以及法律规定或者当事人约定的合同成立或者生效的要件。可见合同的形式包括两方面：一方面是合同内容的表现形式，一方面是合同的成立或者生效的要件形式。作为前者是一般合同都应具有的一定的形式，因为合同是当事人意思表示一致的产物，是当事人明确相互权利义务关系的协议，离开了一定的形式当事人就无法进行意思表示，就不可能有合同。后者则只是要式合同具有的形式，例如，法律规定或者当事人约定就合同条款达成合意后，还必须办理公证，或者经过主管机关的审批才能生效。这些形式的具备不在于对当事人合意的表达，而在于作为当事人意思表示一致的标志决定合同的成立或者作为决定当事人合意生效的要件。当然这两方面不是绝对的，当法律规定或者当事人约定的意思表示必须采用某种形式，并将这种形式的具备作为合同成立或者生效的要件时，这种形式就不仅是合同的内容的表达形式，也是合同成立或者生效的要件形式。

在这里，应当区分合同的法定形式和约定形式。法律、行政法规规定当事人订立合同

必须采用的形式或者合同成立或者生效必须具备的要件，就是合同的法定形式。当事人自由约定采用的合同形式就是合同的约定形式。合同的法定形式是法律的强制性规定，当事人不可自由选择或者排除其适用。除法律、行政法规对合同形式的强制性规定外，合同形式都由当事人自由选择。我国《合同法》第 10 条规定：“当事人订立合同有书面形式、口头形式和其他形式。法律、行政法规规定应当采用书面形式的，应当采用书面形式。当事人约定采用书面形式的，应当采用书面形式。”由此可见，当事人订立合同的形式主要有书面形式、口头形式和其他形式。

二、合同的书面形式

合同的书面形式，是指当事人订立合同时以文字有形地表达和记载其意思表示内容及其达成的合意。例如，合同书、信件、数据电文等都是有形的文字表达形式，是合同的书面形式。《合同法》第 11 条规定：“书面形式是指合同书、信件以及数据电文（包括电报、电传、传真、电子数据交换和电子邮件）等可以有形地表现所载内容的形式。”可见，合同的书面形式主要有以下三种：

（一）合同书

合同书是指记载合同条款并经当事人签字或盖章的文书。合同书是主要的合同书面形式，合同书具有以下特点：一是合同书是书面文件，有文字凭据；二是合同书必须记载合同条款，它可以是记载合同全部条款的文书，也可以是记载着合同一项或者几项条款的文书；这样一个合同就可以是一份合同书，也可以是几份合同书。三是合同书必须经当事人签字或者盖章。

（二）信件

作为合同书面形式的信件是指当事人为明确合同的条款进行书信交往所形成的记载合同条款的书面文件。信件是一方当事人发给对方当事人的关于合同条款的意思表示，因此，一般只有一方当事人签字，但各方当事人的来往信件就合同的条款意思表示一致的，则表明他们之间订立了该项合同条款。例如，一方当事人的要约信与对方当事人答复要约的承诺信就可以构成合同的书面形式。如果一方当事人关于合同条款的书信，对方当事人在其上签字同意的则转化为合同书。依据《合同法》第 33 条规定，当事人采用信件形式订立合同的，可以要求在合同成立之前签订确认书，签订确认书时合同成立。确认书就是以书面形式对信件记载的合同条款予以确认的文书。

（三）数据电文

依据《合同法》第 11 条的规定，数据电文是指以数字技术和电子通信手段记载合同条款的书面形式，包括电报、电传、传真、电子数据交换和电子邮件。电子数据可以有形地记载和表现合同的条款，因而，可以作为合同的书面形式。但是由于数据电文作为合同的书面形式存在着电子签字上的技术难题，以及电子文件的易更改特点难以确定电子文件的原件的存在，而且一份合同往往有多份往来电子文件才能明确当事人的权利义务关系。因此，《合同法》第 33 条规定，当事人采用数据电文订立合同的，可以在合同成立之前要求签订确认书。签订确认书时合同成立。

三、合同的口头形式

合同的口头形式，是指当事人采用口头对话的方式进行意思表示订立合同，而不用文字等书面形式记载合同内容。口头形式的特点是简便易行，节约缔约成本；其缺点是发生纠纷时举证困难，难以查明纠纷真实情况。一般适用于能够及时履行结清的合同。

四、合同的其他形式

合同的其他形式，是指合同的口头形式、书面形式以外的形式。例如，合同的推定形式，就是当事人不用口头对话和书面文字表达其意思表示，而是以特定的行为推定其意思表示，推定其意思表示一致的合同成立。例如，我国《合同法》第 36 条规定："法律、行政法规或者当事人约定采用书面形式订立合同，当事人未采用书面形式但一方已经履行主要义务，对方接受的，该合同成立。"《最高人民法院关于适用中华人民共和国合同法若干问题的解释（二）》第 2 条规定："当事人未以书面形式或者口头形式订立合同，但从双方从事的民事行为能够推定双方有订立合同意愿的，人民法院可以认定是以合同法第十条第一款中的"其他形式"订立的合同。但法律另有规定的除外。"第 3 条规定："悬赏人以公开方式声明对完成一定行为的人支付报酬，完成特定行为的人请求悬赏人支付报酬的，人民法院依法予以支持。但悬赏有合同法第五十二条规定情形的除外。"

第五节　合同订立的程序

当事人订立合同是按照法律规定的程序进行意思表示，明确其民事权利义务关系的活动。当事人围绕合同条款相互进行意思表示的方式，并就合同条款达成一致的顺序环节或者阶段，就是合同的订立程序。依据合同法的规定，合同订立的程序分为两个阶段——要约和承诺。

一、要约

（一）要约的概念和性质

要约的概念在我国《合同法》第 14 条作了规定，该条规定："要约是希望和他人订立合同的意思表示。"订立合同是双方或者多方的法律行为活动，发出要约的一方当事人就是要约人，受领要约的当事人就是受要约人或者称受约人。要约就是要约人向受约人发出的希望与其订立合同的意思表示。

要约是合同法律行为形成中的一个要素，没有要约不可能成立合同法律行为，但要约本身并不是法律行为，因为要约本身并不能引起合同成立的法律后果，也就是不能发生当事人意思表示所欲求的法律效果，它只是一方当事人的意思表示。当然要约作为订立合同的意思表示具有法律意义，因为它是包含合同条款以及订立合同诚意的意思表示，一旦被对方接受就要引起合同成立的法律效果。因此要约具有意思表示的约束力，应当适用法律关于意思表示的规定。

（二）要约的构成要件

要约的构成要件是指一项意思表示是否构成要约应当具备的条件，也就是当事人的意思表示发生要约效力的条件。要约应当同时具备以下条件：

（1）要约必须是由具有订约能力的特定当事人作出的意思表示。合同是特定当事人之间的协议。订立合同的要约意思表示必须由特定的当事人提出，特定的要约人向对方当事人发出希望与其订立合同的意思表示，对方当事人一旦承诺，就在特定当事人之间成立合同关系。因此首先是要约人特定，才有特定当事人之间的合同订立活动。要约是订立合同的意思表示行为，目的在于成立合同法律行为，因此，要约人必须具有相应的民事行为能力。当事人具有订立合同的相应民事行为能力也就是具备订约能力。要约人可以自己为要约意思表示，也可以委托代理人代理为要约意思表示。因此特定的要约人具有相应的民事行为能力作出的要约，或者代理人在代理权限范围内以被代理人的名义作出的要约，才可以是有效的要约。

（2）要约必须向相对人发出。要约是要约人希望与对方当事人订立合同的意思表示，因此只有向对方当事人发出，对方才能知晓，才有可能经对方同意而成立合同。对方当事人就是受要约方当事人。受要约人一般是特定的，也可以是不特定的。要约人向不特定的人发出要约，就是希望与其中的任何一个可以特定的人订立合同。其中有特定的承诺人承诺要约时就在他们之间成立合同。例如，商店的营业柜台的明码标价行为就是向不特定的顾客发出要约，其中有特定的顾客承诺时，即在商店与该顾客之间成立买卖合同。要约人向不特定的相对人发出要约的应当明确限定与最先承诺者成立合同，或者要具有与多个承诺者分别成立合同的能力，否则，要约人应当对由此产生的不利后果承担责任。

（3）要约必须具有与他人订立合同的愿望。我国《合同法》第 14 条规定，要约是希望与他人订立合同的意思表示，应当表明经受要约人承诺，要约人即受该意思表示约束。这就是说要约要表达愿意与对方订立合同的愿望、诚意和决心。这表明要约是可以承诺的，具备了对方承诺的基础，对方一旦承诺就可以成立合同。如果一项提议没有表达与对方订立合同的诚意和决心，只是了解对方有没有与自己订立合同的意向，或者只是引诱对方向自己发出要约，或者表达自己准备订立合同，这样的提议就不是要约。

（4）要约要具有具体确定的内容。《合同法》第 14 条规定，要约意思表示应当内容具体确定。所谓要约应当具有具体确定的内容就是要约应当具备订立合同的必要条款，条款的内容具体确定。只有这样的意思表示，对方当事人才能理解，从而作出是否承诺的决定。一旦承诺，即能成立合同，能够明确当事人的民事权利义务。

（5）要约发生效力的条件是到达受要约人。《合同法》第 16 条规定，要约到达受要约人时生效。所谓到达受要约人时生效就是说要约到达受要约人时，对要约人产生法律拘束力，要约人不得撤回要约。

（三）要约与要约邀请的区别

我国《合同法》第 15 条规定，要约邀请是希望他人向自己发出要约的意思表示。可见要约邀请与要约虽有联系，但不同于要约，其区别是：

（1）要约是要约人希望与他人订立合同的意思表示，即直接是要约人自己向他人提出要约，直接以订立合同为目的；而要约邀请是要约邀请人邀请他人向自己发出要约的意思表示，以得到他人的要约为目的，因而，其处于合同订立的准备阶段，本身还不是订立合同的行为，要约邀请的意思表示尚不是订立合同的法律行为意思表示。

（2）要约包括订立合同的必要条款，其内容具体确定。要约邀请则不一定含有决定合同成立的必要条款，其内容未必是具体确定的。例如，甲单位向乙电脑销售公司发函表示欲购一批电脑请派业务员面谈，这就是要约邀请而不是要约，因为欲购电脑的品牌、数量等事宜均不具体、不确定。

（3）要约应当表明经受要约人承诺，要约人即受该意思表示约束；而要约邀请并不表达这样的意思。例如，甲单位欲购乙电脑销售公司电脑，只表达了愿意与乙公司商谈的意思，并没有表达只要乙公司承诺就受约束的意思。

（4）要约一般是向特定的相对人发出，多采用函电、通话、面谈等方式，而要约邀请一般是针对不特定多数人发出的，所以在形式上多为广告等形式。《合同法》第 15 条规定，寄送的价目表、拍卖公告、招标公告、招股说明书、商业广告等为要约邀请。这就说明这些形式一般是要约邀请而不是要约。只有当商业广告的内容符合要约规定的，才将其视为要约。所谓商业广告内容符合要约规定就是指符合《合同法》第 14 条的规定：内容具体确定；表明经受要约人承诺，要约人即受该意思表示约束。例如，商业广告包含了决定合同得以成立的必要条款，广告人表示希望订立合同愿意受法律的约束，只要对方当事人承诺就成立合同。这样的商业广告就是要约。

（四）要约的生效及效力存在期间

1. 要约生效及要约效力存在期间的概念

要约的生效就是指要约的法律效力的发生，要约发生法律效力就是指要约对于要约人和受要约人发生了法律的拘束力。要约效力的存在期间，是指要约效力发生至失效的期间，是要约对于当事人具有拘束力的期间，在要约效力存在期间，要约人受要约效力的拘束，受要约人承诺的，必须与其订立合同；受要约人在要约效力存在期间承诺的，即成立合同；不在此期间承诺的，要约失效，其承诺不具有承诺效力。

2. 要约效力的内容及意义

首先要约对于要约人具有拘束力，指要约到达受要约人后生效，要约人不得撤回要约，也不得随意撤销要约或者随意变更要约内容。要约具有这样的约束力是合同订立过程中诚实信用原则的基本要求，是要约得以承诺的基础，这对于维护受要约方当事人的合法权益，维护交易安全具有重要的意义。否则，要约人发出要约后，不受要约拘束，随意撤回或者撤销要约或者变更要约内容，受要约人就无法信任要约，也就无法作出承诺；如果受要约人相信要约准备承诺而拒绝了其他要约的情况下，要约人若再撤回要约或者撤销或者变更要约，致使合同不能订立的情况下，受要约人就会蒙受失去订约机会的损失。因此要求要约人受要约的法律拘束是完全必要的。

其次，要约对于受要约人也具有法律的拘束力。它是指收到要约的受要约人在要约生效后即成为适格的承诺人，具有能够作出承诺使合同成立的法律地位。受要约人在要约生效后一旦承诺，就要在要约人与受要约人之间成立合同关系。如果在要约有效期间，受要约人不作出承诺，则丧失承诺资格。要约的目的就是希望受要约人承诺以成立合同关系，承诺与否完全是受要约人的权利，但是这种权利也仅仅在要约生效和有效期间内行使，一且在承诺前要约失效，受要约人则丧失适格承诺人的地位。这对于维护要约人的权利、促进交易是完全必要的。如果不规定要约对于受要约人的拘束力，任其处于是否承诺的考虑之中而久拖不决，则不利于要约人利益的实现和交易的迅速进行。因此，受要约人也必须受要约效力的约束，要么在要约有效期间作出承诺以成立合同；要么随要约失效丧失承诺之适格地位。

由此可以看出，要约的生效及其效力存在期间对于双方当事人的利益及交易的迅捷和安全都具有重要的意义。

3. 要约生效的时间

对此，大陆法系国家大多采取要约到达受要约人作为要约生效的时间。我国《合同法》第16条第1款明确规定：“要约到达受要约人时生效。”所谓到达受要约人是指要约到达受要约人所能够控制的地方或者处于受要约人所能够控制的状态下。只要在客观上要约已经处在受要约人能够控制的状态下就认为到达受要约人，至于要约人是否主观上已经知悉要约内容则不影响对到达的认定及要约的效力。要约方式及其送达方式的不同，到达的方式也不同。口头要约，一般是当面对话或者电话通话，因此直接到达对方。书面要约采用直接送达方式发出要约的，通常将记载要约的文件交给受要约人时即为到达；采用普通邮寄送达方式的，通常以受要约人收到要约文件或者要约送达到受要约人的信箱的时间为到达时间。采用数据电文形式订立合同，依据《合同法》第16条第2款的规定，收件人指定特定系统接收数据电文的，该数据电文进入该特定系统的时间，视为到达时间；未指定特定系统的，该数据电文进入收件人的任何系统的首次时间，视为到达时间。

4. 要约效力存在期间的确定

邀约效力的存在期间的确定分为两种情况。一种情况是要约人在要约中规定了要约的答复期间，也即承诺期间，承诺期间就是要约效力的存在期间。另一种情况是要约人在要约中没有规定对要约的承诺期间，此时，则应当依据通常惯例确定。例如，如果采取口头要约以对话方式作出的，受要约人就应当立即承诺，才对要约人具有拘束力；否则，要约随对方的不承诺即失效。对于书面要约则应当依据通常情况下受要约人能够收到要约的时间及其考虑并回复要约的合理时间确定要约的效力存在期间。这就包括，要约人发出要约通常到达受要约人所在地的必要时间；受要约人考虑作出是否承诺决断的必要时间；受要约人承诺发出后到达要约人必要的在途时间。这三个方面必要时间的总和就是要约效力存在的合理期间。在这个合理期间如果受要约人不承诺的，要约失效。

（五）要约的撤回

要约的撤回就是在要约发生法律效力之前，要约人通知受要约人取消要约的意思表示。合同法贯彻当事人意思自治原则，即使在要约意思表示已经发出但尚未生效以前，也允许当事人以其意思表示取消要约，阻止其生效。这样就能够使当事人更进一步地周全考虑和处置其事务，作出最佳选择，避免因一时考虑不周可能遭受的风险。既然要约是要约人的意思表示，就应当允许其以意思表示撤回，而且在要约未到达受要约人发生效力以前撤回对于受要约人也没有任何损害。因此，《合同法》第17条明确规定要约可以撤回。同时强调撤回要约的通知应当在要约到达受要约人之前或者与要约同时到达受要约人。

（六）要约的撤销

要约的撤销是指在要约发生法律效力之后，在受要约人尚未承诺之前，要约人通知受要约人取消要约的法律效力的意思表示。可见，要约的撤销与要约的撤回不同。撤回的是尚未发生效力的要约；而撤销的是已经发生法律效力的要约，因而实质上撤销的是要约的法律效力。既然要约已经发生法律效力，要约人就要受要约的拘束。但是，如果将要约效力绝对化，任何情况下都不允许要约人撤销已经生效的要约也是不符合实际的，因为要约虽然生效但受要约人还没有承诺以前使其失效也并不必然对受要约人产生损害，而且允许要约人撤销要约能够使其依据市场变化灵活处置其交易事务，避免因一时考虑不周可能遭受的风险。因此，在要约生效以后，要约人也可以撤销要约。但是对要约的撤销毕竟是在要约已经生效的情况下发生的，因此，以要约的效力为基础，对要约的撤销应当作出严格的限定。这表现在：

（1）《合同法》第 18 条规定，撤销要约的通知应当在受要约人发出承诺通知之前到达受要约人。因为撤销要约是在要约已经生效的情况下进行的，依据要约的效力，受要约人处于适格承诺人的地位，其一旦承诺，合同就成立。此时，要约人就必须受要约效力的拘束，与对方成立合同，而不得撤销要约；在合同已经成立的情况下，如果要约人再要撤销要约，就构成违约。

（2）法律规定了要约不得撤销的情形。我国《合同法》第 19 条规定："有下列情形之一的，要约不得撤销：（一）要约人确定了承诺期限或者以其他形式明示要约不得撤销；（二）受要约人有理由认为要约是不可撤销的，并已经为履行合同作了准备工作。"可见在法律规定的这两种情形下，要约人不得撤销要约。

要约人在要约中规定的承诺的期间就是要约效力的存在期间，确定承诺期间的意义就是要约人向受要约人表明在确定的承诺期间内他不会撤销要约，受要约人就会基于承诺期间的效力，充分的考虑是否承诺，在其准备承诺时，甚至为履行做准备。因此在这种情况下，要约人就不得撤销要约，否则，如果允许要约人撤销要约，就破坏了承诺期间效力的确定性。要约人以其他方式明示要约不得撤销的，是指要约人在明确规定承诺期间以外以其他方式明确要约不得撤销，例如，要约人在书面要约中用文字写明"此要约不得撤销"。

受要约人有理由认为要约是不可撤销的，是指虽然要约没有规定承诺期限，也没有明确表明要约不得撤销，受要约人依据要约内容判断相信该要约是不可撤销的情况。可见这是以受要约人的主观判断为依据的，只要受要约人有合理的理由认为要约不得撤销，并且为履行作了准备，要约人就不得撤销要约。这是对受要约人信赖利益的保护。例如，受要约人从要约内容推测该要约不得撤销，即使在理解上有歧义，也应当按照受要约人的理解，保护其信赖利益，如果其为履行作了准备的，该要约就不得撤销。

（七）要约的失效

要约的失效，就是要约法律效力的消灭，是指要约对于要约人或受要约人的法律拘束力丧失，不再具有拘束力，要约人和受要约人不再受要约的约束。依据我国《合同法》第 20 条的规定，有下列情形之一的，要约失效：

1. 拒绝要约的通知到达要约人

拒绝要约的通知是指受要约人通知要约人不接受要约的意思表示。拒绝要约的通知到达要约人是指到达要约人控制的地方或者状态。

2. 要约人依法撤销要约

要约人依法撤销要约是指要约人按照法律的规定撤销了要约的法律效力，因此要约失效。

3. 承诺期限届满，受要约人未作出承诺

要约规定的承诺期间或者依据交易惯例确定的合理的承诺期间就是要约效力的存在期间。在此期间内，受要约人没有作出承诺，就是对要约的拒绝，在承诺期间届满时，要约的效力即消灭。

4. 受要约人对要约的内容作出实质性变更

受要约人对要约内容作出实质性的变更，就是受要约人向要约人发出的新要约，也就是对原要约的拒绝，因此，原要约失效。所谓对要约内容作出实质性变更是指受要约人对要约提出的合同条款作出了与要约人意思不同的意思表示，其内容与原要约有明显不同。例如，将要约提议的合同的标的、数量、质量、价款或者报酬、履行期限、履行地点和方式、违约责任、争议解决方式等条款作出扩大、限制或者改变的，就是对邀约内容的实质性变更。“如果在受要约人作出的承诺通知中，并没有更改要约的实质内容，只是对要约的非实质性内容予以变更，而要约人又没有及时反对，则此种承诺不应视为对要约的拒绝。但如果要约人事先声明要约的任何内容都不得改变，则受要约人更改要约的非实质性内容，也会产生拒绝要约的效果。”①

二、承诺

（一）承诺的概念和性质

我国《合同法》第21条规定，承诺是受要约人同意要约的意思表示。要约是希望和他人订立合同的意思表示，那么对要约意思表示的同意就是同意与要约人订立合同。因此，承诺是受要约人同意要约人的要约，从而与要约人订合同的意思表示。

承诺本身并不是合同法律行为，它只是构成合同法律行为意思表示的一个要素，要约的意思表示是合同法律行为意思表示的基础要素，承诺意思表示则是合同法律行为成立的意思表示的决定要素。要约意思表示和承诺意思表示的结合构成合同法律行为。

（二）承诺的条件

承诺是受要约人同意要约的意思表示，其效果是引起合同的成立。承诺引起合同的成立必须符合一定的条件。

1. 承诺必须由受要约人向要约人作出

合同是双方或者多方法律行为。要约和承诺是订立合同的法律行为的意思表示，要约经特定的要约人发出到达特定的受要约人即发生要约的法律效力，要约人必须受要约的拘束，经受要约人承诺必须与其成立合同；受要约人即取得适格承诺人的地位，一旦向要约人承诺即成立合同。因此承诺只能由受要约人向要约人承诺才能引起合同的成立。

---

① 王利明、房绍坤、王轶：《合同法》，中国人民大学出版社2007年版，第61页。

2. 承诺的内容应当与要约的内容一致

因为承诺是受要约人同意要约的意思表示。既然同意要约的内容，所以二者的内容应当是一致的。依据我国《合同法》第 30 条规定：“承诺的内容应当与要约的内容一致。受要约人对要约的内容人作出实质性变更的，为新要约。有关合同标的、数量、质量、价款或者报酬、履行期限、履行地点和方式、违约责任和争议解决方法等的变更，是对邀约内容的实质性变更。”《合同法》第 31 条规定：“承诺对要约的内容作出非实质性变更的，除要约人及时表示反对或者要约表明承诺不得对要约的内容作出任何变更的以外，该承诺有效，合同的内容以承诺的内容为准。”可见如果承诺变更了要约的实质内容，就不是承诺而是新的要约，要约就失效了。如果承诺是对要约的非实质性内容的变更，除非要约人事先声明不得变更或者收到承诺后及时反对，否则不认为与要约内容不一致，应是与要约内容一致的要约。在这里非实质性的变更是指在实质性条款以外对合同内容的补充、限制或者修改等。例如，增加对实质性条款的说明、对当事人依法本应承担的义务的明确等。

3. 承诺应当在规定的期限内到达要约人

要约效力的存在期间就是承诺的期间。受要约人应当在要约有效期间作出承诺并到达要约人，才能发生承诺的效力。依据《合同法》第 23 条规定，要约人在要约中明确确定了承诺期限的，承诺应当在要约确定的期限内到达要约人。要约没有确定承诺期限的，承诺应当依照下列规定到达：要约以对话方式作出的，除当事人另有约定外，应当即时作出承诺；要约以非对话方式作出的，承诺应当在合理的期限以内到达。所谓合理期限，就是根据一般交易习惯，发出要约到达受要约人的合理期限，受要约人收到要约以后的考虑决定期限，以及发出承诺到达要约人的期限。合理确定的这三个期限的总时间就是合理的期限。

关于承诺期限的计算，依据我国《合同法》第 24 条的规定：“要约以信件或者电报作出的，承诺期限自信件载明的日期或者电报交发之日开始计算。信件未载明日期的，自投寄该信件的邮戳日期开始计算。要约以电话、传真等快速通讯方式作出的，承诺期限自要约到达受要约人时开始计算。”所谓到达要约人就是指承诺到达要约人能够控制的地方或者处于要约人能够控制的状态。

依据《合同法》第 28 条的规定，如果受要约人逾期发出承诺，要约已经失效，就不能产生承诺的效力，对这种迟到的承诺，除要约人及时通知该承诺有效外，只能看作新的要约。依据《合同法》第 29 条的规定，如果受要约人在承诺期限内发出承诺，按照通常情形能够即时到达要约人，但因其他原因承诺到达要约人时超过承诺期限的，除要约人及时通知受要约人因承诺超过期限不接受该承诺的以外，该承诺有效。这是对迟延的承诺效力的规定。由这两条规定可以看出承诺迟延与承诺的迟到都是在承诺期限过了以后到达要约人的，但二者存在区别：承诺的迟到是指受要约人在承诺期限届满后发出的承诺，对此除要约人及时通知受要约人该承诺有效外，为新要约；承诺迟延是指受要约人发出承诺在承诺期限，因其他原因承诺到达要约人时超过了承诺期限，对此，除要约人及时通知受约人不接受该承诺外，该承诺有效。

4. 承诺的方式必须符合要约的规定

承诺的方式就是受要约人以什么方式将同意要约以与对方订立合同的意思表示送达给

要约人。依据我国《合同法》第22条的规定，承诺应当以通知的方式作出，但根据交易习惯或者要约表明可以通过行为作出承诺的除外。可见，承诺的方式主要有两种方式即通知承诺的方式和行为承诺的方式。所谓通知承诺的方式是指受要约人以对话、信件、电报、电传、电子邮件等方式明确地向要约人告知和送达承诺的意思表示。行为承诺的方式是指根据交易习惯或者要约表明可以通过行为承诺的情况下，受要约人作出一定的行为表达对要约的同意。可见承诺都是以积极的方式作出的，不得以沉默方式作出。即使以行为方式作出承诺也应当由受要约人作出一定的行为。通知等明示方式是承诺的主要方式，行为方式必须是依据交易习惯或者要约表明可以的情况下才使用的。承诺采取什么方式首先应当看要约对承诺方式有无要求。如果要约对承诺方式有要求的，受要约人必须采用要约要求的承诺方式作出的承诺才是有效的。如果要约对承诺方式没有特殊要求，受要约人采取的承诺方式符合《合同法》第22条的规定即可。

(三) 承诺的生效

承诺的生效是指承诺的法律效力的发生。承诺发生法律效力就是合同的成立。我国《合同法》第25条规定：“承诺生效时合同成立。”那么承诺什么时间生效就关系到合同法律行为什么时间成立。关于承诺生效的时间，我国《合同法》第26条规定：“承诺通知到达要约人时生效。承诺不需要通知的，根据交易习惯或者要约的要求作出承诺行为时生效。”可见，承诺生效的时间有两种情况：承诺通知到达受要约人生效或者承诺行为作出时生效。承诺通知到达要约人时生效就是指承诺的通知到达要约人控制的地方或者处于其控制的状态承诺发生效力。《合同法》第26条规定，采用数据电文订立合同的，承诺到达的时间适用我国《合同法》第16条第2款的规定，即如果收件人指定了特定系统的，该数据电文进入该特定系统的首次时间视为到达时间；收件人未指定特定系统的，数据电文进入收件人的任何系统的首次时间，视为到达时间。承诺通知到达要约人生效是承诺生效的一般情况，在特定情况下，以交易习惯或者要约要求的承诺行为在事实上的作出，承诺方可生效。

(四) 承诺的撤回

承诺的撤回是指受要约人发出承诺后在承诺生效以前阻止或者消灭承诺发生效力的意思表示。我国《合同法》第27条规定：“承诺可以撤回。撤回承诺的通知应当在承诺通知到达要约人之前或者与承诺通知同时到达要约人。”可见承诺撤回的条件是在承诺生效以前，承诺生效以后合同即告成立，承诺就不能撤回。为此，就要求撤回承诺的通知必须在承诺通知到达要约人以前或者与承诺通知同时到达要约人。只有在符合这一条件下，允许受要约人撤回承诺才不会对要约人造成损害，才是正当的。

三、合同成立的特殊方式

合同成立的一般方式就是要约和承诺的方式，但在一些特殊情况下，当事人也采用其他方式成立合同。这种情况主要有以下几种：

(一) 依据国家下达的指令性计划签订合同

我国《合同法》第38条规定：“国家根据需要下达指令性计划任务或者国家订货任务的，有关法人、其他组织之间应当依照有关法律、行政法规规定的权利义务订立合同。”这是为了保证国家下达的国防军工、重点建设、国家战略储备、抗击自然灾害的紧急需要等指令性计划任务和订货任务，强制规定的有关法人、其他组织的义务，依据指令性计划或者国家订货任务订立合同不同于一般的要约和承诺方式，它具有强制性。

（二）交叉要约

交叉要约是指合同当事人采取非直接对话的方式，相互作出了关于订立同一合同对应内容的要约。例如，甲向乙发函推销某产品，乙正好向甲去函求购该产品，而且报价甲也接受。由于对应的要约内容相互一致，则具有已经承诺的作用，因此应当成立合同。

（三）同时表示

同时表示与交叉要约本质上相同，所不同的是交叉要约是在非直接对话的情况下发生的，而同时表示是在对话方式下发生的。① 对话的双方当事人无先后之别，同时向对方为同一对应内容的要约意思表示。

（四）履行成立

履行成立是指当事人通过履行合同的主要义务成立合同。也就是没有经过法律规定或者当事人约定的形式的要约和承诺直接履行了合同的主要权利义务，从而合同成立。我国《合同法》第36条规定：“法律、行政法规规定或者当事人约定采用书面形式订立合同，当事人未采用书面形式但一方已经履行了主要义务，对方接受的，该合同成立。”这实质上是以履行的事实对法律、行政法规规定的或者当事人约定的合同形式对合同成立的决定作用的否定。本来要式合同在不具备法律、行政法规规定的或者当事人约定的形式的情况下不能成立。但强调必要形式的意义在于为了明确当事人的意思以更好地履行合同，防止履行过程中出现纠纷。形式服务于目的。既然当事人已经履行了合同的主要义务，对方也接受了履行，说明其对履行的事实没有异议，因此再坚持采用书面形式也就没有意义了。

第六节　合同成立的时间和地点

一、合同成立的时间

合同成立的时间就是合同各方当事人的意思表示达成一致的时间，或者对于要物合同和要式合同所要求的标的物的交付或者特定方式的完成的时间。合同成立的时间是在事实上确定合同是否存在，当事人权利义务关系是否确立的时间界限，也是合同法律效力发生的基础。因此，确定合同成立的时间对于当事人的权利义务的实现具有重大意义。

一般情况下，合同成立的时间是由承诺生效的时间决定的。（《合同法》第25条）承诺生效的时间是承诺的通知到达要约人时生效。承诺不需要通知的，根据交易习惯或者要约的要求做出承诺的行为时生效。（《合同法》第26条）但对于各种具体情况的合同成立时间的确定，应当依据当事人订立合同所采取的形式的不同具体确定。

（1）当事人采取口头对话方式要约承诺的，受要约人直接作出承诺就到达了要约人，承诺即生效，合同即告成立。

① 参见胡康生主编：《合同法实用问答》，中国商业出版社1999年版，第120页。

（2）依据《合同法》第 26 条第 2 款和第 16 条第 2 款的规定，采取数据电文形式订立合同的，如果收件人指定了特定系统的，该数据电文进入该特定系统的首次时间视为到达时间；收件人未指定特定系统的，数据电文进入收件人的任何系统的首次时间，视为到达时间。由此确定的承诺生效的时间，也就是合同成立的时间。

（3）《合同法》第 32 条规定，当事人采取合同书形式订立合同的，自双方当事人签字或者盖章时合同成立。合同书是记载合同内容的书面文书，包括合同确认书。当事人在合同书上签写姓名或者加盖公章的时间是合同成立的时间。《最高人民法院关于适用中华人民共和国合同法若干问题的解释（二）》第 5 条规定："当事人采用合同书形式订立合同的，应当签字或者盖章。当事人在合同书上摁手印的，人民法院应当认定其具有与签字或者盖章同等的法律效力。"

（4）《合同法》第 33 条规定，当事人采用信件、数据电文等形式订立合同的，可以在合同成立之前要求签订确认书。签订确认书时合同成立。信件、数据电文虽然也是订立合同的书面形式，但毕竟不是系统、规范和便于查阅的合同书面文本，而且还有可能记载于多次信件或者数据电文往来的文件中。因此为了更有效地明确当事人的权利义务关系，可以在事后订立确认书对信件、数据电文等形式所表达的当事人的意思表示的内容加以确认。确认书就是对采用信件、数据电文等形式订立的合同加以确认的合同书。签订确认书是在合同成立之前有当事人要求签订时，才签订的。如果在合同成立之前没有当事人要求签订确认书的，合同也可以信件、数据电文等形式成立。当事人要求签订确认书应当在合同成立以前，在其往来的信件中可以要求签订确认书，签订确认书就成为要约的一项内容，确认书的签订就是承诺。确认书签订时合同成立。确认书也是合同书，因此，应当自双方当事人签字或者盖章时合同成立。

（5）当事人约定或者法律、行政法规规定合同成立须办理公证、登记、审批等程序的，在完成相关手续时合同才能成立。

二、合同成立的地点

合同成立的地点是指合同成立事实发生的地方。合同成立的地点对于合同纠纷的管辖，以及涉外合同纠纷的法律适用的选择等问题都具有重要的意义。

（一）承诺生效的地点为合同成立的地点

依据我国《合同法》第 34 条的规定，承诺生效的地点为合同成立的地点。承诺到达要约人时生效。因此承诺的生效地点一般也就是要约人的所在地。要约人的所在地应当是要约人的主营业所在地；没有主营业地的，应当是其经常居住地。因此承诺到达要约人的主营业地的，以其主营业地为要约生效的地点，也就是合同成立的地点；承诺到达要约人的经常居住地的，其经常居住地就是承诺生效的地点，也就是合同成立的地点。

（二）要式合同的成立地点

一般情况下，承诺生效的地点就是合同成立的地点。但是，在要式合同中，如果承诺的生效地与完成合同成立的法定的或者当事人约定的必要程序的地点不一致，则以完成有关程序的地点为该要式合同的成立地点。

（三）采用数据电文形式订立的合同的成立地点

我国《合同法》第34条规定，采用数据电文形式订立合同的，收件人的主营业地为合同成立的地点；没有主营业地的，其经常居住地为合同成立的地点。当事人另有约定的，按照其约定。

（四）合同书形式订立的合同的成立地点

我国《合同法》第35条规定，当事人采用合同书形式订立合同的，双方当事人签字或者盖章的地点为合同成立的地点。如果双方当事人签字盖章不在同一地点的，以最后签字或者盖章的地点为合同成立的地点。《最高人民法院关于适用中华人民共和国合同法若干问题的解释（二）》第4条规定："采用书面形式订立合同，合同约定的签订地与实际签字或者盖章地点不符的，人民法院应当认定约定的签订地为合同签订地；合同没有约定签订地，双方当事人签字或者盖章不在同一地点的，人民法院应当认定最后签字或者盖章的地点为合同签订地。"

第七节　缔约过失责任

一、缔约过失责任的概念和构成要件

缔约过失责任是指在合同的订立过程中，一方当事人违反其依据诚实信用原则所应负的义务，从而造成对方当事人信赖利益损失，依据合同法所应当承担的损害赔偿法律责任。我国《合同法》第42、43条专门规定了缔约过失的各种类型及其责任。依据《合同法》第42、43条规定的精神，缔约过失责任的构成要件包括：

（一）缔约过失责任发生于当事人在合同的订立过程中的行为

我国《合同法》第42、43条都将"当事人在订立合同过程中"作为承担缔约过失责任的前提，只有在订立合同过程中当事人发生违反诚实信用义务的行为，才承担违约责任。所谓当事人在合同订立的过程中就是指各方当事人由交易外进入交易的谈判以缔结合同的过程中至合同成立的阶段。在这个过程中各方当事人由社会的一般人特定为具有密切联系的人，相互负有依据诚实信用原则产生诚信对待的义务，相互产生信赖利益。如果一方违反诚信义务，给对方当事人造成信赖利益损失的，他就要承担缔约过失的损害赔偿责任。如果合同已经成立后，在履行过程中发生的违约行为，则是承担违约责任的问题，而不适用缔约过失责任。

（二）缔约过失责任的依据是一方违反其依据诚实信用原则所应负的先合同义务

诚实信用原则是民法的基本原则，也是合同法的基本原则，不仅合同的履行，而且在合同的订立过程中当事人就应当遵守诚实信用的原则。依据诚实信用原则，在合同订立过程中当事人负有相互协助的义务、保护的义务、告知的义务、保密的义务、尊重对方意志自由的义务等义务，这是在合同成立之前当事人负有的先合同义务。一方当事人在订立合同的过程中实施了违反他依据诚实信用原则应当负有的先合同义务，是构成缔约过失责任的行为事实要件。例如，假借订立合同，恶意进行磋商；故意隐瞒与订立合同有关的重要事实或者提供虚假情况；不尽协力、通知等义务，不尽人身或者财产的保护义务等。这些

违反先合同义务的行为的发生是缔约过失责任发生的事实依据。

（三）一方违反先合同诚信义务的行为造成了他方信赖利益的损失

缔约过失责任是一种损害赔偿责任，它以信赖方当事人的信赖利益损失为前提。在合同订立过程中，一方违反先合同诚信义务破坏的是相互诚实和信赖的缔约关系和秩序，损害的是对方当事人基于对订约行为及其合同成立和有效的信赖而产生的利益，即信赖利益。所谓信赖利益是指在合同的订立过程中，各方当事人依据诚实信用原则基于相互信赖各方的缔约行为及其决定的合同的成立和有效而不受损害的利益。如果一方违反诚信义务，致使合同不成立或者无效而使对方当事人遭受损害的，也就是造成了守信一方当事人的信赖利益损失。例如，一方当事人信赖要约方当事人的要约意思表示的真实性，与其诚实地进行缔约谈判，拒绝了其他当事人的同类要约，结果该要约人并无真实的缔约意图，而是与对方恶意磋商，假意谈判，这就造成了对方当事人的缔约机会的损失。信赖利益的损失既可以是当事人信赖合同成立和有效而在合同不成立和无效时的直接财产减少而得不到补偿的损失，例如因缔约而支付的差旅费；也可以是当事人信赖合同成立和有效而在合同不成立或者无效或被撤销时失去的各种机会等应该增加而未增加的利益的损失。当事人在合同的订立过程中，只有一方当事人违反先合同诚信义务的行为造成了信赖一方的信赖利益损失，二者之间具有因果关系，才可以构成缔约过失责任。

（四）违反先合同诚信义务的当事人具有过错

缔约过失责任以缔约过程中，违反先合同诚信义务一方当事人的缔约过失为条件。所谓缔约过失也就是缔约过错，它是当事人违反先合同义务的主观心理状态，它包括了故意和过失。例如，欺诈、胁迫、泄露秘密等行为都是故意的行为，没有尽到保护义务则可能是过失的。只有在故意或者过失的主观心理状态支配下实施的违反先合同义务的行为才可以构成缔约过失责任。

只有同时具备以上四个方面的条件，当事人缔约过失责任才能构成。

二、缔约过失责任与其他法律责任的区别

（一）缔约过失责任与违约责任

缔约过失责任与违约责任都是合同法上规定的法律责任，但二者是不同的责任。主要区别如下：

（1）缔约过失责任发生在合同订立过程中，当事人构成缔约过失责任的行为是违反先合同义务的行为，其损害后果是所造成的信赖一方当事人的信赖利益损失。而违约责任发生在合同依法成立后，在合同的履行过程中，一方当事人违反有效的合同义务的违约行为，其损害是当事人所期待的合同履行利益的不能实现。因此，缔约过失责任多发生在合同的不成立、无效或者被撤销的情况下，而违约责任以合同的依法成立和有效、生效为前提。

（2）缔约过失责任是法定责任，由法律规定责任的构成和承担形式，不能由当事人自由约定；而违约责任是约定的法律责任，当事人可以约定违约后的损害赔偿的数额及其计算方法，也可以约定违约金，还可以约定免责的条件和事由。

（3）缔约过失责任的承担形式就是损害赔偿，而违约责任的形式包括继续履行、采取补救措施、赔偿损失、违约金等。

（二）缔约过失责任与侵权责任

缔约过失责任和侵权责任都是法律规定的责任，而不是由当事人约定的责任，而且都以损害赔偿为主要责任形式，但二者是不同的责任，其主要区别如下：

（1）缔约过失责任发生在缔约过程中特定的缔约关系人之间，他们依据诚实信用原则互负诚信缔约的先合同义务；而侵权责任的发生并不以当事人之间存在特定关系为前提。

（2）缔约过失责任的当事人的行为是违反依据诚实信用原则承担的诚信缔约的先合同义务的行为，所造成的损害后果是对方当事人的信赖利益损失。例如，合同不能成立时的订约费用、准备履行的费用、丧失订约机会。① 侵权责任的当事人实施的是侵权违法行为，违反了不得侵害他人的人身和财产权利的一般法定义务，所造成的是受害人的人身权或者财产权的固有利益损害或者损失。

（3）缔约过失责任的当事人的注意义务的程度要高于侵权领域。当事人为订立合同接触谈判之际，建立了密切联系的特殊信赖关系，依据诚实信用原则负有了协助、通知、照顾、保护、忠实等附随义务，也即先合同义务，因此要尽到应有之注意，诚实信用地履行这些义务，其注意义务的程度就高于侵权法上的一般人之间的注意义务。

（4）缔约过失责任的归责原则均以过错为原则，侵权法上的归责原则不限于过错原则，也有无过错原则。

（5）缔约过失责任对于侵权责任具有补充作用。在侵权责任发生后首先要适用侵权责任保护受害人；在侵权责任难以适用的情况下，而又存在缔约过失责任时，可以适用缔约过失责任，以弥补侵权责任的不足。例如，某甲到银行存款，在柜台前递款时被他人将款抢走，本应适用侵权责任，由侵权人赔偿甲的损失；如果抓不到侵权人，受害人甲就不能以侵权责任的适用获得赔偿，这时银行如果未尽到对客户的保护义务则可以适用缔约过失责任保护受害人的利益。②

三、缔约过失责任的类型

依据我国《合同法》第 42 条、第 43 条的规定，缔约过失责任主要有以下几种：

（一）假借订立合同，恶意进行磋商

在合同订立过程中，假借订立合同，是指一方当事人没有订立合同的真实意图，而以订立合同为幌子、为借口与对方当事人虚假进行缔约谈判，以实现其恶劣意图，损害对方利益。恶意进行磋商，就是故意地损害对方利益，实现其恶劣目的而与对方当事人进行磋商。假借订立合同是形式，恶意是其真实意图，就是损害对方利益，实现其恶劣目的。例如，为了诈骗对方钱财，与对方虚假订立合同；为了阻止对方与第三人订约，故意以优惠条件与对方虚假谈判，并不断拖延时间，致使对方丧失商业良机。

（二）故意隐瞒与订立合同有关的重要事实或者提供虚假情况

在合同订立过程中，一方当事人故意隐瞒与订立合同有关的重要事实或者提供虚假情

① 参见王泽鉴：《债法原理》，第一册，中国政法大学出版社 2001 年版，第 247 页。

② 参见王利明、房绍坤、王轶：《合同法》，中国人民大学出版社 2007 年版，第 81 页。

况属于欺诈行为。构成欺诈，欺诈一方当事人在主观上是故意的，在客观上实施了故意隐瞒与订立合同有关的重要事实或者提供虚假情况的行为。故意隐瞒与订立合同有关的重要事实，例如，隐瞒自己的履约能力恶化的事实，隐瞒标的物瑕疵，隐瞒标的物性能上的缺陷等。提供虚假情况，例如，夸大自己的履约能力，提供产品并不具有的性能和作用，将劣质产品说成是优质产品等。这些事实或者情况都是与订立合同密切相关的，都是决定当事人是否订立合同的重要信息。欺诈一方故意隐瞒真实事实或者提供虚假情况致使对方当事人陷于错误认识从而与其进行订立合同的谈判就构成欺诈。在合同的订立阶段，受欺诈的一方可以依据《合同法》的第42条要求欺诈方当事人承担赔偿其损失的缔约过失责任。如果合同成立但依据《合同法》第52条被确认无效的，或者依据《合同法》第54条被撤销的，受害一方当事人可以依据《合同法》第58条的规定，请求欺诈方当事人承担缔约过失的责任。

（三）泄露或者不正当使用他人的商业秘密

在合同的订立过程中，依据诚实信用原则，当事人负有保密的义务。依据《反不正当竞争法》的规定，所谓商业秘密，是指不为公众所知悉、能为权利人带来经济利益、具有实用性并经权利人采取保密措施的技术信息和经营信息。商业秘密对于掌握它的人具有极大的价值，能为其带来巨大的经济利益，在市场竞争中谁掌握了不为他人掌握的先进、有用的技术信息和经营信息，谁就在竞争中处于优势地位。因而权利人采取措施保护其商业秘密，尽量不让他人知道。由于缔约过程中，双方当事人之间的密切的缔约关系，权利人为达成缔约目的不得不让对方当事人知道其商业秘密。知悉他人商业秘密的人，如果将其知道的商业秘密泄露或者不正当使用就会给权利人造成损害。泄露，就是将他人的商业秘密对外公开。不正当使用，就是使用他人的商业秘密为自己谋利益。这两种行为都是违反保密义务的，都是对对方当事人的损害。因此，《合同法》第43条规定："当事人在订立合同过程中知悉的商业秘密，无论合同是否成立，不得泄露或者不正当地使用。泄露或者不正当地使用该商业秘密给对方造成损失的，应当承担损害赔偿责任。"

（四）其他违背诚实信用原则行为

《合同法》第42条列举性规定了在合同订立过程中，假借订立合同，恶意进行磋商和故意隐瞒与订立合同有关的重要事实或者提供虚假情况两种违反诚实信用原则的行为后，又明确规定其他违背诚实信用原则行为给对方造成损失的，应当承担损害赔偿责任。因为社会生活的复杂性和不断地变化发展，法律不可能对在合同订立过程中违背诚实信用原则的行为一一列举，规定无遗，所以这一规定是兜底性的规定，它可以使任何违背诚实信用原则所附随的先合同义务致对方损害的行为都承担缔约过失责任。《最高人民法院关于适用中华人民共和国合同法若干问题的解释（二）》第8条规定："依照法律、行政法规的规定经批准或者登记才能生效的合同成立后，有义务办理申请批准或者申请登记等手续的一方当事人未按照法律规定或者合同约定办理申请批准或者未申请登记的，属于合同法第四十二条第（三）项规定的'其他违背诚实信用原则的行为'，人民法院可以根据案件的具体情况和相对人的请求，判决相对人自己办理有关手续；对方当事人对由此产生的费用和给相对人造成的实际损失，应当承担损害赔偿责任。"

◎ 思考题

1. 合同成立的意义是什么？
2. 简述合同义务的分类及其意义。
3. 简述合同条款的分类及其意义。
4. 合同一般应当具备哪些条款？
5. 什么是要约？要约应当具备哪些条件？要约与要约邀请的区别是什么？
6. 什么是承诺？承诺应当具备哪些条件？
7. 合同形式有哪些？
8. 什么是缔约过失责任？主要有哪些类型？

◎ 案例思考

西安新竹防灾救生设备有限公司发布的产品广告称：本公司研发生产的主动富氮抑爆防火装置，变灭火为防火，被称为消防行业的“革命”产品。其主要特点是既能防火，又能干燥除湿和净化空气，防止氧化腐蚀，在电子机房使用，还可以预防线路板和电子与元器件的腐蚀，尤其在文物保护方面使用，可很好地防止文物的腐蚀和风化；产品的产气效率高，设备投资少；自动化程度高，可以连续无人运行；对防护空间无损害，是纯绿色产品。适用于文物保护单位文物区、库房防火；通信行业的机站防火；军工和航空航天领域的防火；化学品库房的防火；石油行业的油井、库房防火；农业和饮食业的蔬菜、果品、粮食等库房中的防腐保鲜的气调装置。久安仓储公司正在准备更新其各类库房的防火装置。在看到这则广告后即于2007年3月10日向新竹公司发函称：欲购贵公司主动富氮防火装置，请问每台价格多少？新竹公司于3月12日收到久安公司的函件后随即回函：“主动富氮防火装置每台55万元。”3月15日久安公司收到该函件后，于当日下午回函新竹公司称：愿以每台52万元的价格购买贵公司主动富氮防火装置3台，由你公司经铁路代办托运至广州，于4月15日以前交货。验收后10日内给贵公司付款。贵公司在3月20日前答复有效。”新竹公司在3月17日收到该函件后于3月18日致函久安公司：“同意贵公司3月15日函件内容，我公司将按期发货。”不料3月19日新竹公司又收到久安公司的来函称：“撤销我公司3月15日函，因资金紧张不再购买贵公司设备。”于是两公司就该合同是否成立发生纠纷。

请依据合同法律知识和法律规定分析如下问题：

1. 该案例中当事人的哪些函件内容属于合同的要约邀请、哪些属于要约？哪些属于承诺？

2. 新竹公司与久安公司之间的买卖合同是否成立？

3. 久安公司能否撤销其3月15日函的内容？

4. 该案中哪一方当事人对纠纷负有责任？其责任性质应当是缔约过失责任还是违约责任？

第三章 合同的效力

第一节 合同效力概述

一、合同效力的概念

所谓合同的效力，是指由法律赋予的、一个依法成立的合同的法律上的拘束力，这种拘束力不仅能够在合同的当事人之间产生权利和义务，而且在特定情况下，能够对合同当事人之外的当事人产生法律上的约束。

二、合同效力的特征

（一）合同的效力，来自于法律的赋予，并且由国家的强制力来加以保障

合同的效力以及因合同效力而在当事人之间所形成的权利和义务，均来自于法律的赋予，并且由法律的强制力来加以保障。因此，基于合同效力所产生的权利的实现，得到法律强制力的保护；基于合同效力所产生的义务的履行，也是由法律强制力加以督促和强制。对于一个成立的合同而言，法律赋予其效力，并不是无条件的。合同效力的获得，必须以该合同在主体、意思表示、标的等诸多方面的适法性作为前提。换言之，合同效力的取得，必须以不违反法律的强制性规定为条件。由此可以看出，法律赋予一个合同以效力，标志着法律对该合同在适法性上的肯定性评价。

（二）合同的效力，同时来自于合同当事人的合同行为目的

合同作为一种双方民事法律行为，其本质在于行为人双方意思表示所达成的合意。合同当事人通过意思表示来缔结合同，必然是为了追求一定的法律上的效果。而允许当事人通过意思表示来主动追求特定的法律后果，恰恰是民法私法自治原则的核心体现。考察合同效力的内容，我们可以发现，合同效力的内容恰恰来自于当事人的约定，体现着当事人的意思，法律不过是赋予这种当事人的意思以法律拘束力而已。就此来看，合同的效力，同时又是合同当事人基于私法自治主动追求的结果。

（三）合同的效力，体现出私法自治及其限制的统一

在当事人基于私法自治原则，通过民事法律行为主动追求其所预期的法律后果的过程中，事先已经为其所追求的法律后果进行了详尽的谋划，这种谋划便直接体现在当事人订立合同时所作出的意思表示的“效果意思”当中。因此，合同效力的取得，对于当事人而言，意味着当事人合同行为目的的实现。然而，与此同时，当事人基于私法自治原则所实施的合同行为，仅仅表明其在民法上享有实施该项行为的自由，该行为是否真的能够产

生当事人所预期的法律后果，还需要法律对于该行为的诸多因素进行适法性评价。如前所述，只有当该合同行为没有违反法律的强制性规定，不至于损害国家利益、社会公共利益和其他个人利益的情况下，法律才会赋予该合同以拘束力，即赋予其效力。由此可以看出，合同的效力是当事人意志与法律要求的统一，前者体现着自由，后者则体现着自由的限制，因而合同的效力也是自由与自由的限制的统一。

（四）合同的效力主要发生在合同当事人之间，在特定场合，当事人以外的第三人也会受到合同效力的约束

合同的效力，内容上表现为约束合同当事人的权利和义务。这种权利和义务是通过合同当事人之间的协商合意所确定，并且获得了法律的认可，因此，合同的效力首先表现为其对于合同当事人所具有的约束力。合同的效力发生在当事人之间，意味着合同的权利人只能请求合同的义务人履行合同义务，原则上不能够请求合同义务人之外的第三人履行合同义务；相应的，合同的义务人也只需要接受合同权利人的请求，向合同权利人履行合同义务，而无需接受合同权利人之外的第三人的请求。在民法理论上，合同的效力所表现出来的对于合同当事人之间的拘束力，称为合同的相对性。然而，与此同时，在第三人的行为有可能对于合同当事人的权利实现产生实质性影响的特定场合，根据法律的特殊规定，合同的效力有可能对于合同关系之外的第三人发生拘束力。例如，在合同的保全制度中，合同义务人不履行对于权利人的到期债务，同时怠于主张自己对于次债务人的到期债权时，根据债权人的代位权制度，合同的权利人即有权以自己的名义，直接向次债务人主张债务人的债权。这即是合同的效力对于当事人以外的第三人产生约束力的表现形式之一。在民法理论上，合同的效力对于当事人以外的第三人产生约束力的现象，称为合同相对性的突破。

三、合同效力的内容

（一）对于合同当事人之间的约束力

（1）合同一经成立，合同的当事人双方即受到合同关系的制约，任何一方非依法律规定之方式，不得擅自撤销、解除、变更合同。

（2）合同当事人一方有权要求另一方履行合同。相应地，他方当事人负有适当履行合同的义务。

（3）合同当事人一方有权受领对方的履行，并由此获得合同的利益。换言之，由于合同效力的存在，受领对方履行的合同当事人，对于合同利益的取得，具有法律上的正当性。

（4）在合同义务人不适当履行义务的情况下，合同权利人一方有权要求其承担违约责任。相应地，违反合同的义务人依法应当承担违约责任。

需要注意的是，对于合同当事人之间的合同效力的理解，应当立足于民法的权利本位属性，即合同效力所施加给合同义务人的约束，是以保障合同权利人权利之实现、权利上利益之取得为目的的。在合同的权利人放弃自己的权利、免除对方的义务之场合，合同义务人即无需履行义务。因此，当事人履行合同义务，并非是合同效力的根本性目的所在，借此使合同权利人的权利得以实现，才是合同效力的出发点和落脚点所在。

（二）对于合同当事人之外的第三人的约束力

从合同的相对性出发，合同对于当事人具有约束力，是为原则；而合同对于当事人以外的第三人具有约束力，则为例外。因而这种例外情形的发生，以第三人的行为对合同权利的行使和实现，具有实质性不利影响为前提，且以法律的特别规定为条件。在民法领域，合同效力对于第三人发生效力的场合，主要在合同的保全制度、第三人侵害合同债权制度之中。

第二节　合同的生效要件

一、合同生效要件概述

所谓合同的生效要件，是指合同的构成要素符合法律的要求，或者并未违背法律的强制性规定，从而使合同的效力得以产生的法定要件。如前所述，尽管合同的内容来自于当事人的合意，但是仅凭当事人之间的双方自愿，并不能当然使合同产生法律上的拘束力。合同效力的具备，还需要以当事人的约定，在主体、意思表示和标的上符合法律的要求，以及不违背法律的强制性规定作为前提。这一前提，即表现为合同的生效要件，其是法律赋予合同以法律效力的基础。就此来看，一个具备生效要件的合同，体现的乃是法律对于合同当事人所达成的合意的肯定性评价。

合同的生效要件与合同的成立要件不同。合同的成立要件，本质是一个合同得以存在，所不可或缺的构成要素。从法律行为的理论来看，合同作为双方法律行为，其存在以双方意思表示达成一致为根本条件。这一条件在合同法中，即表现为要约与承诺的相互一致。换言之，一旦承诺生效，原则上即意味着合同的成立。由此出发，要约与承诺制度作为一个“合同如何成立”的制度，法律所关注的，仅仅是缔约双方之间如何达成合意，而不会关注所达成的合意在主体、意思表示和标的上是否符合法律的要求，是否违背法律的强制性规定。事实上，对于一个已经成立的合同来讲，其法律上的价值评判，是合同的生效要件所要规制的问题。

需要指出的是，合同的成立与合同的生效两者之间，并非不存在任何的联系。只有在合同成立的前提下，才有合同生效（或者不生效、效力瑕疵）的判断可言。在合同尚未成立的情况下，是不可能涉及合同是否生效的问题的。换言之，合同的成立，是合同生效的逻辑前提。

二、合同的生效要件

（一）行为人必须具有相应的民事行为能力

民事行为能力，是民事主体对于其所实施的民事法律行为的理解能力、辨别能力，是实施民事法律行为的法定前提条件。合同行为作为一种双方民事法律行为，其自应符合法律对于行为人行为能力的要求。

作为合同的生效要件，行为人必须具有相应的民事行为能力，其“相应”一词，应当理解为行为人的民事行为能力，应当与其所实施的合同行为相适应。具体来讲：

1. 对于自然人而言

(1) 完全民事行为能力人，可以独立实施任何的订立合同的行为。(2) 限制行为能力人，可以实施与其心智水平相适应的订立合同的行为。何种行为与限制行为能力人的心智水平相适应，应当从合同的标的额、合同权利义务关系的复杂程度等方面来综合判断。相应的，超越其行为能力范围的合同行为，应当由其监护人代理完成，或者经监护人追认完成。(3) 无行为能力人，原则上不得实施订立合同的行为。无行为能力人需要订立合同的，原则上应当由其监护人代理完成。

对于限制行为能力与无行为能力的人而言，在如下情况下，相关合同行为的实施，不受民事行为能力的制约：(1) 纯获利益的合同行为，如作为受赠人，与他人订立赠与合同；(2) 定型化的合同行为，如在自动售货机上购物、乘坐公共交通工具、拨打公用电话等行为；(3) 处分小额自有财产的行为，如使用零花钱购物的行为。

2. 对于法人而言

法人作为一种具有民事权利能力和行为能力的组织，可通过法定代表人对外订立合同，享有和承担合同的权利和义务。在此基础上，法人订立合同的行为，受到法人目的事业和法定代表人代表权限两个方面的限制。就法人的目的事业而言，法人能否超越目的事业，如企业法人逾越经营范围，与他人订立合同。对此，最高人民法院《关于适用〈中华人民共和国合同法〉若干问题的解释（一）》第10条规定："当事人超越经营范围订立合同，人民法院不因此认定合同无效。但违反国家限制经营、特许经营以及法律、行政法规禁止经营规定的除外。"再就法定代表人的代表权限而言，代表人逾越代表权限与他人订立合同是否符合生效要件？对此，我国《合同法》第50条规定："法人或者其他组织的法定代表人、负责人超越权限订立的合同，除相对人知道或者应当知道其超越权限的以外，该代表行为有效。"换言之，法人内部对于代表人权限的约束，仅具有内部效力，不得对抗外部的善意第三人。

3. 对于非法人组织而言

非法人组织作为没有权利能力的组织体，其不能独立地享有权利、承担义务，但是却可以自己的名义，与他人订立合同。我国《合同法》第2条规定："本法所称合同是平等主体的自然人、法人、其他组织之间设立、变更、终止民事权利义务关系的协议。"该条规定即是确认了"其他组织"（即非法人团体）可以自己的名义订立合同。从这个意义上讲，非法人团体具有订立合同的民事行为能力。

（二）行为人的意思表示必须真实

所谓意思表示真实，是指合同当事人缔结合同的意思必须是自主、自愿的内心愿望，其基于意思所做出的表示，必须是其内在愿望的准确表达。从意思表示的构成上来讲，其包括法效意思和表示行为两个具有法律意义的要素。从意思表示真实的要求来看，法效意思作为行为人意欲与他人订立合同、缔结合同法律关系的内在愿望，其之生成，必须是自主、自愿抉择的结果；而作为法效意思的对外表达的表示行为，则必须是法效意思的真实再现。因此，倘若一个合同意思表示是基于欺诈、胁迫、乘人之危、显失公平或者重大误解而作出的，则不能构成意思表示真实，相应的，由此而缔结的合同亦不能生效。

由此可见，意思表示真实这一合同的生效要件，是对于合同当事人私法自治的保护，体现了合同自由的立法精神。

（三）合同的标的不得违反法律的强制性规定，不得违反社会公共秩序和善良风俗

所谓合同的标的，是指合同当事人订立合同所要追求的目的。因此，合同的标的不得违反法律的强制性规定，不得违反社会公共秩序和善良风俗这一生效要件，这就是对于当事人订立合同之目的的正当性的要求。如前文所述，合同的效力不仅体现着对合同当事人私法自治的尊重，而且也体现着法律对于行为人私法自治的约束。如果说私法自治意味着民事主体所享有的自由的话，那么这种自由不得违反法律的强制性规定，不得违反社会公共秩序和善良风俗，否则构成对行为人自由的限制。由此出发，如果合同的标的违反法律的强制性规定、以合法形式掩盖非法目的、当事人双方恶意串通损害国家、集体或个人利益，以及违反社会公共秩序和善良风俗，则该合同不能够生效。

需要说明的是，对于书面要式合同而言，即根据法律的规定或者当事人的约定，应当采取书面形式的合同，其合同书面形式的具备，是不是该要式合同的生效条件？对于这一问题，应当立足于我国法律的规定。《合同法》规定："当事人采用合同书形式订立合同的，双方当事人签字或者盖章的地点为合同成立的地点。"（第35条）"法律、行政法规规定或者当事人约定采用书面形式订立合同，当事人未采用书面形式但一方已经履行主要义务，对方接受的，该合同成立。"（第36条）"采用合同书形式订立合同，在签字或者盖章之前，当事人一方已经履行主要义务，对方接受的，该合同成立。"（第37条）由这些规定可以看出，在我国《合同法》上，书面形式的具备乃是书面要式合同的成立条件，而非生效条件。换言之，如果不具备相应的书面形式，除非合同的主要义务已经履行、受领，该书面要式合同不成立。进而，由于合同此时不成立，也就没有生效或者不生效的问题可言。

三、合同的生效时间

所谓合同的生效时间，是指合同效力产生的时间，亦即合同当事人享有权利、承担义务的时间。通常而言，合同生效的时间，就是合同成立的时间。当合同成立之后，如果该合同在主体、意思表示和标的等方面符合上述合同的生效要件，那么该合同自成立时，便生效了。在此基础之上，根据我国法律的规定，在如下三种情况下，在符合法定的生效要件的情况下，成立的合同却并不立即生效，即并不自成立时生效，因而存在着合同成立时间与生效时间的分立：

（一）附延缓条件的合同

所谓附延缓条件，又称生效条件，是指由合同当事人约定的、在其成就时能够引起合同效力发生的未来的不确定的事实。合同所附的条件，本质上是当事人通过约定的方式，对合同的效力所施加的限制。我国《合同法》第45条规定："当事人对合同的效力可以约定附条件。附生效条件的合同，自条件成就时生效。附解除条件的合同，自条件成就时失效。"基于此，对于附延缓条件的合同而言，由于存在着当事人所约定的延缓条件，限制着合同效力的发生，因而在合同成立时，纵然该合同在主体、意思表示和标的上符合法律所规定的生效要件，合同也不能生效。只有当合同所附的条件成就时，其才发生效力。

（二）附始期的合同

所谓始期，又称生效期限，是指由当事人约定的，在其期限届至时能够引起合同效力的发生的未来某一时间，或者未来必然会发生的事实。与附延缓条件的合同相同，附期限的合同本质上也是基于当事人的自主约定，对于合法合同效力的限制。我国《合同法》第46条规定："当事人对合同的效力可以约定附期限。附生效期限的合同，自期限届至时生效。附终止期限的合同，自期限届满时失效。"由此可见，仍然与附延缓条件的合同相同，对于附始期的合同而言，当事人所约定的生效期限，限制着合同效力的发生。因此，在附始期的合同成立时，纵然其在主体、意思表示和标的上符合法律所规定的生效要件，也不能生效。只有当合同所附的期限届至时，该合同才发生效力。

（三）依法需要办理审批手续的合同

在市场经济环境下，原则上讲，合同在当事人达成合意的基础上，只要没有违反法定的生效要件，合同即可生效。换言之，在不违反法定的生效要件的前提下，当事人可得自由约定合同的内容，而无需获得有关国家机关的许可。在此基础上，我们应当承认，有些合同的订立，其所涉及的利益，并不仅仅局限于当事人之间，而是有可能涉及国家利益或者社会公共利益。在这种情况下，合同的效力便不再仅仅意味着当事人之间的利害得失了，而是需要国家作为国家利益和公共利益的捍卫者，对该合同事关公益的部分进行监督。由此可见，我国市场经济环境下的合同审批制度，并不是以公共权力直接介入合同当事人的私法自治，否定当事人的合同自由，而是旨在保护合同所涉及的国家利益和社会公共利益。例如，我国《专利法》第10条规定："中国单位或者个人向外国人转让专利申请权或者专利权的，必须经国务院有关主管部门批准。"而我国《中外合资经营企业法》第3条也规定："合营各方签订的合营协议、合同、章程，应报国家对外经济贸易主管部门（以下称审查批准机关）审查批准。"从中我们均能清楚地看出合同审批制度背后的国家利益或社会公共利益基础。

对于依法需要办理审批手续的合同而言，与附延缓条件、附始期的合同相同，在合同成立时，纵然该合同在主体、意思表示和标的等方面符合法律所规定的生效要件，也不能生效。只有当相关的审批手续完成后，该合同才发生效力。因而同样存在着成立条件与生效条件的分立。

第三节　合同的效力瑕疵及其原因

一、合同效力瑕疵概述

所谓合同的效力瑕疵，是指由于当事人所订立的合同不符合或者不完全符合法定的生效要件，因而不能发生或者不能完全发生合同当事人所预期的订立合同的法律目的的情形。如前文所述，合同的效力，不仅仅是合同当事人意思表示所追求的结果，而且也是法律对于合同当事人意思表示的合法性所予以肯定的结果。法定的合同生效要件，就是法律对于合同的合法性进行衡量、约束的表现。因此，如果当事人基于意思表示所订立的合同，不符合或者不完全符合法律所规定的生效要件，那么该合同就不能产生法律效力，也就是说，该合同具有了效力瑕疵。

就合同效力瑕疵的形成原因来看，如果说合同生效的原因，是由于合同的主体具有相应的民事行为能力、意思表示真实、标的合法的话，那么合同的效力瑕疵的原因，则同样是来自于如上三个方面的瑕疵，即主体瑕疵（主体不具有相应的民事行为能力）、意思表示瑕疵（意思表示不真实）和标的瑕疵（标的不合法）。由这三个方面的原因所引起的合同效力瑕疵，则表现为合同的无效、合同的可撤销、可变更以及合同的效力待定。

二、合同的无效

（一）合同无效的概念和特征

所谓合同无效，是指已经成立的合同因违反根本性生效要件，因而自始、当然、确定地不能产生合同当事人所预期的法律后果的情形。需要注意的是，合同的无效不同于合同的不成立。所谓合同的不成立，是指合同不具备成立要件，因而“合同不存在”；而合同的无效，首先意味着合同已经成立了，只不过这种已经成立的合同，违反了法律的根本性生效要件，因而自始、当然、确定地不能发生当事人所预期的法律后果。合同无效具有如下几个方面的特征：

（1）自始无效。所谓自始无效，是指该违反法律的根本性生效要件的合同，自成立时就不能产生当事人所预期的法律后果。换言之，这种合同自其存在之初，就是无效的。

（2）当然无效。所谓当然无效，是指该合同的无效，直接是由于违反了法律所规定的根本性有效要件。正是由于合同的无效，系根源于法律的强制性规定，是基于法律规定所做出的判断，因此这种判断并不依赖于当事人的意志、甚至也不依赖于法院的意志。

（3）确定无效。所谓确定无效，是指违反法律的根本性生效要件的合同，不仅自成立时是无效的，而且在成立之后，其最终也是无效的。因此，对于一个无效的合同来讲，不可能基于当事人的决定或者法院的裁量，而使之获得效力。

需要注意的是，合同的无效，仅仅是针对一个合同当中的违反根本性生效要件的内容而言的。因此，根据合同的内容是否全部违反根本性生效要件，合同的无效可以分为全部无效和部分无效两种情形。当合同的核心性内容违反了法定的根本性生效要件，因而不可能就其中任何一部分进行履行时，构成全部无效；而当合同的非核心性内容违反了法定的根本性生效要件，因而其并不影响合同的其他内容，即合同的其他部分之履行，仍然合法时，则构成部分无效。显然，在合同无效的基础上区分全部无效和部分无效的法律意义就在于，全部无效的合同，禁止履行；部分无效的合同，则可以就其有效部分进行履行。

（二）合同无效的原因

合同无效，根源于该合同违反法定的合同根本性生效要件。在《合同法》上，所谓的根本性生效要件，是指合同违反法律的强制性规定、违反社会公共利益、损害国家、集体或者他人利益等情形。在这些情形之下，由于合同所损害的，已经不再是合同当事人的私法上的利益，而是对社会、他人造成危害，因而法律必须通过强行规定，使之无效。《合同法》第52条规定：“有下列情形之一的，合同无效：（一）一方以欺诈、胁迫的手段订立合同，损害国家利益；（二）恶意串通，损害国家、集体或者第三人利益；（三）以合法形式掩盖非法目的；（四）损害社会公共利益；（五）违反法律、行政法规的强制性规定。”此外，《合同法》第53条还规定：“合同中的下列免责条款无效：（一）造成对方人身伤害的；（二）因故意或者重大过失造成对方财产损失的。”上述规定，构成我国《合同法》合同无效的原因，以下分别加以阐释。

1. 一方以欺诈、胁迫的手段订立合同，损害国家利益

所谓欺诈，是指以使他人陷入错误并因而为意思表示为目的，故意提供虚假信息或者隐瞒真实信息的行为。例如，出卖人谎称质次商品为质优商品，从而使买受人陷入错误认识，并与之订立买卖合同，此即属于一方以欺诈手段订立合同。需要注意的是，在构成欺诈的场合，不仅要求合同当事人一方具有欺诈的故意，而且要求合同对方当事人因欺诈而陷入错误的认识。因此，倘若仅有一方的欺诈，而另一方并未因此陷入错误，而仍愿与之订立合同，此时则不应构成一方以欺诈的手段订立合同。所谓胁迫，是指一方向对方实施威胁、逼迫，迫使其违反真实意愿而作出订立合同的意思表示。胁迫这一概念，意味着一方对于另一方的强制，这种强制，既应当包括心理上的强制，也应当包括身体上的强制。换言之，身体上的逼迫、心理上的威胁均应属于合同法所称的胁迫。

在构成欺诈、胁迫的情况下，被欺诈、胁迫的一方当事人因此所作的意思表示并不真实、并不自由，因此此种合同具有意思表示上的瑕疵。与此同时，在构成欺诈、胁迫的情况下，不仅被欺诈、胁迫一方的利益可能遭受损害，而且国家利益也有可能因此遭受损害。例如，在国有企业、国有公司与他人订立合同的场合，倘若该他人通过欺诈、胁迫手段使国有企业、公司作出不真实、不自由的意思表示，那么因此遭受侵害的便不限于国有企业、公司，国家的利益也会受到损害。在这种情况下，由于该合同的消极影响，业已溢出当事人双方的范围，而危及国家利益以及国家所代表的公共利益，因此这种合同便违反了合同的根本性有效要件，应当归于无效。

2. 恶意串通，损害国家、集体或者第三人利益

所谓恶意串通，是指订立合同的当事人双方相互通谋，以损害合同当事人之外的国家、集体或者当事人利益为目的而订立合同。由此可见，合同法中所称的“恶意串通，损害国家、集体或者第三人利益”，包括“恶意通谋”、“订立合同”与“损害国家、集体或者第三人利益”三个要素。

（1）对于“恶意通谋”而言，其是指合同当事人双方在合同意思表示之外所达成的合意，这种合意以损害国家、集体或者第三人利益为其目的所在。这种恶意通谋的表现形式可以是多样的：它可以表现为当事人之间的明确约定，也可以表现为当事人之间“心领神会”的默契配合。

（2）对于“订立合同”而言，如果说“恶意通谋，损害国家、集体或者第三人利益”是合同当事人缔约的目的所在的话，那么“订立合同”则是当事人实现这种目的的手段。需要注意的是，当事人“订立合同”的合意与其恶意的“通谋”内容上并不相同：当事人订立合同，是出于双方缔约的意思表示，这种缔约的意思表示是真实的，即当事人双方的确是为了实现某种特定的法效，而实施订立合同的行为。只不过，这种缔约行为损害了国家、集体或第三人的利益。进而，这种合同之所以损害了国家、集体或第三人的利益，则是由于当事人在缔约的意思之外，还存在着损害国家、集体或第三人的利益的恶意通谋。

（3）对于“损害国家、集体或者第三人利益”而言，其根源于合同当事人之间的恶意通谋，并且使其所订立的合同居于了实现其非法目的的手段的地位。这是该合同的消极影响所在，也是该合同之所以违反根本性生效要件的原因所在。由于这种合同所损害的利益，溢出了当事人双方的范围，而波及国家、集体或第三人，因而依法应当归入无效合同之范畴。

3. 以合法形式掩盖非法目的

以合法形式掩盖非法目的合同，是指当事人所订立的合同，在形式上是合法的，但是在目的上，则是非法的。例如，通过订立赠与合同而达到行贿受贿、逃避债务的目的，即属此类。这种合同，属于伪装的民事行为，即合同当事人表面上所达成的合意，并非其真实的意思表示；其真实的意愿，则被这种并不真实的意思表示所掩盖。由此出发，将合法形式掩盖非法目的的合同与恶意串通，损害国家、集体或者第三人利益之合同进行比较，我们可以看出其两者的异同之处：

（1）对于追求相应的非法目的而言，当事人双方存在着恶意通谋，在这一点上，以合法形式掩盖非法目的的合同与恶意串通，损害国家、集体或者第三人利益之合同并无不同。

（2）对于追求这种非法目的所采取的手段而言，以合法形式掩盖非法目的的合同与恶意串通，损害国家、集体或者第三人利益之合同均利用合同的方式来达此目的，这一点上亦无不同。

（3）以合法形式掩盖非法目的的合同与恶意串通，损害国家、集体或者第三人利益之合同，均危害了国家、集体或者第三人利益，因而违反了合同的根本性生效要件，因而应当归于无效。

（4）对于以合法形式掩盖非法目的的合同而言，当事人双方并无真实的缔约意思，其所达成的形式上的合意，纯粹是掩盖其非法目的的一种手段。而对于恶意串通，损害国家、集体或者第三人利益之合同而言，虽然这种合同也具有违法性，但是当事人仍然具有缔约的意思，其缔约意思本身并不是虚假的。这一点，正是以合法形式掩盖非法目的的合同，有别于恶意串通，损害国家、集体或者第三人利益之合同的关键点所在。

4. 损害社会公共利益

所谓损害社会公共利益的合同，是指内容违反了社会公益，给社会造成损害的合同。与前述恶意串通，损害国家、集体或者第三人利益之合同、以合法形式掩盖非法目的的合同相比较，损害社会公共利益的合同的构成，只需要以合同的内容“有损公益”为其构成要件，而不再强调“恶意串通”或者“意思表示伪装”，因而具有更为广泛的外延，因而具有更为灵活的适用性。就此来看，我国《合同法》上的恶意串通，损害国家、集体或者第三人利益之合同、以合法形式掩盖非法目的的合同与损害社会公共利益的合同之间，具有特殊条款与一般条款之间的逻辑联系。这就意味着，不仅恶意串通，损害国家、集体或者第三人利益之合同，以合法形式掩盖非法目的的合同，可以被视为有损社会公共利益的合同的具体表现形式，而且恶意串通，损害国家、集体或者第三人利益之合同，以合法形式掩盖非法目的的合同所未能涵盖的其他有损公益的合同情形，也可以被纳入此种法定情形下加以规制。例如，违背公共秩序、善良风俗的合同，难以被直接界定为恶意串通，损害国家、集体或者第三人利益之合同或者以合法形式掩盖非法目的的合同，此时，由于“公共秩序”和“善良风俗”应当被界定为“社会公共利益”的组成范畴，因而这种违背公共秩序、善良风俗的合同，可以被界定为有损社会公共利益的合同来予以处理。社会公共利益之维护是法律所着重保护的价值目标，较之于个人利益，社会公共利益在民法上具有优位性。因此，有损公共利益的合同违反合同的根本性生效要件，依法应属无效。

5. 违反法律、行政法规的强制性规定

违反法律、行政法规的强制性规定的合同，以合同的主体、意思表示以及标的违反法律、法规的强行性规定为根本性特征。违反法律、行政法规的强制性规定的合同无效之规定，反映出强行法对于当事人私法自治的约束。为了合理地保障合同当事人的私法自治，避免国家公共权力对当事人自治的任意干预，这里的“法律”、“行政法规”应予明确界定。具体来讲，此处所称的“法律”，应当是指全国人民代表大会及其常务委员会所颁布的法律；而“行政法规”，则应当是指由国务院所颁布的法规。除此之外，由其他国家机关颁布的规范性文件，不应成为导致合同无效的强行性约束。与此同时，需要注意的是，违反法律、行政法规强制性规定而应属无效的合同，应当与合同法中其他效力瑕疵的规则相互协调。具体来讲，对于合同主体的行为能力瑕疵、合同的意思表示不真实之瑕疵，其也违反了法律（合同法）关于主体应当具有相应的行为能力、意思表示应当真实等强制性规定，但是这种合同依法并不属于无效的合同。由此看来，在导致合同效力瑕疵的主体瑕疵、意思表示瑕疵和标的瑕疵这三个方面，违反法律、行政法规强制性规定而应属无效的合同，应当仅限于标的瑕疵而言。

需要指出的是，最高人民法院《关于适用〈中华人民共和国合同法〉若干问题的解释》（二）第14条规定：“合同法第五十二条第（五）项规定的‘强制性规定’，是指效力性强制性规定。”在这里，所谓“效力性强制性规定”，指法律及行政法规明确规定违反了这些禁止性规定将导致合同无效或者合同不成立的规范；或者是法律及行政法规虽然没有明确规定违反这些禁止性规范后将导致合同无效或者不成立，但是违反了这些禁止性规范后如果使合同继续有效将损害国家利益和社会公共利益的规范。在民法理论中，与“效力性强制性规定”相对应的，是“取缔性强制性规定”。所谓“取缔性强制性规定”，是指法律及行政法规没有明确规定违反此类规范将导致合同无效或者不成立，而且违反此类规范后如果使合同继续有效也并不损害国家或者社会公共利益，而只是损害当事人的利益的规范。违反“取缔性强制性规定”，并不导致合同无效的后果。区分上述两种强制性规定的方法是：第一，法律、法规规定违反该规定，将导致合同无效或不成立的，为当然的效力性规定；第二，法律、法规虽然没有规定：违反其规定，将导致合同无效或不成立。但违反该规定若使合同继续有效将损害国家利益和社会公共利益，这也属于效力性规定；第三，法律、法规没有规定：违反其规定，将导致合同无效或不成立，虽然违反该规定，但若使合同继续有效并不损害国家利益和社会公共利益，而只是损害当事人利益的，属于取缔性规定。

6. 合同中无效的免责条款

所谓合同中无效的免责条款，是指当事人在合同中约定的免除或部分免除当事人一方民事责任的条款。民事责任作为一种私法上的责任，其责任之范围、责任之承担方式、责任的追究方式以及责任的减少乃至免除等事项，原本均得由当事人通过协议确定。然而，与此同时，这种对于责任的约定，与合同的效力相同，其法律效力之发生，仍然需要受到法律的约束。在合同法领域，法律对于当事人有关责任之约定所主要关注的，就是合同中的免责约定，即免责条款。免责条款之所以如此受到法律的重视与干预，原因不仅在于这种条款限制了当事人一方对于另一方责任的追究，截断了遭受损害的当事人一方寻求法律上的救济的途径，而且还在于这种免责条款的达成，通常还具有合同一方利用其交易上、经济上的有利地位迫使对方接受该免责条款的背景。有鉴于此，我国合同法对于免责条款的内容，进行了限制，规定如下免责条款不具有法律效力：

(1) 约定造成对方人身伤害免责的合同条款无效。人身伤害所损害的自然人的生命、身体和健康，不仅是人格权的核心内容，受到法律最高规格的保护，而且还具有鲜明的伦理属性，与现代社会的核心道德观念密切相关。因此，在合同的内容上，法律禁止当事人事先对一方因合同之履行所造成的人身损害约定免责，当事人如此约定的，该约定无效。需要注意的是，在合同之履行中，一方对于另一方所遭受的人身损害，未必一定要承担责任。其是否应当承担违约或者侵权法上的责任，是否具有免责事由，应当由法律来作出规定，而不能由当事人事先作出免责的约定。换言之，法律所禁止的，仅仅是当事人在合同中事先对人身损害的免责条款的约定，这并不意味着在合同履行中一方产生了人身损害，另一方必然要承担责任。

(2) 约定因故意或者重大过失造成对方财产损失免责的合同条款无效。与人身损害的情况相同，在合同的履行过程中，倘若造成了当事人一方的财产损害，他方当事人是否应当承担责任，其责任的承担是否以故意、重大过失或者一般过失为条件，原则上均应当由法律作出规定。在此基础上，较之于人身，由于财产所涉及的法律价值与伦理属性相对较弱，因此法律允许当事人在合同中进行一定程度的免责约定。换言之，法律允许合同当事人事先就因“一般过失”造成财产损害的责任进行免责性约定。这就意味着，在根据法律的规定，当事人需要对其因过错（包括故意、重大过失和一般过失）导致对方财产损害承担责任的情况下，如果当事人事先在合同中约定了“一般过失”造成财产损害的免责条款，则根据此条款，致人损害一方的当事人可以相应免责。然而，对于“故意”和“重大过失”而言，其属于较为严重的过错形态，根据法律的要求，对于因此导致对方财产损害的合同当事人，是否予以追究，只能由法律所规定的责任构成要件和归责原则来确定，而不得由当事人通过事先约定免责来决定。

三、合同的可撤销

（一）合同可撤销的概念和特征

所谓合同的可撤销，是指因缔结合同的当事人意思表示不真实，法律赋予当事人一方以合同的撤销权，撤销权人通过行使撤销权，可以使合同的效力归于消灭。我国《合同法》第54条规定：“下列合同，当事人一方有权请求人民法院或者仲裁机构变更或者撤销：（一）因重大误解订立的；（二）在订立合同时显失公平的。一方以欺诈、胁迫的手段或者乘人之危，使对方在违背真实意思的情况下订立的合同，受损害方有权请求人民法院或者仲裁机构变更或者撤销。”合同的可撤销具有如下特征：

（1）合同的可撤销，作为一种合同的效力瑕疵类型，是由当事人意思表示瑕疵所引起的。换言之，从合同所表彰的当事人意思自治的属性来看，其反映出当事人的真实意志，体现出当事人的真实意愿，是合同获得法律的认同、具备法律效力的必要条件。反之，倘若当事人的意思表示不真实，则合同的内容是对当事人意志的一种扭曲，因而不能发生法律上的效力，而将归入“可撤销”的效力瑕疵范畴。

（2）可撤销的合同，在合同成立时，具有法律效力。这一点，构成了合同的可撤销与合同的无效之间的区别之一。对于一个可撤销的合同而言，在其成立之时，基于当事人不真实的意思表示所约定的权利和义务，在当事人之间是具有约束力的。这就意味着，倘若享有撤销权的当事人一方没有行使该项权利，依法撤销该意思表示不真实的合同，则其必须按照该合同的现有内容，行使合同权利，并履行合同义务。

（3）可撤销的合同，经享有撤销权的当事人一方行使撤销权，该合同将自始无效。尽管可撤销的合同在成立时，是具有法律效力的，但是我们并不能就此认为，该合同就是“有效”的。其原因在于，可撤销合同所具有的这种效力，存在通过当事人行使撤销权，被予以否定的可能。这种可能性，在一个有效的合同中，是不会存在的。由此可以看出，一个可撤销的合同，其最终效力归属于有效还是无效，在成立之时，具有不确定性：倘若当事人行使撤销权，该合同归于自始无效；倘若当事人没有行使撤销权，则该合同则继续有效。这种最终效力归属上的不确定性，是可撤销的合同与无效合同的另一个区别——如前文所述，违反根本性生效要件的无效合同，其之无效是确定的。

（4）可撤销的合同中，撤销权的享有者，是合同当事人，而非合同当事人之外的他人。可撤销的合同是由当事人意思表示不真实的瑕疵所引起，因而其所损害的利益，亦限于合同当事人的范围之内，而与他人无关。故此，是否对这种合同予以撤销，纯属合同当事人自身的事务，法律在此所规定的撤销权，也就仅限于因意思表示不真实而遭受不利的合同当事人才能享有。

（二）合同可撤销的原因

1. 无损于国家利益的欺诈与胁迫

《合同法》第52条将“一方以欺诈、胁迫手段订立合同，损害国家利益”的情形，界定为合同的无效，这本身就意味着“一方以欺诈、胁迫手段订立合同，无损于国家利益”的情形，应当属于可撤销。显然，因欺诈、胁迫所订立的合同，属于无效还是可撤销，关键在于该合同是否“有损国家利益”。由此可以看出，合同的无效与可撤销这两种效力瑕疵之区分的关键点，便在于该合同所损害的利益，是否逾越了当事人双方的范围，而及于包括国家在内的“他人”。在无损他人利益的情况下，合同的效力最终归属于有效还是无效，是一个当事人自己是否愿意接受由此造成的不利的问题，属于当事人的私人事务，应当由当事人自己来作出决定，而其作出决定的方式，就是是否行使撤销权；反之，在有损他人利益的情况下，该合同已不再仅仅是当事人内部的事务，而涉及了当事人之外的其他人。此时由于当事人不能够以自己的意愿来决定他人的事务，故此合同当事人通过撤销权而获得的合同效力决定权被否定，该合同直接依法归于无效。

2. 乘人之危

所谓乘人之危，是指合同当事人一方利用他方的危难处境，迫使他方与自己订立对其不利的合同。乘人之危与欺诈不同。欺诈之构成，以合同当事人一方实施提供虚假信息或者隐瞒真实信息的行为为基本特征，这一特征在乘人之危的场合并不存在。与此同时，乘人之危也不同于胁迫。尽管乘人之危与胁迫这两种情况，均存在着合同的当事人一方处于不利的、被动的处境的事实，但是在胁迫的情况下，被胁迫一方的不利处境，是对方当事人通过心理威胁、身体强制等胁迫手段所造成的；而在乘人之危的情况下，一方当事人的不利的、被动的处境，乃是由其自身的原因造成的，只不过是被对方当事人利用了，如此而已。之所以说基于乘人之危所订立的合同，处于危难境地的当事人一方的意思表示是不真实的，原因在于，倘若其未曾陷入危难境地，根据其真实的意愿，其是不可能订立这样的合同的。在乘人之危的情况下，尽管处于危难境地的当事人所订立的合同，意思表示不真实，对其极为不利，但是这种合同所设立的利益得失，仍然局限于当事人的内部，而无涉他人利益，因此其是否归于无效，应当由当事人自己作出决断，这就是《合同法》第54条将乘人之危所订立的合同，规定为可撤销的合同的原因所在。

3. 重大误解

所谓重大误解，是指合同的当事人一方出于对与合同相关的重要事项理解上的错误或者表示上的失误所作出的意思表示。与欺诈、胁迫、乘人之危相比较，重大误解的造成，纯粹是由产生误解或者错误的一方当事人自身的原因造成的，而对方并没有任何的诸如欺诈、胁迫或者乘人之危的不法行为。通常，合同当事人的重大误解，是针对如下几个方面的合同内容而言的：（1）对于合同性质的误解。这种误解表现在对于交易性质的判断上，如将买卖误解为赠与，将租赁误解为无偿借用。（2）对于对方当事人的误解。如将对方当事人甲误解为乙，将没有相应资格、技能的当事人误解为其具有相应的资格、技能。需要注意的是，对于对方当事人的误解，应当以该合同目的的实现，依赖于特定的当事人对方或者对方当事人的特定资格、技能为前提条件。例如，在委托、借贷等合同中，其以特定当事人的信用为基础；在赠与合同中，其以当事人之间的特定关系为基础；在承揽合同中，其则以当事人具备特定的技能为基础。在这些合同中，如果存在对方当事人之误解，则直接影响发生误解一方合同目的的实现，因此应当构成重大误解。反之，倘若当事人合同目的的实现，并不依赖于对方当事人的特定性，如以一般种类物为标的的买卖合同，由于纵然发生对方当事人的误解，亦并不妨碍合同目的的实现，因此不能构成重大误解，进而也并不构成合同的可撤销。（3）对于标的的误解。对于标的的误解，包括对于标的品种、质量、规格、数量等方面的误解，如将人造钻石误解为天然钻石、将赝品误解为真迹。对于标的物的误解，本质即为对于合同交易内容的误解。（4）对于合同履行方式、履行地点、履行期限的误解，如将自提货物误解为代办托运、将货到付款误解为款到交货等。（5）表示错误。例如，将“单价2 000元”错误地表述为“单价200元”，即属此类。表示错误，并不是一种当事人对于事关合同的重要事项的误解，而是一种表示上的错误。在表示错误的情况下，当事人并未发生误解，其内在意思的形成是真实的，只不过在这种真实的内在意思的对外表示过程中，发生了错误，因而形成了意思与表示不相符的情况。由于我国《合同法》上合同的可撤销，并未列举“表示错误”这一事由，而基于表示错误所订立的合同，对于错误一方的不利影响，却与其他的重大误解并无不同，因此这种情况应当被纳入到“重大误解”的范畴。基于重大误解所订立的合同，仍然属于意思表示不真实的合同，违反了法律对于合同当事人意思表示真实的生效要件的要求，因而法律赋予重大误解一方以合同的撤销权，允许其根据自主选择，通过撤销合同来维护自身利益。

4. 显失公平

所谓显失公平，是指合同当事人一方利用自己经验上或者拟约地位上的优势，与对方订立权利和义务明显失衡的合同。显失公平不同于前述的欺诈、胁迫、乘人之危和重大误解。尽管在欺诈、胁迫、乘人之危和重大误解的情况下，也会产生合同的权利和义务明显失衡的结果，但是在显失公平的情况下，这种权利和义务的失衡与不公，却是因一方利用自己的经验优势或者缔约上的地位优势所造成的，例如一方利用其高超的鉴别能力，以极为低廉的价格从对方手中收购珍贵的文物，即构成《合同法》上的显失公平。因此，对于“显示公平”概念的理解，应当结合这种原因来加以把握。

需要说明的是，在可撤销合同的原因的规定上，我国《合同法》与《民法通则》有所不同。根据《民法通则》第 58 条的规定：“一方以欺诈、胁迫的手段或者乘人之危，使对方在违背真实意思的情况下所为的民事行为无效。”第 59 条：“下列民事行为，一方有权请求人民法院或者仲裁机关予以变更或者撤销：（一）行为人对行为内容有重大误解的；（二）显失公平的。”比较而言，《合同法》与《民法通则》关于可撤销的合同（民事行为）的规定上的不同之处，在于如下两个方面：

第一，因欺诈、胁迫所订立的合同，根据《民法通则》第 58 条的规定，应属无效；而根据《合同法》第 52、54 条的规定，则应当区分为两种情况做不同处理，即以欺诈、胁迫的手段订立合同，损害国家利益的合同，属无效合同；以欺诈、胁迫的手段订立合同，但却并未损害国家利益的合同，属可撤销的合同。

第二，乘人之危所订立的合同，根据《民法通则》第 58 条的规定，应属无效；而根据《合同法》第 54 条的规定，乘人之危的合同，属于可撤销的合同。

可以看出，《合同法》扩张了可撤销的合同的适用范围，在合同仅仅损及当事人，而无害于他人利益的情况下，通过“可撤销”之界定以及赋予当事人以撤销权，将是否使该合同归于无效的选择权，交与当事人，从而扩大了当事人自治的范围，体现出法律对于当事人自治的尊重。

（三）撤销权的行使

可撤销的合同，在其成立之时，当事人便享有了撤销权。从法律性质上讲，撤销权属于形成权，撤销权人仅仅享有撤销权，并不能自动使一个可撤销的合同归于无效。换言之，要消灭这种合同的法律效力，撤销权人必须行使其撤销权。

（1）撤销权人。由于法律赋予当事人以撤销权，目的在于维护其因意思表示不真实所遭受的不利，因此享有撤销权的合同当事人，包括受到欺诈、胁迫、乘人之危的当事人，以及因重大误解和显失公平而遭受不利的当事人。

（2）撤销方式。根据我国《合同法》第 54 条的规定，在可撤销的合同中，“当事人一方有权请求人民法院或者仲裁机构变更或者撤销”。可见，这里撤销权的行使方式是提起诉讼或者申请仲裁。这就意味着，由于法律对于撤销权行使的方式有着特别的规定，因此当事人行使该项权利必须遵守法律的规定，而不能仅仅通过单方通知的方式行使该项权利。

(3) 撤销权的行使期间。撤销权作为一种形成权，其行使应当受到除斥期间的制约，即形成权应当在除斥期间内行使，否则该权利消灭。根据我国《合同法》第 55 条的规定，具有撤销权的当事人自知道或者应当知道撤销事由之日起一年内没有行使撤销权的，撤销权消灭。需要说明的是，关于可撤销合同的撤销权的行使期间，我国最高人民法院《关于贯彻执行〈中华人民共和国民法通则〉若干问题的意见（试行）》（以下简称“民法通则意见”）的规定与《合同法》有所不同。“民法通则意见”第 73 条的规定，“可变更或者可撤销的民事行为，自行为成立时起超过一年当事人才请求变更或撤销的，人民法院不予保护”。可以看出，尽管《合同法》与“民法通则意见”均规定撤销权的行使期间为一年，但是在起算方式上的规定，却存在着“当事人自知道或者应当知道撤销事由之日起”（《合同法》）与“自行为成立时起”（“民法通则意见”）的不同。在法律的适用上，由于《合同法》属于新法、特别法，因此对于“合同”而言，应当优先适用《合同法》的规定。

四、合同的效力待定

（一）合同效力待定的概念和特征

所谓合同的效力待定，是指已经成立的合同，因合同当事人欠缺相应的权利或者能力，不能发生法律效力，而需要相关的权利人表示追认方能有效的效力瑕疵状况。合同的效力待定，具有如下几个方面的特征：

(1) 引起合同效力待定的原因，在于合同的当事人一方不具有相应的权利或者能力。在合同的订立过程中，法律对于当事人的民事行为能力、处分权、代理权等能力与权利的具备，具有严格的要求。这些要求乃是当事人实施民事行为、处分行为、代理行为的必备条件。如果当事人实施相关的订立合同的行为，却不具有相应的民事行为能力、处分权或者代理权，其所订立的合同就不符合法律的生效要件，不能当然发生当事人所预期的法律后果。

(2) 在合同效力待定的情况下，该合同在成立时，效力悬而未决。这一点，是效力待定的合同，与无效合同、可撤销的合同的区别之所在。如前文所述，在无效合同的场合，合同自成立时就是无效的；而在可撤销的合同之场合，合同在成立时是具有法律效力的。然而，对于效力待定的合同而言，在其成立时，效力却是悬而未决。所谓效力悬而未决，是指合同虽然已经成立，但是在法律效力上，既不能说是有效，也不能说是无效。

(3) 效力待定的合同，最终归属于有效还是无效，需要相关的权利人的追认和拒绝。对于效力待定的合同而言，其成立时效力悬而未决，意味着这种合同的效力最终归属于何处，是有效还是无效，依赖于相关权利人的意思表示，即对该合同的效力予以追认，还是予以否认。如果该权利人表示追认，合同自始有效；如果其表示否认，则合同自始无效。由此可以看出，与可撤销的合同相类似，效力待定的合同在其成立之后，最终归属于有效还是无效，具有不确定性，即完全取决于该相关权利人的意思表示。有所不同的是，一个可撤销的合同最终有效还是无效，取决于当事人是否行使撤销权；而效力待定的合同最终有效还是无效，则取决于相关的权利人对此表示追认还是否认。需要说明的是，相关权利人的追认权与否认权，性质上均为形成权。这两种权利的行使，仅需以单方通知的方式即可完成，其无需征得合同当事人的同意，也无需通过提起诉讼或者申请仲裁的方式来主张权利。

（4）有权对效力待定的合同表示追认或者否认的相关权利人，是合同当事人之外的第三人。这一点与可撤销的合同不同。如前文所述，在可撤销的合同中，有权撤销的人乃是合同的当事人。由合同当事人之外的第三人对效力待定的合同予以追认或者拒绝，这与效力待定合同的产生原因密切相关。如前所述，效力待定的合同是由于当事人欠缺行为能力或者权利所致。因此，这种合同的效力需要相关的具有行为能力或者权利的人的意思表示予以补正。而具有相应权利能力和权利，并可对该合同的效力予以补正的权利人，不可能是合同的当事人双方，而只能是合同当事人以外的第三人。

（二）合同效力待定的原因

1. 限制行为能力人超越行为能力订立合同

所谓限制民事行为能力人，是指不能完全辨认自己行为及其法律后果的自然人，包括10周岁以上的未成年人和不能完全辨认自己行为及其法律后果的精神病人。限制民事行为能力人所可以独立订立的合同包括：

（1）与其民事行为能力相适应的合同。限制行为能力人具有一定的、不完整的民事行为能力，在其行为能力的范围之内，其可以独立实施相应的民事行为。我国《民法通则》第12条规定，“限制民事行为能力人可以进行与他的年龄、智力相适应的民事活动；其他民事活动由他的法定代理人代理，或者征得他的法定代理人的同意”。由此可见，限制民事行为能力人可以独立订立与其民事行为能力相适应的合同。这些合同的订立，并未超越限制行为能力人的行为能力范围，因而是有效的。

（2）纯粹获得利益的合同。法律对于限制行为能力人所独立实施的民事行为的范围予以限制，其目的在于保护限制行为能力人，防止因行为能力的不足对其造成不利。由此出发，对于纯粹获得收益的合同而言，如限制行为能力人接受赠与、接受遗赠等，并不会对其利益造成损害，因而在此种场合下，法律自无对限制行为能力人的民事行为再予以限制的必要。我国“民法通则意见”第6条规定：“无民事行为能力人、限制民事行为能力人接受奖励、赠与、报酬，他人不得以行为人无民事行为能力、限制民事行为能力为由，主张以上行为无效。”因此，对于这种纯粹获得收益的合同来讲，不受行为能力的限制，限制民事行为能力人与无民事行为能力人均可实施，故而该合同有效。

（3）数额较小的或者定型化的合同。数额较小的合同，如未成年人处置零花钱的行为，尽管是有偿的，但是所涉及的利益关系并不重要，生活实践中以及法学理论上均认为，其不应适用行为能力的限制，即无民事行为能力人与限制民事行为能力人均可实施，其合同有效。定型化的合同，即具有固定交易方式的合同，如投币打电话、买票上车，其合同的订立方式固定且非常简单、易于掌握，因此其同样不受行为能力的限制。无民事行为能力人与限制民事行为能力人订立定型化合同的，该合同有效。

上述列举之外的合同，即为限制行为能力人依法不得独立订立的合同。如果限制行为能力人实施此类合同订立行为，则由于行为能力不足，该合同效力待定，进而需要其监护人表示追认。监护人追认的，该合同自始有效；监护人否认的，该合同自始无效。

需要注意的是，在限制行为能力人超越行为能力订立合同的情况下，除限制行为能力人的监护人享有追认权与拒绝权之外，限制行为能力人的相对人还享有催告权与撤销权。《合同法》第47条规定："相对人可以催告法定代理人在一个月内予以追认。法定代理人未作表示的，视为拒绝追认。合同被追认之前，善意相对人有撤销的权利。撤销应当以通知的方式作出。"据此，所谓相对人的催告权，是指相对人将其与限制行为能力人订立合同的事实告知监护人，并征询监护人是否追认的权利。相对人催告权的法律意义，并不仅仅在于催告监护人作出是否追认的决定，而且在于限制监护人追认的时间。根据前述《合同法》第47条的规定，监护人接到催告通知后一个月内未作表示，视为拒绝追认。这里法定的一个月期间，即可理解为以相对人作出催告为前提的追认权的除斥期间。所谓相对人的撤销权，是指相对人主动以单方通知的方式，撤销其与限制行为能力人之间的合同，并使之无效的权利。根据《合同法》第47条的规定，相对人的撤销权的行使，应当受到两个条件的限制：一是相对人善意，即其与限制行为能力人订立合同时，不知道、也不应当知道对方为限制行为能力人；二是监护人尚未作出追认。倘若监护人已经作出追认，则该合同当事人行为能力不足的缺陷已经得到弥补，合同自始有效，相对人自然不能够再撤销该合同。

2. 狭义无权代理订立合同

所谓狭义无权代理，是指行为人不享有代理权、超越代理权或者代理权过期，在相对人不知道行为人无权代理的情况下，行为人以被代理人的名义与相对人所实施的代理行为。根据代理制度，行为人以被代理人的名义，与相对人实施代理行为，该行为的后果要由被代理人承受，行为人应当享有代理权，并且在代理权限内实施该代理行为。《民法通则》第63条规定："代理人在代理权限内，以被代理人的名义实施民事法律行为。被代理人对代理人的代理行为，承担民事责任。"在狭义无权代理的情况下，行为人并不享有被代理人的代理权，因此其无权代理行为所引起的法律后果，被代理人并不一定要予以承受；与此同时，由于行为人的代理行为所引起的法律后果，未必不利于被代理人，所以被代理人是否承受狭义无权代理行为的法律后果，应当由其自己根据利弊作出决定。

由此出发，我国《合同法》第48条第1款规定："行为人没有代理权、超越代理权或者代理权终止后以被代理人名义订立的合同，未经被代理人追认，对被代理人不发生效力，由行为人承担责任。"即法律通过赋予被代理人以追认权和否认权的方式，实现被代理人对于是否承受狭义无权代理行为的决定权。根据上述两项权利，如果被代理人对该行为予以追认，则被代理人承受该行为的法律后果；如果被代理人否认，则被代理人不承受该行为的法律后果，而由无权代理的行为人自负其责。如此一来，基于狭义无权代理行为所订立的合同，便被纳入到了效力待定合同的范畴之中了。

与限制行为能力人超越行为能力订立的合同相同，在狭义无权代理中，相对人同样依法享有撤销权和追认权。《合同法》第48条第2款规定："相对人可以催告被代理人在一个月内予以追认。被代理人未作表示的，视为拒绝追认。合同被追认之前，善意相对人有撤销的权利。撤销应当以通知的方式作出。"在这里，相对人的催告权与撤销权的法律意义及其行使方法，与限制行为能力人超越行为能力订立合同时相对人的催告权与撤销权相同，兹不复赘。

需要说明的是，构成效力待定的无权代理合同，仅指狭义无权代理的情况，而不包括表见代理。具体来讲，无权代理可以分为“狭义无权代理”与“表见代理”两种类型。所谓表见代理，是指行为人不享有代理权、超越代理权或者代理权过期，在相对人基于某种表见事实误信行为人享有代理权的情况下，行为人以被代理人的名义与相对人所实施的代理行为。对于表见代理，我国《合同法》第 49 条规定：“行为人没有代理权、超越代理权或者代理权终止后以被代理人名义订立合同，相对人有理由相信行为人有代理权的，该代理行为有效。”换言之，在构成表见代理的情况下，法律的着眼点在于保护善意的相对人对表见事实的信赖，因此否定了被代理人对这种无权代理行为是否承受法律后果的选择权，即被代理人不再如狭义无权代理中那样，享有追认权和拒绝权，而是必须承受该行为的法律后果。这就意味着，虽然表见代理也是一种无权代理，但是被代理人却没有选择决定权，因而是“有效”的，而不是“效力待定”的。

3. 无权处分订立的合同

所谓无权处分，是指行为人不享有标的物的处分权，或者处分权受到限制，但是却与相对人订立合同，将该标的物转让与相对人，或者向相对人设立他物权的行为。对于“无权处分”这一概念的理解，应当注意如下几个方面的问题：

（1）所谓“处分”，是指向相对人让渡权利的归属，或者使相对人在所处分的标的上成立担保物权或用益物权。

（2）所谓“无权”，既包括行为人不享有处分权，如非所有权人处分标的物给相对人，也包括处分权受到限制，如共有人未经其他共有人的同意，擅自将共有物处分予相对人。另外，“无权”之构成，还必须考虑一个时间标准，即在合同履行时，处分人不享有处分权。换言之，在处分人与相对人订立处分标的物的合同时，处分人不享有处分权，但是如果在合同履行时，其已经取得了处分权，那么该合同不能称之为无权处分之合同。

（3）所谓“无权处分效力待定”的含义，是指无权处分情况下的“处分行为”效力待定，而“负担行为”有效。所谓处分行为，是指以物权变动或财产权利转移为目的的法律行为，如不动产登记行为、动产交付行为、债权让与行为等；所谓负担行为，则是指以债权债务的产生为目的的法律行为，如买卖合同行为、租赁合同行为等。最高人民法院《关于审理买卖合同纠纷案件适用法律问题的解释》第 3 条的规定：“当事人一方以出卖人在缔约时对标的物没有所有权或者处分权为由主张合同无效的，人民法院不予支持。出卖人因未取得所有权或者处分权致使标的物所有权不能转移，买受人要求出卖人承担违约责任或者要求解除合同并主张损害赔偿的，人民法院应予支持。”据此，在无权处分的买卖情况下，作为“处分行为”的不动产登记、动产交付行为效力待定，其是否能够引起买卖标的物所有权的转移，需要所有权人的追认或者拒绝；相应的，作为“负担行为”的买卖合同有效，因此在买受人不能取得买卖标的物所有权的情况下，其依然可以向出卖人追究违约责任。

4. 债务承担合同

所谓债务承担合同，是指债务人与受让人订立的、将其对债权人所负的债务转让给受让人的合同。债务人转让债务予受让人，使得债权人主张权利的对象发生了改变。由于不同的债务人，其债务履行能力是不同的，因此债务承担合同的订立，有可能增加债权人不能实现其权利的风险，因此需要征得债权人的同意。我国《合同法》第 84 条规定：“债务人将合同的义务全部或者部分转移给第三人的，应当经债权人同意。”换言之，债务人与受让人所订立的债务承担合同，在征得债权人同意后，自始有效；而倘若未征得债权人的同意，则自始无效。这就意味着，债务承担合同在性质上，是一种效力待定的合同：债权人表示同意或者不同意的权利，正是效力待定合同中的追认权与否认权。

五、合同归于无效的法律后果

（一）概述

所谓合同归于无效，是指合同因无效、被撤销或者被拒绝而最终自始不产生当事人所预期的法律后果的情形。这是合同最终效力归属的一种形态；与这种效力归属相对应的，是合同归于有效，这是指合同因有效、未被撤销或被追认而能够自始产生当事人所预期的法律后果的情形。如前文所述，合同自成立时，其具有四种效力状态：有效、无效、可撤销与效力待定。这四种效力状态与最终效力归属之间的关系是：（1）成立时有效的合同，最终的效力归属也是有效的；（2）成立时无效的合同，最终效力归属也是无效的；（3）成立时可撤销的合同，其最终效力归属有两种可能：如果撤销权人行使了撤销权，合同最终效力归属于自始无效；如果撤销权人在撤销期间未行使撤销权，其最终效力则归属于自始有效；（4）成立时效力待定的合同，其最终效力归属也具有两种可能：如果被拒绝，合同最终归属于自始无效；如果被追认，则合同最终归属于自始有效。由此可以看出，合同归于无效之情形，包含了三种情况，即合同无效、可撤销的合同被撤销和效力待定的合同被拒绝。

合同归于无效，仅仅意味着该合同自始不能产生合同当事人所预期的法律后果，即不产生当事人在合同中所约定的权利、义务关系；但是却并不意味着该归于无效的合同不会产生其他的法律后果。事实上，合同归于无效的原因，不过是来自于合同所固有的主体上、意思表示上或者标的上的瑕疵，而这些瑕疵的存在本身即表明，这种合同已经损害了当事人、他人或者国家、集体的利益。因此，对于这种归于无效的合同，法律必须规定一系列法定的后果，目的在于使这些遭受损害的当事人或者他人、国家、集体的利益得到救济。我国《合同法》第 58 条规定：“合同无效或者被撤销后，因该合同取得的财产，应当予以返还；不能返还或者没有必要返还的，应当折价补偿。有过错的一方应当赔偿对方因此所受到的损失，双方都有过错的，应当各自承担相应的责任。”第 59 条：“当事人恶意串通，损害国家、集体或者第三人利益的，因此取得的财产收归国家所有或者返还集体、第三人。”据此，合同归于无效的法律后果在于财产返还、赔偿损失与财产收缴三个方面。

（二）合同归于无效的法律后果

1. 返还财产

所谓返还财产，是指基于无效合同而取得对方财产的当事人，应当将所取得的财产向对方予以返还，从而使双方的财产状况恢复到合同履行之前的状态。相应地，因无效合同而交付财产予对方的当事人则享有请求对方返还财产的权利。

合同归于无效时，当事人所享有和承担的返还原物的权利和义务的依据在于：合同效力的存在，是当事人取得并维持从对方取得的财产的前提条件。相应地，在合同归于无效的情况下，一方从另一方所得到的财产，已经不再具有法律上的依据，其财产之取得不应当得到维持，而应当予以返还。其法律目的则在于：既然合同归于无效，当事人之间的财产秩序应当恢复到该无效合同履行之前的状况。因此，这是一种以恢复原状为目的的法律制度设计。

在此，需要注意的问题有二：

（1）合同无效之返还财产的后果，目的并非仅限于在财产之占有上恢复原状，而且在于将财产之权属维持在合同履行之前的状态。由此出发，一旦合同归于无效，基于合同所引起的物权变动视为自始没有发生，因此不仅当事人从对方取得的财产，应当返还给对方；当事人从对方所获得的物权登记，也应当予以恢复。换言之，在合同归于无效时，不仅交付财产的当事人有权请求对方返还财产；而且向对方办理物权登记的当事人，也有权请求对方恢复登记。

（2）合同无效之财产返还后果，意味着交付财产予对方或者向对方办理物权变动登记的当事人一方，享有返还财产或者恢复登记的请求权。由于我国物权法规定和物权法理论，并不承认交付与登记等公示行为的无因性，因此物权变动之发生，完全植根于合同的效力。由于在合同归于无效的时候，物权之变动视为从未发生，因此交付财产予对方或者向对方办理物权变动的当事人一方，其所享有的返还请求权或者登记恢复请求权，性质上为物权请求权。由于物权请求权是物权效力的衍生物，因此其在效力上与物权的效力相当。这就意味着，根据物权优先于债权的原则，此返还请求权或者登记恢复请求权优先于取得对方财产或者自对方获得登记的当事人一方的普通债权人。需要说明的是，上述返还请求权的物权请求权的性质并不是绝对的。倘若原物不存在，返还义务人需要通过货币来补偿的时候，或者原物本身即为货币的时候，此时返还请求权人的权利，为债权请求权。

2. 赔偿损失

所谓赔偿损失，是指因合同无效而产生的损失，由有过错的当事人进行赔偿。双方均有过错时，根据双方过错的比例来分担损失。合同归于无效时的赔偿损失之后果，性质上属于缔约过失责任。所谓缔约过失责任，是指当事人双方在合同成立之前的订立、磋商过程中，一方因过错而违反基于诚实信用原则所生的先合同义务，给对方造成损失的，违反义务的过错方应当对此损失承担赔偿责任。在合同归于无效的时候，虽然合同已经成立，但是那些最终导致合同效力瑕疵或者归于无效的事由，却来自于合同的订立阶段。因此当这些事由最终导致合同归于无效时，由此所产生的损害赔偿责任，也便具有了缔约过失责任的性质。在合同归于无效时赔偿损失之法律后果的产生，需要具备如下几个方面的要件：

（1）合同的无效给当事人一方或者双方造成了损失。因合同归于无效所导致的缔约过失责任，以损害赔偿为责任承担的方式，因此必须以造成损失为责任构成的首要条件。反之，倘若没有造成当事人的损失，则自然没有损害赔偿的责任可言。在这里，因合同无效而导致的损失，其形成的原因是多样的：可以是当事人在缔约过程中所支出的缔约成本；也可以是当事人为准备履行合同或者受合同履行所支出的费用；还可以是当事人信赖合同有效所耽误的其他缔约机会成本。

(2) 当事人因过错违反了先合同义务。先合同义务，是法律根据诚实信用原则所规定的合同当事人彼此间所负的协助、照顾、保护、通知、保密等义务。倘若合同的当事人违反了该义务，则应当承担由此而来的责任后果，即承担缔约过失责任。需要说明的是，先合同义务之违反，应当以当事人的主观上具有故意或者过失为条件。也就是说，只有当事人因过错没有履行先合同义务，方才构成先合同义务之违背，进而才应承担缔约过失责任。因此，就赔偿损失的责任形态而言，当事人的过错，应当构成其承担赔偿责任的归责基础。

(3) 当事人违反先合同义务与所造成的损失之间，具有因果关系。先合同义务之违反所导致的缔约过失责任，是以救济当事人所遭受的损失为目的的，因此这种损失的产生，必须与当事人违反先合同义务之间具有因果关系，即当事人的损失，是由于先合同义务之违反造成的。在合同归于无效的赔偿责任中，这种因果关系是通过合同的归于无效为中介而形成的，即当事人因过错违反了先合同义务，导致了合同的归于无效，进而导致了合同当事人的损失。

从合同责任体系来看，损害赔偿责任可以划分为信赖利益的赔偿与期待利益的赔偿两种形态。信赖利益的赔偿，目的在于恢复原状，即宗旨在于将当事人的财产状况恢复到合同订立之前的状态；而期待利益的赔偿，目的则在于将当事人的财产状况拓展至债务人履行合同之后的情况之上，即宗旨在于赔偿债权人的因债务人履行合同的可得利益。在合同责任的体系中，违约责任性质的损害赔偿，即为期待利益赔偿。我国《合同法》第 113 条规定："当事人一方不履行合同义务或者履行合同义务不符合约定，给对方造成损失的，损失赔偿额应当相当于因违约所造成的损失，包括合同履行后可以获得的利益，但不得超过违反合同一方订立合同时预见到或者应当预见到的因违反合同可能造成的损失。"比较而言，缔约过失责任的赔偿，即为信赖利益的赔偿。

3. 收缴财产

所谓收缴财产，是指因恶意串通，损害国家、集体或当事人利益而归于无效的合同，当事人所取得的对方的财产，不应当再返还予对方，而应当予以收缴后，交予受到损害的国家、集体或第三人。我国《合同法》第 52 条规定，恶意串通，损害国家、集体或者第三人利益的合同无效。《合同法》第 59 条进而规定，当事人恶意串通，损害国家、集体或者第三人利益的，因此取得的财产收归国家所有或者返还集体、第三人。可见，这里的收缴财产，正是合同因"恶意串通，损害国家、集体或者第三人利益"的事由而归于无效的法律后果。需要注意的是，根据《合同法》第 59 条的规定所应当收缴的财产，并不是当事人自有的财产，而是基于恶意串通之无效合同所取得的对方的财产。因此，这种财产收缴的法律制度，是合同无效之财产返还制度的替代制度。即倘若适用财产收缴之后果，则自无财产返还之后果适用的余地。在当事人恶意串通损害国家、集体、个人利益的情况下，收缴所取得的财产，归受损的国家、集体或第三人，这是我国民法上的一项传统制度，《民法通则》第 61 条也有相同的规定。

从民法的私法性质来看，在民事主体的财产利益因他人的恶意串通或者其他的不法原因遭受损害时，民法作为私法，其所赋予受损人的救济之道，应当是赋予受损人一定的权利，然后通过其权利的行使，来维护、救济自己受损的利益。换言之，民法不会强制受损人接受保护。由此看来，这一制度直接将恶意串通的当事人从对方所得到的财产予以收缴，并给予受损人，而忽略受损人是否愿意接受该救济的意愿，其做法与民法对于社会关系的调整方法不符。因此，在性质上，这一制度并非是一项民事法律制度，而是一项公法上的制度。

◎ 思考题

1. 什么是合同效力？合同效力有哪些内容？
2. 什么是合同的生效要件？合同的生效要件有哪些？
3. 什么是无效合同？它有哪些特征？
4. 无效合同的原因有哪几种情况？
5. 什么是合同的可撤销？合同可撤销的原因有哪些？
6. 什么是合同效力待定，合同效力待定的原因有哪些？
7. 无权处分的法律效力如何？
8. 合同无效的法律后果有哪些？

◎ 案例思考

李某到外地出差，住宿于该地“九州大酒店”。在酒店前台办理住宿手续时，看见前台内的墙壁上贴有“贵重物品妥善保管，一旦丢失本酒店概不负责”的提示。进入房间后，发现房间内设有酒柜，内有酒水和饮料。李某住宿期间，一日办事回来，发现自己放在房间里的笔记本电脑不翼而飞，连忙与服务员联系，服务员表示不知情。李某又请求酒店查看设置在酒店过道的摄像监控录像，才知道该监控系统早已停用。李某遗失了电脑，心情沉重，遂从酒柜中取出一瓶洋酒喝完。次日，李某准备离开酒店，前台结账时，酒店要求李某额外支付洋酒价款 1 200 元。李某此时才发现房间的酒柜下方，有一个标签，上面载明柜内各种酒水、饮料的价格。李某遂表示，他不应当按照标签支付洋酒价格，理由有二：首先，他以为酒水、饮料是免费提供，并未看见标签，因此，他对于该标签，构成重大误解；其次，同类洋酒的市场价格为 1 000元，标签上的价格明显高出市场价格，因此构成显失公平。另外，李某提出，要求酒店赔偿自己的电脑损失。酒店则表示，首先，李某必须按照标签支付洋酒价格；其次，前台上已经有“贵重物品妥善保管，一旦丢失本酒店概不负责”的提示，故酒店对李某的电脑损失没有责任。

请回答：(1) 李某的电脑损失，可否要求酒店赔偿？(2) 李某喝了房间的洋酒，是否应当按照标签价格支付价款？

第四章 合同的履行

第一节 合同履行的概念和合同履行的原则

一、合同履行概念

所谓的合同履行，是指债务人全面地、适当地完成其合同义务，债权人的合同债权得到完全实现，如交付约定的标的物，完成约定的工作成果，提供约定的服务等。①

（一）合同履行是合同的基本法律效力

合同的履行是依法成立的合同所必然发生的法律效果，并构成合同法律效力的主要内容。在债法理论上，“债之效力，广义的谓使实现给付或填补其给付利益之作用，包括债之履行及债务不履行之法律效果；狭义的，则单指债务不履行之效果而言”。② 如瑞士债务法第三章债之效力分为三节，即第一节债之履行，包括债之标的及债之清偿两部分。第二节债务不履行之效果，第三节对于第三人之关系。显然，瑞士债务法采广义的债之效力理论，将债之履行作为债的重要效力。合同是债的重要发生原因之一。因此，合同履行当然是合同之债的法律效力。

（二）合同履行是合同消灭的一种原因

合同双方当事人全面、正确地履行了合同义务，合同关系即归于消灭。因此，合同履行是合同关系或债的关系消灭的最常见的原因。从合同消灭的原因上说，合同的履行又称为债的清偿。正因为如此，有的国家民法将合同的履行规定于债的消灭原因之中。如德国民法典第二编债法第一章规定债的内容，第一节规定给付义务，包括债之标的及债之效力内容；第二节规定债权人的迟延。而在第二编的第三章债的关系的消灭的第一节中将履行与第二节提存、第三节抵消、第四节免除并列规定为债的消灭原因之一。

（三）合同履行是债务人所为的特定行为

合同履行是债务人实施属于合同标的即完成合同义务的行为。合同当事人实施属于合同标的的行为，如交付货物，完成工作，提供劳务及支付价款等，是债权得以实现

① 参见王利明、崔建远：《合同法新论·总则》，中国政法大学出版社 1996 年版，第 317 页。该概念被我国学者广泛引用，如：杨立新：《合同法专论》，高等教育出版社 2006 年版，第 160 页；郑云瑞：《合同法学》，北京大学出版社 2007 年版，第 86 页。崔建远：《合同法》（第二版），北京大学出版社，2013 年第 2 版，第 116 页。

② 史尚宽：《债法总论》，中国政法大学出版社 2000 年版，第 327 页。

的一般条件，也是债权与物权在实现方式上的区别所在。没有债务人实施属于合同标的的行为，完成合同义务，债权人就不会达到成立合同的目的，并且无法实现其债权。债务人完成合同义务的行为既可以表现为作为，即积极行为，如买受人支付价款、出卖人交付标的物；又可以表现为不作为，即消极行为，如承揽人不泄露定作人要求其保守的秘密。

由于债务人履行合同义务的行为未必总能达到成立合同的目的，使债权人实现债权，所以，合同的履行应当是债务人全面、适当地完成合同义务的行为。只有债务人依照合同约定全面、适当地完成合同义务才能使合同之债归于消灭，才能发生当事人预期的法律后果。因此，没有完全履行或者完全没有履行，均有悖于合同履行的本质。

（四）合同的履行是合同义务人完成合同义务的过程

这个基本点强调履行是整个行为的过程，是一切行为及其结果的总和。履行不仅包括最后的交付行为，而且还包括债务人为完成最后的交付行为所实施的一系列准备行为。强调合同履行的这一含义的法律意义在于：第一，能使当事人自合同生效之时起，关注自己和对方履行合同义务的情况，以确保合同义务得到全面、适当地履行。第二，“它能使当事人尽早发现对方不能履行或者不能完全履行合同义务的情况，以便采取相应的措施，避免使自己陷入被动和不利，防止损失的发生或扩大”。① 第三，对合同履行概念的这一层含义的关注，有利于我们厘清合同履行、给付与清偿这几个概念的联系与区别。这三个概念的联系在于：这三个概念都涉及当事人实现合同内容的行为。这三个概念的区别在于：(1) 履行是从合同效力方面考察合同实行行为而使用的用语，构成合同效力的主要内容，此点前已述及。(2) 给付主要有两个方面的含义：一是从静态上看，给付是指合同的标的，即债务人必须实施的行为；二是从动态上看，是指债务人在合同的履行期限内履行合同义务的行为。在这一层面上，给付既有与履行相同的一面，又有与履行不同的一面。其相同点在于，二者都是完成合同义务，满足债权的行为。不同点在于合同履行是一个动态的过程，这一过程既包括合同义务的履行行为，又包括履行合同义务的准备行为；而给付则只包括合同义务的实现行为。作为满足债权的动态上的给付与清偿基本同义。(3) 清偿是从合同消灭的角度考察完成合同义务的行为而使用的用语，是基于合同履行的后果导致合同消灭而对合同履行所作的表述。对于完成合同义务的行为，正如史尚宽先生所言：“自债之活动方面言之，谓之履行，自债之消灭之点观之，则为清偿。”② 第四，了解合同履行的这一层含义有助于我们在立法和理论上确定合同履行、合同给付与合同清偿在合同立法和合同理论中的不同的位置和不同的内容。第五，强调合同履行的这一层含义有助于在动态上认识合同履行是给付行为与给付结果的统一。合同的履行是债务人全面、适当地履行合同义务的行为，这种行为的目的在于使债权人的债权得到满足，使债权人得到给付。因此，合同的履行是使债权人实现合同债权的给付行为和给付结果的统一，是完成合同义务的整个过程。因此，合同履行从动的理论分析，“其重点并不在于债务人之给付行

① 苏惠祥主编：《中国当代合同法》，吉林大学出版社1992年版，第143页。

② 史尚宽：《债法总论》，中国政法大学出版社2000年版，第327页。

为，而系在于债权人给付之受领权”。①

二、合同履行的原则

合同履行的原则，是指当事人双方履行合同义务时应当遵循的基本准则。

关于合同履行的原则，学者们的概括有所不同。

我们认为，确定合同履行的原则应当注意：第一，并非所有与合同履行有关的准则都是合同履行的原则，只有专门适用于合同履行阶段并对债务人完成合同义务普遍适用的基本准则才是合同履行的原则。如诚实信用原则既是民法和合同法的基本原则，同时又是当事人在合同履行阶段必须遵守并且在合同履行阶段有其具体确定内容的原则；而与诚实信用原则相比，情势变更原则则只解决合同基础丧失或动摇时的法律救济问题，是适用于局部的规则。第二，合同法理论与各国合同立法对合同履行的基本原则认识各异，在确定合同履行基本原则时要充分地考虑到我国合同法的规定。基于此，合同履行应当包括下列原则：

（一）诚实信用原则

诚实信用原则是我国民法和合同法的基本原则，但作为合同履行的基本原则，诚实信用原则具有特定的内容。我国《合同法》第 60 条第 2 款规定，当事人应当遵循诚实信用原则，根据合同的性质、目的和交易习惯履行通知、协助、保密等义务。这表明，在合同履行阶段诚实信用原则的基本着眼点在于强调合同履行应当根据合同的性质、目的及交易习惯，履行虽然没有约定或者可能没有约定的诸如通知、协助及保密等合同当事人附随的义务。在合同法理论上，诚实信用原则具体表现为协作原则与经济合理原则。②

1. 协作原则

协作原则，要求合同当事人在合同的履行中不仅要全面地履行合同约定的义务，而且要履行无需约定但依诚实信用原则必须承担的附随义务，对对方当事人受领履行和对方当事人履行义务进行协助。具体而言，附随义务包括下列内容：

（1）通知义务。当事人应将履行义务的有关情况及时通知对方，使合同义务得以顺利履行。例如，通知对方货物已经交付运输，使对方能够及时清理仓库，准备受领标的物。如果发生意外情况，更应及时通知对方，使对方能够及时了解情况，采取应对措施或共同协商寻找解决办法。

（2）协助义务。协助是指债权人与债务人相互协助。合同的履行不仅是债务人的履行义务的行为，而且需要债权人适当地受领给付或提供必要的条件。如为施工队伍和施工机械能够按时进入，建设单位应当清理现场；对当事人提供的产品、设备，卖方应及时进行检验；快递公司上门交付邮件收件人应在约定的时间在家中等候。

（3）保密义务。一方当事人在履行合同中，对对方的商业秘密、技术秘密以及经营的信息等应当严守。如新产品的设计、产品的销售渠道、双方议定的价格等都不得随意向

---

① 郑玉波主编：《民法债编论文选辑》（上），第 35～37 页，转引自：郭明瑞、房绍坤：《新合同法原理》，中国人民大学出版社 2000 年版，第 185 页。

② 参见杨立新：《合同法专论》，高等教育出版社 2006 年版，第 165 页。

第三人泄露。对此，《合同法》第 43 条规定，在合同的订立过程中，违反保密义务，构成缔约过失责任。在合同的履行中，违反保密义务，则构成违约责任。

（4）防止损失扩大义务。当事人违反约定义务给对方造成损害的，对方当事人负有防止损失扩大的义务。如在加工承揽合同中发现对方提供的原材料不符合约定或相关质量标准，就应当停止使用，以防浪费材料和工时，并应迅速通知对方更换、修理或重做。

当事人依诚实信用原则毫无例外的均应承担附随义务，但由于合同的性质、目的的不同，合同的附随义务也有所不同。如，在工业产权的许可使用、转让等合同中的保密义务往往特别重要，而履行房屋租赁合同就可能没有这方面的义务。

如果当事人不履行协作义务给对方造成损害，应当承担损害赔偿责任。

2. 经济合理原则

经济合理原则要求履行合同时讲求经济效益，付出最小的成本，取得最佳的合同效益。

在履行合同中遵守经济合理原则体现在如下几个方面：（1）在履行方式和履行时间选择上，债务人可以在不违反合同约定、符合合同性质的前提下，选择最经济的履行方式和履行期限，如对运输方式的选择。（2）在合同因当事人协议变更或客观条件改变而被迫变更时，当事人应选择经济合理的方式实现合同目的，如对履行地点的变更。（3）在一方违约时，法律要求另一方当事人及时采取措施防止损失扩大。

（二）实际履行原则

实际履行原则是指合同当事人必须按照有效合同约定的标的履行合同义务，而不能以其他标的代替。即合同标的是什么，当事人就应当履行什么。在简单之债的合同中，当事人应当按照确定的标的履行合同，如合同约定买卖某种标号的水泥 10 吨，当事人就应当按照合同约定的标的履行，而不能任意以其他标号的水泥或其他标的物代替；在选择之债的合同中，当事人应当按照选定的标的履行合同。如合同约定债务人交付电视机一台或电冰箱一台，选择权归债务人。债务人在选择了电视机后就只能交付电视机，而不能交付电冰箱或其他标的物。

关于实际履行在合同法中的地位，我国学者存在不同的看法：一种观点认为，实际履行原则是计划经济的产物，是计划经济体制下的计划被赋予了法律约束力。① “实际履行原则要求当事人实际履行合同各项义务，即使发生违约，也不能以违约金、赔偿金替代履行。实际履行原则限制了当事人变更、解除合同的权利。”② “实际履行原则否认或限制了当事人的意思自治，不能够作为市场经济体制下指导合同履行的原则。”③ “我国《合同法》尽管规定了实际履行的救济措施，但已经抛弃实际履行原则，只是把实际履行作为一种补充性的救济手段。《合同法》第 110 条对实际履行的限制，就充分地说明了这一

① 参见王家福主编：《中国民法学　民法债权》，法律出版社 1991 年版，第 385 ~ 387 页。

② 隋彭生：《合同法要义》，中国政法大学出版社 2005 年版，第 199 页。

③ 隋彭生：《合同法要义》，中国政法大学出版社 2005 年版，第 199 页。

点。”① 另一种观点认为，在市场经济体制下，实际履行原则仍是合同履行的一项原则。这是由合同的本质和目的所决定的，对于满足债权人的需要，维护社会经济持续具有重要的作用。② 我们赞同后一种观点：理由如下：第一，在我国《合同法》和其他立法例中，实际履行原则虽然受到一定的限制，但其仍然是合同履行的一项重要原则。如《联合国国际货物销售合同公约》、《国际商事合同通则》在其关于违约责任的规定中都把实际履行作为一种受限制的违约责任的方式。在我国《合同法》中，实际履行不仅作为违约责任的一种形式出现(《合同法》第107条)，而且《合同法》第60条规定，当事人应当按照约定全面履行自己的义务。全面履行义务，包括约定的义务和附随的义务，因此，全面履行首先就是指实际履行。不可否认，实际履行原则的首要含义是当事人应当按照合同标的履行合同。但在违约发生之前，按照合同标的履行是不言自明的规则；只有在违约发生之后，强制实际履行的违约责任，才使这一原则得以真正的贯彻。第二，在市场经济体制下，实际履行是人们实现合同目的、满足订立合同的特定需要的重要手段。在市场经济体制下，人们对物质需求大多要通过合同来实现。人们订立合同都具有特定的目的或为了满足某种需要，而这些目的和需要是通过合同的实际履行来实现的。如果允许任意以其他标的作替代履行，当事人订立合同的需要就得不到满足。整个市场经济就不能够实现良性运转。因此，从某种意义上讲，实际履行是合同的最本质的要求。也正因如此，即使在违约发生的情况下，大多数立法例都将实际履行作为一项重要的救济手段。第三，实际履行并没有限制当事人的合同自由。实际履行强调当事人应当按照合同约定的标的履行合同，这是当事人在合同自由原则的指导下所订立合同的当然的效力。因此，实际履行原则的强调正是对当事人合同自由的尊重。至于当事人协商一致解除或者变更合同，也是当事人合同自由的体现，只不过当事人对变更后的合同也应该实际履行，因此，实际履行原则并不限制当事人的合同自由。

(三) 适当履行原则

适当履行原则，又称正确履行原则或全面履行原则，是指当事人按照合同规定的标的及其质量、数量，由适当的主体在适当的履行期限，履行地点，以适当的履行方式，全面完成合同义务的履行原则。《合同法》第60条规定：“当事人应当按照约定全面履行自己的义务。”这是适当履行原则在法律上的表述。依据合同第60条的规定，也有学者将该原则称之为“按约定履行原则”。

适当履行原则与实际履行原则既有联系又有区别。适当履行原则是实际履行原则的补充和扩张。实际履行原则要求当事人应当按照合同标的履行，因此，只要当事人按照合同标的履行了合同，交付了标的物或提供了服务，就满足了实际履行原则。但是，当事人按照合同标的履行了合同，只是解决了履行标的问题，至于当事人的履行是否全面符合合同的约定，如标的物的数量或质量是否符合合同约定的条件，履行期限是否正确、履行地点和履行方法是否正确等，实际履行原则并不过问。这些问题的解决需要借助于适当履行原则。可见，实际履行原则是判断当事人是否履行合同的标准，而适当履行是判断当事人履

① 隋彭生：《合同法要义》，中国政法大学出版社2005年版，第199页。

② 郭明瑞、房绍坤：《新合同法原理》，中国人民大学出版社2000年版，第187页。

行是否正确的标准。实际履行未必是适当履行，适当履行必然是实际履行。

关于适当履行原则所要求的履行主体适当、履行标的适当、履行期限适当、履行方式适当等在第二节阐述。

第二节　合同履行的规则

合同履行不仅要严格遵循合同履行的原则，而且要遵守合同履行的若干具体规则。这些规则是：

一、履行主体的规则

合同履行的主体是指履行合同债务和接受履行的人。

在一般的情况下，合同的履行都是由债务人向债权人履行。因此，债务人和债权人是合同履行的主体。

合同履行的主体首先是债务人。债务人履行时是否必须有行为能力，依履行行为的性质决定。履行行为系事实行为时，不要求债务人有行为能力，如创作作品、表演；履行行为系法律行为时，需要债务人有行为能力，如委托代理行为。此外，如果债务人通过移转财产权利来履行时，需要他对财产有处分权。除法律规定、当事人约定、性质上必须由债务人本人履行的债务以外，履行可由债务人的代理人进行，但代理规则只有在履行行为是法律行为时才适用。

在某些情况下，合同也可由第三人代为履行。只要不违反法律的规定和合同的约定，只要符合合同的性质，第三人也是正确的履行主体。第三人代替履行包括第三人代替债务人履行和第三人代替债权人接受履行两种情况。第三人代为履行需要注意下列问题：第一，第三人代替债务人履行义务时，第三人为履行主体。但是由第三人代替债务人履行的义务必须是债务人可以不亲自履行的义务，而且是法律没有规定或当事人没有约定必须由债务人亲自履行的义务。法律规定或当事人约定必须由债务人亲自履行的义务，或者合同性质决定必须由债务人履行的义务，债务人必须亲自履行；在第三人代替债权人接受履行时，第三人亦为履行主体。在一般情况下，债权人都可以指定债务人向其指定的第三人履行义务，即由第三人代替债权人接受履行。但是，债权人指定由第三人代其接受履行的，不得因此而使债务人增加履行费用的负担。第二，第三人代替履行时，第三人只是履行的主体，而不是合同当事人。因此，在当事人约定由债务人向第三人履行债务的，债务人未向第三人履行债务或者履行债务不符合约定，债务人应当向债权人承担违约责任(《合同法》第64条)；在当事人约定由第三人向债权人履行债务的，第三人不履行债务或者履行债务不符合约定，债务人应当向债权人承担违约责任(《合同法》第65条)。第三，在第三人代替履行时，第三人不是代理人。这时履行人仍是债权人或债务人。因此，不适用代理规则。第四，第三人代替履行与涉他合同的履行不同。在涉他合同中订约当事人以外的第三人就是合同的债权人或债务人，有权按照合同约定履行债务或接受履行；而不是代替债务人履行或代替债权人接受履行。

二、履行标的的规则

履行标的，是指债务人应给付的内容，包括交付实物、支付货币、提供劳务等。

债务人以实物履行合同债务的，履行标的应符合当事人约定或法律规定的规格、型号、数量、质量。标的物的数量，应按法定或约定的数量和计量方法确定。凡是约定或规定有合理差额的，交付的标的物数量在规定的幅度以内，其标的即是适当的。标的物的质量，应按当事人约定的质量标准进行。在当事人对标的物的质量要求不明确的情况下，根据《合同法》第61条、第62条规定的合同空缺条款确定的规则确定标的物的质量。

对于履行标的，债务人原则上应全部履行，而不应部分履行。但在不损害债权人利益的情况下，也允许部分履行。我国《合同法》第72条规定："债权人可以拒绝债务人部分履行债务，但部分履行不损害债权人利益的除外。债务人部分履行给债权人增加的费用，由债务人负担。"在部分履行问题上，我国《合同法》与《国际商事合同通则》采相同的立场。《国际商事合同通则》第613条规定：当履行到期时，债权人有权拒绝任何部分履行的请求，无论该请求是否附有对未履行部分的担保，除非债权人这样做无合法利益；因部分履行给债权人带来的额外费用应由债务人负担，并且不得损害任何其他救济方法。

对于履行标的，债权人同意接受债务人以某种其他标的代替合同标的履行的，债务人也可以代替履行。这在合同法理论上称为代物清偿。

债务人以货币履行合同债务的，当事人应当按照合同约定的支付方法支付价款或报酬。同时还应遵守国家有关货币管理的规定。当事人对价款或报酬没有约定或约定不明确的，根据《合同法》第61条、第62条规定的合同空缺条款确定的规则确定标的物的价款。依法执行政府定价或政府指导价的，按规定履行。按照《合同法》第63条规定，执行政府定价或者政府指导价的，在合同约定的交付期限内政府价格调整时，按照交付时价格计价。逾期交货的，遇价格上涨时，按照原价格执行；价格下降时，按照新价格执行；逾期提取标的物或者逾期付款的，遇价格上涨时，按照新价格执行；价格下降时，按照原价格执行。

三、履行期限的规则

履行期限是债务人履行债务和债权人接受履行的时间。合同的履行期限应根据法律的规定与合同的约定加以确定。履行期限明确的，当事人应按确定的期限履行；履行期限不明确的，根据《合同法》第61条、第62条规定的合同空缺条款确定的规则确定合同的履行期限。

当事人在履行期届满前没有履行合同则为履行期限不适当。对于债务人在履行期限到来之前提前履行合同，我国《合同法》第71条规定："债权人可以拒绝债务人提前履行债务，但提前履行不损害债权人利益的除外。债务人提前履行债务给债权人增加的费用，由债务人负担。"可见，提前履行需要注意如下几个问题：第一，拒绝提前履行。提前履行也是违约，有可能损害债权人的利益，因此，债权人有权拒绝提前履行。第二，接受提前履行。如果提前履行并不损害债权人的利益，债权人应当接受提前履行。如果债权人接受了提前履行，而合同是双务合同，债权人是否也应当提前履行？我国《合同法》没有规定。《国际商事合同通则》在其对第615条的注释中说，这仍然是债权人的权利，“如果提前履行对于债权人是可以接受的，则债权人可以同时决定是否也提前履行其义务”。第三，因提前履行给债权人增加的费用，由债务人负担。

四、履行地点的规则

履行地点是债务人履行债务和债权人接受履行的地方。履行地点有明确约定的，应按约定的地点履行；在履行地点不明确的情况下，根据《合同法》第61条、第62条规定的合同空缺条款确定的规则确定合同的履行地点。

五、履行方式的规则

履行方式是债务人履行义务的方法。如，标的物的交付方法、工作成果的交付方法、运输方式、价款或报酬的支付方法等。合同的履行方法由当事人约定，当事人要求一次性履行的，债务人不得分批履行；合同约定分批分期履行的，债务人也不得一次性履行。如果合同对履行方式没有约定或者约定不明确的，根据《合同法》第61条、第62条规定的合同空缺条款确定的规则确定合同履行方式。

六、履行费用的规则

履行费用是指债务人履行合同所支出的费用。履行费用的负担由当事人在合同中约定。当事人没有约定或约定不明确的，根据《合同法》第61条、第62条规定的合同空缺条款确定的规则确定合同的履行费用。

七、合同空缺条款的确定规则

合同空缺条款是指当事人订立的合同已经成立，但对一些重要条款没有约定或约定不明的情形。合同虽已成立但这些条款的空缺也必须解决，合同才能全面履行。

合同条款空缺的原因有三：一是事实上的合同，当事人履行了主要义务但未订立书面合同，留下了未明确、未约定的问题；二是因为当事人疏忽大意而欠缺；三是有意欠缺，或者留在以后进一步谈判，或者需要听取第三人意见。

合同空缺条款的确定需要遵循下列原则：

（一）法律、行政法规的强制性规定优先

对于空缺条款的确定，根据《合同法》第61条、第62条的规定，首先应当根据自愿原则，依照当事人协议补充，协议不成的，依照合同其他条款或者交易习惯确定。依据交易习惯仍不能够确定时，依据《合同法》第62条规定的办法确定。但在合同空缺条款的确定过程中，法律法规的强制性规定优先于当事人的意思。如果存在强制性的规定，当事人不得以协议排除，特别是质量条款、价格条款的空缺，首先必须依据《产品质量法》、《建筑法》、《食品卫生法》、《药品管理法》、《价格法》等法律的强制

性规定。

（二）确定空缺条款的三个办法

根据《合同法》第61条、第62条的规定，合同空缺条款的确定有三个层次的办法：

（1）当事人协议补充。

（2）按合同的有关条款或者交易习惯确定。合同空缺条款的确定有时与合同其他条款相关联。如一份买卖茶叶的合同没有规定质量条款，但对价金做了规定。参照市场行情，该价金相当于二级茶叶的价金，据此，可以推定作为合同标的物的茶叶为二级茶叶。

合同空缺条款也可以依交易习惯确定。交易习惯包括当事人双方已经形成的交易习惯，本地区、本行业的交易习惯等。如合同当事人双方是长期的交易伙伴，双方订立的一份买卖合同没有规定买方提货还是卖方送货。双方为此发生争执。从双方的其他买卖合同看都是卖方送货。此时，可以推定该合同由卖方送货。

（3）法定的办法。根据《合同法》第62条的规定，当事人就有关合同内容约定不明确，依照《合同法》第61条的规定仍不能确定的，合同补缺的规则是：

①空缺质量条款的确定。质量要求不明确的，按照国家标准（包括部颁标准、国务院直属局颁布的标准）、行业标准履行，没有国家标准、行业标准的，按照“通常标准”。“通常标准”，是指某种经济、技术行业在没有国家标准或者行业标准时，约定俗成的标准。有些著作认为“通常标准”可以理解为中等质量水平，提供的商品或服务可以不是“优秀”的，但也不是“低劣”的：一些农副产品的质量可依此确定。① 没有国家标准、行业标准的，还可以采用“符合合同目的的特定标准”，如出版回忆录，其内容就应该是再现历史真相，不应当捏造事实、欺骗读者。②空缺价格条款或报酬条款的确定。价款或者报酬不明确的，按照订立合同时履行地的市场价格确定。也就是说，确定市场价格的时间要素是订立合同时的市场价；地点要素是合同履行地。依法应当执行政府定价或者政府指导定价的，按照规定履行。③空缺的履行地点条款的确定。履行地点不明确的，采用的是方便履行原则。交付货币的，在接受货币一方履行，交付不动产的，在不动产所在地履行，其他标的，在履行义务一方所在地履行。④空缺的履行期限条款的确定。履行期限不明确的，双方享有平等的权利，债务人可以随时履行，债权人可以随时请求履行，但应当给对方必要的准备时间。⑤空缺的履行方式条款的确定。履行方式不明确的，按有利于合同目的实现的方式履行。依照诚实信用原则，按有利于合同目的的实现的方式履行，被推定为当事人的必然选择。⑥空缺的履行费用条款的确定。履行费用条款不明确的，由履行义务的一方负担。在履行合同中，如果债权人自提货物的、一般不涉及费用的负担问题。由债务人送货交付的，一般要明确规定送货的费用负担，约定不明确的，则应由债务人负担。

---

① 肖峋、魏耀荣、郑叔娜：《中华人民共和国合同法释论》（总则），中国法制出版社1999年版，第235页。

第三节　双务合同履行中的抗辩权

一、概述

双务合同，即当事人一方对于他方，互有债权债务而彼此给付互为对价关系之法律行为。双务合同，通常以给付之交换为目的，故也可称为交换契约。

双务合同，双方当事人之债务立于对价关系，其两债务之间有无牵连性，学说及立法虽然存在争议，但现代法制均直接或间接承认其有牵连性。这种牵连性可以从两个方面观察：

一是发生上的牵连性，即给付义务就双方发生或全然不发生原则。在我国《民法通则》和《合同法》就此点虽然没有明文规定，但在双务合同双方当事人的债务由一个合同而发生，有互为条件之关系，一方之债权不发生时，他方之债权亦不发生，从而一方之给付违反公序良俗、不法或不能，或因其他原因而无效时，双方之债权均不发生。当事人一方为限制行为能力人时，全部合同的效力都取决于法定代理人的追认。法定代理人不追认，整个合同无效，而不是对限制民事行为的当事人一方无效；对完全民事行为能力人一方有效。这是双务合同性质决定的。

二是机能上的牵连性。双务合同有效成立后，当事人各基于合同负给付义务，法律上虽然不以相对人的对待给付为条件，但经济上一方负担债务，系以他方负担债务为前提，所以相互间仍存在牵连关系。这种牵连关系就债权之行使及存续而言，可以分为关于履行上的牵连性与关于存续上的牵连性两种。（1）履行上的牵连性，是指双方当事人基于对待义务履行合同，如果一方不履行自己的义务，对方的权利就不能够实现，对方的义务履行也受到影响；关于履行上的牵连性各国立法规定不同。我国现行《合同法》规定了同时履行抗辩权(《合同法》第66条)、先履行抗辩权(《合同法》第67条)、不安抗辩权(《合同法》第68条)。(2）存续上的牵连性，即危险负担问题，民法就非因可归责于当事人之事由致给付不能未规定。我国台湾“民法”第266条第1项规定，因不可归责于双方当事人之事由，致一方之给付全部不能者，他方免为对待给付义务；如仅一部不能者，应按其比例减少对待给付。第2项规定，前项情形，已为全部或一部之对待给付者，得依关于不当得利之规定，请求返还。

二、同时履行抗辩权

（一）同时履行抗辩权的概念

同时履行抗辩权，也称为履行合同的抗辩权，是指双务合同的当事人一方在他方未为对待给付之前，有权拒绝自己的履行。同时履行抗辩权是在双务合同中产生的，并且主要适用于双务合同关系。

同时履行抗辩权是双务合同的法律效力之一。同时履行抗辩权的法律基础是诚实信用原则，同时履行抗辩权是诚实信用原则的具体引申，诚信原则对同时履行抗辩权的指导作用主要体现在三个方面：

第一，根据诚实信用原则，如果发生特殊情况使当事人之间的利益关系失去平衡时，法律应当进行调整，使当事人之间的利益得以恢复，由此维持社会经济秩序。在约定同时履行的双务合同中，一方当事人未履行合同义务而仅请求他人提供履行，是不符合诚实信用原则的；当事人仅提供部分履行或不完全履行，或发生履行迟延，而要求对方履行，对方当事人是否履行也应以诚实信用原则判断。

第二，诚实信用原则要求双务合同的双方当事人应彼此尊重对方的利益，建立密切的协作关系。当事人在履行合同义务时，应充分考虑尊重对方的利益。若自己尚未履行，不得要求对方先为履行。一方已构成严重违约，则对方应有权拒绝履行。

第三，诚实信用原则有助于防止同时履行抗辩权的权利滥用。如德国民法典第320条第2款就规定，另一方当事人已履行部分给付的，根据情况，特别是因迟延部分无足轻重时，当事人一方如果拒绝履行对待给付有违诚实信用原则的，即不得拒绝给付。① 我国《合同法》虽无相同规定，但作为合同法基本原则的诚实信用原则应该起到这样的作用。

(二) 同时履行抗辩权适用要件

当事人行使同时履行抗辩权必须符合下列要件：

1. 在同一双务合同中互负对待给付义务

同时履行抗辩权产生的基础在于双务合同机能上的牵连性，因此，同时履行抗辩权仅仅适用于双务合同，而不适用于各类单务合同及非真正的双务合同（如委任合同）。

首先，双方当事人之间的债务是由同一个合同而产生的。如果双方的债务是基于两个甚至多个合同产生，即使双方在事实上具有密切的联系，也不产生同时履行抗辩权。如甲先向乙购买相机，后又卖给乙自行车，甲不能以乙未支付自行车款为由，拒绝支付相机的价款。

其次，双方当事人互负对待给付的义务。所谓“对待给付”即有彼此给付互为对价之意义。双务合同的对价关系，只要求双方的给付义务之间存在互为条件、互为牵连关系即可，而不要求双方履行义务在经济上等价。因此，当事人的给付价值，并不以经济上的实际价值为限，亦不以交换上具有同等价值为要件。②

2. 当事人双方互负的债务没有先后的履行顺序且均已届清偿期

首先，当事人双方的债务没有先后的履行顺序。即当事人在合同中没有约定履行的顺序。在这种情况下，当事人应当同时履行。如果合同中约定了当事人的先后履行顺序，则负有先履行义务的当事人应先履行合同义务，不能适用同时履行抗辩权。

其次，当事人双方互负的债务均已届清偿期。同时履行抗辩权的适用，旨在使双方所负的债务同时履行，双方享有的债权同时实现，因此，双方所负的债务必须是同时到了履行期。如果双方所负的债务非为同时到期，则不发生同时履行抗辩权。如依合同规定，一方有先为给付的义务，负有先为给付义务的一方只能先为履行而无权要求对方同时履行。

---

① 参见郑冲：《德国民法典》，贾红梅译，法律出版社1999年版，第63页。

② 参见苏俊雄：《契约原理及其实用》，台湾“中华书局”1983年版，第82页。

3. 对方当事人未履行债务或未按约定履行债务

当一方当事人请求对方履行债务时，如果请求方自己所负有的与对方债务有关联的债务未履行时，被请求方可以主张行使同时履行抗辩权，拒绝对方的履行请求。如果请求方已经履行了债务，则被请求方不享有同时履行抗辩权。

对此，我国《合同法》第 66 条明确规定，一方在对方履行债务不符合约定时，有权拒绝其相应的履行要求。这一规定首先明确了在履行有瑕疵的情况下的同时履行抗辩权；其次，把这一同时履行抗辩权限制在“相应”的范围内。如部分履行的，只能就未履行的部分行使同时履行抗辩权。

4. 对方当事人的对待履行是可能的

同时履行抗辩权的功能在于一方当事人拒绝履行可以迫使对方履行，从而促使双方当事人同时履行债务。但是，这种功能的发挥须以对方能够履行为前提。当对方的履行为客观不能时，同时履行抗辩权的这种功效无从发挥。对方的履行客观上不能分为两种情况：一为因不可归责于双方当事人的事由而发生的履行不能。在这种情况下，双方当事人将被免责，不发生同时履行抗辩权。二为因可归责于债务人的事由而履行不能时，也只能适用债不履行的规定请求补救，而不能通过行使同时履行抗辩权来获得补救。

三、先履行抗辩权

（一）先履行抗辩权的概念

关于先履行抗辩权，各种著作和教材对其称谓不同。有的称之为“后履行抗辩权”、“顺序履行抗辩权”，有的称之为“先违约抗辩权”。这几种称谓的区别只在于其侧重点不同，而不在于其实质内容。先履行抗辩权的侧重点在于强调这种抗辩权行使的条件，即先履行方应当履行义务而没有履行的，后履行方得行使抗辩权；后履行抗辩权侧重于这种抗辩权的主体；顺序履行抗辩权也强调的是这种抗辩权行使的条件；先违约抗辩权侧重于先履行一方的违约，即应当先履行而没有先履行从而构成违约，未违约方得行使抗辩权。近年来的合同法著作多使用先履行抗辩权。本书从之。

所谓的先履行抗辩权，是指在双务合同中应当先履行合同义务的一方没有履行合同义务的，后履行一方的当事人拒绝履行自己的合同义务的权利。《合同法》第 67 条规定：“当事人互负债务，有先后履行顺序的，先履行一方未履行的，后履行一方有权拒绝其履行要求。先履行一方履行债务不符合约定的，后履行一方有权拒绝其相应的履行要求。”

（二）先履行抗辩权的成立条件

先履行抗辩权的成立需具备下列条件：

1. 当事人因同一双务合同互负债务

先履行抗辩权与同时履行抗辩权一样，只存在于双务合同中，单务合同不发生先履行抗辩权问题。在双务合同中，当事人互负对待给付义务，当事人一方履行义务，是为了换取对方的履行。所以，在先履行一方不履行自己的债务时，后履行一方为保护自己的履行利益，就可以拒绝对方的履行要求。

2. 当事人双方的合同义务有先后履行顺序

在双务合同中，当事人双方可以同时履行义务，也可以异时履行义务。在同时履行合同义务的情况下，如果一方没有履行义务而要求对方履行，对方可以援用同时履行抗辩权。在异时履行合同中，当事人履行合同义务是有顺序的。这种顺序可以由双方约定，也可以由法律规定或者按习惯确定。

3. 须双方所负债务已届清偿期、先履行一方到期未履行债务或未适当履行债务

对于异时履行合同，首先，负有先履行义务的一方在其债务已届履行期时应当先履行义务。如果先履行一方的债务已届履行期而不履行债务或履行债务不符合合同约定，则属于违约。其次，对于后履行义务的一方，在先履行义务的一方构成违约并请求其履行的情况下，后履行义务的一方的债务必须也已届履行期，此时，后履行一方可以行使先履行抗辩权，拒绝其履行请求；或在其不适当履行的范围内拒绝其相应的履行请求。如果先履行义务的一方在后履行义务的一方债务未届履行期时提出履行请求，则后履行义务的一方可以履行期限未到，对方无履行请求权为由提出抗辩，而不是行使先履行抗辩权。

（三）先履行抗辩权的效力

先履行一方抗辩权的成立并行使，产生后履行一方可一时中止履行自己债务的效力，对抗先履行一方的履行请求，以保护自己的期限利益、顺序利益。在先履行一方采取了补救措施、变违约为适当履行的情况下，先履行抗辩权消灭，后履行一方须履行其债务。

先履行抗辩权的行使不影响后履行一方主张违约责任。

四、不安抗辩权

（一）不安抗辩权的概念

不安抗辩权又称担保履行抗辩权，是指在双务合同中，应当先履行债务的当事人有确切证据证明对方有丧失或可能丧失履行能力，以至于可能难以履行对待给付义务的情形时，请求对方提供担保或为对待给付并在对方未提供担保或未履行对待给付之前，拒绝自己的给付的权利。不安抗辩权也属于延期抗辩权，在对方为对待给付或提供担保之后，即归于消灭。不安抗辩权是基于公平理念，针对双务合同所设计的一项制度，是双务合同机能上的牵连性在立法上的又一表现。不安抗辩权设置的目的在于公平的权衡双方当事人的利益，预防先为履行的一方因情况变化而遭受损害。

《合同法》第68条对不安抗辩权作了明确规定。该条规定："应当先履行债务的当事人，有确切证据证明对方有下列情形之一的，可以中止履行：（一）经营状况严重恶化；（二）转移财产、抽逃资金，以逃避债务；（三）丧失商业信誉；（四）有丧失或者可能丧失债务履行能力的其他情形。当事人没有确切证据中止履行的，应当承担违约责任。"《合同法》第69条规定："当事人依照本法第六十八条的规定中止履行的，应当及时通知对方，对方提供适当担保时，应当恢复履行。中止履行后，对方在合理期限内未恢复履行能力并且未提供担保的，中止履行的一方可以解除合同。"

（二）不安抗辩权的成立条件

不安抗辩权应当具备下列条件：

1. 当事人须因双务合同互负债务

不安抗辩权只在双务合同中存在，单务合同不发生不安抗辩权。在双务合同中，双方当事人互负对待给付的义务，当事人一方履行义务是为了换取对方的对待履行。所以，当先履行义务的一方发现对方的履行有可能不能实现时，为了保护自己的利益，有中止履行的权利。

2. 当事人履行义务有顺序，并且先履行义务一方的义务已届履行期

首先，当事人双方履行义务的时间有先后的顺序。在双务合同中，当事人应同时履行义务的，如果一方没有履行义务，对方可以援用同时履行抗辩权。但当事人履行义务的时间有先后顺序时，先履行义务的一方应当先履行义务，不能援用同时履行抗辩权。其次，先履行义务的一方的债务已届履行期。在合同义务已届履行期时，当事人应按合同约定履行义务。但是，由于后履行义务的一方有难以对待履行的危险，先履行义务的一方才有中止履行的必要。因为只有此时，其履行义务所承受的风险才具有现实性。

3. 后履行义务的一方有丧失或可能丧失履行债务能力的情形

后履行义务一方的期限利益应当受到保护，没有正当的理由不能剥夺，因此只有在其有不能为对待给付的现实危险，害及先履行义务人的债权实现时，才能够行使不安抗辩权。对于不安抗辩权行使的条件，各国合同法都有规定。法国民法规定为“买受人陷于破产处于无清偿能力，致出卖人有丧失价金之虞”（第1613条），德国民法规定为“他方的财产于订约后明显减少，有难为对待给付之虞”（第321条）。我国《合同法》第68条把后履行一方有丧失或者有可能丧失债务履行能力的情形具体化为这样几点：（1）经营状况严重恶化；（2）转移财产、抽逃资金，以逃避债务；（3）丧失商业信誉；（4）有丧失或者可能丧失履行能力的其他情形。所谓“其他丧失或者可能丧失履行债务能力的情形”，学者认为，应当包括以下类型：（1）承揽合同场合，承揽人于缔约后丧失履行能力，依约又不得转交他人完成工作；（2）劳务合同场合，提供劳务者于缔约后丧失履行能力；等等。①

（三）不安抗辩权的行使

关于不安抗辩权的行使，根据我国《合同法》的规定，应当注意两个方面的内容：

1. 先履行义务一方行使不安抗辩权的通知义务

为了兼顾后履行义务人的利益，也便于他能及时提供适当担保，《合同法》为先履行义务一方规定了通知义务。《合同法》第69条规定：“当事人依照本法第六十八条的规定中止履行的，应当及时通知对方。”

2. 先履行义务一方行使不安抗辩权的责任

为了防止不安抗辩权的滥用，《合同法》为先履行义务的一方规定了举证责任。《合同法》第68条第2款规定：“当事人没有确切的证据中止履行的，应当承担违约责任。”因此，《合同法》第68条第1款规定的几种可以行使不安抗辩权的情形，必须由先履行义务方承担举证责任。如果当事人没有确切的证据而行使不安抗辩权，应当承担违约

---

① 崔建远主编：《合同法》，法律出版社2007年版，第139~140页。转引自任建民：《不安抗辩权若干问题研究》，清华大学法学硕士学位论文（2005），第13页。

责任。

（四）不安抗辩权的效力

具备上述条件，先为履行一方即可主张不安抗辩权。不安抗辩权的行使具有以下效力：第一，中止履行效力。即先履行义务一方在相对人未为对待给付或提供相当担保之前，有权拒绝自己的给付。当对方为对待给付或者提供担保后先为履行的一方的不安抗辩权即行消灭，应当依契约履行自己的义务。第二，合同解除权的发生。中止履行后，对方在合理的期限内未恢复履行能力并且未提供适当担保的，中止履行的一方有权解除合同，这是我国合同法第 69 条明文规定的。

第四节　合同的保全

一、合同保全的概念和意义

合同的保全是债的保全的一种，债的保全是指债权人为防止债务人的财产的不当减少而危害其债权，允许债权人代债务人之位向第三人行使债务人的权利，或者请求法院撤销债务人与第三人的民事法律行为，以保持债务人的责任财产，保障其债权的实现的法律制度。从法理和各国立法看，合同之债可以保全，基于其他原因而发生的债也可以保全。我国《合同法》第 73 条、第 74 条分别确立了债权人的代位权和债权人的撤销权的制度。最高人民法院关于适用《中华人民共和国合同法》若干问题的解释（一）（以下简称《合同法解释一》），以及最高人民法院关于适用《中华人民共和国合同法》若干问题的解释（二）（以下简称《合同法解释二》）对债权人的代位权和撤销权进行了进一步的细化。从债的保全的概念可以看出：

第一，债的保全方式有两种。一种是由债权人代债务人之位向第三人行使权利，即所谓的债权人的代位权。一种是由债权人请求撤销债务人与第三人的法律关系，即所谓的债权人的撤销权。

第二，债的保全制度是法律为保障债权的实现而设置的一种法律制度。法律设立合同保全制度的原因在于，合同债权与其他债权一样，主要是以债务人的财产获得满足。即使不以财产交付为标的物的债，也需要以债务人的财产作为债务履行的最后保证。因此，根据债的效力，债的关系成立后，债务人的财产就成为债的一般担保，即成为所谓的“责任财产”。债务人不履行债务时该责任财产将成为强制执行的标的。在法律上，债务人不履行债务时的责任为无限责任，因而除不得强制执行的维持债务人及其家庭成员所必需的财产外，债务人的一切财产都包括在责任财产的范围之内。因此，在合同订立时，当事人的财产状况往往对其信用产生影响，并进而影响到当事人订立的合同的意思。因此，责任财产如果因债务人的任意而发生不当减少，就会影响债权人债权的实现。为此，法律设置债的保全制度，以保障债权的实现。债的保全制度是为了保持债务人的责任财产而设的，适用于债务人的财产不应减少而减少或者应增加而未增加的情形。因此，债的保全对于保障债权的实现具有积极预防的作用。

第三，债的保全包括合同保全及其他债的保全。在传统民法中，作为代位权与撤销权基础的债权，并非只有合同债权，尚包括基于侵权行为之债、不当得利之债、无因管理之债产生的债权。合同债权的保全，只是债的保全的一种。但在实践中，适用最广的是合同之债。在我国由《合同法》规定债的保全制度，只是我国特殊立法状况的产物。

第四，债的保全是债的对外效力的表现。债的保全制度是从诚实信用原则出发，突破传统的债的相对性原则，以牺牲某些个人自由为代价，换取商品交换秩序的安全与稳定。债的相对性是指债的关系只产生于当事人双方之间，因而权利义务也只发生在债的双方之间，债以外的第三人是完全自由的，不受其约束，该权利义务也不会对第三人产生任何实质性的影响。但债的保全制度，允许债权人享有并行使代位权与撤销权。这两种权利的行使都涉及债的关系以外的第三人，并对第三人产生法律约束力。如果说，大陆法系的其他国家尚且顾及债的相对性原则，规定在债权人行使代位权时，次债务人应当向债务人履行债务，《合同法解释一》第20条的规定则完全否定了债的相对性，使债的关系具有了对于第三人的效力。

二、债权人的代位权

（一）债权人代位权的概念

根据《合同法》第73条的规定，债权人的代位权是指债务人怠于行使其到期的债权，对债权人造成损害的，债权人为了保全自己的债权，得以自己的名义代为行使属于债务人权利的权利。根据这一定义，代位权行使而形成的法律关系具有下列特征：

1. 代位权法律关系的主体

代位权是债权人代位行使债务人对次债务人到期债权的权利。因此，代位权法律关系的主体是债权人和次债务人。债权人行使代位权成功以后，次债务人应向谁履行？大陆法系各国民法都规定应向债务人履行。我国《合同法解释一》第20条规定，次债务人应向债权人直接履行。司法解释做如此规定的理由有三：第一，有利于提高债权人行使代位权的积极性，同时可以避免债务人坐享其成以后又另行处分给他人，最大限度保护债权人的利益。第二，简化程序，符合诉讼经济的原则。债权人只需通过这一次诉讼就可以实现债权。无需像传统观点那样，债权人先进行代位权诉讼，再进行债权诉讼才能实现债权。第三，不会影响其他债权人的正当利益。因为债务人的每个债权人都有权提起代位权诉讼，如其他债权人不提起诉讼，根据不告不理原则，视为未主张权利。

2. 代位权法律关系的客体

代位权法律关系的客体是指次债务人根据债权人的要求所履行的特定的行为，学理上称为给付行为。传统民法中对代位权的客体的规定较为宽泛，而最高人民法院的司法解释则规定甚严。《合同法解释一》第13条明确把特定的给付行为界定为“具有金钱给付内容”，即债务人对次债务人享有的债权仅仅是“具有金钱给付内容的”到期债权。《合同法解释一》这样规定的原因在于，次债务人必须向债权人履行，即向债权人为给付行为，而债权人与债务人，债务人与次债务人之间的法律关系是两个独立的法律关系，其标的可能不同。如前一个法律关系的标的可能是债务人应向债权人给付100台电脑，后一个法律关系的标的是次债务人向债务人给付200吨钢材。如果次债务人直接向债权人履行，债权人不需要钢材。为了解决这一矛盾，司法解释不得不将代位权的给付内容限制在金钱给付的范围内，使次债务人向债权人的直接履行成为可能。《合同法解释一》的这一做法弊端有二：一是导致社会不公，如果只有当债务人与次债务人之间的给付内容是金钱时才能适用代位权，那么就会出现两个其他方面完全相同而仅有此一点差别的债权债务关系链条中各方所遇到的结果完全不同。其二，大大缩小了代位权的适用范围。对次债务人给付内容的限制使代位权制度仅能在少数债的关系中发挥作用，使代位权制度的社会意义大打折扣。

3. 代位权法律关系的内容

代位权法律关系的内容是指债权人作为代位权人向次债务人所主张的权利内容，以及次债务人应履行的义务内容。《合同法》和《合同法解释一》对代位权的内容均有规定。《合同法》第73条第1款规定："因债务人怠于行使其到期债权，对债权人造成损害的，债权人可以向人民法院请求以自己的名义代位行使债务人的债权，但该债权专属于债务人自身的除外。"《合同法解释一》第13条指出："《合同法》第七十三条规定的'债务人怠于行使其到期债权，对债权人造成损害的'，是指债务人不履行其对债权人的到期债务，又不以诉讼方式或仲裁方式向其债务人主张其享有的具有金钱给付内容的到期债权，致使债权人到期债权未能实现。"可见，《合同法》及其《合同法解释一》都将代位权的内容限定于债权，即代位权人只能代位行使债务人对第三人的债权，债务人对第三人其他具有请求权属性的权利均不能行使代位权。而在大陆法系的民法中，代位权的内容宽泛得多，几乎除了与人身有密切关系的权利以外，凡是具有财产内容的权利都可以代位。在传统民法中，代位权的内容可以归纳为如下类型：（1）一般债权的代位。（2）物上请求权代位。（3）损害赔偿请求权的代位。（4）撤销权代位。（5）抗辩权代位。（6）代位权的代位。（7）抵消权的代位。

（二）债权人代位权的性质

关于代位权的性质，应从以下几个方面理解：

（1）债权人代位权是一种法定权利。债权人代位权是由法律直接规定的权利，不需要当事人特别约定。就是说，只要合同关系成立生效，债权人就依法享有代位权。因此，债权人代位权是一种法定权利。

（2）债权人代位权是债权人自己的权利。债权人的代位权虽然是以债权人行使债务人权利为内容，而并不是债权人行使自己权利的权利。但是，债权人代位权是债权人以自己的名义行使债务人的权利，故属于债权人自己的权利，而不是债权人以债务人代理人的身份行使债务人的权利。所以，债权人的代位权并不是代理权，不适用代理的规定。

（3）债权人的代位权并非请求权。代位权并非是债权人对于债务人或第三人的请求权。虽然代位权的标的是债权，但代位权作为行使他人债权的权利，其目的在于保全债权；其后果在于使他人之间的法律关系发生变动。且在传统民法上，在债权人债权届清偿期以前也可行使代位权，就足以证明代位权非请求权。

（4）债权代位权属于广义的管理权。关于债权人代位权的性质，学界存在形成权和管理权的争议。形成权的理由是，代位权的行使效果，是使债务人与第三人的法律关系发生变更；管理权的理由是，代位权是债权人以自己的名义行使债务人的权利，以行使他人的权利为内容。本书认为，债权人代位权是一种广义的管理权。虽然从权利的作用上说，代位权的行使能够使债务人与次债务人的法律关系发生变更，但这并非因债权人一方的意思表示就能发生这一法律后果，形成这一法律后果的恰恰是债务人与次债务人之间的债权债务关系。债权人不过是依法享有行使债务人的权利的权利。代位权行使法律后果的发生需要次债务人作为或者不作为的履行债务的行为。因此，代位权是债权人以自己的名义行使债务人的权利，以行使他人的权利为内容，故代位权具有管理权的性质。①

（三）债权人代位权的成立条件

《合同法解释一》第11条对代位权行使的要件做了明确规定。根据该条规定，代位权行使应符合下列要件：

1. 债权人对债务人的债权合法

代位权法律关系的特点在于其涉及两层法律关系，即债权人与债务人之间的法律关系和债务人与第三人（次债务人）之间的法律关系。因此，代位权关系存在的前提之一就是前一个债权债务关系必须合法存在。仅有后一个债权债务关系不能形成代位权。对此《合同法解释一》第11条第1项明确规定："债权人对债务人的债权合法。"这里应注意以下几点：（1）前一个法律关系只能是债权债务关系。即债权人对债务人享有的是债权，而不是其他权利。（2）债权人对债务人的债权须合法存在。代位权的合法性来源于债权人对债务人债权的合法性。如果这一债权因违法而被确认无效或被撤销，或因合同解除而消灭，代位权就不可能形成。（3）债权人对债务人的某些债权即使合法也不能成为代位权的权利来源，如债权人要求债务人不作为的债权（债务人负有对外保守债权人技术秘密的债务）；或者债权人要求债务人为某项劳务或专业行为的债权。但这些债权如果得不到履行，而转化为损害赔偿之债时，则不在此限。

2. 债务人怠于行使其到期债权给债权人造成损害

（1）债务人对于第三人享有到期债权。债务人对第三人享有的到期债权具有如下特征：①债务人对第三人的债权，《合同法》及其《合同法解释一》将其规定为"具有金钱给付内容的"债权。因此，非以金钱给付为内容的债权不能为代位权的标的，债权人不得代位行使。但在比较法中，债权人可代位行使的权利十分广泛。如《法国民法典》第1166条规定："但是，债权人的行使其债务人的一切权利与诉权，专属于人身的权利除外。"日本和我国台湾地区的民法及其理论认为，可代位行使的债务人对第三人的权利十分广泛，以至于采用了"属于债务人的权利"的概括。如物权以及物权请求权、形成权、继承回复请求权等。因此，学者主张，对代位权的标的应采取目的性扩张的方法，适当的扩张债权人可代位行使的权利范围。② ②债务人对第三人享有的债权为到期债权。我国《合同法》及其司法解释将债务人对第三人享有的债权限于到期债权。因此，对于尚未到

① 参见崔建远：《合同法》（第二版），北京大学出版社2013年版，第160页。

② 参见崔建远：《合同法》（第二版），北京大学出版社2013年版，第162页。

期的债权债权人不得代位行使。

（2）债务人怠于行使对第三人的到期债权，给债权人造成损害

在债务人对第三人享有到期债权时，如果债务人积极行使其权利，则债权人代位权就不能成立。只有在债务人怠于行使对第三人的到期债权给债权人造成损害时，债权人的代位权才能成立。何谓债务人怠于行使其权利？按照《合同法解释一》第 13 条规定的标准，①债务人对次债务人的债权到期。②债务人不以诉讼或仲裁方式向其债务人主张其债权，即视为怠于行使权利。债权人即取得了向次债务人行使代位权的资格。

何谓债务人怠于行使权利，给债权人造成损害？《合同法解释一》第 13 条第 1 款的规定，是指"债权人的到期债权未实现。因此，此时，债权人无须举证证明自己的债权受到实质性的损害。只要债务人未履行其对债权人的债务，债权人的债权未实现，便可视为债权人的债权受到损害。次债务人不认为债务人有怠于行使到期债权情况的，应当承担举证责任(《合同法解释一》第 13 条第 2 款)。

3. 债务人的债权已经到期

《合同法解释一》第 11 条第 3 项规定："债务人的债权已到期"是债权人行使代位权的又一要件。要求债务人的债权已到期有两个原因：第一，债务人的债权未到期，债务人是否怠于行使债权无法判断。第二，债务人的债权未到期时无法要求次债务人清偿。次债务人可以债务未到期抗辩。在特殊情况下，为防止债务人的权利的变更或消灭，债务人的债权未到期也可以行使代位权。如次债务人陷于破产，进行破产清算时，债权人可代位进行破产债权申报。

4. 须债务人的债权为不专属于债务人自身的债权

债务人对第三人享有的债权须非专属性权利。债权人代位权是债权人代位行使债务人的权利，因此，凡具有专属性的权利或不得让与的权利，也不能成为债权人代位权的标的。《合同法》第 73 条第 1 款明确规定，专属于债务人自身的债权，债权人不得代位行使。《合同法解释一》第 11 条第 4 款规定："债务人的债权不是专属于债务人自身的债权。"第 12 条进一步规定："《合同法》第七十三条第一款规定的专属于债务人自身的债权是指基于扶养关系、抚养关系、继承关系产生的给付请求权和劳动报酬、退休金、养老金、抚恤金、安置费、人寿保险、人身伤害赔偿请求权等权利。"

5. 须债务人对于债权人的债务陷于履行迟延

债务人履行迟延是指债务人于债务履行期限届满时未履行债务。从反面讲就是债权人的债权已到期。《合同法》和《合同法解释一》没有把债权人的债权已到期作为代位权行使的要件。传统民法中对代位权的行使也未要求这一要件。但从法理上讲，其一，在债务人的债务履行尚未构成迟延的情况下，则债务人是否能够履行尚无法确定，债权人的债权是否有不受清偿的危险也难以预料。因此，在这种情况下，债权人自不能代位行使债务人的权利。否则，就属于对债务人的无理干预，与法不符。但是，如果债务人的债务履行已构成迟延而又无力清偿债务，则债权人的债权就有不能实现的危险，此时债权人就有代位行使债务人的权利，以保全债权的必要。因此，债权人代位权的成立以债务人陷于债务迟延为必要条件。其二，《合同法解释一》要求次债务人直接向债权人履行。如果债权人的

债权未到期就等于剥夺了债务人的期限利益。传统民法上，次债务人是向债务人履行而非向债权人履行，行使代位权的目的只在于保全债权。而依我国《合同法》和《合同法解释一》行使代位权的目的在于实现债权，债权到期应该是代位权行使的一个要件。

债权人代位权原则上以债务人履行迟延为成立条件。但是，为防止债务人权利的变更或消灭而专为保全债务人权利的行为，虽然债务人履行未构成迟延，债权人也得行使代位权。例如，时效的中断、保存登记、第三人破产时的债权申报等，其目的都在于防止权利的变更或消灭，对债务人并无不利，所以，债权人得于债务人履行迟延前行使代位权。

（四）债权人代位权的行使

债权人在行使代位权时，应当符合下列要求：

1. 代位权的行使主体是债务人的债权人

代位权是债权人的一项权利，只能由债权人行使。如果债务人的债权人有多个，则各个债权人都可以行使代位权。当然如果一个债权人已就某项债权行使了代位权，则其他债权人就不得就该项权利再行使代位权。

除了依债权的性质不适合代位的债权以外，（如以劳务为内容的债权或者以不作为为内容的债权，但转化为损害赔偿请求权的债权，不在此限），所有的债权人原则上均可成为代位权的主体。①

2. 债权人应以自己的名义行使代位权

代位权是债权人固有的权利，而非代理权。债权人在行使代位权时，当然应当以自己的名义为之，而不能以债务人名义行使。由于债权人代位权具有管理权的性质，因此，债权人应以善良管理人的注意行使代位权，如不得擅自处分债务人的权利等。如果债权人违反注意义务给债务人造成损失应对债务人负赔偿责任。②

3. 债权人应以诉讼的方式行使代位权

从国外的立法来看，债权人行使代位权的方式无非有两种，即诉讼方式和直接行使方式。诉讼方式就是债权人通过向法院提起诉讼行使代位权；直接行使方式就是债权人无须通过向法院提起诉讼，而直接向第三人主张权利。从我国《合同法》第 73 条的规定来看，我国采取了诉讼方式，即“债权人可以请求人民法院以自己的名义代位行使债务人债权”。以诉讼的方式行使代位权对于查明系争案件的事实，明确真实的法律关系，有效保证某个债权人行使代位权所获得的利益在各个共同债权人之间合理分配，有效防止债权人滥用代位权，有效防止债权人与其他未行使代位权的债权人、债务人以及次债务人之间因代位权行使而产生不必要的纠纷。③

4. 代位权行使的相对人为次债务人

代位权是债权人代位行使债务人到期债权的权利。代位权法律关系的主体是债权人和次债务人。因此，《合同法解释一》第 16 条规定，“债权人以次债务人为被告向人民法院

① 参见崔建远：《合同法》（第二版），北京大学出版社 2013 年版，第 166 页。

② 参见崔建远：《合同法》（第二版），北京大学出版社 2013 年版，第 166 页。

③ 参见崔建远：《合同法》（第二版），北京大学出版社 2013 年版，第 166 页。

提起代位权诉讼，未将债务人列为第三人的，人民法院可以追加债务人为第三人”。

5. 债权人行使代位权以保全债权为必要限度

债权人行使代位权的范围，以有保全债权的必要为其限度。在必要范围内，债权人可同时或依次代位行使债务人数项权利。但是，如果债权人就某一项权利行使代位权已可满足清偿其债权的需要，则不得再对债务人的其他权利行使代位权。《合同法》第 73 条第 2 款规定，代位权的行使范围以债权人的债权为限。

（五）债权人代位权诉讼的若干问题

1. 代位权诉讼的地域管辖和合并审理

《合同法解释一》第 14 条规定：“债权人依照合同法第七十三条的规定提起代位权诉讼的，由被告住所地人民法院管辖。”这一规定一是符合《民事诉讼法》第 22 条关于原告就被告的一般原则和第 24 条关于合同纠纷的管辖原则，二是简便易行，可操作性强，可以有效地避免或者减少管辖争议和管辖异议。被告是次债务人。

《合同法解释一》第 16 条第 2 款规定：“两个或两个以上债权人以同一次债务人为被告提起代位权诉讼的，人民法院可以合并审理。”

《合同法解释二》第 17 条规定：“债权人以境外当事人为被告提起的代位权诉讼，人民法院根据《中华人民共和国民事诉讼法》第二百四十一条的规定确定管辖。”

2. 给付之诉与代位权诉讼的分立

（1）债权人以债务人为被告提起的诉讼为给付之诉；债权人以次债务人为被告提起的诉讼为代位权之诉。《合同法解释一》第 15 条第 1 款规定：“债权人向人民法院起诉债务人以后，又向同一人民法院对次债务人提起代位权诉讼，符合本解释第十三条的规定和《中华人民共和国民事诉讼法》第一百零八条规定的起诉条件的，应当立案受理；不符合木解释第十四条规定的，告知债权人向次债务人住所地人民法院另行起诉。”在这里要注意的是，为了避免程序上的混乱，以债务人为被告提起的诉讼的管辖不能吸收代位权诉讼管辖，以债务人为被告提起诉讼依照《民事诉讼法》有关管辖的规定确定管辖法院，代位权诉讼依照《合同法解释一》第 14 条规定确定管辖法院。但若依照《民事诉讼法》的规定及《合同法解释一》第 14 条的规定，以债务人为被告的诉讼的管辖法院与以次债务人为被告的代位权诉讼的管辖法院为同一法院的，则由同一法院另案受理。

（2）债权人提起代位权诉讼后，又在同一法院或者不同法院以债务人为被告提起诉讼的，人民法院应依照《合同法解释一》第 15 条的精神作出是否受理的决定。

（3）当两个诉讼同时存在时，根据《合同法解释一》第 15 条第 2 款的规定：“受理代位权诉讼的人民法院在债权人起诉债务人的诉讼裁决发生法律效力以前，应当依照《中华人民共和国民事诉讼法》第一百三十六条第（五）项的规定中止代位权诉讼。”因为当两个诉讼并存时，代位权诉讼必须以债务人的给付之诉为依据。因此，代位权诉讼应当中止。如果债权人不起诉债务人，而直接起诉次债务人行使代位权，法院应当同时审理两个法律关系，就不存在中止的问题了。

3. 代位权诉讼中的当事人地位

《合同法》第 73 条第 1 款规定：“因债务人怠于行使其到期债权，对债权人造成损害的，债权人可以向人民法院请求以自己的名义代位行使债务人的债权。”因此，债权人是代位权诉讼的原告。如符合其他起诉条件的，人民法院应当受理。但是，代位权诉讼涉及三方当事人的利益，即债权人、债务人、次债务人。代位权法律关系的主体是债权人和次债务人，因此，债权人为原告，次债务人为被告，当无疑义。但如债务人参加诉讼，其地位如何？《合同法解释一》第16条对此做了明文规定：“债权人以次债务人为被告向人民法院提起代位权诉讼，未将债务人列为第三人的，人民法院可以追加债务人为第三人。”该规定明确了债务人的诉讼地位为第三人。

4. 代位权诉讼的财产保全

《合同法解释一》第17条规定：“在代位权诉讼中，债权人请求人民法院对次债务人的财产采取保全措施的，应当提供相应的担保。”

5. 代位权诉讼请求的数额

《合同法解释一》第21条规定：“在代位权诉讼中，债权人行使代位权的请求数额超过债务人所负债务额或者超过次债务人对债务人所负债务数额的，对超出部分，人民法院不予支持。”也就是说，代位权诉讼中债权人能够主张的债权受两个债权的限制：一个是债权人对债务人的债权；一个是债务人对次债务人的债权。因为代位权诉讼以债权人对债务人的债权和债务人对次债务人的债权为基础，超出部分，法院当然不予支持。

《合同法解释一》第22条规定：“债务人在代位权诉讼中，对超过债权人代位请求数额的债权部分起诉次债务人的，人民法院应当告知其向有管辖权的人民法院另行起诉。债务人的起诉符合法定条件的，人民法院应当受理；受理债务人起诉的人民法院在代位权诉讼裁决发生法律效力以前，应当依法中止。”

（六）债权人代位权行使的效力

债权人行使代位权，对于债务人、第三人和债权人会产生不同的法律效力。

1. 对债权人的效力

债权人代位权的行使，对债权人的法律效果如下：

（1）债权人有权直接受偿。在传统民法中，债权人行使代位权的后果直接归属于债务人，次债务人要向债务人清偿，使行使代位权取得的财产先加入债务人的责任财产，成为债务人的全体债权人的共同担保，依债的清偿规则向债权人清偿。行使代位权的债权人并不因此取得优先受偿的权利。这一规则被称之为入库规则。《合同法解释一》第20条明确规定：“债权人向次债务人提起代位权诉讼经人民法院审理后认定代位权成立的，由次债务人向债权人履行清偿义务，债权人与债务人、债务人与次债务人之间相应的债权债务关系即予以消灭。”可见，《合同法解释一》突破了传统的合同保全制度，赋予行使代位权的债权人直接受领通过代位权诉讼所取得的财产的权利。对于债权人有权直接受偿的性质，有学者将此解释为“是在金钱债务的场合，借助于抵消制度，使代位权行使的效果间接归属于债权人。即次债务人非为直接向债权人清偿，而是由于债务人对于债权人负有债务，次债务人对债务人负有债务，这两个债务互相抵消，使次债务人对债权人的给付变成了债务人对债权人的给付，表现出来的是次债务人对债权人的直接清偿。有学者将此解释为优先受偿权。认为行使代位权的债权人具有直接（优先）受偿的权利。债权人的优先受偿权说的不妥之处显而易见：第一，优先受偿权将代位权行使的效果基本等同于担保权，不符合代位权制度的设立目的。第二，将债务人的债权直接变成了债权人的债权，是对债务人债权的直接剥夺，既违反了合同债的相对性理论，又违反了民法保护民事主体合法权益、民事主体一律平等的价值观。比较起来，前一种学说较有说服力，但其适用范围有限，只适用于债务人只有一个债权人的情况。目前，我国学者基本上把债权人的权利称之为直接受偿权，但这种直接受偿权并不具有优先的效力。如果有其他债权人在代位权诉讼期间主张自己的债权，则法院应追加其为代位权人而参与平均受偿，而不应有先后之分、优劣之别。

(2) 时效中断。债权人提起代位权诉讼，可以发生债权人的债权诉讼时效中断的后果，因为这是债权人行使权利最有利的证明之一。

(3) 对次债务人的行使代位权诉讼费用给付请求权。《合同法解释一》第 19 条规定："在代位权诉讼中，债权人胜诉的，诉讼费由次债务人负担，从实现的债权中优先拨付。"

2. 对债务人的效力

债权人行使代位权时，对债务人的效力表现为债务人对其债权的处分权。债务人对其债权的处分权是否会因债权人行使代位权而受到限制。学界对此有争议。存在"肯定说"与"否定说"两种观点。"肯定说"认为，此时，债务人丧失处分权，因为代位权行使后，债务人若能就其权利进行妨碍代位权行使的处分权，如抛弃、免除或让与，代位权制度即失去作用。此说以日本、我国台湾地区学者为代表。"否定说"认为，债权人行使代位权后，债务人可以对其对第三人的债权进行处分，因为债务人的债权并不因债权人的代位权的行使而丧失，而且代位权的行使，并非强制执行，因此，债务人仍有权处分自己的债权。此学说以法国为代表。这两种学说中，肯定说较为妥当，在代位权人行使代位权时，若允许债务人对其债权进行有害债权的处分，则代位权的行使就无法进行。

3. 对次债务人的效力

债权人代位权是债权人代债务人行使对次债务人的权利。就次债务人而言，无论是债务人行使权利还是由债权人代位行使权利，次债务人的法律地位及利益都不应受到影响，不能因债权人行使代位权而使次债务人处于较债务人自己行使权利时不利的地位。因此，在债权人行使代位权时，次债务人对于债务人所有的抗辩，均得以之对抗债权人。例如，债务不成立、无效、可撤销、超过诉讼时效、债务人应为同时履行等，次债务人都可以对抗债权人。但是，这种抗辩权一般以代位权行使之前产生为限。对此，《合同法解释一》第 18 条第 1 款规定"在代位权诉讼中，次债务人对债务人的抗辩，可以向债权人主张"。

三、债权人撤销权

（一）债权人撤销权的概念

债权人撤销权又称为废罢诉权，是指债权人对于债务人所为的危害债权的行为可请求人民法院予以撤销的权利。我国《合同法》第 74 条规定了撤销权。第 74 条第 1 款规定："因债务人放弃到期债权或者无偿转让财产，对债权人造成损害的，债权人可以请求人民法院撤销债务人的行为。债务人以明显不合理的低价转让财产，对债权人造成损害，并且受让人知道该情形的，债权人也可以请求人民法院撤销债务人的行为。”从撤销权的概念可知，撤销权也是债权人保全债权的措施之一，其目的在于防止因债务人的责任财产减少而害及债权人的债权的实现。其法律关系的主体是债权人、债务人以及与债务人为法律关系的第三人。其客体是债务人与第三人所为的有害债权的行为。撤销权的内容是撤销该债务人与第三人所为的危害债权的行为，并请求恢复该行为所涉及的财产。债务人与第三人之间所建立的处分财产的法律关系，一般与债权人无关，这是由合同的相对性所决定的。但是，如果债务人与第三人之间建立合同关系，系出于损害债权人利益的目的，则就有违民法的诚实信用原则，属于权利的滥用。因此，法律有必要赋予债权人以撤销权。

基于保全债权为目的的保全撤销权不同于合同撤销权。其一，保全撤销权是债权人请求人民法院撤销债务人与第三人之间已经生效的法律关系。保全撤销权是债效力扩张的表现，债的效力及于第三人。合同撤销权是合同当事人一方请求人民法院或者仲裁机关撤销已经生效的合同，不涉及第三人。其二，保全撤销权是为了维护债务人清偿债权的资力，保持其清偿力。合同撤销权是为了消弭当事人意思表示有瑕疵造成的危害。

（二）债权人撤销权的性质

关于债权人撤销权的性质，学术界没有定论。有以下集中代表性学说：

1. 债权人的撤销权是一种形成权

该说认为，债权人的撤销权是一种具有依债权人的意思而撤销债务人与第三人之间的法律行为（诈害行为）的效力的形成权。① 该说存在的问题是，强调撤销的绝对效力而引起不当的交易混乱，且为取回财产还需援用代位权。②

2. 债权人的撤销权是一种请求权

该说认为，债权人的撤销权是向因债务人的行为而受有利益的第三人直接请求返还的债权。该说的缺陷在于，在债务人与第三人的合同没有履行的情况下，债权人即不存在请求返还的债权。③

3. 债权人撤销权性质的折中说

该说认为，撤销权兼具形成权与请求权双重性。撤销权的行使一方面使债务人与第三人的法律行为归于无效；另一方面又使债务人的责任财产恢复至该行为实施前的状态；因此，撤销权之诉兼具形成之诉与给付之诉双重性。我国学者多赞同此说。④

（三）债权人撤销权的成立条件

从《合同法》的规定来看，债权人撤销权的成立要件可分为客观条件与主观条件，并且因债务人所为的行为是否有偿而有所不同。

1. 客观要件

客观要件即在债权成立以后债务人实施了有害债权的行为。

---

① 参见崔建远：《合同法》（第二版），北京大学出版社 2013 年版，第 175 页。
② 参见崔建远：《合同法》（第二版），北京大学出版社 2013 年版，第 175 页。
③ 参见崔建远：《合同法》（第二版），北京大学出版社 2013 年版，第 175 页。
④ 参见崔建远：《合同法》（第二版），北京大学出版社 2013 年版，第 175 页。

（1）债务人在债权成立后实施了以财产为标的的行为。对此要件应当注意这样几点：①债务人的行为须是在债权人的债权成立后实施的，于债权成立前已经存在的行为，不得作为撤销权的标的。②债务人实施的行为须以财产为标的。所谓以财产为标的的行为，是指对现有财产产生直接影响的行为。如买卖、赠与、保证、抵押。这一要件是撤销权恢复债务人责任财产的目标的必然要求。因为债权人撤销权的目的在于防止债务人的责任财产减少而损害债权人的债权，因此，债权人行使撤销权的对象就应当是债务人以财产为标的而实施的行为，对于非以财产为标的的行为，债权人不得行使撤销权，如结婚、离婚、收养子女、认领非婚生子女等非以财产为标的的行为，为他人加工定做物等以劳务为标的的行为以及财产上的拒绝行为等。③债务人实施的以财产为标的的行为主要是法律行为。总之，只要债务人实施的以财产为标的的法律行为危害了债权，就可以成为债权人撤销权的客体。④根据我国《合同法》的规定和有关司法解释，可以撤销的行为有以下几种：《合同法》第74条规定，债务人实施的行为包括两种：一种无偿行为。包括债务人放弃到期债权和无偿转让财产。《合同法》第74条第1款前段规定："因债务人放弃到期债权或者无偿转让财产，对债权人造成损害的，债权人可以请求人民法院撤销债务人的行为。"《合同法解释二》第18条规定："债权人依照合同法第七十四条的规定提起撤销权诉讼的，人民法院应当支持"。上述行为既有对权利的抛弃等单方行为；又有财产赠与行为等双方法律行为。上述行为或使债务人应增加的财产没有增加；或造成债务人现有的财产的减少，从而成为撤销权的标的。二是有偿行为。所谓的债务人所为的有偿行为，《合同法》第74条第1款中段称之为"债务人以明显不合理的低价转让财产。"《合同法解释二》第19条第3款又增加了："债务人以明显不合理的高价收购他人财产，人民法院可以根据债权人的申请，参照《合同法》第74条的规定予以撤销"。这些有偿转让财产和买进财产的行为，由于是以明显不合理的低价或者高价而实现的，行为的结果会减少债务人的责任财产。因此，成为了撤销权的标的。对于《合同法》第74条第1款中段的"债务人以明显不合理的低价转让财产"的判断标准，《合同法解释二》第19条规定"对于合同法第七十四条规定的'明显不合理的低价'，人民法院应当以交易当地一般经营者的判断，并参考交易当时交易地的物价部门指导价或者市场交易价，结合其他相关因素综合考虑予以确认。"

（2）债务人的行为须对债权人造成损害，即有害债权。对这一要件，应注意的问题是，①何谓害及债权。所谓的害及债权，指因债务人的行为致债权不能完全受清偿。如债务人积极减少财产：转移财产所有权，让与债权，免除债务；或消极的增加债务，如承担债务、为他人债务提供保证，使债务人陷于无资力，即不能清偿债权，且此种状态持续至撤销权行使时仍然存在，即可视为害及债权。②无资力的判断标准。我国学者多认为，如果债务人处分财产后剩余财产的总额不足以清偿债权人的债权，就应当认定该行为有害债权，债权人就可行使撤销权。如果债务人处分其财产后仍有清偿债权人债权的资产，就不能认为该行为有害债权。③在债权的标的是特定物的交付时，是否得以债务人移转特定物之所有权于第三人，从而使特定的债权陷于支付不能为由行使撤销权？通说认为，债权人的撤销权是为全体债权人利益而行使，而不得专为特定物的债权人一人的利益行使，该债权人并无优先受偿权，若允许以此种情形行使撤销权，则有害于交易安全，同时会使民法上物之交付的登记制度受影响。因此，于此种场合，特定物债权转化为损害赔偿之债。只有债务人对此仍无资力时，方可行使撤销权。

2. 主观要件

主观要件是指债务人与第三人为法律行为时具有恶意，即明知行为有害债权。

我国《合同法》关于撤销权的主观要件，可以从两个方面考虑：首先，从债务人方面看，法律对债务人的主观状态并无明确的要求。我国《合同法》第 74 条仅规定，因债务人放弃到期债权或者无偿转让财产，对债权人造成损害的，债权人可以请求人民法院撤销债务人的行为。债务人以明显不合理的低价转让财产，对债权人造成损害，并且受让人知道该情形的，即可行使撤销权。其次，从受让人方面看，《合同法》第 74 条第 1 款后半段规定："债务人以明显不合理的低价转让财产，对债权人造成损害，并且受让人知道该情形的，债权人也可以请求法院撤销债务人的行为。"因此，在债务人放弃到期债权或无偿转让财产时，并不要求受让人有恶意。但在债务人以明显不合理的低价转让财产时，则要求受让人有恶意。这里的恶意是指受让人知道"债务人以明显不合理的低价转让财产，对债权人造成损害"的情形而言，而无须债务人有损害债权的串通。如果受让人不知道即为善意，债权人不得行使撤销权。

（三）债权人撤销权的行使

关于债权人撤销权的行使，主要涉及以下问题：

1. 撤销权的行使主体为债权人

债权人的撤销权是由债权人行使。如果债权人为多数，则债权人可以共同行使撤销权，也可以由每一个债权人独立行使撤销权。但无论由谁行使撤销权，其结果都对全体债权人发生效力。

2. 撤销权的行使应以诉讼方式为之

由于撤销权的行使于第三人有重大利害关系，因此，债权人撤销权须由债权人以自己的名义依诉讼方式而行使，即请求法院撤销债务人的行为。《合同法解释一》第 24 条规定："债权人依照合同法第 74 条的规定提起撤销权诉讼时，只以债务人为被告，未将受益人或者受让人列为第三人的，人民法院可以追加该受益人或者受让人为第三人。"

3. 撤销权的行使以保全债权人的债权为必要限度

从理论上讲，债权人行使撤销权的目的在于保全所有债权人的一般债权。因此，债权人行使撤销权的范围应以全体债权人的债权额为限，而不限于行使撤销权的债权额。如果对债务人的一个或数个行为行使撤销权就足以保全全部债权的，则债权人不得再请求撤销债务人的其他行为。但《合同法》第 74 条规定，撤销权的行使范围以债权人的债权为限。如何理解"以债权人的债权为限"，即是以行使撤销权的债权人的债权为限，还是以全体债权人的债权为限，理论上有不同的解释。一种观点认为，由于债权人撤销权属于债的一般担保，所保护的是全体债权人的利益，因此，撤销权的行使范围应以全体债权人的债权为限，而不应以行使撤销权的债权人的债权为限。① 另一种观点认为，"撤销权行使

① 参见郭明瑞、房绍坤：《新合同法原理》，中国人民大学出版社 2000 年版，第 219 页。

范围以债权人的债权为限(《合同法》第74条第2款前段)”，并认为《合同法》的规定旨在尽可能小地影响交易安全。① 本书赞同后一种观点，该种解释符合《合同法》第74条的文义。

4. 债务人负担行使撤销权的必要费用

《合同法》第74条规定，债权人行使撤销权的必要费用，由债务人负担。这是因为，债权人之所以行使撤销权，是因为债务人实施的行为损害了债权人的债权。为避免这种损害而支出的费用，属于管理事务的费用，当然应由实施损害行为的人负担。另依《合同法解释一》第26条规定：“债权人行使撤销权所支付的律师代理费、差旅费等必要费用，由债务人负担；第三人有过错的，应当适当分担。”

5. 撤销权应在规定期限内行使

关于撤销权的行使期限，各国法律规定不一。例如，《日本民法典》第426条规定，债权人撤销权，自债权人知有撤销原因时起，2年间不行使时，因时效而消灭。自行为时起经过20年时，亦同。我国《合同法》第75条规定，撤销权自债权人知道或应当知道撤销事由之日起1年内行使。自债务人的行为发生之日起5年内没有行使撤销权的，该撤销权消灭。合同法所规定的1年和5年期间的性质。《合同法解释一》第8条规定：“合同法第五十五条规定的‘1年’、第七十五条和第一百零四条第二款规定的‘5年’为不变期间，不适用诉讼时效中止、中断或者延长的规定。”因此，《合同法》第75条规定的“5年”性质为除斥期间确定无疑。但《合同法解释一》第8条没有规定“1年”的性质，没有指出第75条规定的“1年”是不变期间。言下之意，该“1年”是诉讼时效。最高人民法院的法官也认为第75条规定的“1年”是特殊诉讼时效。② 但也有观点认为，“1年”和“5年”都是除斥期间。③ 本书赞成后一种观点。

关于除斥期间的起算，5年的起算点是债务人行为发生之日。1年的起算点是债权人知道或者应当知道撤销事由之日。

6. 撤销权诉讼的地域管辖

《合同法解释一》第23条规定：“债权人依照合同法第七十四条的规定提起撤销权诉讼的，由被告住所地法院管辖。”即应当由债务人住所地人民法院管辖。

7. 撤销权诉讼的合并审理

《合同法解释一》第25条第2款规定：“两个和两个以上的债权人以同一债务人为被告，就同一标的提起撤销权诉讼的，人民法院可以合并审理。”因为，撤销权行使的效果是财产复归于债务人，所以两个以上的债权人提起撤销权诉讼，并不发生矛盾。债权人对债务人的债权未经裁判的，其在行使撤销权的同时，可以向债务人提起给付之诉。

---

① 参见崔建远：《合同法》，法律出版社2007年版，第158页。

② 参见曹守晔等：《关于适用〈中华人民共和国合同法〉若干问题的解释（一）的理解与适用》，载《民事经济司法解释理解与适用》，中国法制出版社2001年版。

③ 参见隋彭生：《合同法要义》，中国政法大学出版社2005年版，第250页。何志：《合同法原理与审判实务》，法律出版社2002年版，第235页。

（四）债权人撤销权行使的效力

债权人撤销权行使的效力，依据法院的撤销判决而发生，并及于债务人、第三人及债权人。

1. 对债务人的效力

《合同法解释一》第25条第1款规定：“债权人依照合同法第七十四条的规定提起撤销权诉讼，请求人民法院撤销债务人放弃债权或转让财产的行为，人民法院应当就债权人主张的部分进行审理，依法撤销的，该行为自始无效。”因此，对于债务人而言，债务人的行为一经被撤销，即自始无法律约束力。其与诈害行为相对人间的法律关系恢复至诈害行为发生前之原有状态。为财产赠与的，视为未赠与；为债务免除的，视为未免除；为财产让与的，视为未让与。总而言之，撤销权行使的效果在于债务人财产的回归，债权人并不直接获得财产，这一点与代位权不同。

2. 对第三人的效力

对于第三人而言，第三人已受领债务人的财产的，应当予以返还；原物不能返还的，应当折价返还其利益。第三人向债务人支付对价的，得向债务人主张返还不当得利。

3. 对债权人的效力

对于债权人而言，行使撤销权的债权人得请求第三人将所得利益返还给债务人，归入责任财产。但是，撤销权的行使效力及于全体债权人。由第三人返还的财产为债务人对所有债权的一般担保。因此，行使撤销权的债权人不得从受领的给付中优先受偿。行使撤销权的债权人债权已届清偿期时，债权人可以请求债务人履行债务。债务人拒绝履行债务的，如果行使撤销权的债权人依强制执行程序请求受偿时，全体债权人得申请参与按比例分配。但基于公平原则，债权人行使撤销权的费用，应当优先受偿。

◎ 思考题

1. 合同履行的一般原则有哪些？为什么？
2. 什么是合同履行中的附随义务？
3. 我国《合同法》规定的合同履行的规则有哪些？
4. 什么是合同空缺条款？合同空缺条款存在的原因，合同空缺条款确定的规则是什么？
5. 什么是同时履行抗辩权？其适用条件，举证责任和效力如何？
6. 什么是先履行抗辩权？其适用条件、举证责任和效力如何？
7. 什么是不安抗辩权？其适用条件、举证责任和效力如何？
8. 双务合同履行中的抗辩权的法理依据是什么？
9. 代位权的概念、特征及构成要件？
10. 债权人代位权应如何行使？
11. 债权人的代位权在审判实践中应该注意哪些问题？
12. 债权人的撤销权的概念、特征及构成要件？
13. 债权人撤销权应如何行使？
14. 债权人的撤销权在审判实践中应注意哪些问题？

◎ 案例分析 1

某年12月，某市科学委员会因兴建科学大楼，和郊区某构件厂签订了一份加工预制空楼板609块的合同。

合同规定，加工楼板需要的水泥、圆钢、松木板材等原材料均由构件厂提供，来年3月交付大楼的第一层楼板。承包大楼施工的某市第一建筑公司于来年1月中旬破土动工，3月底第一层的砖墙已砌完，急需预制的空心楼板，但构件厂迟迟不能供货。原来，构件厂附近一间民房在1月20日失火，火势没有得到迅速的控制，蔓延至构件厂的厂房，烧毁了一个车间和一部分生产设备，以致构件厂无法按时生产出空心楼板。构件厂担心科学委员会因此而撤销合同，故一直隐瞒，未将火灾一事通知科学委员会。

而科学委员会为了解决急需的楼板，只好与其他构件厂另行订立有关合同。这样一来，就导致科学大楼的工期推迟了两个多月，科学委员会的直接损失达2万元。事后，科学委员会要求构件厂赔偿损失，而构件厂辩称，火灾的发生是不可抗力，因不可抗力导致其不能按时交货故不应当承担任何赔偿损失。双方协商不成，科学委员会起诉至人民法院。①

根据上述案例，分析思考下列问题：

(1) 构件厂的行为是否构成违约？为什么？

(2) 构件厂能否援引不可抗力请求免责？

分析：

合同依法成立即具有法律效力。根据《合同法》第60条规定："当事人应当按照约定全面履行自己的义务。当事人应当遵循诚实信用的原则，根据合同的性质、目的和交易习惯履行通知、协助、保密等义务。"这一规定确立了合同履行的一般原则：第一，当事人履行合同应遵循全面履行原则。全面履行又称为适当履行或正确履行原则，它是指合同当事人在适当的时间、适当的地点、以适当的方式，按照合同中约定的数量和质量，履行合同中约定的义务。在本案中，某市科委与某市郊区构件厂订立的预制空心楼板加工合同，依法成立，具有法律效力。但构件厂没有按照合同的约定按时交付标的物，违反了全面适当的履行合同原则，构成违约。第二，当事人履行合同应当遵循诚实信用原则，履行合同约定之外的附随义务。附随义务是基于诚实信用原则而产生的合同义务。包括通知、保密、协助等义务。这些义务虽然没有在合同中约定，但是，任何合同当事人在履行时都必须遵守。当事人应当按照法律、法规的有关要求，根据合同的性质，目的和交易习惯等，履行附随于主合同的其他义务。

---

① 本案例来源于李显冬主编：《中国合同法要义与案例释解》（上），中国民主法制出版社1999年版，第219～220页。

在本案中，构件厂受到火灾影响无法按时生产出空心楼板，应当及时将这一突发事件通知给科学委员会，以使之能及时另寻货源。构件厂未尽通知义务，给科学委员会造成的损失应当赔偿。构件厂的行为显然违背了诚实信用、协作履行的法律准则，是违约行为。

不可抗力是我国《合同法》规定的免责事由(《合同法》第117条第1款)，“本法所称的不可抗力，是指不能预见、不能避免并不能克服的客观情况”(《合同法》第117条第2款)。在本案中，火灾的发生是否构成不可抗力，需要进一步分析。如果构成不可抗力，当事人可以免去一部分民事责任。但是，对于构件厂没有履行基于诚实信用原则而产生的合同的附随义务，而给科学委员会造成的损失，构件厂不能主张免责。

◎ 案例分析2

被告王某有处房产打算转让。后经人介绍认识原告陈某，陈某得知王某欲转让房产，表示愿意购买。双方经过协商于某年11月签订房屋买卖合同。

合同约定王某将其所有的房屋五间（共计142平方米）转让给陈某，总价款148万元，合同订立后先付30万元，其余118万元在王某将房屋腾空陈某搬进入住并办理过户手续之时再分两次付清；卖方应当在当年12月底之前将房屋腾空交付买方并办理过户手续。合同订立后，陈某当即交付房款30万元。当年12月5日，王某知悉陈某曾因吸毒被劳动教养三年，且释放后依然不务正业，到处欠债。遂担心陈某无力付款，即使能付款，还担心其钱款来路不正，会有麻烦。于是于12月8日，通过第三人刘某告知陈某，以房价过低为由，要求解除合同。陈某当即反对，认为合同已经成立，如王某不在12月底之前腾空房屋，他将采取某种措施。其后王某提出了资金问题，要求陈某找一个担保人，以保证资金不出任何问题，在陈某找到保证人之前，暂不履行合同。陈某答应找一个保证人。12月12日，陈某到深圳做生意，回来后已是来年1月8日，见王某还未将房腾空，即要求王某立即腾房。王某说陈某没有找到保证人，他已不准备卖房。陈某认为王某的做法违反了合同约定，侵害了其权利，诉至法院，要求法院判令王某立即腾房，否则承担违约责任。①

根据上述案例，回答下列问题：

（1）王某要求陈某提供担保的法律依据是什么？

（2）不安抗辩权的行使会产生哪些效力？

分析：本案王某要求陈某提供担保是在行使《合同法》规定的不安抗辩权。所谓的不安抗辩权，是指在双务合同中，应当先履行债务的当事人有确切证据证明对方

① 本案例来源于李显冬主编：《中国合同法要义与案例释解》(上)，中国民主法制出版社1999年版，第256～257页。

已丧失或可能丧失履行能力，以至于可能难以履行对待给付义务的情形时，请求对方提供担保或为对待给付并在对方未提供担保或未履行对待给付之前，拒绝自己的给付的权利。我国《合同法》第68、69条对不安抗辩权制度做了明确规定。第68条规定："应当先履行债务的当事人，有确切证据证明对方有下列情形之一的，可以中止履行：（一）经营状况严重恶化；（二）转移财产、抽逃资金，以逃避债务；（三）丧失商业信誉；（四）有丧失或者丧失债务履行能力的其他情形。当事人没有确切证据中止履行的，应当承担违约责任。"第69条规定："当事人依照本法第六十八条的规定中止履行的，应当及时通知对方，对方提供适当担保时，应当恢复履行。中止履行后，对方在合理期限内未恢复履行能力并且未提供担保的，中止履行的一方可以解除合同。"不安抗辩权应当具备下列条件：①当事人须因双务合同互负债务。②当事人履行义务有顺序，并且先履行义务一方的义务已届履行期。③后履行义务的一方有丧失或可能丧失履行债务能力的情形。王某在本案中行使的不安抗辩权符合行使不安抗辩权的全部要件：①本案中原、被告所签订房屋买卖协议，是在平等自愿、协商一致的基础上订立的，为有效合同。基于该房屋买卖合同双方当事人互负债务。②本案双方当事人履行义务有顺序，并且先履行义务一方的王某的义务已届履行期。③后履行义务的一方有丧失或可能丧失履行债务能力的情形。陈某系劳教释放人员，且长期不务正业并到处欠债，符合《合同法》第68条规定的行使不安抗辩权的要求，因此王某可以行使不安抗辩权，要求陈某提供担保。

根据《合同法》第69条的规定，王某行使不安抗辩权会产生如下效力：第一，中止履行效力。在陈某未为对待给付或提供相当担保之前，王某有权拒绝自己的给付。第二，合同解除权的发生。中止履行后，陈某在合理的期限内未恢复履行能力并且未提供适当担保的，王某有权解除合同。

◎ 案例思考1

某年1月7日，甲公司卖给乙公司办公用具一批，计款30万元，约定10日内付款。10日内乙公司分文未付。逾期后，甲公司多次追要，乙公司仍无款支付。此时，甲公司得知丙公司欠乙公司货款50万元，已于1月10日到期。甲公司便向丙公司主张权利，要求丙公司替乙公司支付30万元货款，丙公司声称乙公司未向其追要，甲公司无权追要而拒绝付款。甲公司便于3月3日以丙公司为被告诉至某区人民法院，请求判令丙公司支付货款30万元。①

根据上述案例，思考下列问题：

（1）甲公司能否行使代位权？

（2）甲公司应如何行使代位权？

① 本案例来源于何志：《合同法原理与审判实务》，法律出版社2002年版，第213～214页。

(3) 甲行使代位权的效力如何?

◎ **案例思考2**

周某在家中开了一个豆制品厂（无法人资格），因市场行情变化，经营难以为继，遂停业。某年4月1日将豆制品厂所有设备连同房屋（总共价值5万元）赠送给远房侄子王某某。李某长期给周某供应原料，周某欠李某原料款5万元，已经到期。同年4月2日，李某到豆制品厂索款，发现该厂已经易主。遂于4月5日找周某索要，发现周某所剩财产仅余自住房一套（价值3万余元）。在律师的指点下，李某于次年4月4日以周某为被告提起给付之诉，以周某为被告以王某某为第三人提起撤销之诉，要求撤销周某对王某某的赠与。①

根据上述案例，思考下列问题：

(1) 李某是否享有撤销权?

(2) 李某应如何行使撤销权?

(3) 撤销权行使的效力如何?

---

① 案例来源：隋彭生：《合同法要义》，中国政法大学出版社2005年版，第247～248页。

第五章　合同的变更和转让

第一节　合同的变更

一、合同的变更概述

（一）合同变更的概念

合同变更的含义，有广义和狭义之分。广义的合同变更包括合同主体的变更和内容的变更；狭义的合同变更仅指合同内容的变更，不包括主体的变更。我国《合同法》第五章规定了“合同的变更和转让”，其中所称“合同的变更”采用狭义的变更含义，系指内容的变更；而合同主体的变更作为“合同的转让”，即合同债权让与和债务承担。

（二）合同变更的原因

（1）由合同性质和内容决定当事人一方可变更合同。有的合同是为当事人一方的利益而设立的；也有一些合同的某些条款是专为当事人一方利益约定的。由于在一般情况下，当事人可以放弃自己应得的利益，因此，对于这些合同，如果当事人一方在订立合同后根据客观情况的变化，不再需要合同为其带来利益，则可以变更合同。

（2）当事人双方经协商同意，并且不因此损害国家利益和社会公共利益。我国《合同法》第77条规定：“当事人协商一致，可以变更合同。法律、行政法规规定变更合同应当办理批准、登记等手续的，依照其规定。”合同既然是双方当事人意思表示一致的体现，如果要变更其内容，自然也必须由当事人协商一致。一般情况下，沉默不能作为其同意变更合同的意思表示方式。但是，如果双方当事人协议变更合同后，后签章一方当事人对合同条款进行了变更，对方当事人协议变更合同后，后签章的一方当事人对合同条款进行了变更，对方当事人明知该情形仍然接受合同，没有提出异议，并按照变更后的条款履行合同，应当认定双方就变更合同达成一致意见。此外，当事人双方在进行协商时，意思表示必须是明确的。我国《合同法》第78条规定：“当事人对合同变更的内容约定不明确的，推定为未变更。”《法国民法典》也有类似规定，该法典第1273条规定：“债的更新不得推定，进行债的更新的意思，应在文书中有明白表示。”可见，如果当事人关于合同变更的意思表示约定不清楚，则法律推定合同并未变更，依然应按原合同执行。

（3）法院或仲裁机构依法变更。我国《合同法》第54条规定：“下列合同，当事人一方有权请求人民法院或者仲裁机构变更或者撤销：（一）因重大误解订立的；（二）在订立合同时显失公平的。一方以欺诈、胁迫的手段或者乘人之危，使对方在违背真实意思的情况下订立的合同，受损害方有权请求人民法院或者仲裁机构变更或者撤销。当事人请求变更的，人民法院或者仲裁机构不得撤销。”因此，在上述情况下，一方当事人有权请求法院或仲裁机构对合同予以变更。

（三）合同变更的程序

合同变更除法律规定的变更和人民法院、仲裁机构依法变更外，主要是当事人协议变更。当事人变更合同的合意本身就是合同，因此，合同变更适用《合同法》关于要约和承诺的规定。希望变更合同内容的一方首先向对方提出变更合同的要约，该要约应包括希望对合同的哪些条款进行变更，如何变更，需要增加、补充哪些内容。对方收到后如果同意，以明示的方式答复对方，即为承诺，如果不同意，或部分同意部分不同意，也可以提出自己的修改、补充意见，这样双方经过反复协商直至达成一致。

如果原来的合同是经过公证、鉴证的，变更后的合同应报原公证、鉴证机关备案，必要时还可以对变更的事实予以公证、鉴证；如果按照法律、行政法规的规定原来的合同是经过有关部门批准、登记的，合同变更后仍应报原批准机关批准、登记，未经批准、登记的，变更不生效，仍应按原合同执行。

（四）合同变更与债的更改

合同的变更在债法原理上属于债的变更。债的变更与债的更改虽然在后果上比较相似，但它们是两个不同的概念。债的变更是在保持旧债效力的前提下对债的主体以及内容等各个方面的改变；而债的更改则是通过消灭旧债的效力，以新债取代旧债来实现对债的主体以及内容等各要素的改变。在罗马法上，因为强调债权债务与其主体的不可分性，并不承认债权让与和债务承担；但是债权让与和债务承担又有其现实必要。为了实现债权让与和债务承担的目的，罗马法便创立了债的更改制度，该制度不仅适用于主体变更的债权让与和债务承担，也适用于当事人之间债的内容的变更。罗马法关于债的更改的条件有三个：一是须有旧债务的存在；二是须有要式口约；三是须有更改的意思，即须由旧债权人所表示的因成立新债而消灭旧债的意思。因此，罗马法中债的更改会导致一个新债务的成立并使旧债务消灭。

近代有些国家沿袭了罗马法的债的更改制度，认为无论是债权让与和债务承担，还是债的内容的变化，都是对旧债的消灭，并产生一个新债。例如《法国民法典》“债的更新”一节便设在“债的消灭”一章中，认为债的更新是债消灭的一种方式。《法国民法典》第1271条规定了三种“债的更新”方式：一是债务人对其债权人缔结新债务，以取代旧债务，旧债务因之消灭；二是由新债务人取代旧债务人，债权人由此解除旧债务人之债务；三是因缔结新契约的效力，新债权人取代旧债权人，债务人对旧债权人的债务因之解除。

但是，还有一些国家没有沿袭罗马法债的更改制度，而采用了债的变更，认为债的主体以及内容的变化并不消灭旧债的效力，债权让与和债务承担都是在延续旧债效力的前提下发生的变化。例如《德国民法典》在“债编”第二章“因契约而生的债”中规定了变更债的内容的契约，第四章规定了债权让与，第五章规定了债务承担。该法典第398条规定：“债权可以由债权人通过与他人订立的合同而转让给该他人（债权让与）。合同订立时，新债权人代替原债权人。”第414条规定：“第三人可以通过与债权人订立的合同，以该第三人代替原债务人的方式承担债务。”

此外，传统民法还将债的变更区分为要素变更与非要素变更。要素变更是指作为债关系构成要素的债的标的变更；非要素变更指债关系中非要素内容的变更。要素变更使前后两个合同失去同一性，实质就是旧合同的消灭和新合同的产生；而非要素变更则没有使合同失去同一性。

我国的《合同法》采用债的变更原理而非债的更改，也不认可要素变更和非要素变更的区分意义。立法认为合同的变更是对有效合同的变更并延续该合同的有效性；而不把合同的变更作为旧合同效力消灭的原因。在我国，合同的变更包括构成合同的各个要素的变更。具体则有以下情形：合同标的物的变更，如标的物的种类更换、数量增减、品质标准改变、规格更改等；合同履行期限的变更，如提前或推后履行期限；合同履行地点的变更；合同履行方式的变更；合同价金的变更，如改变合同标的物的价格或改变酬金或改变利息等；合同违约金的变更，等等。

二、合同变更的条件和效力

（一）合同变更的条件

（1）原合同已经依法成立并有效，但尚未履行或履行完毕。在我国，合同变更是指变更已经成立、有效的合同，如果该合同尚未成立、无效或被撤销，合同的变更就无从谈起。如果原合同已经履行完毕，也就终结了当事人之间的权利义务关系，同样不存在变更问题。

（2）除法律规定的变更和人民法院、仲裁机构依法变更以外的合同变更应由当事人协商一致。合同是当事人意思表示一致的体现，当事人的契约自由既体现为订立合同的自由，也体现为对合同内容变更的自由。因此，合同变更需要当事人就合同的变更达成一致的意思表示，并且这种变更的意思必须是确定的。在我国，合同变更仅指合同内容的变化，既指合同要素的变更，也包括非要素的变更，所以合同内容的变更是指任何内容的变化，无论法律规定的变更或人民法院、仲裁机构依法变更外的合同变更，还是当事人协商一致的变更，都应当是对合同内容的变更。

（3）须遵守相关的形式要求。合同的变更在本质上就是达成一个新的合同，所以，与订立合同一样，合同的变更也需要符合有关的形式要件。如果法律、行政法规规定变更合同应当办理批准、登记等手续的，应当依照规定办理批准、登记手续。一般说来，凡合同的订立须经办理特别手续才能生效的，合同的变更也应办理特别手续才能有效。例如，按照《中外合作经营企业法》规定，中外合作者在合作期限内协商同意对合作企业合同作重大变更的，应当报审查批准机关批准；变更内容涉及法定工商登记项目、税务登记项目的，应当向工商行政管理机关、税务机关办理变更登记手续。

（二）合同变更的效力

（1）合同变更后，当事人应当按照变更后的合同内容履行各自的义务，如果违反则应当承担违约责任。合同变更是对原合同内容的改变，是当事人根据自己的需要对相关合同条款进行的调整。合同变更相当于当事人达成的新合同，该合同对双方当事人自然都有法律上的约束力，当事人应当按照变更后的合同内容履行各自的义务，否则就与合同变更的目的相违背。

(2) 已经履行完毕的部分不受影响。合同的变更原则上没有溯及力，对已经履行完毕的部分没有影响。合同变更前当事人所做的履行依然有效，不能因变更合同而使已经履行的部分失去法律依据。

(3) 协议变更时可以请求赔偿损失。合同变更与损失赔偿是两个不同的问题。当事人协议变更合同，并不影响当事人要求损失赔偿的权利。我国《民法通则》第115条规定："合同变更或者解除，不影响当事人要求赔偿损失的权利。"因此，只要符合《合同法》规定的损失赔偿的条件，当事人就有权要求对方承担赔偿损失的责任。

第二节 合同的转让

一、合同的转让概述

（一）合同转让的概念

我国《合同法》规定的合同转让是指债权人或债务人将自己的债权或债务全部或部分地转让给第三人的法律行为。合同转让也称合同权利义务的转让，本质上是合同主体的变更。合同转让的实际原因很多。例如在企业合并或分立时，新企业对合并分立前合同的继受等。我国《合同法》第90条规定："当事人订立合同后合并的，由合并后的法人或者其他组织行使合同权利，履行合同义务。当事人订立合同后分立的，除债权人和债务人另有约定的以外，由分立的法人或者其他组织对合同的权利和义务享有连带债权，承担连带债务。"

（二）合同转让的分类

(1) 债权转让、债务转让和债权债务的概括转让。这是按照转让的标的对合同转让进行的区分，区分的意义在于法律对债权转让、债务转让和债权债务的概括转让规定了不同的条件和程序。

债权转让是指不改变合同的内容，由债权人通过与第三人订立的转让合同将债权转让给第三人；该第三人成为原债务人的合同相对人。债权转让不需要征求债务人的同意，但是必须通知债务人。

债务转让是指债务人将合同的债务转让给第三人；该第三人成为原债权人的合同相对人并履行相应债务。由于债权人需要考虑新债务人的履约能力，所以债务转让必须取得债权人的同意。

债权债务的概括转让简称概括转让，是指合同一方当事人将自己的债权债务一并转让给第三人，第三人成为该合同的当事人。概括转让实质上包含了债权转让和债务转让两个部分，因此分别适用债权转让和债务转让的具体规定。

(2) 全部转让和部分转让。这是按照合同转让时，受让人是否全部继受出让人享有的债权或债务所做的区分。区分的意义主要在于转让后的合同当事人不同。如果受让人继受了出让人的全部债权、债务或者债权和债务，则称为合同的全部转让。在合同全部转让的情况下，出让人就退出合同关系，受让人成为合同的新当事人，与合同的原当事人构成合同法律关系。如果受让人从出让人处仅受让其部分的债权或（和）债务，则称为合同的部分转让。在合同部分转让的情况下，受让人只是加入到原合同关系中来，一方面，合同部分转让中的受让人继受的债权、债务分别适用债权债务转让的规定；另一方面，受让人、出让人和合同的原当事人之间形成了新的合同关系。

二、债权转让

(一) 债权转让的条件

(1) 存在有效的合同权利。存在有效的合同权利，是合同权利转让的基本前提，如果合同原本就不存在，或者已被宣告无效或者被撤销，就无从发生合同权利转让问题。

(2) 转让的合同权利需要可转让性。根据我国《合同法》第79条的规定，债权人可以将合同的权利全部或者部分转让给第三人，但有下列情形之一的除外：

①根据合同性质不得转让。有些合同是基于当事人之间的特殊的信赖关系才订立的，如委托合同，如果转让委托合同的债权，就破坏了这种信赖关系，丧失了订立合同的基础。因此根据合同性质不得转让的债权就不得转让。

②按照当事人约定不得转让。合同自由原则允许当事人就合同的具体内容进行约定，这些约定只要不违反法律的强制性规定和善良风俗，都是允许的。因此，如果当事人约定了合同不得转让，则该约定合法有效，那么就不允许债权转让。

③依照法律规定不得转让。如果法律对某些合同规定不得转让，则该合同债权不得转让。例如我国《担保法》第61条规定最高额抵押担保的主合同债权不得转让。

(3) 当事人之间达成合同权利转让的协议，并依法办理了相关手续。合同权利转让本身也是一种合同行为，该行为的成立与生效必须符合《合同法》与《民法通则》关于法律行为成立与生效的规定，否则合同权利的转让目的的实现就会受到影响。合同权利转让过程中存在合同无效之原因，将导致合同权利的目的不能实现。《最高人民法院关于审理建设工程施工合同纠纷案件适用法律问题的解释》第4条规定："承包人非法转包、违法分包建设工程或者没有资质的实际施工人借用有资质的建筑施工企业名义与他人签订建设工程施工合同的行为无效"如果法律、行政法规规定合同权利转让需要办理批准、登记等手续的，则合同权利转让在办妥这些手续后才能生效。

(二) 债权转让的程序

债权转让基本不影响债务人的利益，因此债权转让原则上得由债权人自由进行。我国《合同法》第80条规定："债权人转让权利的，应当通知债务人。未经通知，该转让对债务人不发生效力。"因此，就债权转让的程序而言，如果债权人将债权转让给第三人，应当由债权人对债务人进行通知；否则该转让对债务人不发生效力。债权转让双方在公开广泛发行的报纸上登报通知债务人及担保人，应认定债权人已将债权转让的事实告知债务人及担保人。债权人一旦发出转让权利的通知，就意味着合同的权利已归受让人所有或者和受让人分享，债权人不得再对转让的权利进行处置，因此，原债权人无权撤销转让权利的通知。只有在受让人同意的情况下，债权人才能撤销其转让权利的通知。法律、行政法规规定转让权利应当办理批准、登记等手续的，应当按照规定办理批准、登记手续。

因此，我国法律规定债权人转让其债权可以不经债务人同意，但是必须将债权转让的事实及时通知债务人。这种制度考虑到了对债务人权利的保护，保证债务人能及时了解到权利转让的情况，避免了债务人在履行义务时可能造成的损失，防止债权人滥用权利损害债务人的利益。同时，对债权人处分其权利的行为没有实质性的制约，尊重了债权人对其权利的行使，符合其权利本身的属性，也不会影响交易的正常运转，符合市场经济要求。

（三）债权转让的效果

（1）如果是债权的全部转让，则原债权人退出这个债权债务法律关系，债权债务关系存在于原债务人和受让人之间；如果是债权的部分转让，则受让人加入到该债权债务关系中，与原债权人作为共同的债权人。

（2）对受让人来说，债权转让不仅使受让人取得该债权，受让人还取得与债权有关的从权利，但该从权利专属于债权人自身的除外。从权利是指附随于主权利的权利，例如担保物权中的抵押权、质权、保证以及附属于主债权的利息等。由于从权利是从主权利派生出来的，随主权利的消灭而消灭，所以，从权利不得脱离主权利而单独存在，如果债权转让则其从权利一并转让。对此，不少国家和地区的法律都有明确规定。例如《德国民法典》第401条规定，让与债权时，该债权的抵押权、船舶抵押权或质权，以及由一项像上述权利提供担保所产生的权利，均随同移转于新债权人。所以，债权人转让主权利时应当将从权利一并转让是债权转让中的一项基本制度；受让人在得到权利的同时，也取得与债权人有关的从权利。不过有的从权利的设置是针对于债权人自身的，与债权人有不可分离的关系，因此专属于债权人自身的从权利不随主权利的转让而转让。再如《俄罗斯联邦民法典》第384条规定："如果法律或者合同没有其他规定，原债权人移转于新债权人的债权的数额及条件，以移转之时所存在者为限。包括担保债务履行的权利、未支付的利息在内的与请求权有关的其他权利一并移转于新的债权人。"

（3）对债务人来说，债务人在接到债权转让的通知后应当向受让人，也就是新的债权人履行义务。并且债务人对原债权人（让与人）的抗辩，可以向新债权人（受让人）主张。抗辩权随债权转让而转让是债权转让的一项基本规则，对此很多国家都有规定。例如《德国民法典》第404条规定："债务人可以用在债权让与时对原债权人成立的抗辩对抗新债权人。"《俄罗斯联邦民法典》第386条规定："债务人在收到关于债权移转于新债权人的通知后，其对原债权人所能行使的一切异议，对新债权人均能行使。"

（4）如果债务人接到债权转让通知时，债务人对原债权人（让与人）享有债权，并且债务人的债权先于转让的债权到期或者同时到期的，债务人可以向新债权人（受让人）主张抵消。民法上的抵消是为了减少履行费用，当原债权人的财产状况良好时，即使债务人不提出抵消，也无非是增加一些履行的成本和手续；但是如果原债权人的资产状况较差，特别是濒临破产时，债务人的这种抵消权就非常重要。因为，如果债务人无此权利，则债务人向原债权人履行的债务是100%，而自己的债权却要按破产比例清偿；① 所以允许抵消对债务人是公平的。当债权转让时，也允许债务人就其向债权人的债权，向新的债权人（受让人）进行抵消。然而这种抵消对新债权人（受让人）也是不利的，所以对于抵消权往往设定一定的条件，如我国《合同法》第83条规定："债务人接到债权转让通知时，债务人对让与人享有债权，并且债务人的债权先于转让的债权到期或者同时到期

① 李永军：《合同法》，法律出版社2004年版，第425页。

的，债务人可以向受让人主张抵消。”其中只有“债务人的债权先于转让的债权到期或者同时到期的”才允许抵消。其他国家也多允许债权转让中的抵消，但也设有条件限制，如《德国民法典》第406条规定：“债务人也可以以自己对原债权人享有的债权向新债权人抵消，但债务人在取得该项债权时知道债权让与，或者该项债权在知道后才到清偿期并迟于被让与人的债权到清偿期的除外。”《俄罗斯联邦民法典》第412条规定：“在债权让与时，债务人有权以自己对原债权人的相对债权的抵消对抗新债权人。如果请求权产生的根据是在债务人得到关于债权让与的通知时已经存在，并且请求权的期限在其收到通知时已经届满或者该期限没有指明或者以提出请求时间来决定，抵消可以进行。”

三、债务转让

（一）债务转让的程序

我国《合同法》第84条规定：“债务人将合同的义务全部或者部分转移给第三人的，应当经债权人同意。”债务转让意味着将由新的债务人来对债权人履行债务。因此债权人需要考虑新的债务人是否具有履约能力。并且，债务转让在本质上是一种债务人对义务的处分行为，而义务人不得随意处分义务是民法的一个基本原理，既然债务人的债务经由债权人的免除可以得到免除，那么债务人对其债务的其他各种处分也只有经过债权人的同意才能有效。① 所以，与债权转让仅需要通知债务人不同，债务转让必须征得债权人的同意。法律、行政法规规定转移义务应当办理批准、登记等手续的，应当按照规定办理批准、登记手续。

（二）债务转让的效果

（1）如果债权人同意债务人将合同的义务全部或部分转移给第三人，那么新债务人就应当向债权人履行自己的义务。

（2）债务人转移义务的，新债务人可以主张原债务人对债权人的抗辩。债务转让，则抗辩权随之转让也是一项各国处理债务转让的规则。例如《德国民法典》第417条规定：“（1）承担人可以以由债权人和原债务人之间的法律关系产生的抗辩对抗债权人。承担人不得以原债务人享有的债权进行抵消。（2）承担人不得根据作为债务承担的基础的承担人和原债务人之间的法律关系，对债权人提出抗辩。”《俄罗斯联邦民法典》第392条：“新债务人有权就基于原债务人与债权人之关系所生的债权人的请求权提出异议。”

（3）债务人转移义务的，新债务人应当承担与主债务有关的从债务，但该从债务专属于原债务人自身的除外。

四、合同债权债务的概括转让

（一）合同债权债务概括转让的含义

债权债务的概括转让是指当事人一方经对方同意，可以将自己在合同中的权利和义务一并转让给第三人。合同的债权让与和债务承担是单纯的合同权利的转让或者合同义务的转让，其结果是第三人成为新的债权人或债务人。但债权债务的概括转让则使第三人完全

---

① 王家福主编：《民法债权》，法律出版社1991年版，第83页。

取代出让人成为新的合同当事人，概括转让的受让人既享有债权，也承担债务。

（二）合同权利义务概括转让的情形

合同权利和义务的概括转让通常有两种情形；

（1）合同的协议承受。合同的协议承受简称合同承受，指一方当事人与他人订立合同后，依照其与第三人的约定，并经对方当事人的同意，将合同上的权利义务一并转移于第三人，由第三人承受自己在合同上的地位，享受权利并负担义务。

合同承受的生效要件包括：第一，须有有效的合同存在。合同承受以存在有效的合同为前提。在可撤销合同，原则上可成立合同承受。但合同承受时，原合同当事人享有的撤销权视为已经抛弃，承受人也不得因承受前的原因主张合同的撤销，否则将会给他方当事人带来不测的损害。第二，承受的合同须为双务合同。单务合同只能成立单纯的债权让与或债务承担，故不能成为合同的标的。第三，须原合同当事人与第三人达成合同承受的合意。关于合同承受的合意，应适用民法关于意思表示的规定。意思表示有瑕疵时，将影响合同承受的效力。合同承受的合意，原则上为不要式行为，当事人意思表示一致即可成立。但依照法律规定应当由有关机关批准的合同，其合同承受也必须经过原批准机关的批准。第四，须经对方当事人同意。合同承受包括合同债务承担的内容，依照《合同法》第 84 条的规定，未经对方当事人同意，合同承受不发生效力。

（2）债权债务的概括转让对其中的债权部分适用有关债权转让的规定。具体包括：其一，债权人可以将合同的权利全部或者部分转让给第三人，但有下列情形之一的除外：根据合同性质不得转让；按照当事人约定不得转让；依照法律规定不得转让。其二，债权人转让权利的，受让人取得与债权有关的从权利，但该从权利专属于债权人自身的除外。其三，债务人接到债权转让通知后，债务人对让与人的抗辩，可以向受让人主张。其四，债务人接到债权转让通知时，债务人对让与人享有债权，并且债务人的债权先于转让的债权到期或者同时到期的，债务人可以向受让人主张抵消。

债权债务的概括转让对其中的债务部分则适用前述债务转让的规定。具体包括：其一，债务人转移义务的，新债务人可以主张原债务人对债权人的抗辩。其二，债务人转移义务的，新债务人应当承担与主债务有关的从债务，但该从债务专属于原债务人自身的除外。

（3）企业合并和分立。因企业合并和分立而发生的债权债务的概括转让是无需当事人协议的，因此可以看做一种法定的债权债务的概括转让。我国《民法通则》第 44 条第 2 款规定的“企业法人分立、合并，它的权利和义务由变更后的法人享有和承担”，我国《合同法》第 90 条规定：“当事人订立合同后合并的，由合并后的法人或者其他组织行使合同权利，履行合同义务。当事人订立合同后分立的，除债权人和债务人另有约定的以外，由分立的法人或者其他组织对合同的权利和义务享有连带债权，承担连带债务。”企业合并，是指原存的两个或两个以上的企业合并为一个企业，分为吸收合并和新设合并两种情况。企业分立是指一个企业分成两个或两个以上的企业，分为派生分立和新设分立。企业合并分立会对合并分立前企业所享有的债权和负担的债务发生影响，这就需要适用债权债务的概括转让制度。

企业合并分立后，依合并分立后企业的通知或者公告发生效力，不需取得相对人的同意。通知的方式可以是单独通知或者公告。以公告方式通知时，应当保证在通常情形下能为相对人所知悉。通知到达相对人或公告期满时，债权债务的移转即发生效力。合并分立后的企业即成为原企业债权债务关系的新的当事人，享有一切债权，承担一切债务。如果被合并的是一个企业的一部分，原企业享有的债权或负担的债务，应由原企业和吸收企业确定其分担的方式和比例，并须通知相对人。为了充分保护债权人的利益，防止企业以企业合并逃避债务，原企业与吸收企业应当对原企业的债务负连带责任。

与企业合并分立发生的债权债务的概括转让相似的情形还有因继承发生的合同债权债务的概括转让，如被继承人订立合同后死亡的，继承人即可依继承法的规定承受被继承人在该合同中的权利和义务。

◎ 思考题

1. 什么是合同的变更？
2. 什么是合同的转让？
3. 合同债权转让和债务转让的条件和程序是什么？
4. 合同债权转让和债务转让的效果是什么？
5. 什么是合同权利义务的概括转让？
6. 合同债权债务转让概括转让包括哪些情形？

◎ 案例分析

在A市的甲公司与乙公司订立一份买卖合同，甲供给乙一批建筑材料，乙应支付货款60万元。经甲多次催要，乙只能清偿10万元，余款暂无法筹集。后来甲向乙表示，由于甲尚欠丙公司原料款50万元，请乙将下欠的50万元直接返还给丙。为此，甲专门向乙发出了通知，乙公司办公室主任李某予以签收；甲还与丙签订了债权转让协议。后来，丙要求乙返还50万元，乙公司以李某擅自同意转让、公司无法认可为由拒绝履行。丙无奈只好起诉乙公司，要求其履行返还50万元的债务并承担违约责任。

分析：

本案是一个债权转让的案例。债权转让是债权人将自己的债权转让给第三人，债务人则应当向新的债权人履行自己的债务。因此，涉及债权转让的案例关键看两个问题：一是债权转让协议本身是否合法；二是债权转让是否履行了合法的程序。

就第一个问题而言，在本案中涉及的是甲和丙之间的关系。按照权利处分自由的原则，只要是法律允许转让的债权，原债权人与受让人自愿达成的转让合意都是有效的。本案甲丙之间关于债权转让的合意并无瑕疵。

就第二个问题，依据我国《合同法》第80条第1款规定："债权人转让权利的，应当通知债务人。未经通知，该转让对债务人不发生效力。"该规定说明合同法对债权转让的生效要件采用通知主义原则，即债权人转让其权利虽不必征得债务人同意，但债权人必须将债权转让的事实通知债务人，使债务人及时了解，避免因不知情而给自己造成损失。因此，通知与否，决定着债权转让的效力。但合同法对通知的时间、方式、方法未作明确规定，应该理解为不管采取何种方法、途径，只要能够确认债权人履行了通知义务，并且通知到达了债务人，就应该认定转让行为有效，对债务人发生法律效力。通知和同意是两个完全不同的概念，债权转让无须债务人的同意。所以本案中并不需要作为债务人的乙公司同意，而只需要通知即可。甲将债权转让通知交给了乙公司的办公室主任李某，李某并予以了签收；甲就已经履行完毕了通知义务。

因此本案符合债权转让的实质和程序要求，故应当发生债权转让的效果。债务人乙公司应当履行向新债权人丙返还50万元货款的义务并承担违约责任。

第六章　合同权利、义务的终止

第一节　概　　述

所谓合同权利义务的终止，是指由于一定的法律事实的发生，使合同中的债权、债务不复存在，合同之债的法律关系也随之消灭。需要注意的是，合同权利义务的终止既有别于合同的变更，也有别于合同的转让：合同权利义务的终止是消灭原来存在的债权和债务，其效果是使合同所设定的债权债务关系在客观上已不复存在；合同的变更，是合同关系中的权利和义务发生的变化，但是合同关系依然存在；合同的转让，则在合同的权利和义务不发生变化的前提下，合同关系的主体发生改变。

合同权利义务的终止也不同于合同效力的停止。合同效力的停止，是指基于债务人的抗辩权的行使，债权人的履行请求无法得以实现，合同的效力处于暂时停止的状态。在合同效力停止的情况下，一旦抗辩权消灭后，合同即恢复原有的效力。由此可见，在合同效力停止的场合，合同关系并未消灭，只是处于效力暂时停止状态。而合同权利义务的终止却导致原来存在的债权债务关系归于消灭。

导致合同权利义务终止的事由，是多方面的。既包括当事人的意思，也包括合同的目的已经实现或者已经不能实现，还包括法律的直接规定。我国《合同法》第 91 条的规定，合同权利义务终止的原因包括：（1）债务已经按照约定履行；（2）合同解除；（3）债务相互抵消；（4）债务人依法将标的物提存；（5）债权人免除债务；（6）债权债务同归于一人；（7）法律规定或者当事人约定终止的其他情形。

第二节　合同权利义务终止的原因

一、清偿

所谓清偿，是指因债务的履行，合同的目的已经实现，从而使合同的权利和义务因而归于消灭。《合同法》第 91 条将“债务已经按照约定履行”作为合同权利义务终止的原因，此规定即为清偿。

清偿这一概念，与给付、履行这两个概念非常接近，但是在用法和侧重点上有所不同。给付，是就债的客体而言的，即债的客体就是债务人所应实施的给付行为；履行，是就债务人的行为而言的，即债务人实施其给付的行为，就是履行；而清偿，则是就履行的法律后果而言的，即债务人实施其债务履行行为所引起的合同权利、义务消灭之法律后果，即为清偿。需要注意的是，由于清偿这一概念所侧重的，在于其所引起的合同权利义务之终止的后果，因此不仅债务人的债务履行行为，可以构成清偿，债务人以外的第三人的债务履行行为，以及法院的强制执行行为，亦可构成清偿。合同当事人之外的第三人向债权人履行债务人所负之债务，并导致合同权利义务消灭的情形，被称为第三人代为清偿。在第三人代为清偿时，第三人是实施债务履行行为的人，而并非债务人，不负担债务，也不负担债务履行瑕疵所导致的责任。因此，我国《合同法》第 65 条规定："当事人约定由第三人向债权人履行债务的，第三人不履行债务或者履行债务不符合约定，债务人应当向债权人承担违约责任。"

对于合同债权人的合同利益而言，合同中的权利和义务具有手段性和工具性，即合同中的权利和义务，是债权人实现其合同利益的手段和工具。在合同债务被依约履行的情况下，债权人基于合同所期待的合同利益已经获得，合同目的已经实现。此时，合同业已完成了其法律使命，合同的权利和义务将会发生终止。

二、合同解除

（一）合同解除概述

合同解除，是指在合同有效成立后履行完毕前，当约定的或法定的解除条件具备时，因当事人一方或双方的意思表示，使合同权利义务提前终止的法律制度。合同的解除不同于合同的清偿。合同的清偿，是在合同义务得到履行、债权人订立合同的目的已经实现前提下的合同权利义务的终止；而合同的解除，则是指在合同义务履行之前，或者完全履行之前，因解除事由的发生，而导致的合同权利和义务的提前终止，因此合同的解除并不以合同目的的实现为其前提条件。合同的解除具有以下法律特征：

（1）合同解除以合同的有效成立为前提。合同解除制度目的在于解决有效成立的合同提前消灭的问题。唯有有效成立的合同，方能在当事人之间产生合同的权利义务关系。在该合同的权利义务关系产生之后，在出现了因主客观情况变化而需要解除合同的情况下，基于合同的解除，方能够发生合同权利义务的终止。反之，对于归于无效合同而言，其自始不具有合同的权利和义务，无需通过合同的解除来实现合同权利和义务的终止，因而不能作为合同解除的对象。

（2）合同解除须具备解除条件。根据《合同法》第 8 条的规定，依法成立的合同，对当事人具有法律约束力。当事人应当按照约定履行自己的义务，不得擅自变更或解除合同。因此，合同的解除，应当具有法律所认可的合同解除的条件。从条件的类型上来看，合同的解除可以基于当事人的合意，即合同既然是当事人依据意思自治而订立的，自然也可以由当事人依据意思自治而解除；合同的解除还可以基于合同的解除权，由当事人一方来单方解除。合同的解除权，可以来自于当事人的约定，也可以来自于法律的规定。前者同样体现出当事人的意思自治，后者则体现出法律对于当事人意思自治的一定程度的干预和限制。总之，合同的解除，旨在消灭一个合法有效的合同的效力，因此必须在法律所认可的解除条件下来实施合同解除的行为。

（3）合同解除的效果是使合同权利义务归于消灭。合同解除的法律效果是使合同关系消灭。但关于合同消灭是溯及既往，还是仅向将来发生的问题，各国立法不尽相同。我国合同法上合同解除的效力是否具有溯及力，本书将在后文阐释。

（二）合同解除的类型

1. 法定解除和约定解除

根据合同解除权人行使合同解除权的条件是否由法律直接规定作为标准，合同解除可分为法定解除和约定解除。

所谓法定解除，是指由法律直接规定合同解除条件的解除。根据法定解除条件适用的范围不同，法定解除可以分为一般法定解除和特别法定解除两种情况。其中，适用于所有合同法定解除的条件，为一般法定解除；仅适用于特定有名合同解除的法定条件，则称为特别法定解除。

所谓约定解除，当事人以合同协商的方式，就双方解除合同达成合意，或者在原合同中约定为一方或者双方保留解除权的解除。其中，保留解除权的合意，称为解除条款。约定解除权的产生是基于双方当事人的约定。这种约定可以在订立合同之时在合同之中约定，也可以在订立合同之后另行约定。我国《合同法》第 93 条第 2 款规定："当事人可以约定一方解除合同的条件。解除合同的条件成就时，解除权人可以解除合同。"

需要注意的是，合同约定解除不同于附解除条件的合同。所谓附解除条件合同，是指合同当事人在合同中约定合同的解除条件，一旦该解除条件成就，合同的权利和义务归于消灭。就此来看，合同的约定解除与附解除条件的合同，其共同之处在于最终导致合同解除的事由，均是来自于当事人的约定。但是，合同的约定解除与附解除条件合同仍然具有明显的相异性：首先，合同的约定解除，必须有解除权人实施解除行为，如当事人达成合同解除的协议，或者根据合同享有单方合同解除权的当事人，行使该项权利以解除合同；而附解除条件的合同情形下，一旦解除条件成就，附解除条件的合同便会自动地消灭其效力，不需要当事人对此再作出其他的解除合同的行为。其次，合同约定解除的场合，其合同解除的效力既可以向将来发生效力，也有溯及到合同成立之初的；但对于解除条件成就而言，附解除条件的民事法律行为通常是向将来失去效力，而不具有溯及既往的效力。

2. 单方解除和双方解除

根据合同解除权人行使合同解除权的条件是否须通过双方协商同意作为标准，合同解除可分为单方解除和协议解除。

所谓单方解除，也称解除权解除，是指合同当事人通过行使解除权的方式，以单方解除合同。合同的单方解除，无须经过对方当事人的同意，只要解除权人将解除合同的意思表示直接通知对方，即可发生合同解除的效果。合同的单方解除，以当事人的解除权的享有作为基本条件。所谓解除权，是指根据当事人一方或双方的意思表示，能够使合同关系溯及地或不溯及地消灭的权利。从法律性质上讲，合同的解除权属于形成权。因此，合同解除仅凭解除权人单方的解除合同的意思表示即可，不需要对方当事人的同意。作为一项形成权，合同解除权的行使，法律并未要求采取起诉或者仲裁的方式，因此当事人依据解除权来单方解除合同，可以直接通过单方通知的方式来进行，在通知到达对方当事人时，即发生合同解除的效力。我国《合同法》第 96 条规定："当事人一方依照本法第 93 条第 2 款、第 94 条的规定主张解除合同的，应当通知对方。合同自通知到达对方时解除。对方有异议的，可以请求人民法院或者仲裁机构确认解除合同的效力。法律、行政法规规定解除合同应当办理批准、登记等手续的，依照其规定。”与此同时，作为一项形成权，权利人行使权利，应当受到除斥期间的限制，即在除斥期间内未行使权利，形成权消灭。对于合同的解除权而言，法律亦未对合同的解除期间作出明确的规定。这就意味着，当事人可以对解除权的行使期间进行约定。没有约定或者约定不明的，按照“合理时间”确定合同的解除期间。

根据产生原因的不同，合同的单方解除权可分为法定解除权和约定解除权。其中，法定解除权来自于法律的直接规定；而约定解除权，是指基于合同双方当事人的意思表示而发生的解除权。例如，当事人可以约定合同一方或者双方在合同成立后，享有单方解除合同的权利；或者约定在一定事实出现时，当事人一方或者双方有权解除合同。

需要注意的是，合同的单方解除不同于合同的可撤销。所谓合同的可撤销，是指撤销权人对于意思表示不真实的合同行使撤销权，而使合同自始丧失其法律约束力。尽管合同的解除与合同的可撤销具有共同之处，即均以消灭合同的效力为宗旨，但是，其两者仍存在如下的不同之处：

首先，适用前提不同。合同的撤销根源于合同意思表示不真实，违反了生效要件；而合同的解除则是以合同的有效为前提。因此，概括地讲，合同的可撤销，撤销权人撤销的是一个违法合同的效力，而合同的解除，解除权人解除的，是一个合法合同的效力。

其次，发生的原因不同。在可撤销的合同中，撤销事由完全来自于法律的直接规定，如我国《合同法》第 54 条规定：“下列合同，当事人一方有权请求人民法院或者仲裁机构变更或者撤销：（一）因重大误解订立的；（二）在订立合同时显失公平的。一方以欺诈、胁迫的手段或者乘人之危，使对方在违背真实意思的情况下订立的合同，受损害方有权请求人民法院或者仲裁机构变更或者撤销。”而合同的单方解除，其解除权产生的原因，既可以来自于法律的直接规定，也可以来自于当事人的约定。

再次，权利行使的方式不同。尽管撤销权与解除权均具有形成权的性质，但是其权利行使的方式并不相同。对于可撤销合同的撤销权来讲，必须通过起诉或者仲裁的方式来行使，权利行使的除斥期间是撤销权人自知道或者应当知道撤销事由之日起一年内；而对于合同的解除权来讲，解除权只需通过单方通知的方式来行使，且法律亦未对其规定法定的除斥期间。

最后，权利行使的后果不同。可撤销的合同一经撤销，合同即自始无效，均具有溯及力。《合同法》第 56 条规定：“无效的合同或者被撤销的合同自始没有法律约束力。”比较而言，合同解除是否具有溯及力，则不能一概而论。

协议解除，又称合意解除，是指当事人双方通过协商同意将合同解除的行为。《合同法》第 93 条规定：“当事人协商一致，可以解除合同。”由这一规定可见，协议解除不以解除权为条件，因此需要当事人双方就合同的解除事宜达成合意。

（三）合同的一般法定解除

我国《合同法》第 94 条规定：“有下列情形之一的，当事人可以解除合同：（一）因不可抗力致使不能实现合同目的；（二）在履行期限届满之前，当事人一方明确表示或者以自己的行为表明不履行主要债务；（三）当事人一方迟延履行主要债务，经催告后在合理期限内仍未履行；（四）当事人一方迟延履行债务或者有其他违约行为致使不能实现合同目的；(五) 法律规定的其他情形。" 在发生上述事由的情况下，当事人享有法定的单方合同解除权，可得以单方通知的方式，解除合同。基于《合同法》第 94 条所产生的合同解除权，适用于所有的合同类型，因而属于合同的一般法定解除。兹分别加以阐释。

(1) 因不可抗力致使不能实现合同目的。所谓不可抗力，是指不能预见、不能避免、不能克服的客观事由。在发生不可抗力的情况下，倘若导致合同无法履行，合同的目的不能实现，维持合同的效力已经在事实上没有意义。因此，法律赋予合同当事人双方以合同解除权，以解除该不可能实现的合同的效力。在因不可抗力导致合同解除的情况下，合同的解除不会引起违约责任的承担。

(2) 在履行期限届满之前，当事人一方明确表示或者以自己的行为表明不履行主要债务。此即合同法理论中的预期违约。在合同履行期届满前，债务人以明确表示的方式表明自己将不再履行合同的，为明示预期违约；而债务人以行为表明自己将不再履行合同的，则为默示预期违约。在发生预期违约的情况下，债权人可以等待履行期间届满，倘若债务人真的不履行合同，债权人追究其现实违约责任；与此同时，债权人也可以不必等待履行期限届满，而径自解除合同，进而追究其预期违约责任。债权人为追究其预期违约责任而径自解除合同，即为这里的合同一般法定解除。

(3) 当事人一方迟延履行主要债务，经催告后在合理期限内仍未履行。这是在债务人迟延履行债务时，法律赋予给债权人的合同解除权。作为该合同解除权的前提，债务人迟延履行合同债务，包括两个方面的情形：一是在有确定履行期间的合同中，债务人到期不履行合同，即构成履行迟延；二是在未定期间的合同中，债权人要求债务人履行债务后，债务人未予履行，或者当事人双方约定了宽限期，宽限期满后债务人仍未履行时，则同样构成迟延履行。根据前述《合同法》第 94 条的规定，在债务人陷于迟延履行的时候，债权人要依此解除合同，还必须以催告为条件。所谓催告，是指债权人对债务人作出督促其履行债务的表示。在债权人作出催告后，债务人在合理期间仍不履行，债权人可得解除该合同。合同解除后，债权人有权要求债务人承担损害赔偿的违约责任。

(4) 当事人一方迟延履行债务或者有其他违约行为致使不能实现合同目的。这是在债务人根本性违约的情况下，法律赋予债权人的合同解除权。所谓根本性违约，是指因债务人的违约，导致合同目的不能实现的情形。在债务人因迟延履行或者其他违约行为导致合同目的不能实现时，债权人有权径自解除合同，进而追究债务人损害赔偿的违约责任。需要注意的是，在债务人发生根本性违约的情况下，债务人再履行合同对于债权人已无意义，债权人的缔约目的落空，已经不可逆转。因此，因债务人根本性违约而解除合同，债权人无需对债务人进行催告，而可得直接解除。

(四) 合同解除的效力

1. 恢复原状

所谓恢复原状，是指合同被解除后，合同已经履行的，取得对方财产的当事人，应当将财产返还予对方，从而使合同当事人的财产关系，恢复到合同履行之前的状态。由此可以看出，恢复原状的效力，实质上是合同解除之溯及力的体现，即将合同权利义务消灭的后果，上溯到合同成立之时。需要注意的是，合同解除效力上的溯及力，并非是绝对的。我国《合同法》第 97 条的规定，合同解除后，已经履行的，根据履行情况和合同性质，当事人可以要求恢复原状。由此可见，在合同被解除后，当事人是否有权主张恢复原状，应当根据“履行情况”和“合同性质”，鉴别是否有可能恢复原状来具体分析。通常，一次性履行的合同，往往有恢复原状之可能。例如在一次性买卖合同中，当事人的履行不过是一次性的钱、货交易。在该买卖合同被解除时，当事人只须将从对方取得的货物或金钱返还对方即可。相应的，继续性履行的合同，则往往不可能恢复原状。继续性履行的合同，往往以一方提供劳务或者提供消耗物为合同的标的，因此在合同被解除时，一方所提供的劳务或者消耗物已经不可能再由对方进行返还，故而此时合同解除的效力仅向未来发生，即尚未履行的部分不再履行。对于已经履行的部分，则不再具有溯及力。

在根据合同的性质和履行的情况，应当具有溯及力时，当事人一方对他方负返还义务。关于恢复原状的范围，应根据法律规定或者当事人的约定。对于没有法律规定或者当事人没有约定的情形，通常应该根据下列情形予以确定：（1）返还原物。（2）受领的标的物生有孳息的，应同时返还孳息。（3）受领的标的为劳务或为消耗物的，使用者应依照受领时的价额以金钱返还。（4）就应返还的物已经支出了必要或有益费用的，有权在他方返还时所得利益的限度内，请求返还。（5）标的物因毁损、灭失或者其他事由不能返还的，应以该物的价款予以返还。相应的，对方当事人在合同被解除后，则享有相应的返还请求权。由于我国民法不承认物权行为独立性和无因性理论，因此，在原则上，给付人请求受领人返还给付物的权利是所有权返还请求权。

2. 损害赔偿

所谓损害赔偿，是指在合同被解除后，当事人一方所遭受的损失，有权要求对方当事人赔偿。我国《民法通则》第115条、《合同法》第97条均明确规定，合同解除后，尚未履行的，终止履行；已经履行的，根据履行情况和合同性质，当事人可以要求恢复原状、采取其他补救措施，并有权要求赔偿损失。

作为合同解除后所应赔偿的损失，其来自于两个方面：一是因合同的解除行为给对方当事人所造成的损失，如定做人解除承揽合同，给承揽人所造成的原材料、人工费方面的损失；二是一方当事人违约导致合同解除的情况下，合同违约给债权人所造成的损害。换言之，在合同解除之前债权人所享有的损害赔偿请求权，并不受合同解除的影响，即在合同被解除之后，依然可得主张。就此以观，因合同解除而产生的所应赔偿的损害应包括：（1）债权人订立合同所支出的必要费用；（2）债权人因相信合同能够履行并为履行合同准备所支出的必要费用；（3）债权人因失去同他人订立合同的机会所造成的损失；（4）债权人已经履行合同义务时，债务人因拒不履行返还给付物的义务给债权人造成的损失；（5）债权人已经受领债务人的给付物时，因返还该物而支出的必要费用；（6）债权人因债务人履行合同可得的期待利益。

3. 支付违约金

在合同因债务人违约而解除的情况下，债权人基于原合同中的违约金条款，请求债务人支付违约金的请求权，是否因合同的解除而受影响，理论上存在不同的见解。否定观点认为，违约金请求权在逻辑上需要以合同效力的存续作为条件，故而在合同解除后，该请求权不得再主张；肯定的观点认为，合同解除并不妨碍债权人利益保护，承认债权人在合同解除后依然享有违约金请求权，符合合同解除法律制度的立法宗旨。最高人民法院

《关于审理买卖合同纠纷案件适用法律问题的解释》第26条规定："买卖合同因违约而解除后，守约方主张继续适用违约金条款的，人民法院应予支持；但约定的违约金过分高于造成的损失的，人民法院可以参照合同法第一百一十四条第二款的规定处理。"由此可见，在合同解除的情况下，原债权人依然有权主张违约金请求权的观点，得到了最高法院的支持。

4. 对方当事人的异议权利与异议期间

最高人民法院《关于适用〈中华人民共和国合同法〉若干问题的解释（二）》第24条规定："当事人对合同法第九十六条规定的合同解除虽有异议，但在约定的异议期限届满后才提出异议并向人民法院起诉的，人民法院不予支持；当事人没有约定异议期间，在解除合同通知到达之日起三个月以后才向人民法院起诉的，人民法院不予支持。"据此，与合同解除权的行使相同，一方行使解除权时，对方当事人可提出异议，异议期间没有约定的，为抵消通知到达之日起三个月。对方当事人异议的提出，可以采取起诉或者仲裁的方式。

三、抵消

（一）抵消概述

所谓抵消，是指在当事人双方相互负有债务时，当事人可以就其对等额度的债权充当债务之清偿，而使其债务与对方的债务在对等额度内相互消灭。作为抵消的前提条件，当事人相互负有债务，是指一组当事人在两个法律关系中互负债务。例如甲乙之间同时存在着借贷与买卖两个法律关系。基于借贷关系，甲对乙负有10万元的债务；而根据买卖关系，乙对甲负有10万元的债务。由此就构成了一组当事人在两个不同的法律关系中互负债务的抵消前提。当事人之间所互负之债务，必须是两个法律关系中互负之债务，这是抵消与双务合同的根本区别点所在。

抵消制度具有非常重要的社会经济意义。首先，抵消具有使清算手续简易化的功能。通过相抵扣除双方当事人互负债务的对等数额，能够省去当事人双方履行自动债权和受动债权的二重手续，因此，抵消有利于简化清算手续，节省履行时间和费用，降低交易成本。其次，保持公平功能。在当事人双方互负债务的情况下，如果一方当事人已全部履行债务而另一方当事人不履行债务或履行不能，则会出现当事人相互利益状况失去均衡的局面，承认抵消，通过相抵扣除双方当事人互负债务的对等数额，可以获得与同时履行一样的结果，从这一角度而言，抵消具有保持公平的功能。再次，向担保功能倾斜。通过采取自动债权的回收手段，抵消的担保功能得以增强。通过抵消，债权人能够优先于其他债权人而收回自己的债权。

根据抵消产生的根据不同，抵消可分为法定抵消与合意抵消。兹分别加以阐释。

（二）法定抵消

所谓法定抵消，是指具备法律规定的构成要件时，根据当事人一方意思表示所为的抵消。在法定抵消的情况下，当事人一方所做出的抵消意思表示，无需征得对方当事人的同意，即可发生抵消的法律后果。由此可见，法定抵消，是一种基于抵消权所为之抵消。我国《合同法》第99条规定，"当事人互负到期债务，该债务的标的物种类、品质相同的，任何一方可以将自己的债务与对方的债务抵消，但依照法律规定或者按照合同性质不得抵消的除外"。据此，法定抵消的条件包括：

1. 当事人双方互负债务、互享债权

如前文所述，在法定抵消中，当事人双方所互负之债务，必须是在两个法律关系中所互负之债务。当事人互负债务，同时也意味着当事人互相享有债权，即在法定抵消的情况下，存在着当事人债权的对立。当事人互负债务、互享债权，是抵消的基本前提。反之，倘若当事人一方债权不存在，或者作为债务发生原因的合同无效的情形等，则抵消的前提不复存在，故不发生抵消的问题。

2. 双方债务的给付须种类相同

在并存于当事人的两个法律关系中，当事人基于互负债务应当向对方所为之给付，必须是相同类型、品质的标的物。就此来看，并存于当事人双方的两个债之关系，必须均为财物之债，劳务之债不存在抵消问题。进而，在互负之财物之债中，当事人所应当给予对方的财产标的，必须具有相同的类型和品质。例如，当事人互负金钱债务，即可以相互抵消；而一方所负的债务为给付电视机，另一方所负的债务为给付电冰箱，则两者不能抵消。法律上之所以要求双方互负的债务具有相同种类，原因在于，抵消具有相互清偿的作用，法定抵消的本质在于一方当事人以单方意思表示，以自己的债务冲抵对方的债务。因此，这种做法必须以无害于对方当事人的合同目的为前提。显然，只有在当事人互负之债务具有相同种类的情况下，才能够使抵消与双方合同目的之实现不发生冲突。反之，如果当事人两项债务为不同种类的给付，如果当事人以抵消而不为给付，则会有损当事人利益需要。

3. 主动债权须届满清偿期

所谓主动债权，是指主动行使法定抵消权的当事人一方所享有的债权。在法定抵消中，法律要求主动债权必须届满清偿期，意味着不能强制对方履行尚未到期的债务。具体来讲，在并存于当事人之间的两个法律关系中，一方所享有债权的法律关系，他方即负有义务。一方的债权未届满清偿期，即意味着他方的债务未届满履行期。在一方所享有的债权未届满清偿期的情况下，倘若其主动于对方抵消，必然意味着对方尚未届满履行期的债务与自己的债务同时消灭，进而意味着强令债务人提前清偿而损害相对方的期限利益。这种做法损害对方当事人的利益，自然为法律所不许。由此出发，主动债权必须届满清偿期的法律要求，蕴含着三个方面的判断：（1）在一方债权届满清偿期，另一方债权未届满清偿期时，债权到期一方可主动与债权未到期一方抵消。此时，意味着主动抵消一方放弃自己的期限利益，主动履行未到期的债务。（2）在当事人双方债权均届满清偿期时，任何一方均可得与他方主动抵消。（3）在当事人双方的债权均未届满清偿期时，则任何一方均不得与他方主动抵消。其原因在于，自己有权放弃期限利益，但是无权要求对方也放弃期限利益。

需要注意的是，为当事人一方主动抵消提供法律基础的到期主动债权，不得是届满诉讼时效。换言之，倘若当事人一方的债权届满诉讼时效，则其同样不能主动向对方进行抵消。其原因在于，一方当事人的债权届满诉讼时效，必然意味着对方所负的相应义务也已届满诉讼时效。此时如果允许届满诉讼时效的债权人与对方进行抵消，便等于迫使对方履行诉讼时效届满的债务，进而与诉讼时效制度发生冲突。

4. 双方互负之债务不得为不能抵消的债务

所谓不能抵消的债务，是指根据合同的性质、法律的规定或者当事人的约定，不得进行抵消的债务。例如，对于具有人身专属性的债务而言，这种债务与其他的债务不具有对等性，因而不能通过抵消的方式来加以冲抵。通常，不作为债务、提供劳务的债务、与人身不可分离的债务等依其性质均不得为抵消。

在构成法定抵消条件时，享有抵消权一方当事人可得以单方通知的方式，与他方进行抵消。抵消权属于形成权，抵消权人只要有抵消的单方意思表示，抵消即可生效。抵消自权利人单方通知到达对方当事人之时，发生如下抵消效力：

1. 互负债务的消灭

即根据当事人抵消的意思表示，双方互负之债务在对等数额内消灭。有余额的，当事人只须在余额范围内履行债务。

2. 从民法理论上讲，抵消具有溯及力

即自双方债权适于互相抵消之时起，溯及地发生效力。该溯及力意味着：（1）自双方债权适于互相抵消之时起，就消灭债务，不再发生支付利息的债务；（2）自双方债权适于互相抵消之时起，不再发生迟延履行责任；（3）自双方债权适于互相抵消之时起，一方当事人所生损害赔偿及违约金责任，因抵消的溯及力而归于消灭。

3. 对方当事人的异议权与异议期间

最高人民法院《关于适用〈中华人民共和国合同法〉若干问题的解释（二）》第24条规定："当事人对合同法第九十九条规定的债务抵消虽有异议，但在约定的异议期限届满后才提出异议并向人民法院起诉的，人民法院不予支持；当事人没有约定异议期间，在债务抵消通知到达之日起三个月以后才向人民法院起诉的，人民法院不予支持。"据此，与合同解除权的行使相同，一方行使抵消权时，对方当事人可提出异议，异议期间没有约定的，为抵消通知到达之日起三个月。对方当事人异议的提出，可以采取起诉或者仲裁的方式。

（三）合意抵消

所谓合意抵消，是指根据当事人双方达成抵消合意，所产生的互负之债务同时消灭的法律后果。在合意抵消的情况下，抵消之发生，完全是当事人协商一致的结果，因此无需再适用法定抵消中"互负债务是属于同一种类"、"主动债权到期"等要求。根据我国《合同法》第100条关于"当事人互负债务，标的物种类、品质不同的，经双方协商一致，也可以抵消"的规定，合意抵消须具备以下要件：

（1）当事人互负债务。（2）当事人互负到期债务须是按照债的性质或者法律规定能够抵消。（3）当事人对债务的抵消达成一致协议。

四、提存

（一）提存概述

所谓提存，是指由于债权人的原因而无法向其交付合同的标的物时，债务人将标的物提交给提存部门而所负的债务归于消灭的法律制度。在提存关系中，将标的物交付提存的债务人称为提存人；债权人为提存受领人；由国家设立并保管提存物的机关为提存部门；交付保管的物为提存物。在债务人的债务履行中，往往要求债权人予以配合和受领。在债权人基于不可归责于债务人的事由而未能配合或受领债务人的履行时，债务人即面临无法履行债务的情况。此时，提存制度则可以为此时债务人履行合同、消灭所负的债务，提供一条法律上的途径。

提存制度的功能在于：(1) 保护债务人的利益。在债权人对清偿拒绝受领或者不能受领时，提存制度可以使债务人从其债务以及对标的物的保管中解放出来，因此，提存制度有利于保护债务人的利益。(2) 保护债权人的利益。即通过提存，债务人将标的物交由国家设立的提存部门保管，避免对债权人产生不利影响，从这一角度而言，提存制度也有利于保护债权人利益。基于此，我国《合同法》第101条规定："有下列情形之一，难以履行债务的，债务人可以将标的物提存：(一) 债权人无正当理由拒绝受领；(二) 债权人下落不明；(三) 债权人死亡未确定继承人或者丧失民事行为能力未确定监护人；(四) 法律规定的其他情形。"

(二) 提存的要件

根据我国《合同法》第101条的规定，提存的要件包括：

1. 债权人无正当理由拒绝受领。债权人无正当理由拒绝受领，即是债权人受领迟延。构成债权人受领迟延，应当具备如下要件：首先，债权人在合同履行期内未受领债务人的履行。其次，不具有法律上的理由。换言之，倘若因债权人有正当理由而不受领债务人的履行，如债务人的履行不符合合同的要求，则不构成受领迟延。最后，债务人须现实地实施了履行行为。债权人迟延受领是与债务人的债务履行相对应而存在的。只有当债务人履行债务，而债权人无正当理由而拒绝接受时，方能构成受领迟延。反之，如果债务人并未现实地履行合同，而仅仅作出愿意履行合同的表示，而债权人予以拒绝，则债权人并不构成受领迟延。在债权人构成受领迟延的情况下，债务人可以提存清偿的标的物以免除自己的债务。

2. 债权人下落不明。债权人下落不明，是指债权人的住所地和居住地不固定或者不被外人所知，以至于债务人欲履行债务而不知道履行地点或者因无债权人的必要协助而无法履行。在这种情况下，因债权人不能受领，致使债务人难于履行债务，根据我国合同法的规定，债务人可以将标的物提存，以免除自己的债务。

3. 债权人死亡未确定继承人或者丧失民事行为能力未确定监护人。在债权人死亡未确定继承人或者丧失民事行为能力未确定监护人的情况下，不能明确确定债权人，以至于债务人难以履行债务的，债务人可以将标的物提存，以免除其债务。

4. 法律规定的其他原因。除上述情形之外，如果法律规定的其他原因存在，债务人难于履行债务的，债务人仍可以将标的物提存。

(三) 提存债务的条件

在构成前述提存之条件的情况下，并非所有的债务都可以依据《合同法》上的提存制度来提存。由提存制度的性质所决定，提存债务的条件包括：

(1) 适用提存制度的债务，仅限于财物债务。提存的本质，在于债务人将本应交付于债权人的标的物，交付提存机关。因而其之适用，必须以财物之债作为条件。反之，倘若是劳务之债，纵然债权人未予受领，债务人也无法通过提存方式使所负债务归于消灭。

（2）对于财物之债而言，唯有合同所约定的标的物，才能够提存。这就是说，提存仅仅具有替代履行的法律意义，而不能发生合同变更的法律后果。因此债务人向提存机关所提存的标的，必须是符合合同约定的数量、品种、规格的标的。

（3）提存的合同标的，还必须是适于提存的标的。对于易燃、易爆、易腐烂、剧毒或者保管费用过大的标的，不能够直接提存，而只能够通过变卖方式，提存其价金。

（四）提存的方法

（1）提存机关。提存应在债务履行地的提存部门即公证处进行。履行地无提存部门的，清偿人可以申请该地有管辖权的法院指定提存部门或选任提存物保管人。

（2）提存书。提存人应在交付提存标的物的同时，提交提存书。提存书上应载明提存人的姓名、提存物的名称、种类、数量以及债权人的姓名、地址等基本内容。

（3）通知债权人。根据《合同法》第102条规定："标的物提存后，除债权人下落不明的以外，债务人应当及时通知债权人或者债权人的继承人、监护人。"可见，债务人在已经开始实施提存之后，并有可能通知的情况下，负有通知义务。但在债权人下落不明的情况下，债务人不负有通知义务。提存人可申请法院依有关规定公告送达。根据《提存公证规则》的规定，提存人应将提存事实及时通知提存受领人。以清偿为目的的提存或提存人通知有困难的，公证处应自提存之日起7日内，以书面形式通知提存受领人，告知其领取提存物的时间、期限、地点、方法。提存受领人不清或下落不明、地址不详无法送达通知的，公证处应自提存之日起60日内，以公告方式通知。

（五）提存的效力

根据我国《合同法》的规定，债务人将标的物提存之后，即在债务人与债权人之间、债务人与提存部门之间以及债权人与提存部门之间发生如下法律效力：

1. 债权人与债务人之间的效力

（1）债务消灭。债务人一旦根据法律规定将标的物提存后，即产生与清偿一样的法律效果，债权人与债务人之间的合同关系消灭，由此而产生的债权、债务归于消灭。

（2）债权人取得提存物的所有权、承担提存物的风险，并有权收取孳息。债务人一经将提存物交付于提存机关，即发生所有权的转移。因此，在提存期间，标的物的孳息归债权人所有，其毁损灭失的风险由债权人承担。

（3）提存费用由债权人承担。即提存物的保管及拍卖、出卖费用，由债权人负担。

2. 债权人与提存部门之间的效力

（1）债权人可以随时领取提存物。但债权人对债务人负有到期债务的，在债权人未履行债务或者提供担保之前，提存部门根据债务人的要求应当拒绝其领取提存物。

（2）债权人领取提存物的权利，自提存之日起5年内不行使而消灭，提存物扣除提存费用后归国家所有。

（3）债权人须承担提存费用。债权人未支付提存费用前，提存部门有权留置价值相当的提存标的物。

（4）提存部门不得挪用提存标的物，提存部门及其工作人员挪用提存标的物，除应负担相应责任外，对直接责任人员要追究行政责任或刑事责任。

3. 债务人与提存部门之间产生的效力

（1）在符合提存条件的情况下，债务人有权请求提存部门办理提存业务，提存部门有义务为其提存。

（2）提存人向提存部门为提存后，除能证明系出于错误或提存原因已消灭者外，不得取回提存物。提存人依法取回提存物的，应负担提存机关保管提存物的费用。

五、免除

（一）免除概述

所谓免除，又称债务免除，是指债权人以消灭合同债务为目的而抛弃自己债权的单方法律行为。我国《合同法》第105条规定："债权人免除债务人部分或者全部债务的，合同的权利义务部分或者全部终止。"免除具有以下特征：

（1）免除是法律行为。免除行为作为一种能够导致合同之债法律关系归于消灭的法律实施，其以债权人的意思表示为基本要素，因而属于民事法律行为的范畴。由这一性质所决定，免除行为的实施，要求行为人必须能够辨别其行为及其法律后果，即行为人应当具有相应的民事行为能力。

（2）免除为单方法律行为。债务免除行为的实施，以债权人单方意思表示即可完成，而无需债务人的同意。因此，债权人债务免除的意思表示到达债务人时，即发生债务免除的法律后果。关于债务免除行为究竟应当为单方法律行为，即无需债务人同意即可完成，还是应当为双方法律行为，即必须征得债务人的同意，民法理论存有争议，各国民事立法的规定亦有不同。主张债务免除行为应当为双方法律行为的观点，依据主要在于合同既然是双方法律行为，那么合同的免除也就应当征询债务人的意思，债权人不能强制债务人接受恩惠；主张债务免除行为应当为单方法律行为的观点，其依据则主要在于，债务免除行为本质上是债权人抛弃自己的债权，且对于债务人并无不利，因此无需征得债务人的同意。我国《合同法》上，债务免除行为应理解为单方法律行为。

（3）免除为债权人处分债权的行为。由此处分行为的性质所决定，债权人实施债务免除行为时，必须具备对该处分债权具有处分权。如果免除人对其免除的债权无处分权时，则会产生无权处分的法律后果。

（4）免除为无偿行为。免除是债权人以消灭合同债务为目的而抛弃自己债权的单方法律行为，因此，免除为无偿行为。从这一意义而言，免除与以接受对价利益为前提的抵消、更改等不同。

（5）免除为非要式行为。免除为单独行为，债权人为免除的意思表示不需特定方式。因此，无论以书面或口头形式，明示或者默示为免除的意思表示，均属可行。

（6）债务免除行为是无因行为。债务免除行为的实施，总是基于债权人的某种现实考虑，这种考虑构成了债务免除行为的原因。然而，作为一种无因行为，债之关系归于消灭的法律后果，仅仅以债权人的免除行为的实施为前提，而与其原因是否实现没有关系。

（二）免除的方法

债务免除行为是有特定相对人的法律行为。这就意味着，债务免除的意思表示，必须由债权人向债务人或者债务人的代理人、财产代管人作出，方能够发生债务免除的法律后果。免除应由债权人向债务人或者其代理人、财产代管人为意思表示为之。反之，债权人即使向第三人表示放弃的意思表示，也不能引起免除的法律效果。

另外，免除虽然为债权人的单独行为，但是，免除不得附加任何不利于债务人利益的条件。除此之外，免除可以附条件。

（三）免除的效力

免除发生消灭债权债务的效力。根据我国《合同法》第 105 条的规定，免除使合同的权利义务部分或者全部终止。因免除导致债务消灭，因此，债务的从债务如利息债务、担保债务，也同时归于消灭。债务全部免除的，债务全部消灭；债务一部分免除的，则仅就该部分消灭。但须注意的是，法律不允许通过免除而害及第三人的权利。在债权作为第三人之权利的标的之时，债权人不得为免除。

六、混同

（一）混同概述

所谓混同，是指债权债务同归于一人，致使合同关系归于消灭的事实。在发生混同的情况下，由于债权与债务均为一人所享有和承担，而自己对自己不存在主张权利或者履行义务的问题，因此一旦发生混同，即可导致混同之债权、债务的消灭。在学理上，混同有广义和狭义之分。广义的混同包括三种情形：（1）所有权与他物权归于同一人；（2）债权与债务同归于一人；（3）主债务与保证债务同归于一人。狭义的混同，仅指债权与债务同归于一人的情形。通常所称混同，仅指狭义的混同。通常，在债权人与债务人之间发生法人合并、继承的情况下，会出现债权与债务的混同的情况。我国《合同法》第 106 条明确规定："债权和债务同归于一人的，合同的权利义务终止，但涉及第三人利益的除外。"

（二）混同的效力

在债权、债务发生混同的情况下，原则上，混同之债权债务归于消灭，债权的从属权利或者担保物权等也随之消灭。但是，下列情形为例外：（1）合同债权成为第三人权利的标的，债权不得因混同而消灭。如我国《合同法》第 106 条的规定。（2）法律设定的例外情形。如《银行结算办法》第 14 条规定，商业汇票，在票据未到期前依背书方式转让的，票据上所记载的债权债务即使归于同一人，票据仍可继续流通，即票据所载的债权债务不因混同而消灭。

◎ 思考题

1. 合同权利义务终止的原因有哪些？
2. 什么是合同的解除？合同的解除有哪些类型？
3. 合同的单方解除与合同的可撤销有何不同？
4. 合同的一般法定解除发生于哪些情形？
5. 合同解除发生什么效力？
6. 什么是合同债务的抵消？抵消有哪些类型？
7. 法定抵消须符合哪些条件？法定抵消的效力是什么？

8. 什么是合意抵消？合意抵消须符合哪些条件？
9. 什么是提存？提存包括哪些要件？提存有哪些方法？提存的效力有哪些？
10. 什么是合同债务的免除？债务免除的效力是什么？
11. 什么是混同？混同有哪些效力？

◎ **案例思考**

2000年1月21日，李某因所开办的个体餐馆需要资金，遂和王某达成了买卖合同，约定李某将其所有的一台电脑出卖给王某，价格为15 000元。合同约定：李某应当立即交付电脑，而王某则应在2000年4月30日以前，向李某支付价金。合同订立后，李某即依约交付了电脑。2000年2月15日，李某再次找王某协商，提出自己所开办的个体餐馆经营资金不足，希望从王某处再借款10 000元。王某表示同意，遂与王某订立借款合同。合同约定，王某向李某出借款项10 000元，借期4年，李某应当于2004年2月15日以前归还。合同订立后，王某遂借给李某现金10 000元。2000年5月5日，因王某电脑价金支付义务到期却未支付价款，李某前去催要，和王某发生争吵，引起打斗，李某将王某打伤，花去医药费5 000元，王某起诉法院，引发诉讼。在诉讼中，李某主张以王某欠自己的电脑价款债务，抵消对王某的人身损害赔偿；王某则主张以李某对自己的借款债务，抵消自己对王某的电脑价款债务。

请回答：上述两个当事人的抵消权，能否得到法院的支持？本案应当如何处理？

第七章　违 约 责 任

第一节　违约行为和违约责任

一、违约行为

(一) 违约行为的概念

违约行为，是指合同当事人违反合同债务的行为。我国《合同法》中的用语是“不履行合同义务或者履行合同义务不符合约定”(《合同法》第107条)。对于违约行为概念的认识需要注意以下几个方面的问题：

1. 违约行为发生的前提

违约行为发生的前提是合同关系的有效存在。合同不成立、合同无效、合同被撤销均不发生违约责任。但合同被解除的，在合同被解除之前可能发生违约行为。因为解除合同可能是某种违约行为导致的法律后果。

2. 违约行为的主体

违约行为的主体是合同当事人，这是合同相对性理论决定的。依据合同相对性理论，只有合同当事人才有权向对方提出履行合同义务的请求或承担某种义务。违约行为的主体通常是债务人，但当债权人受领迟延时，也包括债权人。因为受领迟延也是对合同义务的违反，是债权人一方对所负的合同义务的违反。第三人实施了侵害债权的行为，虽然也发生不履行合同的后果，但第三人承担的是侵权责任，而非违约责任。

3. 违约行为所违反的合同义务的性质

违约行为是违反合同义务的行为。这些义务主要包括：(1) 法律规定的义务。(2) 在主给付义务和从给付义务之外，根据诚信原则、合同的性质、目的和交易习惯发生的通知、协助、保密等附随义务(《合同法》第60条第2款)。违反合同的附随义务，也构成违约，可以发生违约责任。

4. 违约行为的后果

违约行为导致了对合同债权的侵害。违约行为不同于侵权行为的主要特征在于：侵权行为是对绝对权的侵害，而违约行为则是对相对权的侵害，即对合同债权的侵害。由于债权是以请求权为其核心内容的，债权的实现有赖于债务人切实履行其合同义务，债务人违反合同义务必然会使债权人依据合同所享有的债权不能实现。所以，任何违约行为都导致了对债权人债权的侵害。

（二）违约行为与履行障碍、债务不履行

正常情况下，合同关系因债务的适当履行而达到目的，从而归于消灭。履行障碍，即合同履行遇有障碍，该概念专注于合同履行的不正常展开。履行障碍涉及的范围是非常广泛的，其中最主要的是债务不履行，另外还包括担保责任、风险负担以及情势变更等。①

二、违约形态

（一）违约行为的形态的概念和各国立法例

违约行为的形态，简称违约形态，是指按照违约行为的性质和特点对其所做的分类。违约行为形态的分类肇始于罗马法。罗马法将违约形态分为给付不能和履行迟延。给付不能从广义上讲，既包括实际上无给付的可能；又包括虽然给付是可能的，但给付的结果在当事人之间显失公平。履行迟延在罗马法上分为债权人受领迟延和债务人给付迟延。罗马法对不同的违约形态分别规定了不同的救济方法。德国法沿袭罗马法的做法将违约形态分为履行不能和履行迟延(《德国民法典》第275、284条)。在理论上，履行不能和履行迟延被称为消极违约，即应有所为而不为；在德国，学说和实践还承认债务人虽有给付，但给付不符合债的规定的积极违约。② 法国民法将违约行为规定为不履行和迟延履行。所谓的不履行包括全部不履行和部分不履行。合同履行不适当是不履行的一种情况。根据不适当履行的情形将之视为全部不履行或部分不履行。在英美法中，对违约行为的救济并未建立在对违约行为进行分类的基础上，但是，其也在立法中确定了不同的违约形态。如英国1979年的《货物买卖法》规定了完全不履行、履行有瑕疵的违约形态。《美国统一商法典》规定了预期违约、买方不收货、卖方不交货等违约形态。

（二）我国《合同法》对违约行为的分类

我国《合同法》对违约形态做了统一的分类和归纳，大致根据违约行为发生的时间，将违约行为从总体上分为预期违约和实际违约。实际违约可以分为不履行合同义务和履行合同义务不符合约定。预期违约行为可分为明示预期违约与默示预期违约。不符合约定的履行可分为：迟延履行、质量有瑕疵的履行、履行地点或履行方法不当的履行。其他违反合同义务的行为。

三、预期违约

（一）预期违约概述

1. 预期违约的概念

《合同法》第108条规定："当事人一方明确表示或者以自己的行为表明不履行合同义务的，对方可以在履行期限届满之前要求其承担违约责任。"该条规定的就是预期违约。可见，所谓的预期违约（又称先期违约），是指在合同履行期限到来之前，合同一方当事人没有正当理由，明示或默示将不履行合同。预期违约包括明示的预期违约和默示的

① 参见韩世远：《中国的履行障碍法》，载《私法研究》创刊号，中国政法大学出版社2002年版，第183页。崔建远主编：《合同法》，法律出版社2007年版采纳了这一观点，第275页。

② 参见陈静娴：《合同法比较研究》，中国人民公安大学出版社2006年版，第176页。

预期违约。

2. 预期违约制度的形成与发展

预期违约制度是英美法系的一项特有的制度，而在英美法系中最早发展起来的是明示预期违约。所谓明示预期违约，是指在合同履行期限到来之前，一方当事人无正当理由而明确、肯定地向另一方当事人表示，它将不履行或不能履行即将到期的合同义务。该制度起源于1852年的霍切斯特诉陶尔案。在该案中，被告同意从1852年6月1日起雇佣原告为送信人，雇用期限为3个月。但在同年5月11日，被告表示将不履行该合同。5月22日原告起诉，请求损害赔偿。在5月22日至7月1日之间，原告找到了其他工作，与此同时，法院判决原告胜诉。法院的主要理由是原告的起诉并不过早，如果不允许他立即起诉补救，而让他坐等实际违约的发生，那么他必然陷入无人雇佣的境地。法院认为，在一方当事人明确表示他将不履行合同的情况下，允许受害方缔结其他合同关系是合理的。从而确立了预期违约规则。1894年在英国辛格夫人诉辛格一案中又确立了默示预期违约规则。所谓默示预期违约，是指在合同履行期限到来之前，合同一方当事人以自己的行为表明不履行合同义务。在该案中，被告于婚前向原告许诺，婚后将一栋房屋转归原告所有，但被告此后又将房屋卖给第三人使其许诺成为不可能。法院在判决中认为，尽管不排除被告重新买回该房屋以履行其许诺的可能性，但原告仍有权解除合同并请求损害赔偿。至此，在英国法中已形成了两种预期违约的形态。预期违约制度的设立，可使受损害方当事人及时解除合同，要求对方承担违约责任，并作出替代安排。正是由于预期违约的上述作用，预期违约制度为两大法系的许多立法所继受。美国《统一商法典》明确采纳了预期违约制度（第2610条）。《联合国国际货物销售公约》也采纳了预期违约制度（第71条，第72条）。

(二) 明示预期违约与默示预期违约的构成要件

1. 明示预期违约的构成要件

（1）明示预期违约必然发生在合同有效成立后到合同履行期限到来之前这段时间内。如果当事人在合同履行期限到来后表示不履行合同，构成的是实际违约而不是预期违约。（2）一方当事人必须自愿地、肯定地、明确地向另一方当事人表示，它将不履行合同义务。因此，被迫地、含糊其辞地、附条件地向另一方当事人表示他将不履行合同义务，不构成明示预期违约。仅仅表示履行契约困难和不愿意履行不构成预期违约。（3）毁约方表示的不履行必须是不履行合同的主要义务。毁约方拒绝履行行为应当对另一方当事人从合同履行中所获得的利益有重大影响。如果被拒绝履行的仅是合同的部分内容或给付义务，并且不妨碍债权人所追求的根本目的，这种拒绝履行不构成预期违约。（4）毁约方表示他将不履行合同义务必须无正当理由。如果一方享有抗辩权而提出不履行，不构成明示预期违约。

2. 默示预期违约的构成要件

默示预期违约的构成要件与明示预期违约的构成要件的不同点在于默示预期违约只是当事人用其行为表示它将不履行合同义务。何种行为能够构成默示预期违约，我国《合同法》没有规定。美国《统一商法典》第2—609条规定："当一方有合理理由认为对方不能正常履约时，它可以书面形式要求对方提供正常履约的充分保证，如果对方没有在最长不超过30天的合理时间内按当时情况提供履约的充分保证，则构成默示毁约。”《联合国国际货物买卖合同》第71条规定了3个标准：（1）对方履行义务的能力有缺陷。（2）债务人的信用有严重的缺陷。（3）债务人在准备履行合同或履行合同中的行为表明他将不会或不能履行。一般都要求作出保证，只有在对方未提供保证时，才能以该方违约为由，获得救济。

（三）预期违约与实际违约的区别

1. 预期违约与实际违约的发生时间不同

预期违约行为发生在合同有效成立之后，履行期限到来之前，而实际违约发生在合同义务履行期限到来时。由于两种违约发生时间不同，预期违约行为表现为未来将不履行义务，而不像实际违约那样，表现为现实违反义务。

2. 预期违约与实际违约侵害的权利不同

预期违约侵害的是期待债权；实际违约侵害的是现实债权。

3. 预期违约与实际违约在补救方式上不同

就预期违约，根据《合同法》第108条的规定，另一方当事人，即非违约方当事人可以在履行期限届满之前要求其承担违约责任。这里的违约责任与实际违约责任并无不同。但是，如果当事人对预期违约行为不要求违约方承担违约责任，也可以在合同履行期限届满而当事人不履行合同时，按实际违约救济。

（四）《合同法》规定的预期违约与不安抗辩权的区别

预期违约制度来源于英美法，不安抗辩权制度来源于大陆法。它们同时出现在我国《合同法》中。这两种制度在功能上具有相似之处，它们都具有防止损害扩大，减少债权人利益损失的功能，并且默示预期违约与不安抗辩权在救济措施上有相似之处。如中止履行、要求提供担保、解除合同等。但对这两种制度进一步进行比较，我们将会发现，两者存在较大的差异：

1. 两者性质不同

预期违约属于违约行为的一种形态，它与实际违约一起构成了违约行为的体系和内容；而不安抗辩权属于合同履行中的抗辩权的一种。通过行使这种权利而使对方请求权的效力延期发生，从而可以中止履行合同债务。待中止履行的原因消失后，当事人可以继续履行。

2. 两者适用的前提条件不同

不安抗辩权针对的是履行有先后顺序的双务合同。应当先履行义务的一方才有权行使不安抗辩权。而默示预期违约制度并不要求当事人履行义务的顺序有先后之分。无论是应当先履行义务的一方或后履行义务的一方，都可能发生预期违约责任。

3. 法律救济方法不尽相同

（1）行使不安抗辩权的债权人，以中止自己义务履行的方式救济其权利，而在预期违约中，受害人是通过要求违约方在合同履行期限届满前承担违约责任的方式救济其权利的。

（2）合同解除权行使的条件不同。大陆法系其他国家不承认不安抗辩权行使后的合同解除权，但我国《合同法》承认。根据我国《合同法》第69条规定，行使不安抗辩权中止履行后，对方在合同期限内未恢复履行能力，并且未提供适当担保的，中止履行的一方可以解除合同。对于预期违约的合同解除权，《合同法》第94条第2项规定："在履行期限届满之前，当事人一方明确表示或者以自己的行为表示不履行主要债务的，可以解除合同。"

4. 两种制度的价值取向不同

不安抗辩权制度中，先履行义务的一方当事人中止履行，一方面是为了降低自己履约后对方不履约的履行风险；另一方面，也是为了对后履行义务的一方当事人的履行起到督促作用。其价值取向在于促进合同履行，避免损失发生；而预期违约的价值取向则体现于"公平、效益、安全"六个字，公平体现在使非预期违约方享有违约责任请求权，使双方利益均衡；效益体现在预期违约发生后，使另一方当事人及时获得救济，如损害赔偿、解除合同。这样做可以减少损失，使交易秩序获得良性的运转；安全体现在其对交易秩序的保护。

四、实际违约

我国《合同法》第107条将违约行为规定为两种基本类型：即不履行合同义务和履行合同义务不符合约定。在学理上，前者称为债务不履行；后者被称为债务不完全履行。所谓的债务不履行又称不给付，即未依债的本旨为给付，以满足债权的状态，通常包括给付不能及给付迟延。给付不能又包括履行不能和拒绝履行这两种情形。不完全履行，是指债务人虽然履行了债务，但其履行不符合债务的本旨。在传统民法上这是一种独立的违约形态。

（一）债务不履行

债务不履行包括给付不能和迟延履行。

1. 给付不能

给付不能是指当事人根本不履行自己根据合同所产生的义务，包括拒绝履行和履行不能两种情形。

（1）拒绝履行。拒绝履行或称履行拒绝、给付拒绝，是指债务人违法的对债权人表示不履行债务的意思。构成违约行为的拒绝履行需要具备以下要件：①客观上须有债务存在。债务不成立或债务人有其他否认债务存在的正当理由，拒绝履行债务者，为债务人行使权利的行为，不构成债务不履行。②须有不为履行的意思。拒绝履行可以明示，也可以默示。如债务人将应给付之标的物，为其他处分，或将应在某日以前送至某地的标的物，在履行期限届满时送往其他地方，或者无任何理由毁约或要求解除合同，或告诉债权人合同不存在等。但作为拒绝履行，必须有积极的不为履行的意思表示，仅仅告知对方无支付能力，不属于履行拒绝。③给付须为可能。给付为不能属于履行不能的问题，不属于拒绝履行。④拒绝履行须为违法。债务人基于法律规定或依合同，有权拒绝债权人的拒绝请求的，如因抗辩权的行使而为履行拒绝（此时性质上为准法律行为之意思通知，并无违法性）的，不构成拒绝履行。

拒绝履行与给付迟延不同。给付迟延或称之为履行迟延，是指债务已届清偿期且履行为可能的情况下，债务未履行；而拒绝履行与履行期无关，在履行期届满前亦可以发生拒绝履行（该种情况属于预期违约的一种）。

拒绝履行与履行不能不同。履行不能与当事人的意思无关，只不过是因为存在履行不能的事实而不能达到债务之目的。对于拒绝履行，履行是可能的，因此，第一，债权人可以申请强制执行。第二，在债权人未行使积极的救济权（如解除合同，请求损害赔偿）以前，一般第三人可以代为清偿。第三，拒绝履行的意思表示，原则上可以撤回。第四，拒绝履行作为不履行的一种，虽然我国《合同法》不要求具备当事人主观过错的要件，但事实上当事人在主观上存在故意或过失，而履行不能并不是都可以归责于债务人。

拒绝履行与不完全履行不同。拒绝履行根本没有履行行为，而不完全履行则有履行行为，只不过履行行为不适当。

（2）履行不能。履行不能又称给付不能、不能履行，是指合同债务人已经不可能再履行合同。也就是说，债务人在客观上已经失去了履行合同的条件或能力。如合同标的物为特定物，因自然原因或第三人的行为使标的物毁损灭失；以种类物为标的物的合同，种类物全部毁损灭失；以劳务为标的的合同，债务人丧失劳动能力；应支付货款的债务人已无可周转的资金用于支付等，都属于履行不能。

履行不能，非指物理学或者逻辑学上的不能，如海底寻针，在物理学意义上虽然不是不能，但在社会观念上则为不能。

不作为债务亦发生履行不能，如负有不进入邻地之义务，而邻地因地震而坍没。金钱债务不履行原则上只发生履行迟延，不发生履行不能。种类之债的标的物全部灭失时，种类之债亦发生履行不能。

履行不能在学理和各国立法例当中有各种分类方法。我国《合同法》将履行不能分为事实上的不能和法律上的不能。事实上的不能，亦称自然不能，即基于自然法则之不能，如作为标的物的马死亡，而不能给付，这属于基于外界自然所供给材料的缺乏而发生的不能。因洪水破坏铁路，而不能履行运输合同。画家胳膊断了，不能绘画等。法律上的不能，是基于法律规定的给付不能。有些给付不能是依法律的逻辑而推断出的不能。如给付的标的物的所有权不属于债权人；设定法律没有规定的物权；标的物在合同订立后成为法律禁止流通的物。法律上的不能和事实上的不能，在法律后果上并没有什么区别，均能构成违约责任的构成要件。

2. 迟延履行

迟延履行有广义与狭义之分。广义的迟延履行包括给付迟延与受领迟延，狭义的迟延履行仅指给付迟延，我国学者多采纳广义的迟延履行的概念。

（1）给付迟延。

给付迟延又叫逾期履行是指债务人在合同履行期限届满时能够履行合同而没有按期履行。给付迟延的构成要件如下：①存在有效的债务。②债务人能够履行债务。③债务人违反了履行期限的规定。④债务人不履行没有正当的理由。

（2）受领迟延。

受领迟延是指债权人在债务人作出履行时，没有正当理由而未及时接受债务人的履行，所以又称为债权人迟延。受领迟延是否构成违约，各国法律规定不同。法国民法认为，债权人受领债务人的履行是其应尽的义务。因此，受领迟延是债权人违反义务的行为。德国民法认为，债权人并无受领义务，受领是债权人所享有的权利。因此，债权人受领迟延是权利不行使的行为。我国学者通说认为，债权人受领迟延是一种违约行为，债权人应当承担违约责任。债权人受领迟延应具备下列条件：①债务在性质上其给付需要债权人协力。②须债务得为给付和能为给付。得为给付指债务已届履行期或债务人在履行期前给付债权人同意。能为给付即没有出现履行不能的情形。③债务人依债务之本旨提出履行。即给付的内容（给付物体、品质、范围）应符合合同的约定。④须债权人不受领给付。所谓的受领还包括受领以外的协助债务人履行。不受领包括拒绝受领及不能受领。拒绝受领是指债权人不为受领行为或不协助债务人履行的消极状态。不能受领指债权人不能为给付完成所必需的对债务人的协助行为的事实，包括不能为受领行为或不能为协助债务人履行的行为。如债权人于给付提出时外出旅行。⑤债权人须无正当理由。如果债权人没有按期接受履行有正当理由，债权人不负迟延责任。

（二）不完全履行

不完全履行，是指债务人虽然履行了债务，但其履行债务不符合合同的约定。与不能履行、迟延履行、拒绝履行相比，不完全履行虽然履行不完全，但尚有履行行为，而不能履行、拒绝履行和迟延履行都属于没有履行行为的消极状态。正是因为此，在德国不完全履行一般被称之为积极侵害债权。①

不完全履行包括下面几种情况：

1. 履行在数量上不完全

履行在数量上的不完全包括履行给付标的物在数量上不足和超过约定的数量两种情况。

2. 履行在质量上不完全

履行在质量上的不完全以及标的物的品种、规格、型号等不符合合同约定的不完全履行包括两种情况：一是瑕疵履行。瑕疵履行是指当事人交付的商品或者提供的服务不符合约定的或者规定的质量标准，包括品质、品种、规格、型号和花色等。对于这种不完全履行，可由法律规定或受害人指定一定的期限，使债务人修补或另行给付。但在债务人不予修补或不予另行给付时，或者在债务人的修补或另行给付仍达不到合同目的时，可构成违约责任的构成要件。在债务人修补或另行给付超过合理期限时，又构成迟延履行。因此，不完全履行可以转化为迟延给付。二是加害履行。加害履行又称加害给付，是指合同债务人交付的产品有缺陷而造成债权人的人身损害或缺陷产品以外的财产损害。加害履行同时构成违约行为和侵权行为。因此，对加害行为，应当按照违约责任和侵权责任的竞合加以处理。

3. 履行方法、方式不完全

履行方法、方式不完全是指债务人实现给付的手段或方法不符合法定的或约定的条件。如本应一次给付却分批给付。本应选择较近的路线却舍近求远。

4. 履行地点不适当

① 参见崔建远主编：《合同法》，法律出版社 2007 年版，第 279 页。

履行地点的不适当也就是债务人履行债务的地点不正确。如债务人应在甲火车站交货却在乙火车站交货。

五、违约责任的概念与性质

（一）合同债务与违约责任

债务与责任是民法中的一对基本的范畴，正确把握二者的关系是理解违约责任制度在合同法中的地位和作用的前提。

在罗马法上并未对债务与责任加以区分。在罗马法上的债以拉丁文 obligatio 表示，意为法律上的锁链。依查士丁尼法典之定义，“依国法使他人负担给付义务之法锁也”。从而将债务与责任合为一体。按照罗马法思想，责任乃不履行义务的必然结果，为义务关系所包含，无加以区别的必要。英美法与罗马法同，亦未对义务与责任加以区分。英美法上的债务（obligation）的概念，指一人或数人受法律约束，负有对他人作为或不作为的义务。债务与责任的区分来源于日耳曼法。依日耳曼法，债务（schuld）属于法的“当为”，不含有法的强制在内。因此，债权人无强制债务人给付之权利，欲强制债务人为给付，必须在债务之外另有责任（Haftung）。所谓责任，指债务人当为给付而未为给付或不完全给付时，应服从债权人之强制取得的一种关系，由于此种强制取得的责任关系，附加与债务关系，债务关系才有拘束力。①

日耳曼法对债务与责任的区分对后世民法产生了深远的影响，大陆法系主要国家的民法都对债务和责任进行了严格的区分，并在此基础之上确立了人的责任、物的责任、无限责任和有限责任等责任形式。

我国《民法通则》采取了区分债务与责任的立法例。该法第五章第二节规定了债权债务制度，第六章又规定了民事责任，从而在体例上将债务与责任区别开来。我国《民法通则》第 84 条规定，债务是按照合同的约定或者依照法律的规定，在当事人之间产生的义务，债权人有权要求债务人按照合同的约定或者依照法律的规定履行该义务。这里的“债务”显然属于“当为”。根据《民法通则》第 106 条的规定，民事主体违反合同或者不履行其他义务的，应当承担民事责任。这里的“责任”显然含有“法的强制”的意义，即对债务人不履行债务的强制措施。因此，在我国，通说认为，债务是法律规定或合同约定的当事人的当为行为，而责任是债务人不履行债务时国家强制债务人履行或者承担其他负担的表现，债务之中并不包括任何债务人的强制，在债务人不履行义务时，强制其履行或者赔偿损害、支付违约金则属于民事责任问题，违约责任以合同债务的存在为前提，无合同债务即无违约责任；但也存在债务与责任分离的情况：（1）存在合同债务，但不存在责任，如《民法通则》规定的诉讼时效已过的债务。（2）债务与责任同时存在，但债务与责任的主体范围有所不同。如约定的连带责任保证中，对债权人承担债务的是债务人，对债权人承担责任的是保证人；再如，在有限责任中，责任的范围小于债务。（3）责任关系存在而债务尚未发生。如对将来债务的保证中就存在这个问题。

债务与责任是合同法的核心与基本点，两者构成了合同法律制度的两大支柱。债务反

---

① 参见王家福主编：《民法债权》，法律出版社 1991 年版，第 219 页。

映了合同制度的积极方面，责任反映了合同制度的消极方面。合同法的全部内容都是围绕着债务和责任进行规定的。合同订立和合同效力制度解决的是债务发生问题；合同履行制度解决的是债务正常实现的问题；合同的变更和终止解决的是债务的变更和消灭问题；而违约责任则属于强制债务实现的合同责任制度。因此，债务与责任是合同法的两项基本制度。

（二）违约责任的概念

违约责任，是合同当事人不履行合同义务时，依法产生的民事责任。在现代合同法上，违约责任仅指违约方向守约方承担的财产责任，与行政责任和刑事责任相分离，属于民事责任的一种。

（三）违约责任的一般特征

违约责任的一般特征，即违约责任作为民事责任的一种，所具有的民事责任的一般特征。违约责任具有以下一般民事责任所具有的特征：

1. 违约责任的财产性

违约责任基本上是一种财产责任。在古代法上，当事人不履行债务不仅仅要承担财产责任，而且要承担人身上的责任。如在古罗马，把债的关系视为人身关系，债务人不履行债务，债权人就可以拘押债务人，以担保债务的履行。在我国古代和近代都有把无力清偿债务的债务人或其亲属充奴的制度。在现代法中违约责任已不包含人身责任，而成为单纯的财产责任。在我国合同法上，违约责任包括继续履行、赔偿损失和支付违约金等方式，这些方式均是财产责任。

违约责任之所以是一种财产责任，是由合同的目的决定的。合同中的权利义务一般具有经济内容，所以违反合同损害的一般也是债权人的经济利益，追究违约责任的目的也主要是为了补偿债权人的财产损失。通过违反合同的债务人以一定的财产来矫正其违反合同的不良后果，使债权人受到损害的合法权益得到恢复和补偿。因此，违约责任是一种财产责任。

2. 违约责任的补偿性

违约责任的补偿性是指违约责任的目的在于填补守约方的财产损失。在守约方遭受财产损失时，违约责任的补偿性通过支付违约金、赔偿金和其他方式获得实现。

应该注意的是，违约责任的补偿性并不意味着通过上述违约责任的承担，守约方的全部损失都能够得到弥补。在违约方承担违约责任后可能出现三种后果：（1）守约方的全部财产损失都得到弥补。（2）守约方的损失部分被弥补。（3）守约方所得到的补偿超过了其损失。但无论上述哪一种情况都不能否认违约责任的补偿性。

3. 违约责任的惩罚性

关于违约责任是否具有惩罚性，学者们存在不同的见解：一种观点认为，违约责任是否具有惩罚性取决于违约方所支付的金钱数额和赔偿范围。当赔偿数额或违约金高于守约方的实际损失时，违约责任即具有惩罚性；否则，则不具有惩罚性。另一种观点认为，法律责任以及民事责任的惩罚性，就是道德和法律谴责和否定行为人的过错及其行为的属性。具体到违约责任的惩罚性，就是道德和法律谴责与否定违约方过错违约的属性。关于违约责任的惩罚性的两种观点，① 从违约责任是民事责任的一种，具有法律责任的一般属性的角度来看，本书倾向于后一种观点。

在采取严格责任的原则下，违约责任的补偿性是违约责任的主要属性，而违约责任的惩罚性只存在于违约方确有过错的案件。在违约方没有过错时，违约责任不具有惩罚性。

（四）违约责任的特殊特征

违约责任除具有民事责任的一般特征外，还具有自身的特殊特征：

1. 违约责任是以合同债务为基础的民事责任

民事责任是违反民事义务的法律后果，所以，违约责任也是因违反民事义务而产生的责任，违约责任与其他违反民事义务的民事责任相比较，其不同在于违约责任是当事人不履行合同债务时所产生的民事责任。首先，违约责任以有效的合同债权债务关系的存在为前提，如果没有合同关系的存在，则根本谈不上违约问题，也不可能发生违约责任。其次，违约责任的发生须以合同当事人违约或者说不履行合同债务为要件，这一点使违约责任不同于以行为人侵害他人财产、人身权益而依法产生的侵权民事责任；也不同于缔约人因其过失违反先合同义务致相对人的财产权益甚或人身权益以损害而产生的缔约过失责任。

2. 违约责任可以由当事人在法律允许的范围内约定

合同关系因当事人协议而成立，合同关系遭受破坏时，作为补救措施的违约责任自然可以由当事人以协议自行约定。但当事人的约定应当注意这样两个问题：第一，当事人对违约责任的约定具有一定的任意性。合同当事人可以约定承担违约责任的情况，也可以约定不承担违约责任的情况；可以约定承担责任的方式，也可以约定损失金额的计算方法。第二，当事人的约定不得违反法律规定。如对于故意或重大过失违反合同的责任，当事人不得约定不承担责任。即使当事人在合同中有此种约定，这一约定也是无效的。《合同法》第53条明确规定："合同中的下列免责条款无效：（一）造成对方人身伤害的。（二）因故意或者重大过失造成对方财产损失的。"

3. 违约责任原则上是违约方向对方承担的民事责任

首先，违约责任是违约方承担的责任。当事人基于自己的意思从事民事活动，自应承担其风险。在实践中，尽管有时债务人的违约是由第三人引起的，但违约责任仍然由作为违约方的合同当事人承担。违约责任的主体仅限于违约方这一特征使违约责任区别于侵权责任。侵权责任的主体有时会与加害人分离。② 如《民法通则》第121条规定的国家赔偿责任、《侵权责任法》第32条规定的监护人责任、第34条第1款规定的用人单位责任以及第34条第2款规定的劳务派遣责任等。其次，违约责任是违约方向合同的对方当事人承担的民事责任，而不是向一般的第三人承担的责任，尽管有时违约行为引起了第三人的利益损失。这是"合同相对论"原则的必然结论。一般第三人的利益因违约方的违约行为所造成的损失只能依侵权行为法获得救济。《合同法》第121条明确规定："当事人一

① 参见崔建远主编：《合同法》，法律出版社2007年版，第285页。

② 崔建远：《合同法》（第二版），北京大学出版社2013年版，第332页。

方因第三人的原因造成违约的，应当向对方承担违约责任。当事人一方和第三人之间的纠纷，依照法律规定或者按照约定解决。”

第二节 违约责任的归责原则

一、归责原则概述

所谓的归责原则，是指基于一定的归责事由而确定责任成立的法律准则。或者说，是基于一定的归责事由确定行为人是否承担责任的法律准则。具体到违约责任，归责原则就是指基于一定的归责事由而确定违约方违约责任成立的法律准则。

归责原则的核心是归责事由。归责事由是立法者基于特定的物质生活条件的要求，根据其立法指导思想，按其价值观分配损害结果而在法律上确认的唯一的核心的责任原因。它变化，归责原则也随之改变。①

从各国法的规定看，违约责任的归责事由无外乎两个：一是违约方的过错，二是违约方违约的结果。以违约方的过错为归责事由，即形成过错归责原则；以违约方的违约结果为归责原则，就形成无过错责任原则或严格责任原则。不同的归责原则对于违约责任的构成要件、举证责任分配以及赔偿责任范围的确定有不同的影响：第一，归责原则决定违约责任的构成要件。归责原则不同，违约责任的构成要件也就不同。如根据过错原则，过错就是违约责任的构成要件之一，而根据无过错责任原则或严格责任原则，违约结果就是违约责任的唯一构成要件。第二，归责原则决定着举证责任的内容。归责原则不同分配给受害人和违约方的举证责任就不同。在过错原则下，常常采过错推定原则来分配举证责任。受害人只需证明对方违约，就推定违约方有过错。违约方想要免责，必须举证自己对违约没有过错。在无过错原则或严格责任原则下，违约方不能通过证明自己没有过错而免责。违约方只有在证明存在法定的免责事由时，才能够免责。

二、我国《合同法》的违约责任归责原则

（一）《合同法》颁布之前的违约责任归责原则

在《合同法》颁布之前，我国民事立法关于违约责任的归责原则并不统一。首先，《民法通则》第111条规定，“当事人一方不履行合同义务或者履行合同义务不符合约定条件的，另一方有权要求履行或者采取补救措施，并有权要求赔偿损失”。对于《民法通则》的规定究竟是采过错责任原则还是无过错责任原则，我国学者认识不一。有的学者认为，这里没有将主观过错作为违约责任的归责原则。② 有的学者认为，《民法通则》第106条第1款和第111条虽未出现“过错”字样，仍应认为我国法律关于违约责任采过错

① 参见崔建远主编：《合同法》，法律出版社2007年版，第286页。

② 参见梁慧星：《从过错责任到严格责任》，载《民商法论丛》（第8卷），法律出版社1997年版，第1～7页。

原则。① 这两种认识上的分歧表明立法者在立法中所表达的违约责任的归责原则是不明确的。除了《民法通则》外，《涉外经济合同法》第 17 条、第 18 条规定了不履行、不适当履行和预期违约三种主要的违约形式及责任，也未特别指出以过错作为承担违约责任的构成要件。但《经济合同法》却十分明确地强调以过错作为违约责任的构成要件。该法第 29 条规定："由于当事人一方的过错，造成经济合同不能履行或不能完全履行，由有过错的一方承担违约责任，如属双方的过错，根据实际情况，由双方分别承担各自应负的违约责任。"上述立法表明了在《合同法》颁布之前，我国相关立法在违约责任的归责原则问题上是不统一的。

（二）《合同法》的违约责任的归责原则

《合同法》第 107 条规定："当事人一方不履行合同义务或者履行合同义务不符合约定的，应当承担继续履行、采取补救措施或者赔偿损失等违约责任"。该条的立法精神是"不管主观上是否有过错，除不可抗力可以免责外，都要承担违约责任"；"这次制定统一的合同法，对违约责任采取严格责任原则，只有不可抗力可以免责。至于缔约过失、无效合同或可撤销合同，采取过错责任，分则中个别条文特别规定了过错责任的，按过错责任"。② 这表明，我国《合同法》关于违约责任的归责原则，是以严格责任为一般原则，即无论违约方是否存在过错，都应对违约行为承担违约责任，除非存在法定的免责事由。但在个别情况下适用过错原则。如供电人责任（第 179、180、181 条等）；承租人的保管责任（第 222 条）；承揽人责任（第 262、265 条等）；建设工程合同中的承包人的过错责任（第 280、281 条等）；寄存人未履行告知义务的责任（第 370 条）；保管人责任（第 371 条）等。③ 还有《合同法》第 189 条因赠与人故意或重大过失致使赠与的财产毁损、灭失的，赠与人应承担损害赔偿责任。有偿的委托合同，因受托人的过错给委托人造成损失的，委托人可以要求赔偿损失。无偿的委托合同，因受托人的故意或者重大过失给委托人造成损失的，委托人可以要求赔偿损失（第 406 条）。

《合同法》这一违约责任的归责原则体系的建立有如下理由：

1. 严格责任原则是合同法的发展趋势

《联合国国际货物销售公约》第 45 条、《国际商事合同通则》第 7.4.1 条、《欧洲合同法原则》第 101 条都采纳了严格责任原则。这足以表明现代合同法的发展趋势。

2. 严格责任原则与过错原则相比具有显而易见的优点：严格责任方便裁判，有利于诉讼经济，并有利于当事人严肃对待合同。

3. 严格责任原则更符合违约责任的本质。违约责任的发生以当事人的预先约定为前提，是由当事人约定的合同义务转化而来的，因此，本质上是当事人约定的，不是法律强

---

① 参见崔建远：《严格责任？过错责任？——中国合同法归责原则立法论》，载《民商法论丛》（第 11 卷），法律出版社 1999 年版，第 190 页。

② 全国人大常委会法制工作委员会主任顾昂然：《中华人民共和国合同法讲话》，法律出版社 1999 年版，第 44～45 页。

③ 参见崔建远：《海峡两岸合同责任制度的比较研究——海峡两岸合同法的比较研究之一》，载《清华大学学报》（哲学社会科学版）2000 年第 2 期。

加的，这与侵权责任显然不同。①

第三节 违约责任的免责事由

一、违约责任免责事由的概念和分类

（一）违约责任免责事由的概念

违约责任的免责事由又称为免责条件，是指法律规定的或者当事人约定的免除违约责任的情况。《合同法》虽然采取了无过错责任原则，但并不意味着违约方在任何情况下均须对自己的违约行为负责，在存在法定的或者约定的免责条件时，当事人可以以此为由对抗对方提出的请求，从而不承担或只承担一部分违约责任。

（二）违约责任免责事由的分类

1. 法定的免责事由和约定的免责事由

法定的免责事由是法律规定的免除当事人承担违约责任的条件。法定的免责事由虽然是法律规定的免责条件，但当事人可以约定排除其适用。因此，只要当事人没有相反的约定，因存在法定的免责事由而发生违约行为时，违约行为人可以不承担违约责任。

约定的免责事由，是指当事人约定的虽然违约但不承担违约责任的情况。合同约定当事人不承担违约责任的条款，一般称为免责条款。约定的免责事由由当事人在合同中约定，这种约定只要不违反法律的规定，就可以发生免除违约方违约责任的效力。根据《合同法》第53条的规定，合同中的下列免责条款无效：（1）造成对方人身伤害的免责条款；（2）因故意或重大过失造成对方财产损失的免责条款。

2. 法律规定的免责事由的种类

法定的免责事由由法律加以规定。关于这种免责事由的种类，《合同法》规定了不可抗力（第117条）、货物本身的自然性质和货物的合理损耗（第311条）以及因仓储物的性质、包装不符合约定或者超过有效储存期造成仓储物贬值、损毁的事由（第394条）等。除此之外，《合同法》没有对债权人的过错作为免责条件作一般的规定。但债权人的过错作为免责事由应当没有疑问。

二、不可抗力

（一）不可抗力的立法例以及不可抗力作为免责事由的必要性

不可抗力，是指人力不能抗拒的力量，它包括某些自然现象（如地震、台风、洪水、海啸等）和某些社会现象（如战争等）。不可抗力在各国立法中都是免责事由，除法律另有规定外，不可抗力将导致当事人被完全或部分免责。

不可抗力起源于罗马法。罗马法中的不可抗力包括了意外事故在内，它是指完全不可

---

① 参见梁慧星：《从过错责任到严格责任》，载《民商法论丛》第8卷，法律出版社1999年版，第3～7页。

预见的或不可预防的事件，包括火灾、坍塌等。① 当不可抗力致使物品灭失或导致给付不可能时，债务人可被免责。“对偶然事件谁也不能负责”，或“偶然事件由被击中者承担”，是在实践中演化出的罗马法的根本训条。罗马法的规定对大陆法国家产生了一定的影响，例如《法国民法典》第 1147 条规定，若因不可归责于债务人的外来原因致合同履行不能，则债务人不负损害赔偿责任。外来原因主要包括不可抗力和偶然事故。第一次世界大战以后，为适应社会经济发展的需要，法国法院逐渐对“不可抗力”的概念作出了扩大解释，使其包括履行过于艰难和昂贵的情形，从而解决了某些意外事故所产生的不公平现象。②

在英美法中，很长时间不承认债务人可因不可抗力而被免责。根据英美法，当事人在合同关系所为的允诺系基于对价关系所做出的，一方作出允诺就要受允诺拘束，允诺本身含有对合同所预期的结果加以“保证”的意义。合同责任乃是担保责任，当事人一旦依合同负担债务，原则上不因任何事由发生而免除或减轻义务。由于这种绝对责任不符合社会经济发展的需要，所以，英国上诉法院在 1903 年克雷尔诉亨利的著名判例中确立了合同目的落空的免责原则。所谓的合同目的落空的免责原则，美国《合同法重述》第 288 条规定：“凡以任何一方应取得某种预定的目标效力的假设的可能性作为对方订立合同的基础时，如这种目标或效力已经落空或肯定会落空，对于这种落空没有过失而受落空损害的一方，得解除其履行合同的责任。”显然，英美法中的合同落空概念不等于不可抗力，但其中有与不可抗力交叉之处。

《国际商事合同通则》第 717 条也明确规定了不可抗力为违约责任的免责事由：（1）若不履行的一方当事人证明，其不履行是由于非他所能控制的障碍所致，而且在合同订立之时该方当事人无法合理预见，或不能合理地避免、克服该障碍及其影响，则不履行的一方当事人应免责；（2）若障碍只是暂时的，则在考虑到这种障碍对合同履行影响的情况下，免责只在一个合理的期限内具有效力；（3）未能履行义务的一方当事人必须将障碍及其对履约能力的影响通知另一方当事人。若另一方当事人在未履行义务方当事人知道或理应知道该障碍后的一段合理时间内没有收到通知，则未履行义务方当事人应对另一方当事人因未收到通知而导致的损害负赔偿责任；（4）本条并不妨碍一方当事人行使终止合同、拒绝履行或到期应付款项要求支付利息的权利。

我国现行立法规定了以不可抗力作为违反合同的免责条件。《民法通则》第 107 条规定，“因不可抗力不能履行合同或者造成他人损害的，不承担民事责任，法律另有规定的除外。”《合同法》第 117 条第 1 款规定，“因不可抗力不能履行合同的，根据不可抗力的影响，部分或者全部免除责任，但法律另有规定的除外。当事人迟延履行后发生不可抗力的，不能免除责任”。

在现代社会，虽然科学技术高度发达，但是，不可抗拒、不可避免和不能克服的自然与社会灾难仍然存在发生的可能性并对正常的社会经济生活造成破坏和威胁。法律允许由于不可抗力事件的影响而违约的当事人免除责任，有如下意义：第一，有利于保护无过错

① 参见彼得罗·彭梵得：《罗马法教科书》，中国政法大学出版社 1992 年版，第 331 页。

② 参见王利明：《违约责任论》，中国政法大学出版社 1996 年版，第 309 页。

的当事人的利益，保障公平原则的实现。在不可抗力发生的情况下，从债务人方面来看，债务人不仅可能会因标的物造成毁损灭失而使其不能得到相应的履行，而且可能要承担损害赔偿责任；从债权人方面而言，其仅丧失了履行利益。可见，债务人所受的损害大于债权人所受的损害，而债务人对于损害的发生又没有过错。因此，让债务人对自己不能控制的事件造成的后果承担违约责任对债务人既不公平，又不能起到教育和约束人们行为的教育作用。第二，法律确认不可抗力作为免责事由，可以促使人们在交易中预先确定未来可能出现的各种风险和风险负担，并在合同中对不可抗力的解决作出约定。从而既提高交易效率，又有利于当事人纠纷的及时解决。

（二）不可抗力的性质

关于不可抗力的理解，各国立法和理论有着不同的理解，主要有主观说、客观说和折中说这三种学说。

主观说认为，当事人主观上尽了最大的注意，仍然不能防止阻碍合同履行的事件发生，该事件就是不可抗力。也就是说，不可抗力是债务人主观上不能防止的事件，即使债务人能够预见并已尽了最大的注意，但事件的发生仍不可避免。

客观说认为，不可抗力是与当事人主观因素无关、发生在当事人外部的、非通常发生的事件，当事人不可能预见和避免的。

折中说认为，应当采取主客观相结合的标准判断不可抗力。从性质上说，不可抗力具有客观性，发生于当事人外部，并不受当事人的意志左右。但是确定是否构成不可抗力，要考虑当事人主观上是否尽到了应有的注意，以此来判断当事人主观上是否有过错。凡是基于外界因素而发生的，当事人即使以最大的谨慎和最大的努力仍不能防止的事件为不可抗力；如果事件的发生是客观的，但当事人能够预见而由于疏忽没有遇见或者尽最大努力加以防止，则当事人主观上有过错，不能成立不可抗力。

我国《民法通则》第153条规定，不可抗力是指“不能预见、不能避免并不能克服的客观情况”。《合同法》第117条第2款规定：“本法所称不可抗力，是指不能预见、不能避免并不能克服的客观情况。”可见，我国立法对不可抗力的理解采折中说。《中华人民共和国水污染防治法》（1996年修订）第56条关于“完全由不可抗拒的自然灾害，并经及时采取合理措施，仍然不能避免造成水污染损失的，免于承担责任”的规定也采折中说。

（三）不可抗力的效力

不可抗力作为违约责任的一般免责事由，根据《合同法》的规定，有以下效力：

1. 部分或全部免除违约责任

当事人因不可抗力不能履行合同的，根据不可抗力的影响，不履行合同的当事人可以部分或全部地被免除责任。如果不可抗力的影响只是暂时的，债务人只能获得迟延履行的免责。但是，有两点例外：一是法律规定不可抗力造成合同不能履行不能免除责任的，则不能免除违约责任；二是可以导致不履行方被免除责任的不可抗力，必须是在合同订立以后至合同履行期届满以前这个时期发生的不可抗力。履行期届满后因迟延履行遭遇不可抗力，债务人不能获得免责(《合同法》第117条第1款)。

2. 通知义务和提供证明义务

根据《合同法》第 118 条的规定，当事人一方因不可抗力不能履行合同的，应当及时通知对方，以减轻可能给对方当事人造成的损失，并应当在合理期限内提供证明。

3. 当事人可以约定不可抗力条款

由于法律通常不对不可抗力的范围做列举性规定，而且一些国家对不可抗力的范围存在不同的观点，合同当事人，特别是涉外合同当事人，可以在合同中设立不可抗力条款，对不可抗力的范围和有关事项做出规定，以便在发生不可抗力时有所遵循。

三、债权人的过错

关于债权人的过错，《合同法》没有将其作为免责事由的一般规定。但债权人的过错作为免责事由在《合同法》和其他法律中并不鲜见。《合同法》第 311 条规定，由于托运人、收货人的过错造成运输过程中的货物毁损、灭失的、承运人不负损害赔偿责任。《合同法》第 370 条规定，寄存人交付的保管物有瑕疵或者按照保管物的性质需要采取特殊的保管措施，但未将该情况告知保管人的，保管人不承担由此而产生的损害赔偿责任。在这里，作为债权人的寄存人的过错是未尽告知义务，这一过错是保管人不负责任的条件。《保险法》第 17 条第 3 款规定，投保人故意不履行如实告知义务的，保险人对于保险合同解除前发生的保险事故，不承担赔偿或者给付保险金的责任，并不退还保险费。

对债权人的过错造成的损失，债务人不负违约责任，也体现在与有过失方面。所谓的与有过失，即当事人双方对违约的发生都有过错。《民法通则》第 113 条规定："当事人双方都违反合同的，应当分别承担各自应负的民事责任。"每个当事人承担自己应负的责任，就包括对对方的过错所造成的损失不负责任。《合同法》第 120 条承继了这一规定。还有，《民法通则》第 114 条规定："当事人一方因另一方违反合同受到损失的，应当及时采取措施防止损失的扩大；没有及时采取措施致使损失扩大的，无权就扩大的损失要求赔偿。"其中，"没有及时采取措施致使损失扩大的，无权就扩大的损失要求赔偿"，也意味着由于债权人的过错造成的损失债务人不负责赔偿。《合同法》第 119 条承继了这一规定。

债权人的过错包括故意和过失两种形式。因债权人的故意致使合同不能履行或不适当履行的，债务人当然不承担违约责任，而应由债权人自己承担合同不履行的后果。按照法律规定，债权人对违约的发生虽无故意而有过失时，债务人也不承担违约责任。债权人过错这一免责条件的主要理论依据，是履行障碍的风险由造成障碍者承担的思想。就是说，债权人制造了履行障碍，即债权人因其过错致使债务人履行不了合同，因而应由债权人自食其果。①

四、法律规定的其他免责事由

法律规定的其他免责事由，主要是对某类合同的违约责任所作出的特别规定。包括：

（一）因货物本身的自然性质或者合理损耗而造成的损害

《合同法》第 311 条规定，承运人对运输过程中货物的毁损、灭失承担损害赔偿责

---

① 参见崔建远主编：《合同法》，法律出版社 2007 年版，第 291 页。

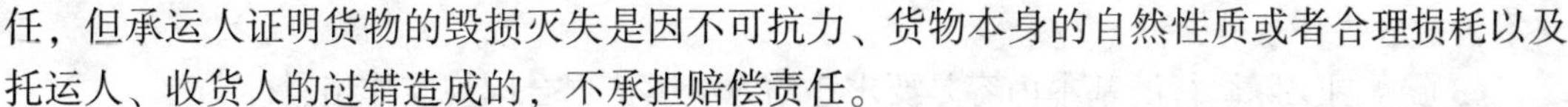

任，但承运人证明货物的毁损灭失是因不可抗力、货物本身的自然性质或者合理损耗以及托运人、收货人的过错造成的，不承担赔偿责任。

（二）因仓储物的性质、包装不符合约定或者超过有效储存期造成仓储物变质、损坏的

《合同法》第394条规定，因仓储物的性质、包装不符合约定或者超过有效储存期造成仓储物变质、损坏的，保管人不承担赔偿责任。

第四节 违约责任的形式

一、继续履行

（一）继续履行的概念

继续履行，又叫强制履行或强制实际履行或特定履行，是指当合同当事人一方不履行合同义务或履行合同义务不符合约定时，违约方应当承担的按合同的约定履行合同的责任。

在违约责任制度上，我国《合同法》首先在归责原则上改变了原有合同法中过错原则和无过错原则并存的状况，统一为严格责任。其次，在违约责任的承担方式上，原有的合同法有的强调实际履行，有的强调损害赔偿，《合同法》第107条作了将强制实际履行和赔偿损害两种方式并列并可由当事人选择采用的规定。

前已述及，对于是否将强制实际履行作为一般的责任承担方式，两大法系的理论和立法并不统一。我国《合同法》将强制实际履行作为违约责任的承担方式，主要的原因在于，我国的市场经济尚不够发达，一些生产经营者由于合同得不到履行而未获得标的，尤其是作为买卖合同标的的特定物并非都能从市场上得到满足，如果没有强制实际履行这种违约责任，可能不利于受损害方当事人的正常经营。但是在市场经济条件下，如果任何条件下都要求实际履行，就可能是苛刻的或者不必要的，因此，法律又提供了赔偿损失的违约责任方式供当事人在两者之间进行选择，并对强制实际履行方式进行了一定的限制（《合同法》第107条），防止对强制实际履行的不合理的选择与滥用。

（二）继续履行的特点

（1）强制实际履行是一种违约后的补救措施。强制实际履行虽然是合同履行的继续，仍然是履行原合同债务，但它与一般的履行合同债务的行为不同：一是强制实际履行的时间晚于履行合同债务的时间；二是作为法律规定的承担违约责任的方式，强制实际履行比正常的合同履行增加了一层国家强制，在违约方过错违约的情况下，多了一层道德和法律对过错违约的否定性评价。

（2）请求强制实际履行是受害方的一种权利。强制实际履行作为一种违约后的补救措施意味着：在一方违反合同后，另一方有权要求违约方继续履行合同，也有权要求其承担支付违约金和损害赔偿等责任。是否请求实际履行是非违约方的一项权利。在学理上，常常将修理、重做、更换作为实际履行的具体形式，因为采取这些补救措施也是使违约方实际履行。但《合同法》第107条将继续履行与这些补救方式区别开来，表明实际履行

并不包括这些补救措施。

(3) 强制实际履行的基本内容是要求违约方继续依据合同规定作出履行。

(4) 强制实际履行可以与违约金、损害赔偿和定金责任并用，但不能与解除合同的方式并用。因为解除合同旨在使合同关系消灭。债务人不再负担债务，所以合同解除是与实际履行对立的补救方式。

(三) 强制实际履行的适用条件

1. 必须要有违约行为

强制实际履行的首要条件就是必须要有违约方的违约行为。如果没有违约方的违约行为发生，那么此时仅为债务履行问题，债权人有履行请求权，债务人有履行债务的义务，尚属依合同约定履行债务阶段，还谈不上强制实际履行的问题。违约行为包括拒绝履行、履行不能、不适当履行和迟延履行，迟延履行又包括债权人迟延与债务人迟延。在上述的违约形态中，履行不能不发生强制实际履行的问题。

2. 须有守约方请求违约方继续履行合同义务的请求，并且必须在合理的期限内提出

请求违约方继续履行是守约方的一种权利。首先，如果守约方不请求违约方继续履行而是行使合同解除权将合同解除，便不可能成立强制履行责任。其次，强制实际履行须守约方选择，如果守约方不选择强制实际履行，法院不能依职权代替当事人作出这种选择。再次，守约方要求违约方继续履行应当在合理期限内提出。否则，债权人丧失请求违约方继续履行的权利。《合同法》第 110 条要求债权人对非金钱债务的实际履行必须在合理期限内提出，是为了促使债权人及时行使权利，稳定当事人之间的关系，保护违约方的利益。

3. 须违约方能够继续履行合同

如果合同已经履行不能，则不适合强制实际履行。这一般是指标的全部不能和永久不能这两种情形，如果只是部分不能或者暂时不能，合同仍然存在继续履行的可能性，则可以适用继续履行。有些合同依其性质不适于强制实际履行如演出合同；有些合同强制实际履行代价成本太高，如为履行专门进口一台设备，其代价远远超过盈利。

(四) 强制实际履行与赔偿损失的关系

在我国《合同法》违约责任一章，并列地规定了强制实际履行、赔偿损失、违约金等责任方式。在它们之间，还不能以法律规定的先后次序而认为有适用上的先后顺序，实践中需要根据个案确定其适用顺序。强制实际履行和赔偿损失这两种违约责任，有时可以一并适用，有时不得同时主张。从理论上讲，赔偿损失具有“填补性赔偿”与“迟延性赔偿”两种类型。填补性赔偿具有代替实际履行的功效。因此，填补性赔偿与强制实际履行不能并用。迟延性赔偿，旨在填补受害人免受因迟延而实际遭受的损失，如利息损失，其与强制实际履行可以并存。《合同法》第 112 条规定的“违约方在履行义务或者采取补救措施后，对方还有其他损失的，应当赔偿损失”。

二、支付违约金

(一) 违约金的概念和特征

《合同法》第 114 条第 1 款规定：“当事人可以约定一方违约时应当根据违约情况向

对方支付一定数额的违约金，也可以约定因违约产生的损失赔偿的计算方法。”据此，违约金是指当事人在合同中约定的一方违反合同时应向对方支付的一定数额的款项。违约金具有如下特征：

1. 违约金主要是由当事人协商预先确定的

《合同法》第114条第1款关于“当事人可以约定一方违约时应当根据违约情况向对方支付一定数额的违约金”的规定明确了违约金是由当事人双方约定的。根据合同自由原则，约定违约金是当事人双方所应当享有的合同自由，明确违约金主要由当事人约定是合同法尊重当事人合同自由的表现。明确违约金主要是由当事人约定的意义在于：第一，违约金由当事人约定，表明违约金必须有当事人双方的合意才能成立，这既强调了违约金的补偿性，也充分表现了当事人的意思自治。第二，按照约定优先的原则，当违约金与法定的损害赔偿并存时，首先应当支付违约金。第三，违约金作为当事人约定的合同条款可以由当事人意思决定违约金条款的法律地位。违约金条款的法律地位，是合同法上的一个比较重要的问题。对此，有一体说和从合同说两种观点。一体说认为，违约金约定只是合同的一个条款而已，它只是合同整体的一个组成部分。从合同说认为，违约金约定虽然经常与合同其他条款共同存在于一个合同文本中，但这种约定与合同主要义务并不相同，其本质只是担保合同主义务履行的一个担保条款。将违约金约定视为从合同，即意味着违约金约定是附生效条件的协议，在违约后，违约金条款始生效力。这有利于从法理上解释合同解除后违约金约定仍然有效的观点。如果采取一体说，则一旦合同解除违约金的约定也随之解除，自然失去效力。本书认为，违约金从合同说的意义在于为将违约金条款与合同其他部分区分对待提供了思维工具。但违约金既然是由当事人约定的，那么违约金条款的地位也应取决于当事人的意思。

2. 违约金的数额是预先确定的

违约金的数额是当事人在合同中预先确定的。违约金数额的预先确定性决定了违约金具有损害赔偿所不可替代的作用。首先，违约金作为违约以后对于损失的补偿，非常简便迅速，免去了受害方在另一方违约以后就实际损失所负的举证责任。同时也省去了法院和仲裁机关在计算实际损失方面的麻烦。其次，违约金还具有限制当事人风险和责任的功能。由于违约金数额是预先确定的，可以把风险和责任限制在预先确定的范围内，从而有利于当事人在订约时计算风险和成本，合理确定未来的利益，这也有利于鼓励交易。再次，由于违约金的数额是预先确定的，能使债务人预先了解不履行合同的责任范围，因此它与损害赔偿和其他补救方式相比较，更能够起到督促当事人按合同约定履约合同义务的作用。从这个意义上讲，违约金具有担保合同债务履行的作用。

3. 违约金的支付是一种民事责任

违约金的支付是债务人不履行合同债务所承担的责任。由于违约金具有强制债务履行的作用，故有人把违约金视为一种担保方式。所谓的担保，是依法律规定或者当事人约定，为保证债务的履行，债权的实现所采取的法律措施。合同的担保有一般担保和特殊担保之分。合同的一般担保，是指债务人以其全部的财产作为其履行债务的总担保，在不履行债务时，以其全部的财产承担责任。合同的一般担保不是特别针对某一项合同债务的履行，而是面向债务人的全部合同债务，是合同债务的法律效力的自然结果。合同的特殊担保，是指以特定人的一般财产或者一般人的特定财产所设立的确保债权实现和债务履行的担保。违约金究竟属于债的担保措施还是属于不履行合同债务所产生的民事责任取决于法律的规定。根据我国《合同法》第 114 条的规定，违约金是指当事人在合同中约定的一方违反合同时应向对方支付的一定数额的款项。在立法体例上，《合同法》第 114 条位于《合同法》总则第七章违约责任中，属于违约责任的一种。从内容上看，根据《合同法》第 114 条，当债务人不履行合同债务时，债务人须按照合同约定向债权人支付一定的款项。如果债务人有多项合同债务，违约金债务与其他合同债务相比并不具有优先受偿的效力。多个债权人只能依平等地位从债务人的财产中受偿。如果债务人的全部财产不足以或者不能清偿债务时，违约金就起不到保障债权的作用。因此，违约金虽然针对合同债务而设，目的为了确保债的履行，貌似债的特殊担保，但实质上，违约金之债的责任财产仍是债权人的一般财产，而不是债权人的某项特定财产。违约金和其他的财产性质的合同责任一样，只不过是实现债的一般担保的特定方式。在大陆法系民法中，如果存在把违约金作为合同之债的担保的观念，那也应当指的是债的一般担保，而不是债的特殊担保。例如《法国民法典》第 1226 条虽然规定："违约金条款是指，契约的一方当事人，为确保履行契约，承诺在契约不履行之场合，支付一定数额的违约金的条款"，但在立法体例上，违约金被作为"附违约处罚的债"列入债务的种类中。在英美法中违约金也只是对违反契约的补偿，是损害赔偿金的一种。

（二）违约金的性质

1. 违约金性质的立法例

关于违约金的性质，各国法律的规定不尽相同。在大陆法系中，以违约金是否排斥强制实际履行或赔偿损失为标准，可以将违约金分为赔偿性违约金和惩罚性违约金。赔偿性违约金是指：在违约行为发生后，债权人只能请求支付违约金，而不能请求强制实际履行或赔偿损失。如《法国民法典》第 1226 条首先规定："违约金条款是指，契约的一方当事人，为确保履行契约，承诺在契约不履行之场合，支付一定数额的违约金的条款。"接着该法典第 1229 条又进一步规定："违约金条款是对债权人因主债务不履行所受到的损害赔偿的补偿。"可见，法国法上的违约金具有预定的损害赔偿的性质。并且，在诉讼过程中，对于违约金条款，法官可以运用司法权力进行审查和评价，在必要时，可依法予以变更。1975 年 7 月 9 日编入《法国民法典》的民法典第 1152 条第 2 款规定："赔偿数额明显过高或者过低时，法官得减少或增加原约定的赔偿数额。"从而更凸显了违约金的赔偿性。惩罚性违约金是指：在违约行为发生后，债权人除请求支付违约金外，还可以请求强制实际履行或赔偿损失。例如《德国民法典》第 340 条第 1 项规定：如债务人约定，在不履行其债务时须支付违约金者，债权人得请求支付违约金以代替请求给付；在债权人向债务人请求支付违约金时，不得同时请求履行给付。这里规定的违约金，属于赔偿性质的违约金；第 341 条第 1 项规定：如债务人约定，不依据适当方式履行其债务，特别是不按规定期限履行其债务，须支付违约金者，债权人除请求履行给付外并得请求支付违约金。这里规定的违约金，属于惩罚性质的违约金。在英美法系中，违约金的性质主要在于补偿而不在于惩罚。英美合同法允许合同当事人约定在债务人不履行合同时向债权人支付一定数额的款项，即违约金。这种违约金只是作为对可能发生的损失的一种补偿，其性质是对损害赔偿的预定。如果当事人约定的数额过分高于实际损失，这种约定就具有了惩罚性。法律将不予强制执行。英美法仅承认违约金的赔偿性的根据在于：一方当事人无权对另一方实行惩罚。①

2. 我国《合同法》的违约金的性质

根据我国《合同法》的规定，违约金首先具有赔偿性。该法第 114 条第 2 款规定："约定的违约金低于造成的损失的，当事人可以请求人民法院或者仲裁机构予以增加；约定的违约金过分高于造成的损失，当事人可以请求人民法院或者仲裁机构予以适当减少。"可见，约定的违约金数额应当与违约所造成的实际损失大体相当，不能过高或过低。在这种情况下，违约金就具有了预定损害赔偿金的性质。其次，在个别情形下，违约金也具有惩罚性。《合同法》第 114 条第 3 款规定："当事人就迟延履行约定违约金的，违约方支付违约金后，还应当履行债务。"这一规定的意义在于，在迟延履行的情况下，违约金责任可以与继续履行责任并用，即债务人除支付违约金外，还应当承担继续履行的责任。在这种情况下，违约金就具有了与大陆法系中惩罚性违约金相同的性质，即迟延履行的违约金具有惩罚性。

(三) 违约金的种类

违约金根据不同的标准可以有不同的分类。常见的分类主要有以下几种：

1. 根据违约金设立的根据，违约金可分为法定违约金、约定违约金

法定违约金是指由法律直接规定了违约的情况和应支付的违约金数额的违约金。对于法定违约金，即使当事人在合同中没有约定，只要当事人一方发生有关法律中规定的违约情况，违约方就应该按照法律规定的数额向对方支付违约金。法定违约金是计划经济的产物，各国较少有法定违约金的规定。我国在《合同法》颁布之前，采用了法定违约金的制度，奉行法定违约金优先于约定违约金的制度，不允许当事人自由约定违约金。但这一制度过于僵化，违反了当事人意思自治原则，也影响了市场经济的理性发育，因此，我国《合同法》原则上采取了约定违约金制度，只在个别情况下采取法定的违约金。

约定违约金是指完全由当事人双方自行约定的违约金。对于约定的违约金，如果当事人在合同中没有约定，则不能要求违约方支付，约定违约金可以排除法定违约金的适用，即当事人有约定的，应当按照约定对违约方科处违约金；但当事人无关于违约金的约定时，则适用法定违约金。

2. 根据违约金的性质，违约金可分为惩罚性违约金和赔偿性违约金

惩罚性违约金具有惩罚性质。适用惩罚性违约金时，违约方不仅应按约定支付违约金，而且还应赔偿违约所造成的损失或继续履行债务。

赔偿性违约金是具有预定赔偿性质的违约金。适用赔偿性违约金，在一方违反合同时，不管给对方造成的损失情况如何，违约方均应向对方支付约定或规定数额的违约金，违约方在支付违约金后不再赔偿对方的损失。

3. 根据违约形态，违约金可以分为不履行违约金、逾期履行违约金和瑕疵履行违约金

① 参见王利明：《违约责任论》，中国政法大学出版社 1996 年版，第 478 页。

根据合同履行情况规定不同种类的违约金，具有一定的合理性。不履行违约金，是指当事人未履行合同义务时应当承担的违约金。这种违约金一般是按照合同标的额的一定比例计算。当合同部分未履行时，按未履行的部分比例计算。逾期履行违约金，是指当事人未按约定期限履行合同义务情况下应当承担的违约金。逾期履行的违约金一般是按迟延的天数计算的违约金。瑕疵履行违约金，是指当事人未按照合同约定的质量履行合同义务的情况下应当承担的违约金。瑕疵履行的违约金不能与实际履行并用，因为被违约人接受了履行，并从违约金中得到了损失补偿。

（四）支付违约金的条件

支付违约金是违反合同的当事人一方承担违约责任。适用这种责任形式，除须具备违约行为外，还须具备以下两个条件：

1. 合同中须有关于违约金的约定

我国《合同法》原则上采约定违约金制度。因此，违约金的支付，以有违约金的约定为条件。如果当事人在合同中没有预先约定违约金，则违约方不能承担支付违约金的违约责任。对于当事人约定的违约金，只有在当事人关于违约金的约定有效时，才能适用支付违约金的责任。约定违约金的效力取决于主合同义务的效力。主合同义务无效，关于违约金的协议条款也就当然无效；主合同义务免除的，支付违约金的责任也就免除。但主合同义务解除的，不能免除债务人支付违约金的责任。相反，当事人关于违约金的约定不能影响主合同义务的效力。当事人没有约定违约金或者约定的违约金无效时。并不影响主合同的效力，主合同依然有效，不过违反合同的当事人不承担支付违约金的责任，而应以其他方式承担违约责任。

2. 违约方的违约行为属于应支付违约金的情形

只有在违约方的违约行为属于应支付违约金的情形的情况下，才能支付违约金。如违约方的违约行为不属于双方约定的应当支付违约金的情况，则违约方不承担支付违约金的违约责任。例如，双方约定，如迟延交付商品一天，应交付违约金若干。债务人未迟延交付但有其他不适当履行合同的违约行为，则不能让违约方承担支付违约金的责任。

（五）违约金与赔偿金

违约金与赔偿金都是违反合同的债务人一方应向对方支付的款项，二者既有联系又有区别。二者的联系在于：违约金具有预定赔偿金的性质。依合同法规定，当事人约定违约金数额时，可以将将来违反合同可能造成的损失估计在内。当事人约定的违约金过高或过低时，人民法院或仲裁机构可以酌情减增。二者的区别在于：（1）作用不同。违约金责任由于是事先约定的，从一般担保意义上说，违约金有一定担保作用。这种担保作用表现为它的直观威慑力，当事人从合同订立时起就清楚不履行合同的后果，支付违约金的压力会刺激当事人自觉履行合同；而赔偿金不同，它并不是当事人一开始就十分清楚的，因而只是具有补偿性，而不起担保作用。（2）二者的确定时间不同。违约金是事先约定的，而赔偿金是一方违反合同后才确定的。如果当事人没有在合同中约定违约金，只是在违反合同后当事人协商由违约方支付给对方一定款项，这笔款项属于赔偿金，而不属于违约金。(3) 二者成立条件不同。支付违约金只须发生合同中约定的或法律规定的违反合同的事项即可，不需要另证明损失的存在；而支付赔偿金，债权人必须证明损失的存在和确定损失额。所以，双方约定违约金可以免去一方违反合同后证明损失和计算损失额的困难。

(六) 违约金与定金的关系

定金和违约金都是一方应支付给对方的一定数额的款项，都有担保当事人履行合同的作用。违约金与定金的关系主要体现在两个方面：

1. 违约金与定金能否并用

对于违约金与定金能否并用，《合同法》第116条作了明确规定："当事人既约定违约金，又约定定金的，一方违约时，对方可以选择适用违约金或者定金条款。"《合同法》之所以这样规定，是因为如果允许守约方并用违约金和定金条款，其一是对补偿守约方遭受的损失并无必要，其二是违约金与定金并用，其数额可能远远高于因违约所造成的损失，既加重了对违约方的惩罚，也可能使守约方获得的补偿高于其所受的损失，这与合同的公平原则相悖。

2. 违约金与定金的区别

违约金与定金的区别主要表现在以下几个方面：(1) 二者给付的时间不同。定金须于合同履行前交付，而违约金只能在发生违约行为以后交付。(2) 二者的作用不同。定金有证约和预先给付的作用，而违约金却没有证约和预先给付的作用。(3) 二者的主要效力不同。定金主要具有担保效力，是合同担保（特殊担保）的一种方式；而违约金虽也有担保（一般担保）作用，但主要是违反合同的违约责任形式。(4) 二者设立的根据不同。定金一般是约定的，而违约金原则上是约定的，但个别情况下也可以法定；并且定金常确定为一固定金额，而违约金常是确定一定的比例。

三、赔偿损失

(一) 赔偿损失的概念和特征

赔偿损失，在此处指违约损害赔偿，是指债务人不履行合同债务或履行合同债务不符合约定，给债权人造成损害时，依照法律或依据合同应承担的赔偿债权人损失的责任。

违约损害赔偿具有如下特征：

1. 违约损害赔偿是债务人违反合同义务所产生的一种责任

违约损害赔偿是债务人违反合同义务所产生的一种责任。这意味着：第一，合同关系存在是违约责任存在的前提。合同不成立、合同无效或被撤销，由此造成的对另一方当事人的损害能够发生缔约过失责任，而不能够发生违约责任。没有合同关系的任意的行为人之间违反法律义务而造成对方财产和人身损害的，不发生违约责任，只发生侵权责任。第二，违约损害赔偿之债是原合同债务的转化形态。当债务人违约而使债权人遭受损害时，当事人之间的原合同债务就转化为了违约损害赔偿之债。违约损害赔偿之债和原合同债务的区别是：原合同债务是因当事人之间的合意产生的，权利义务内容是事先规定的；而损害赔偿之债是因为债务不履行而依照国家法律规定或当事人的约定而产生的债务人应承担的责任。

2. 违约损害赔偿具有补偿性，一般不具有惩罚性

违约损害赔偿的目的主要是为了弥补或填补债权人因违约行为所遭受的损害。因此，

在一般的情况下，损害赔偿的确定以实际发生的损失为限。《合同法》第 113 条规定："当事人一方不履行合同义务或者履行义务不符合约定，给对方造成损失的，损失赔偿额应当相当于因违约所造成的损失，包括合同履行后可以获得的利益，但不得超过违反合同一方订立合同时预见到或者应当预见到的因违反合同可能造成的损失。"在个别的情况下，赔偿损失也具有惩罚性。例如《消费者权益保护法》中规定的惩罚性赔偿，就体现出了赔偿损失的惩罚性。

3. 违约损害赔偿的确定方式具有双重性

赔偿损失的确定方式就是赔偿损失的数额和范围的确定方式。《合同法》确定了两种方式：一是法定的确定方式，即按照法律规定的方式确定赔偿损失的数额。即《合同法》第 113 条所规定的方式。二是约定方式，即合同当事人在合同中约定的损害赔偿额的计算方法。《合同法》第 114 条第 1 款规定："当事人可以约定一方违约时应当根据违约情况向对方支付一定数额的违约金，也可以约定因违约产生的损失赔偿额的计算方法。"关于赔偿损失的这两种确定方法的效力，约定的确定方式效力高于法定的确定方式，有约定，按约定。没有约定，才适用法定。

（二）赔偿损失的适用条件

违反合同的赔偿损失，作为违约责任的一种，其构成要件应当包括以下几点：违约行为、受害人受有损害、违约行为与损害之间有因果关系、违约人没有免责事由。违约行为及免责事由，前面已作过论述，以下仅就受害人受有损害与违约行为与损害之间具有因果关系的问题加以论述。

1. 受害人受有损害

什么是损害？理论上存在不同的看法，并形成了两种有代表性的观点：一种观点认为，损害是指财产或法益所遭受的不利益的状态。这种观点被称为利益说或差额说，该说认为，损害就是指被害人对该特定损害事实的利害关系，也就是说，因为某项特定事实的发生使其丧失了一定的利益，事实发生后的利益状态与事实发生前的利益状态的差额，即是受害人所遭受的损害。这一观点由德国学者麦蒙森（Mommson）在 1855 年提出，后被德国学说和判例所采纳，并对大陆法系损害赔偿理论产生了重大影响。麦蒙森的这一学说为损害赔偿提供了一个客观的标准，即根据事实未发生和事实发生后的财产状况进行比较确定损害数额，如果两种财产状况相比较没有差额则意味着不存在损害。该说在实质上是以被害人总财产的变动来衡量损害是否存在以及损害的大小，损害事故本身所造成的"损害"并无独立的地位。另一种观点即组织说，该说又包括真实损害说、直接损害说等不同的见解。真实损害说认为，损害是法律主体因其财产的构成成分被剥夺或毁损或身体受伤害所受的不利益；直接损害说认为，损害是交易上以金钱取得或出售的财物所受的损害。①

在我国学者中，对于违约责任的损害也存在不同的认识。这种认识的不同首先体现在对损害性质的界定，即违约损害是仅指财产损害，还是也包括非财产的损害？多数学者认

① 真实损害说和直接损害说的观点参见郭明瑞、房绍坤：《新合同法原理》，中国人民大学出版社 2000 年版，第 379 页。目前，在德国、法国、瑞士等国的民法上，利益说为通说。

为，违约损害赔偿中的损害仅限于财产上的损害。① 近年来，我国有学者认为，我们应突破原有成见，在学说上承认对违约场合非财产上损害的赔偿，并进而在理论上对其谋求正当化和系统化。② 其次还涉及对财产损害的范围和内容的界定等问题。本书认为，对损害的界定需要全面分析我国《合同法》与司法实践中对损害这一概念界定和运用情况，具体包括以下三个问题：

（1）财产上的损害与非财产上的损害。

从一般意义上而言，损害包括财产上的损害和非财产上的损害。

财产上的损害，是指于赔偿权利人财产上所发生的损害。从理论上讲，财产上的损害不仅包括积极损害，也包括消极损害。所谓积极损害，即既存财产或生活利益之减少，例如为履约已交付的货物和所支出的合理费用。所谓消极损害，即妨害既存财产或生活利益的增加，即应取得及可预期之利益的丧失。例如，因对方履行可以实现或得到的利益。在理论上，积极损害即所受损害；消极损害即所失利益。我国《合同法》也认可了积极损害和消极损害的区分，该法第 113 条第 1 款规定，"当事人一方不履行合同或者履行合同不符合约定，给对方造成损失的，损失赔偿额应当相当于因违约所造成的损失，包括合同履行后可以获得的利益，但不得违反合同一方订立合同时预见到或者应当预见到的因违反合同可能造成的损失"。

非财产上的损害，是指因对于生命、身体、自由、名誉等的侵害所产生的损害。非财产损害包括人身损害与人格损害。人身损害即自然人的身体、健康乃至生命所遭受的损害。人身受到损害既包括上述权益受到损害所支出的医疗费的财产损害；又包括上述权益受到侵害所产生的精神损害。人格损害即民事主体的姓名、肖像、名誉以及荣誉等所受的损害。这两种损害均得依侵权行为法赔偿。对于民事主体因违约人身权益受侵害所遭受的直接财产损害，如医疗费，根据《合同法》第 113 条的规定，当然应予赔偿。但关于精神损害是否应承担违约责任，观点不一，大多数的立场是对此持慎重态度，因为这类损害十分主观，又无市场价值；此外，也有非财产之法益（如人格权、名誉等）被过度"商业化"而漫无边际，以致无法控制的危险。③ 从国外情况看，法国、德国、日本、瑞士等国的判例及学说均承认违约的非财产损害；英、美等国家也在一定情况下承认违约的非财产损害赔偿。④《国际商事合同通则》第 742 条也承认了违约的非财产损害。该条规定："1）受损害方当事人对由于不履行而遭受的损害有权得到完全赔偿。此损害既包括该方当事人遭受的任何损失，也包括其被剥夺的任何收益，但应考虑受损害方当事人由于避免发生的成本或损害而得到的任何收益；2）此损害可以是非金钱性质的，例如包括肉体或精神上的痛苦。"我国《合同法》没有规定违约的非财产损害赔偿。但在司法实践中，有

---

① 参见王利明：《违约责任论》，中国政法大学出版社 1996 年版，第 398 页。郭明瑞、房绍坤：《新合同法原理》，中国人民大学出版社 2000 年版，第 380 ~ 381 页。余延满：《合同法原论》，武汉大学出版社 1999 年版，第 546 页。

② 参见韩世远：《非财产上损害与合同责任》，载《法学》1998 年第 6 期。崔建远主编：《合同法》，法律出版社 2007 年版，第 311 页。

③ 参见马维麟：《损害赔偿法之原理》，载《法学丛刊》1996 年第 161 期，第 42 页。

④ 参见韩世远：《违约损害赔偿研究》，法律出版社 1999 年版，第 38 ~ 41 页。

的判决也应该说承认了债务不履行时的非财产损害赔偿。① 也有学者认为，《合同法》虽然没有明确使用非财产损害或者精神损害的用语，但有的条文规定已为此留有解释余地(参见第 112 条)。②

（2）履行利益、信赖利益。

履行利益，是指合同有效成立，债权人就其获得债务履行所存在的利益。如买卖合同订立后，出卖人履行合同，买受人可获得的利益。履行利益实质是合同履行的可得利益。属于我国《合同法》赔偿的内容（第 113 条）。

信赖利益，是指信赖无效之合同有效，而蒙受的不利益。如为履行合同付出的准备费用等。信赖利益的赔偿属于缔约过失责任的范畴。

（3）直接损害与间接损害。

关于直接损害与间接损害的区别，在传统民法理论上观点各异。③ 但在我国学说上，直接损害和间接损害是最为常见的一种分类，其具体含义多被等同于所受损失和所失利益。④

从对损害所做的上述分析中可知，我国《合同法》在对损害的性质界定上主要是将损害界定在财产损害的范围内，但立法并没有明确否认非财产损害，而且司法实践也在一定程度上承认了财产损害；对于损害的范围，我国《合同法》将其界定为直接损失和可得利益损失。因此，对损害的界定既要涵盖这些立法内容，又要与立法精神契合。因此，本书采利益说，对损害做概括式定义：损害是指财产或法益所遭受的不利益的状态。

2. 受害人所受的损害与违约行为之间具有因果关系

对于损害赔偿之债，因果关系的判断有两个功能：其一是确定损害赔偿之债是否成立。即违法行为与损害之间有因果关系，损害赔偿才能成立。其二是决定损害赔偿的范围，即必须与行为具有因果关系的损害，方为赔偿范围之损害。

在法律上，在什么样的情形下才可认定违约行为与损害事实之间存在因果关系，早期曾有学者提出过条件说。条件说认为，一损害可能由数因素所共同或同时造成。该数因素，依条件说，通称为条件，以一切条件作为损害后果的原因。也就是说，导致损害后果的一切条件都与损害后果之间存在因果关系。条件说曾在法国盛行一时，但近年来已被遗弃，代之以原因说、相当因果关系说和预见说。原因说认为原因条件与损害结果有因果关系；至于何为原因条件，其中有学说认为最有力的条件就是原因，有认为必备的条件就是原因，有认为最后的条件就是原因。相当因果关系说主要用于侵权行为领域，由德国弗莱

① 参见《艾新民诉青山殡仪馆丢失寄存的骨灰损害赔偿纠纷案》，载《人民法院案例选》（总第 5 辑），人民法院出版社 1993 年版，第 83～86 页。《马立涛诉鞍山市铁东区服务公司梦真美容院美容损害赔偿纠纷案》，载《人民法院案例选》（总第 7 辑），人民法院出版社 1994 年版，第 89～90 页；《肖青、刘华伟诉国营旭光彩色扩印服务部丢失交付冲印的结婚活动照胶卷赔偿纠纷案》，载《人民法院案例选》（总第 11 辑），人民法院出版社 1994 年版；《王青云诉美洋达摄影有限公司丢失其送扩的父母生前照片赔偿案》，载《人民法院案例选》（总第 26 辑），人民法院出版社 1996 年版。

② 参见崔建远主编：《合同法》，法律出版社 2007 年版，第 311 页。

③ 参见崔建远主编：《合同法》，法律出版社 2007 年版，第 312 页。

④ 参见崔建远主编：《合同法》，法律出版社 2007 年版，第 312 页。

堡大学教授 Johamn von Kries 提出的并被作为权威学说，被判例直接采用。相当因果关系说认为，行为在一般情形下，以一般事理之常所不计入之情况下始足以导发损害者，行为与损害有因果关系。① 预见说主张损害赔偿之范围，以损害义务人缔约时预见之范围为范围。预见说主要偏重于实现因果关系的决定损害赔偿范围之功能。预见说发迹于法国民法(法国民法第 1150 条、第 1151 条)，影响及英国普通法。对于以上诸种学说，学者认为，“条件说下之因果关系，漫无界限，相当因果关系说之因果关系，有失入之嫌。至预见说下之因果关系，松弛欠严密。各种主要学说，均无能力充当界定因果关系之标准”。② 至此英法之学者渐以因果关系为不解之课题，探索之热情消退。但长于理论思维的德国学者却在此时提出了一个新的学说：法规目的说。

法规目的说认为，认定因果关系之有无，惟依法规之意旨与目的探讨之。该说为 Ernst Rabel 所创。他主张，因侵权行为所生之赔偿责任，应就侵权行为法规之意义与目的探究之，尤其探讨其意旨究在保护何种利益；违反契约之赔偿责任，则应同时顾及契约本身之旨趣。③ “法规目的说现似已替代相当因果关系说，新近德国联邦法院亦从此说。”④ 法规目的说“形式上仍以因果关系充当衡量行为与损害关系之特定标准，实际上则以法规之内容与目的决定因果关系之有无，其情形与舍弃因果关系之特定标准径以法规之内容与目的衡量行为与损害的关系无异”。⑤ 法规目的说的合理之处在于：“1. 将因果关系予以虚化而达返璞归真：因果关系之学说甚多，却也无一精确。以抽象不确定之标准，徒增问题之复杂性，对于问题之解决并无助益。行为人就其行为所引发的损害是否应负责任，基本上即为法律问题，循依有关法律规定探究之，乃理所当然之事。因果关系如此虚化之结果，可以将无具体合理答案之因果关系学说争论置之不顾，使问题回归就法论法之单纯层次。2. 义务与行为处于平衡状态：（1）契约关系中，契约如合法成立生效，即为当事人间之规范。双方当事人之权利义务依契约内容而定。契约不被履行时，违约一方应负损害赔偿责任，其责任之限度即在于填补他方因契约不履行所生之损害，以至于如同其契约已履行然。故损害赔偿实为契约债务之化身，而其大小亦应与契约债务相同……（2）至于侵权行为案件，原与违约案件立于对称地位。其所以不同者，乃在于违约案件中所违反之义务为对于特定人之义务，其义务根源于契约；后者对于一般人之义务，其义务根源即法规。违约案件损害赔偿之责任，即系由契约内容决定之，侵权案件损害赔偿之责任，亦应探讨被违反法规之意义与目的决定之。”⑥

我国学者近年来从西方法学理论中引入了因果关系两分法。⑦ 该理论认为，对被告的行为（或应由其负责的事件）在法律上不得被作为造成原告损害的一个“原因”，除非事先已将其确认为损害发生的一个“条件”。由此引发两个方面的考察，第一个方面，意在

① 参见曾世雄：《损害赔偿法原理》，中国政法大学出版社 2001 年版，第 98 页。

② 参见曾世雄：《损害赔偿法原理》，中国政法大学出版社 2001 年版，第 112 页。

③ 参见曾世雄：《损害赔偿法原理》，中国政法大学出版社 2001 年版，第 113 页。

④ 参见曾世雄：《损害赔偿法原理》，中国政法大学出版社 2001 年版，第 113 页。

⑤ 参见曾世雄：《损害赔偿法原理》，中国政法大学出版社 2001 年版，第 113 页。

⑥ 参见曾世雄：《损害赔偿法原理》，中国政法大学出版社 2001 年版，第 114 ~ 115 页。

⑦ 参见崔建远主编：《合同法》，法律出版社 2007 年版，第 313 ~ 314 页。

确定被告的行为在带给原告的损害上是否发挥了某些作用；由于这方面的考察，主要是专注于发现事实究竟是什么，这方面的讨论多冠以“事实上的原因”（cause in fact）、“自然科学的原因”（scientific cause）等。第二个方面的考察是基于如下信念：并非所有的“条件”均能够（或应当）在法律上作为损害发生的原因。“在变化多端的事态网中，法律需抽取一些相关的结果，并非基于纯粹的逻辑，只不过是出于实践原因。”① 法律上的选择如何作出，对此虽存有不少理论分歧，但可被普遍接受的看法是，这主要是一个法律政策问题。该理论将因果关系分为两种：事实因果关系和法律因果关系。事实因果关系解决的是责任是否成立的问题，是一个定性的问题；法律因果关系，解决的是责任的范围问题，是一个定量的问题。所谓的事实因果关系，指被告的（被评价为合同不履行或侵权行为）行为事实与被评价为（被请求赔偿的）损害的事实之间存在非此即彼的条件（*conditio sine qua non*）关系。检验两个事实之间是否存在事实因果关系，最基本的方法是必要条件规则，或称“要是没有”检验法（the “but for” test）。必要条件规则，在拉丁文中表达为 *conditio sine qua non*，指的是一种“无彼即无此”的关系，如若没有义务违反，损害就不会发生，则义务之违反就是损害发生的原因。必要条件规则在具体操作上有剔除法和代换法两种更为具体的方法。剔除法的检验方法是，如果没有被告的行为，原告的损害还会发生吗？如肯定，则被告的行为并非造成损害的原因。这种检验的最大优点在于，它能够将不相关的因素排除在因果关系讨论的范围之外。剔除法对于积极行为（作为）比较合适，但对于消极行为（不作为）并不适宜。代换法正是为了弥补这种缺陷而提出来的，其具体操作方法是，假设在其他条件不变的情况下，如果被告合理合法地作为，情况会怎样？如果损害还会发生则被告的不作为就不是损害发生的原因；反之则是。因果关系两分法目前被我国许多教科书所推崇。②

本书认为，因果关系两分法与法规目的说的相同之处在于，都把法律上的因果关系的判定看作是一个法律政策问题。通过此，因果关系的判断被虚化。但其不同之处在于因果关系两分法对事实上的因果关系的判断所提出的一套具有一定操作性的规则。法规目的说强调在因果关系的认定上要探讨法规的目的及旨趣。但无论具有何种旨趣的法律在适用时，都首先面临一个事实认定问题。从这个意义上来讲，因果关系两分法似乎更胜一筹。

（三）违约损害赔偿责任范围

财产上损害赔偿范围大致分为三类：（1）约定赔偿范围，即当事人意思表示一致而约定的赔偿范围。（2）一般法定的赔偿范围，即依法律之一般规定确定的赔偿范围。（3）特殊法定赔偿范围，即法律针对特殊关系所设的特别规定确定的赔偿范围。我们在这里主要探讨的是一般的法定赔偿范围的确定规则。无论是法规目的说还是因果关系两分法都把法律上的因果关系的认定看做是法律政策的问题，或者说是一个法律价值判断问题。从法律政策的角度对因果关系做出判断从而确定损害赔偿的范围是确定因果关系的功能之一。

① 转引自崔建远主编：《合同法》，法律出版社 2007 年版，第 313 页。

② 参见崔建远主编：《合同法》，法律出版社 2007 年版，第 313 ~ 314 页，郭明瑞、房绍坤：《新合同法原理》，中国人民大学出版社 2000 年版，第 382 ~ 384 页等。

但是，在具体确定损害赔偿范围时，抽象的法律价值判断尚需法律将其具体为一定的规则。一般来讲，在违约责任中，适用赔偿损失的责任形式，应当遵循完全赔偿、合理预见、减轻损失、损益相抵、过失相抵等规则。

1. 完全赔偿规则

完全赔偿原则是指违约方应当对受害人所遭受的全部损失承担赔偿责任。《合同法》第 113 条规定："当事人一方不履行合同义务或者履行义务不符合约定，给对方造成损失的，损失赔偿额应当相当于因违约所造成的损失，包括合同履行后可以获得的利益。"这一规定确立了我国合同法的完全赔偿原则。完全赔偿的范围包括实际损失和可得利益损失。对此，我国学者又称为直接损失和间接损失、积极损失和消极损失、所得损害和所失利益。实际损失是指债权人因违约行为而造成的现有财产的毁损、减少、灭失等；可得利益损失是指因当事人的一方违反合同造成的债权本来可以得到的利益而未能得到所受的损失。

对违约造成的损害采完全赔偿原则，即不仅赔偿实际损失，而且赔偿可得利益损失是世界各国立法普遍采取的原则。《法国民法典》第 1149 条规定："对债权人应当给予的损害赔偿，一般来说，为债权人受到的损失以及被剥夺的可得利益。"法国民法学说认为，该条款不仅反映了法国合同法中的完全赔偿原则，而且确定了法国合同法中关于实际损失和间接损失的基本分类。所谓实际损失，有时也称为积极损失，是指既有财产或既存利益因违约行为而减少；所谓间接损失，有时也被称为消极损失，是指本来可以获得的利益因违约而未获得。《德国民法典》的规定与法国类似，该法典第 252 条规定，应赔偿的损失也包括所失利益，并同时将该所失利益解释为依事物通常进行，或依特殊情况，特别是依已采取的措施或准备，可以取得的预期的利益。《联合国国际货物销售合同公约》第 74 条规定："一方当事人违反合同应负的损害赔偿额，应与另一方当事人因他违反合同而遭受的包括利润在内的损失额相等……"即损害赔偿金数额应相当于受损害方因对方违约所遭受的实际损失加上他依据合同可预期获得的利润。《国际商事合同通则》第 742 条规定：受损害方当事人对由于不履行而遭受的损害有权获得完全赔偿。此损害既包括该方当事人遭受的任何损失，也包括其被剥夺的任何收益，但应考虑到受损方当事人由于避免发生的成本或损害而得到的任何收益。这些规定都是对完全赔偿规则的立法表述。

完全赔偿规则并不是绝对的，它的适用也有一定的限制。例如，在法律规定了赔偿限额时，完全赔偿原则只能在法律规定的赔偿限额内适用。同时，完全赔偿规则还应受合理预见等规则的限制。如《最高人民法院关于审理买卖合同纠纷案件适用法律问题的解释》((法释〔2012〕7 号,2012 年 3 月 31 日最高人民法院审判委员会第 1545 次会议通过)(以下简称《法释〔2012〕7 号》)第 29 条规定，买卖合同当事人一方违约造成对方损失，对方主张赔偿可得利益损失的，人民法院应当根据当事人的主张，依据合同法第 113 条、第 119 条、本解释第 30 条、第 31 条等规定进行认定。合同法 113 条是关于合理预见规则的规定，合同法第 119 条是关于减轻损失规则的规定，而该解释第 30 条是关于与有过失的规定，第 31 条是关于损益相抵的规定。可见，完全赔偿规则不是绝对的，是受到一定限制的。

2. 合理预见规则

合理预见规则又称为预见规则、可能预见规则，是指违反合同当事人承担的赔偿责任的范围，应以订立合同时当事人应当预见的损失为限度。合理预见规则早在《法国民法典》中就有规定，该法第1150条规定："如债务人的未履行并非因债务人的诈欺时，债务人仅就订立契约时所预见或可预见的损害负赔偿的责任。"《德国民法典》也表达了这一规则（第252条）。在英美法系，法院在判决违反合同的损害赔偿时，必须服从间接规则（rule of remoteness）的要求。所谓间接规则，是指对于违反合同而造成的损失，如果太间接则不予赔偿。该规则是为了避免原告将附带的损失扩大得太远，从而给被告施加不合理的负担。一方当事人的违约行为，往往会引起一系列连锁反应和损失，这就需要一个截止点，超出这个点以后发生的事情，就被认为与最初违反合同的联系太远而不能予以赔偿。间接规则所体现的要求就是合理预见规则。美国《统一商法典》第2-715条规定了这一规则。《美国合同法重述》第2版第351条更明确地规定了这一规则。此外，《联合国国际货物销售合同公约》第74条规定了相同的规则。我国在原《涉外经济合同法》第19条、《技术合同法》第17条第2款中就已确定了合理预见规则，即"当事人一方违反合同的赔偿责任，应当相当于另一方因此所受到的损失，但是不得超过违反合同一方订立合同时预见到或者应当预见到的因违反合同可能造成的损失"。《合同法》第113条规定："当事人一方不履行合同义务或者履行义务不符合约定，给对方造成损失的，损失赔偿额应当相当于因违约所造成的损失，包括合同履行后可以获得的利益，但不得超过违反合同一方订立合同时预见到或者应当预见到的因违反合同可能造成的损失。"

在适用合理预见规则时，应如何确定损害是违反合同的一方应当预见到的呢？对此，理论上有主观标准说、客观标准说和主客观标准结合说三种不同的学说。主观标准说认为，确定损害是否应当预见，应以违约方的主观预见能力为标准。若违约方实际预见到该损害，则为应当预见的损害；若违约方实际上未能预见到该损害，则为不应当预见到的损害。客观标准说主张，确定损害是否为应当预见的，应当以社会一般人的认识能力为标准。只要该损害为社会一般人所能够预见到的，就为应当预见到的损害，不问违约人是否能实际预见到。主客观标准的结合说认为，在确定损害时，既要考虑违约当事人订立合同时的实际认识能力，也要考虑社会一般人于同样情况下的认识能力。因为损害是否为违约方订立合同时能够预见的损害，涉及当事人双方的举证责任。如损害为一般人于同等条件下能够预见到的，应视为也是违反合同当事人在订立合同时应当预见到的损害；若违反合同的一方主张自己的认识能力低于社会公众的一般认识能力，在订立合同时不能预见到该损害，则应由违反合同的当事人负举证责任；如损害为一般人于同等条件下不能预见到的，应视为是违反合同当事人一方在订立合同时不应当预见到的损害，若债权人一方主张损害为违反合同的一方能够预见的，违约方有较社会公众的一般预见能力高的认识能力，则应由债权人一方负举证责任。① 本书赞成最后一种观点。

3. 减轻损失规则

减轻损失规则简称减损规则，又可称为扩大损失规则，是指在违约发生后，对因债权

① 参见郭明瑞、房绍坤：《新合同法原理》，中国人民大学出版社2000年版，第386页。

人未采取合理措施避免或减轻损失而扩大的损害，违约方不承担赔偿责任。减轻损失规则实际包含三层含义：第一，被告违反合同造成的损失中，只要是原告可以采取合理的措施避免的损失，原告就不能获得赔偿，不管原告实际上是否采取了合理的步骤避免或者减轻损失。第二，如果原告事实上已经采取行动避免或者减轻了被告违反合同后发生的损失，那么原告也不能获得这些损失的赔偿。第三，原告在采取合理步骤减轻损失的过程中发生的进一步损失或者费用，可以从被告那里获得补偿。减轻损失规则为各国的立法和判例所承认和采纳。《联合国国际货物销售合同公约》第77条规定，受损害方当事人“必须根据情况采取合理措施，减轻由于另一方当事人违反合同而引起的损失”。《国际商事合同通则》第748条规定：“不履行方当事人对于受损害方当事人所蒙受的本来可以采取合理措施减少的那部分损害，不承担责任；受损害方当事人有权对试图减少损害而发生的一切合理费用要求赔偿。”我国《民法通则》第114条规定：“当事人一方因另一方违反合同受到损失的，应当及时采取措施防止损失的扩大；没有及时采取措施致使损失扩大的，无权就扩大的损失要求赔偿。”《合同法》第119条规定：“当事人一方违约后，对方应当采取适当的措施防止损失的扩大；没有采取适当措施致使损失扩大，不得就扩大的损失要求赔偿。当事人因防止损失扩大而支出的合理费用，由违约方承担。”从文义上看，我国法律并没有要求受害人在对方违约以后，采取积极措施减轻损害，而仅要求其防止损害扩大。即我国立法仅要求其维持损害现状而不要求其减少损害，改变现状。但事实上防止损害扩大与减轻损害的义务只是表述的方式不同，其实质并无区别。一方面，在损害已经发生的情况下，受害人能够减轻损失而不减轻损失，就意味着在扩大损害；另一方面，防止损害扩大，并不仅仅是维持损害的现状。在损害已经发生的情况下，采取措施减少已经发生的损害，正是在防止损失扩大。因此，《民法通则》第114条和《合同法》第119条就是我国关于减损规则的立法确认规定。

适用减轻损失规则，须具备以下条件：第一，须债务人一方已违反合同。债务人一方已违反合同，指违反合同是因债务人一方的原因发生的，债权人的行为并非是促成违反合同发生的原因。若债权人的行为也为造成违反合同的原因，则应适用过失相抵规则，而不适用减轻损失规则。第二，须债权人一方应及时采取措施。债权人一方应及时采取措施，是指债权人一方有及时采取措施的义务，如无采取措施的义务则不必采取措施。债权人有无采取措施的义务应视法律规定、交易观念和社会公德的要求而定。例如，债务人交付不合格的货物，债权人以货物不合格为由拒收的，应对拒收的货物妥善保管。而若债务人与债权人为一地，债权人于债务人交付时即以不合格为由拒收，债务人将货物弃之而离去，则不能谓债权人应采取保管措施。第三，须债权人能够及时采取措施而没有采取，即债权人在未及时采取措施上是有过错的，若债权人虽应当及时采取措施但在客观上不能及时采取措施，则债权人在未及时采取措施上是无过错的。这种情况下，不能适用减轻损失规则。第四，须扩大的损失与债权人未及时采取措施之间有因果关系。若“扩大的损失”不是债权人未及时采取措施造成的，则不能视为扩大的损失，不能适用减轻损失规则。

4. 损益相抵规则

损益相抵规则又称为损益同销规则，是指债权人基于损失发生的同一赔偿原因而受有利益时，其所能请求的赔偿数额应为从损失额中扣减其所受利益的差额。也就是说，依损益相抵规则，违反合同的债务人一方仅就债权人因此所受的损失与所受利益之间的差额承担赔偿责任。假定甲委托乙代为出售股票，乙未按照甲的要求及时售出，结果遭遇股价大跌；后遇股价回升，甲的损失减少了一些。根据损益相抵规则，乙因违反委托合同而应承担的赔偿范围为甲所受损失与其所获得的利益的差额。《法释〔2012〕7号》第31条规定："买卖合同当事人一方因对方违约而获有利益，违约方主张从损失赔偿额中扣除该部分利益的，人民法院应予支持。"这一规定承认了违约责任中的损益相抵规则。

损益相抵规则属于赔偿责任范围的确定问题，并不是两个债权的相互抵消，因此不适用债的抵消规则。损益相抵规则的目的在于计算出违约所造成的实际的真实的损失，而非减轻违约方应承担的责任。损益相抵规则的法理依据在于：赔偿责任制度的目的是补偿受害人因违约而遭受的损失，而不是使受害人因此而获得不当得利。

适用损益相抵规则必须具备以下要件：

第一，违约行为发生以后，受害人不仅遭受了损害，而且获得了一定的利益。可以从损失中扣除的利益既包括积极利益，也包括消极利益。可以从损失中扣除的利益，还必须与债权人所损失的利益不是同一种类的。例如，承租人将出租人的房屋全部毁损的，出租人虽然丧失对房屋的所有权，但因出卖残存的房料所得的利益就可以按损益相抵原则从房屋总价值损失中扣除。然而，如果房屋部分毁损，则不能从房屋全部毁损的总价值损失中扣除未损部分房屋的价值，因为在此情形下，不发生债权人所得的利益，而是产生的房屋价格的减少，因此，不能适用损益相抵规则。

第二，损失与利益应是基于同一违约行为所产生的，获得利益与违反合同的行为有因果关系。如何确定违约行为与所获利益的因果关系。立法和学说有不同的观点：（1）损益同源说。该说认为，损益必须同源，即只有在利益与损害直接因同一违约行为产生时，才能相抵。(2)"相当因果关系说"，该说认为，只要损失与利益是基于同一违约行为所产生的，即可适用损益相抵，至于是否基于同一事实发生损失，则在所不问。损失与利益可以是同一违约行为的直接结果，也可以是同一违约行为的间接结果。或者一个为直接结果，另一个为间接结果。如已承诺为陆上运输的承运人，违约而为海上运送，因船舶沉没而造成承运的货物灭失时，则因海上运输所节省的运费，应由承运人的赔偿金额中扣除。在这个案件中，导致节省运费这种利益的原因是海上运输，而造成承运货物损失的原因则为船舶沉没，利益与损失的发生的事实不同。德国和我国台湾的民法采相当因果关系说。(3)英美合同法采取"近因关系"说，认为能够扣除的利益必须是因违约行为的结果而产生的利益，不是违约直接结果的间接的利益，不能从损失中扣除，因为这样的利益与违约行为之间不存在法律认可的因果关系。(4)"法规意旨说"，即探索法规意旨，决定因果关系的有无。本书认为，在损益相抵的因果关系判断问题上存在两个层次的问题：第一个层次的问题是事实上的因果关系判断问题；损益同源说、相当因果关系说、近因说都可以为这一层次的判断提供判断标准，这些标准可以综合运用，以判断损益在事实上属于何种层次的因果关系。第二个层次是法律上的因果关系问题，这一层次的因果关系判断，应在事实上的因果关系判断的基础上，探求法规意旨以决定之。

5. 过失相抵规则

过失相抵或者混合过错，是指受害方对损害的发生或扩大也有过失，也称互有过失或者与有过失。在过失相抵的情形下，可以减轻或免除违约方的赔偿责任的规则。过失相抵是基于公平原则及诚实信用原则而来：赔偿义务人之所以应负赔偿责任，系因其对于损害之发生或扩大有过失，如果赔偿权利人对于损害之发生或扩大亦有过失，自不应使赔偿义务人负全部损害之责，否则，即等于将自己之过失所引发之损害转嫁于赔偿义务人。① 因此，"所谓过失相抵，不过为形容之语。其实为就义务者之过失或权利者之过失，两相较量，以定责任之有无及其范围，并非两者相互抵消"。② 我国《民法通则》第 131 条规定："受害人对于损害的发生也有过错的，可以减轻侵害人的民事责任。"《合同法》第 120 条规定："当事人双方都违反合同的，应当各自承担相应的责任。"在侵权责任中适用过失相抵并无异议，在违约责任中能够适用过失相抵存在不同看法，有学者认为这两个条文仅是针对双方违约进行的规定，而与过失相抵没有任何关系。③ 也有学者认为，我国《合同法》第 120 条含有过失相抵的内容。④ 本书认为，上述法律规定究竟是对双方违约的规定还是过失相抵的规定，需要先分析双方违约与过失相抵的关系。双方违约是指双方当事人分别违背了自己的合同义务。在严格责任的归责原则下，并不是说当事人没有过错，而是承担违约责任无需考虑过错的存在。双方违约包括如下几种情况：双方都无过错；双方都有过错；一方有过错，一方无过错。在双方都有过错的情况下，如果同时符合过失相抵的其他要件，就存在过失相抵的适用。所以，双方违约不仅包含过失相抵的情形，也包含双方都无过错以及一方有过错、一方无过错从而不适用过失相抵的情形，也包含双方都无过错以及一方有过错、一方无过错从而不适用过失相抵的情形。由此可见，我国《民法通则》第 113 条规定的过失相抵也可以适用于双方违约中皆有过错的情形。而《合同法》第 120 条针对双方违约的情形进行的规定，也应该包含过失相抵的情形。《法释〔2012〕7 号》第 30 条规定："买卖合同当事人一方违约造成对方损失，对方对损失的发生也有过错，违约方主张扣减相应的损失赔偿额的，人民法院应予支持。"明确了过失相抵规则。此外，我国的一些特别法中存在过失相抵规则的规定。例如，《民用航空法》第 127 中规定：在旅客、行李运输过程中，经承运人证明，损失是由索赔人的过错造成或者促成的，应当根据造成或促成此种损失的过错程度，相应免除或者减轻承运人的责任；在货物运输过程中，经承运人证明，损失是由索赔人过错造成或者促成的，应当根据造成或促成此种损失的过错程度，相应免除或减轻承运人的责任。

过失相抵须具备以下构成要件：

第一，须债权人有过错。

债权人的行为虽是损害发生的共同原因，如果他没有过错，仍不得减免债务人的责任。债权人的过错包括故意和过失两种形态。债权人过错既包括债权人自身的过错，也包括债权人的使用人、代理人和由其指定的履行合同的第三人的过错，例如债权人住所变更而未及时通知债务人，为债权人自身有过错。债权人指定的接受债务人履行的第三人因疏忽而未及时验收债务人交付的标的物时，该第三人有过错；在这种情况下，也视为债权人有过错。

① 参见曾世雄：《损害赔偿法原理》，中国政法大学出版社 2001 年版，第 259 页。

② 史尚宽：《债法总论》，中国政法大学出版社 2000 年版，第 303 页。

③ 参见郭明瑞、记绍坤：《新合同法原理》，中国人民大学出版社 2000 年版，第 392 页。

④ 参见崔建远：《合同法》（第二版），北京大学出版社 2013 年版，第 116 页。

第二，须债权人的过错行为促成损害的发生或者扩大。

只有在债权人的过错行为与债务人的违约行为共同为违约所造成的损害的原因时，才能适用过失相抵规则。如果债权人的过错行为与债务人的违约行为各自造成不同的损害，则不适用过失相抵规则。至于债权人的过错行为与债务人违约行为是同时发生的，还是先后发生的，则不影响与有过失规则的适用。

（四）损失赔偿额的计算

1. 具体计算方法和抽象计算方法

在违约损害赔偿计算时，当事人对违约损害赔偿的计算方法有约定的按约定的方法计算，没有约定的即发生法定的损害赔偿。在适用法定损害赔偿的情况下，对损失赔偿额的计算有具体计算方法和抽象计算方法两种。

具体计算方法又称为主观计算方法，是指根据受害人具体遭受的损失、支出的费用来计算赔偿额的方法。《国际商事合同通则》第745条规定："受损害方当事人已终止合同并在合理时间内以合理方式进行了替代交易的情况下，该方当事人可对原合同价格与替代交易价格之间的差额以及任何进一步的损害要求赔偿。"这里所规定的就是具体的计算的方法。抽象计算方法又称为客观计算方法，是指按照当时社会一般情况而确定赔偿额的计算方法。《国际商事合同通则》第746条规定："在受损害方当事人已终止合同但未进行替代交易的情况下，如果对于合同约定的履行存在时价，则该方当事人可对合同价格与合同终止时的时价之间的差额以及任何进一步的损害要求赔偿。时价是指合同应当履行的地点，对应交付之货物或就提供之服务在可比情况下通常所收取的价格，或者如果该地无时价，时价为可合理参照的另一地的时价。"这里所规定就是抽象计算方法。上述两种计算方法的主要区别在于，是否将受害方的主观因素加以考虑。具体计算方法旨在恢复权利人实际遭受的全部损失，它着眼于具体的实际情况，也就是以合同未违反情况下非违约方所应得到的全部利益为其损害额。抽象计算方法不注重非违约方的特定损失，但却要给当事人以一个合理的赔偿。如在出卖人拒不交货的情况下，原合同定价每公斤10元，买受人与第三人订立转售合同中定价为每公斤13元，履行期到来时，履行地价格为每公斤15元。若按主观计算方法，就要计算非违约方因合同不履行而遭受的实际损害，即为每公斤损失3元。按照客观计算方法，就要计算非违约方因合同不履行在一般情况下所受的损害，那么就应该是每公斤5元。

在我国，具体计算方法和抽象计算方法应如何适用，学者间存在不同意见。第一种观点认为，抽象计算方法的普遍适用应该说是以市场以及市场价格的存在为基础的。加之，抽象计算方法具有方便快捷、避免举证繁琐的特点，因此抽象计算方法有广泛的适用基础。不过，虽然抽象计算方法代表着违约赔偿计算的发展趋势，但具体计算方法依然有存在的必要。在具体操作上，一方面，应当允许当事人选择计算方法；另一方面，可以适当赋予法官某些裁量权。① 崔建远也赞成这一观点。② 第二种观点认为，具体计算方法与抽象方法各有其存在的价值，都可以作为计算损失赔偿额的标准。在不同的条件下，根据不

---

① 参见韩世远：《违约损害赔偿研究》，法律出版社1999年版，第444~446页。

② 参见崔建远主编：《合同法》，法律出版社2007年版，第330~332页。

同的情况，可以适用不同的计算方法。同时，也应允许受害人选择适用计算方法。① 本书对第一种观点表示赞同。

2. 损害赔偿计算的标准时间

从损害发生时起到受害方最终得到赔偿止，可能要经历很长时间，而在此时间内，由于社会经济状况、物价水平、货币价格等都可能会发生变化。因此，计算受害方的赔偿额必须有一个时间界点。这一界点，就是赔偿损失算定的标准时。关于赔偿损失算定的标准时，各国判例、学说存在不同，一般可以有四种选择：缔约日、违约日、裁判日、违约和裁判之间的某一时日。例如，在英美法上，违约赔偿算定的标准时通常为违约时，适用"违约时规则"。但是如果适用"违约时规则"会对原告造成不公平时，法院得基于其裁量权以裁判日或者违约和裁判之间的其他时日作为标准判决赔偿。在日本法上，判例存在着损害原因发生标准时说、履行期标准时说，口头辩论终结时说、折中综合判断说等不同主张。② 在我国，学者们对赔偿损失额算定的标准时主要有一元说和多元说两种不同的观点。一元说是指以某种特定的时间点为标准的学说。例如主张原则上应以非违约方知道违约的时间的价格计算。多元说认为，任何一种计算标准时的方法都不可能尽善尽美地适用于任何场合，由此决定计算标准时必然是多种多样的，具体应由债权人作出选择。③ 本书认为，赔偿损失算定的标准时，首先应以当事人的约定或法律的规定为准。例如，根据《合同法》第312条规定：在货物运输过程中，没有约定或者约定不明确，当事人又达不成协议，按照合同有关条款或交易习惯也不能确定的，按照交付或者应当交付时货物到达地的市场价格计算。在法律没有规定的情况下，根据违约损害赔偿额的完全赔偿规则的要求，赔偿损失算定的标准时，应以有利于债权人为出发点。因此，标准时点的界定不应以某一固定的时间为标准，应允许债权人选择。

3. 损害赔偿额计算的具体公式

在前述的违约损害赔偿范围确定的规则中，《合同法》第113条第1款规定的"损失赔偿额应当相当于因违约所造成的损失，包括合同履行后可以获得的利益"的完全赔偿原则，是确定损害赔偿的一项基本原则，这一原则确定了违约损害赔偿的基本内容和范围：即损失赔偿额相当于受损害方的直接损失和可得利益损失。《合同法》第113条第1款但书所确立的合理预见原则，划定了损害赔偿额的外部界限，即损害赔偿额不得超过违反合同一方订立合同时预见到或者应当预见到的因违反合同可能造成的损失。减损规则、损益相抵规则和与有过失规则是基于法律规定和公平原则与诚实信用原则对赔偿范围的细化和限制，根据上述原则，损害赔偿额的计算公式是：

损害赔偿额=直接损失+可得利益损失−可避免的损失−因违约而取得的利益−因受害人过失而产生或扩大的损失

4. 根据银行贷款利率计算的方法

《法释〔2012〕7号》第24条第4款规定："买卖合同没有约定逾期付款违约金或者

① 参见郭明瑞、房绍坤：《新合同法原理》，中国人民大学出版社2000年版，第396页。

② 参见韩世远：《违约损害赔偿研究》，法律出版社1999年版，第454～464页。

③ 参见崔建远主编：《合同法》，法律出版社2007年版，第332～333页。

该违约金的计算方法，出卖人以买受人违约为由主张赔偿逾期付款损失的，人民法院可以中国人民银行同期同类人民币贷款基准利率为基础，参照逾期罚息利率标准计算。”

四、采取补救措施

补救措施有广义与狭义之分。从广义上讲，补救措施是违反合同的债务人所承担违约责任的具体方式。英美法系国家通常都是从广义上理解补救措施的；从狭义上讲，补救措施是与继续履行、赔偿损失等并列的一种违约责任形式。我国《合同法》将继续履行、采取补救措施、赔偿损失并列规定，这表明，在我国的违约责任制度中，补救措施是一种单独的违约责任形式。因此，所谓补救措施，是指矫正合同不适当履行的责任形式。

《合同法》第111条规定：“质量不符合约定的，应当按照当事人的约定承担违约责任。对违约责任没有约定或者约定不明确，依照本法第61条的规定仍不能确定的，受损方根据标的的性质以及损失的大小，可以采取合理选择要求对方承担修理、更换、重做、退货、减少价款或者报酬等违约责任。”这里所规定的是质量不适当履行的补救措施，具体包括修理、更换、重做、退货、减少价款或者报酬等。但是作为违约责任的补救措施并不限于此。在数量、地点、方式等不适当履行时，也存在补救措施问题。例如，履行数量不足的情况下，债权人可以要求债务人补足数量；履行地点不正确的，债权人可以要求按照正确的地点履行等。

第五节 违约责任与侵权责任的竞合

一、责任竞合概述

（一）法规竞合

法规竞合也称法律要件竞合或法条竞合，指同一事实同时符合数种法律规范的法律要件的情形。对法规竞合可以从各个角度切入：1. 从其所涉类型来看，法规竞合分为两种类型。（1）累积性法规聚合。指竞合产生的法律效果，有不同的性质和目的，并且彼此不矛盾可以并存。如结婚同时符合数规范之法律要件，产生数不同性质、目的的婚姻权利义务。此种情形，原则上所有竞合规范都予适用，各项法律效果同时发生（数权利同时行使，数义务同时履行）。再如驾车撞人致死，一方面构成刑事责任；一方面构成民事责任。这两种责任在目的作用等方面均有差异，但两者互不排斥，均可适用。此外，还有民事责任聚合现象，即行为人实施的违法行为符合多种民事责任的构成要件，从而导致多种民事责任和责任方式的成立，各种民事责任方式可以并存，如《合同法》第112条规定：“当事人一方不履行合同义务或者履行合同义务不符合约定的，在履行义务或者采取补救措施后，对方还有其他损失的，应当赔偿损失。”该条规定了实际履行的责任形式和赔偿责任的形式的并用。（2）非累积性法规竞合，即为狭义的法规竞合。具体包括：①冲突性法规竞合，也称法律冲突。指竞合产生的法律效果，有不同目的、性质，并互相矛盾。如《民法通则》对产品质量不合格但未声明者诉讼时效为1年（第136条），但《产品质量法》第33条规定产品责任诉讼时效为2年。这两个法律规定的诉讼时效存在冲突之处，其解决的原则有二：特别法优于普通法；新法优于旧法。②选择性法规竞合。竞合产生的法律效果，目的及性质各异，但依其性质和特点或法律要求只可选择其一适用，如债务人违约时，债权人不能同时选择解除合同和继续履行。选择了解除合同，就不能够要求继续履行。③限制性法规竞合。竞合产生的法律效果，依其作用，均可达到相同的目的，即性质不同，但目的相同。此种情形法律效果之实现（权利行使、义务履行）应以一重满足为限，即受目的满足限制，故称限制性法规竞合。① 2. 从法规竞合所涉及的法律部门来看，法规竞合有时发生在不同的法律部门，如驾车撞人致死所发生刑事责任和民事责任涉及刑事法律和民事法律。法规竞合有时也发生在同一法律领域，如民事责任的聚合。

（二）民事责任的竞合

民事责任的竞合与民事责任的聚合不同，指的是狭义的法规竞合，即同一违法行为虽然符合多种民事责任的构成要件，可以成立几种民事责任，各种民事责任性质不同，但目的相同，受害人只能选择其一而请求。违约责任和侵权责任的竞合是民事责任竞合的一种最常见的形式，违约责任与侵权责任的竞合是指行为人实施的某一违法行为，违反了合同规范和侵权规范，同时具备了违约责任的要件和侵权责任的要件，导致违约责任与侵权责任同时产生的一种法律现象。由于这两种责任都以赔偿损失为内容，因此，债权人不能双重请求，只能主张其一，这是民事责任的补偿性质决定的。否则，受害人将会获得不当得利。对此，我国《合同法》第 122 条做了明确规定。

二、违约责任与侵权责任竞合的几个问题

（一）违约责任与侵权责任的区别

违约责任作为一种常见的民事责任，与侵权责任共同构成民事责任的基本组成部分。违约责任与侵权责任虽然都为损害他人权益而承担的民事责任，但二者存在多方面的差异：

1. 二者保护的权利性质和责任的基础不同

违约责任保护的是合同当事人以合同设定的权利即合同债权，债权在性质上属于相对权；而侵权责任是行为人侵犯他人合同债权以外的人身权益和财产权益应当承担的民事责任。这些权益主要是物权、知识产权和人身权等绝对权。因此，违约责任的发生基础是当事人之间的合法有效的合同关系，是合同债务人违反了合同约定的义务；而侵权责任在其发生之前，责任人和受害人之间并不存在债权债务关系。只因侵权行为的发生导致侵权责任的成立，才在当事人之间引起债权债务关系。侵权责任发生的基础实际上是违反了法定的“不得侵犯公民、法人的合法民事权益”的不作为的义务。

2. 二者的责任性质与承担责任人不同

违约责任既可以是一种约定责任也可以是一种法定的责任。这表现在合同当事人可以约定违反合同义务的责任。合同当事人既可以约定承担责任的情况，也可以约定不承担责任的情况；既可以约定承担责任的范围，也可以约定承担责任的方式；既可以约定赔偿损失的金额；也可以约定损失金额的计算方法。当然，当事人的约定不得违反法律规定。只

① 关于法规竞合的理论参见龙卫球：《民法总论》，中国法制出版社 2001 年版，第 151 ~ 152 页。

有在当事人对上述事项没有约定，或者当事人的约定不符合法律规定，被认定无效或被撤销时，才依照法律规定承担责任。而侵权的民事责任，当事人一般不得事先约定，即使约定也是无效的。由于违约责任可以是约定责任，其成立以有效的合同为基础，因而无行为能力人、限制行为能力人一般不能成为违约责任的主体，但无行为能力人、限制行为能力人在一定的情况下，可以成为侵权责任的主体。

3. 二者责任的承担方式不同

违约责任主要是一种财产责任，承担责任的方式有继续履行、违约金、赔偿损失和其他补救方式。侵权责任既可以是财产责任，也可以是非财产责任。非财产责任主要指消除影响、恢复名誉、赔礼道歉等方式。就财产责任而言，违约责任与侵权责任也有不同。对于侵权行为，不能适用支付违约金的方式承担责任；对于违约行为，一般不能适用恢复原状等方式承担责任。

4. 二者的构成要件和举证责任不同

首先，是否需要过错要件和举证责任不同。《合同法》采取了严格责任原则，只要没有免责事由，违约方就要承担违约责任。而对于侵权责任，《侵权责任法》上有过错责任和无过错责任两类。一般来讲，侵权责任属于过错责任，无过错责任有产品责任、危险责任、环境污染责任、饲养动物致人损害责任、监护人对无行为能力人或限制行为能力人致人损害的责任、紧急避险场合的无过错责任等。

其次，是否需要损害要件不尽相同。通常情况下，只有存在损害后果才能构成侵权。违约责任的成立则不一定以损害为要件。如违约金责任、强制履行责任等均不以损害为构成要件。

再次，举证责任不同。对于违约责任，由于采严格责任原则，债权人只需举证债务人债务不履行，无须举证债务人有过错。至于债务人是否有免责事由，举证责任在债务人。在侵权责任，如果是过错责任，由受害人承担责任证明加害人有过错，个别责任属于过错推定，如《侵权责任法》第85条规定的搁置物、悬挂物致人损害责任是所有人或者管理人的民事责任。在违约责任中，债权人要举证损害的存在。

5. 二者的赔偿范围不同

就违约损害的赔偿范围，《合同法》第113条第1款规定："当事人不履行合同义务或者履行义务不符合约定，给对方造成损失的，损失赔偿额应当相当于因违约造成的损失，包括合同履行后可以获得的利益，但不得超过违反合同一方订立合同时预见到或者应当预见到的因违反合同可能造成的损失。"除此之外，赔偿范围受到减轻损害规则（第119条）、双方违约及过失相抵规则（第120条）、当事人约定（第114条）和法律直接规定的限制（第311条）。对侵权损害的赔偿范围，《民法通则》第117条规定了侵害财产权的民事责任，包括返还财产、折价赔偿、恢复原状。赔偿的范围应当包括直接损失和间接损失。《侵权责任法》第16条规定了人身损害的赔偿范围。根据第16条规定："侵害他人造成人身损害的，应当赔偿医疗费、护理费、交通费等为治疗和康复支出的合理费用，以及因误工减少的收入。造成残疾的，还应当赔偿残疾生活辅助具费和残疾赔偿金。造成死亡的，还应当赔偿丧葬费和死亡赔偿金。"在侵害他人人身权益，造成他人严重精神损害的，根据《侵权责任法》第22条的规定，"被侵权人可以请求精神损害赔偿。"根据《最高人民法院关于适用〈中华人民共和国侵权责任法〉若干问题的通知》第4条规定："人民法院适用侵权责任法审理民事纠纷案件，如受害人有被抚养人的，应当依据《最高人民法院关于审理人身损害赔偿案件适用法律若干问题的解释》第二十八条的规定，将被抚养人生活费计入残疾赔偿金或死亡赔偿金。"在侵权责任的赔偿上，没有采用可预见性规则，但适用过失相抵的规则(《民法通则》第131条、《侵权责任法》第26条、第27条)。

6. 二者的诉讼时效不同

因为侵权行为而产生的侵权损害赔偿请求权，根据《民法通则》的规定，诉讼时效一般为两年(《民法通则》第135条)，因身体受到伤害而产生的请求权诉讼时效为1年(《民法通则》第136条)。因环境污染而产生的损害赔偿请求权诉讼时效为3年(《环境保护法》第42条)。

因违约而产生的违约责任请求权，一般根据《民法通则》第135条诉讼时效也是两年；但根据《民法通则》第136条第2款、第3款和第4款的规定。出售质量不合格的商品不声明、延付或者拒付租金、寄存财物被丢失或损毁，诉讼时效为1年。根据《产品质量法》第45条第1款的规定，因产品存在缺陷造成损害要求赔偿的诉讼时效为2年。根据《合同法》第129条规定，国际货物买卖合同和技术进出口合同争议提起诉讼或申请仲裁的诉讼时效为4年。

正因为违约责任与侵权责任的种种区别，因此，在违约责任与侵权责任竞合时，如何解决当事人的责任问题，是一个关乎当事人利益的重大的理论和实践问题。

（二）违约责任和侵权责任竞合的理论学说

关于违约责任与侵权责任的竞合，目前在国际上较为有影响的理论有三种：

1. 法条竞合说

法条竞合的概念最初由刑法学者提出，后来为德国和法国学者引用到民法领域。该理论认为，违约行为与侵权行为都是侵害他人权利的不法行为，两者在性质上是相同的，只是侵权行为违反的是权利不可侵犯的一般义务，而违约行为侵害的是基于合同产生的特别义务，因此，当一个违法行为具备侵权行为与违约行为的构成要件时，按照特别法优于普通法的原则，只能适用关于违约责任的规定，因而仅产生违约责任的请求权，受害人不能主张侵权行为请求权。这种学说虽然对迅速解决纠纷具有优越性，但也有明显的不足。一是忽略了二者之间的明显差别；二是与当代各国立法的实践不符；三是不利于保护当事人。在许多情况下，适用违约责任不如适用侵权责任对受害人有利，如因产品瑕疵造成受害人人身伤亡的情况下，适用违约责任就不能使受害人或其近亲属获得精神赔偿。因此，时至今日，已几乎无人赞成此学说了。法国的判例学说至今仍倾向法条竞合说。在日本学说上，此种法条竞合说也为许多学者所主张。①

2. 请求权竞合说

该说认为，一个违法行为同时具备侵权责任与违约责任的构成要件时，应当根据各自

① 参见崔建远主编：《合同法》，法律出版社2007年版，第301～303页。

的规范加以判断，因而产生的侵权行为的损害赔偿请求权与违约损害赔偿请求权可以并存，权利人可以选择其中一项请求权，也可以同时行使两种请求权。在德国和日本，此说为通说。

该学说又可分为两种学说：(1) 请求权自由竞合说。认为违约责任请求权和侵权责任请求权在成立要件、举证责任、赔偿范围、抵消、时效等各个方面，均就各个请求权独立判断。一个行为如果同时具备两个法律规定的要件时，同时产生两个独立的请求权。对于这两个独立的请求权，债权人可以合并或者择一行使，若其中一个请求权已达到目的而消灭时，则另一个请求权也因此而消灭。若其中一个请求权因已达到目的以外的原因而无法行使，如诉讼时效届满，另一个请求权仍然存在。由于这两个请求权独立存在，因而债权人对这两个请求权可分别处分，或者让与不同的人，或者自己保留其一而将另一个请求权让与他人。(2) 请求权相互影响说。该说认为，基于一个行为而产生的两个请求权并不是绝对独立的，而是相互影响相互作用的。合同法上的规定可以适用于因侵权行为而产生的请求权，反之亦然。如就损害赔偿而言，根据《德国民法典》的有关规定，伤害他人身体和健康者，受害人基于侵权行为而能主张较广泛的赔偿，此种范围同样适用于基于合同产生的请求权。这一学说的根本思想在于克服承认两个独立的请求权相互独立所发生的不协调或矛盾。

请求权竞合说对保护债权人十分有利，债权人可以选择请求权是这一学说的最大贡献。但这一学说过分强调保护债权人利益，而忽视了债务人的利益，没有考虑到对当事人的平等保护问题且易引起诉讼上的混乱与事实上的不合理。

3. 请求权规范竞合说

这一学说认为，一个行为符合违约行为和侵权行为两个要件时，并非产生两个独立的请求权，本质上只产生了一个请求权，但支持这一请求权的有两个法律基础，一为合同关系；一为侵权关系。但因请求权基础不同，举证责任也不同。如果某项请求权基于某项法律基础不成立，不能排除其他的法律基础成立的可能性。因此，在一个行为符合违约行为和侵权行为两个要件时，债权人可以按照对其有利的法律基础关系主张权利，以体现保护债权人利益原则。这实际上否定了请求权竞合的存在。因为只有一个请求权，就无所谓竞合问题。因此，这种学说并不利于保护债权人的利益。因为如果债权人仅享有一个请求权，而请求权在行使过程中，一旦法院判决其败诉则不得再依其他请求权而提起新的诉讼。

（三）各国法律对违约责任和侵权责任竞合的处理模式

各国的立法和判例并没有完全采纳上述各种学说。在处理违约责任和侵权责任竞合的问题上有三种模式：

1. 禁止竞合模式

禁止竞合制度以法国法为代表。法国民法认为，合同当事人不得将对方的违约行为视为侵权行为，只有在没有合同关系时才产生侵权责任，在违约场合只能寻求合同补救方法。法国最高法院一再宣称，侵权行为法规范不适用于合同履行中的过错行为，法国民法禁止竞合的原因主要在于，《法国民法典》关于侵权行为的规定比较笼统和概括，如果允许当事人选择请求权，那么许多违约行为均可作为侵权行为处理。

2. 允许竞合模式

允许竞合模式以德国法为代表。德国法认为，受害人基于双重的违法行为而产生两个请求权，受害人可以行使违约责任请求权，也可以行使侵权责任请求权，但不能使两个请求权都得到实现。德国帝国法院在一个判例中指出："判例法确认合同责任和侵权责任可以并存的观点……不侵犯他人人身的法定义务无处不在，并不取决于受害人和被告之间是否存在合同关系。因此，合同当事人和陌生的受害人一样受到民法典第 823 条的保护。"①

3. 有限制的选择诉讼制度

英国法原则上承认违约责任与侵权责任的竞合。英国法院在一项判例中指出："根据原告的选择，同一违法行为既可以成为合同之诉的诉因，也可以作为侵权之诉的诉因。尽管这两种诉讼形式所带来的后果可能并非完全一样，但如果认为这两种赔偿责任互相排斥则是错误的。"② 1844 年布朗案确立了这样的规则："凡是在当事人间订有合同的情况下，如果被告方的雇员在合同履行中造成侵权损害，则原告既可以诉请侵权赔偿，也可以诉请违约赔偿。"英国法处理责任竞合的原则是，解决责任竞合的制度只是某种诉讼制度，它主要涉及诉讼形式的选择权，而不涉及实体法上的请求权竞合问题。除此之外，英国法对于上述选择之诉还规定了一系列严格的限制条件。③

（四）我国《合同法》对违约责任与侵权责任竞合的规定和违约责任与侵权责任竞合的条件与表现

1. 我国《合同法》关于违约责任与侵权责任竞合的规定

违约责任与侵权责任在归责原则、举证责任、义务内容、构成要件、责任形式和责任范围等多方面存在差异，因此，主张何种权利对当事人利益影响很大。在涉及当事人如此重大的利益时，法律理应把选择的权利交给当事人。正是基于这一考虑，《合同法》第 122 条规定："因当事人一方的违约行为，侵害对方人身、财产权益的、受损害方有权选择依照本法要求其承担违约责任或者依照其他法律要求其承担侵权责任。"最高人民法院《关于适用〈中华人民共和国合同法〉若干问题的解释（一）》第 30 条规定："债权人依照合同法第 122 条向人民法院起诉时作出选择后，在一审开庭以前又变更诉讼请求的，人民法院应当准许。对方当事人提出管辖异议，经审查异议成立的，人民法院应当驳回起诉。"从上述规定看，当事人在违约之诉和侵权之诉之间，是有权选择的，但法律也没有排除当事人既提起侵权之诉，又提起违约之诉的可能性。

2. 违约责任与侵权责任竞合的条件和表现

（1）违约责任与侵权责任竞合，当事人之间必须有合同关系的存在。

显而易见，没有合同关系存在，就无从产生违约责任。没有违约责任，也就不可能发生违约责任与侵权责任的竞合问题。侵权责任和违约责任的竞合在任何合同关系中

① 转引自崔建远主编：《合同法》，法律出版社 2007 年版，第 303 页。

② 转引自马强：《债权法新问题与判解研究》，人民法院出版社 2002 年版，第 239 页。

③ 参见崔建远主编：《合同法》，法律出版社 2007 年版，第 301 ~ 303 页。

都可能发生，最常见的是下列几类合同：①买卖合同。当出卖人给付的物品有瑕疵时，出卖人的行为除构成违约责任外，还构成侵权责任。②赠与合同。赠与物因有瑕疵致受赠人损害的情形与买卖合同相类似，但赠与合同因是无偿合同，因此，在赠与人有故意或重大过失时才负赔偿责任。③租赁合同。就出租人而言，因租赁物瑕疵引起承租人损害的，构成违约和侵权；承租人过失毁损租赁物的，构成违约和侵权。④雇佣合同。受雇人在履行义务时应尽善良管理人的注意义务，受雇人因故意或重大过失造成雇佣人损害的，构成违约和侵权。⑤运输合同。在旅客运输中，因承运人的过失致旅客受到损害的，构成违约和侵权。

（2）违约责任与侵权责任的竞合，当事人一般有过错。

违约责任采严格归责原则，不以故意或过失为前提条件，在合同关系中，成立侵权责任一般需要过错的构成要件。在违约责任和侵权责任竞合的情况下，违约责任的过错和侵权责任的过错是同一的。但主张违约责任无需举证对方有过错；主张侵权责任需要主张对方有过错。

（3）违约责任与侵权责任的竞合，表现为受损害人请求权的竞合。

违约责任与侵权责任的竞合实质是同一违法行为既符合了违约责任的构成要件又符合侵权行为的构成要件，同时产生了违约损害赔偿请求权和侵权损害赔偿请求权。因此，违约责任与侵权责任的竞合，表现为受害人请求权的竞合。

（4）违约责任与侵权责任的竞合，要求有损害后果。

如果单独就违约责任看，违约责任的构成不以损害后果为要件；而构成侵权责任则要求有损害后果。因此，违约责任与侵权责任竞合必然存在损害后果。

（5）违约责任与侵权责任竞合时当事人违约行为一般表现为两种类型。

引起违约责任与侵权责任的竞合的违约行为通常有两种类型：一种是“侵权性违约”，即侵权行为直接构成违约的原因，如保管人非法使用寄存人的寄存物；另一种是“违约性的侵权”，即违约行为造成侵权的后果，如买卖电视机的合同，交付的电视机有瑕疵爆炸，导致合同相对人人身和财产受到损害。

◎ 思考题

1. 违约行为的概念和特征。
2. 违约行为具体有哪些类型？
3. 违约责任的概念和特征。
4. 《合同法》对违约责任采取了何种归责原则？其理由是什么？
5. 违约责任的免责事由的概念。
6. 简述我国《合同法》规定的违约责任的免责事由的种类。
7. 违约责任的承担形式有哪些？
8. 在司法实践中，如何确定违约责任的承担形式？
9. 什么是违约责任与侵权责任的竞合？违约责任与侵权责任的区别主要表现在哪些方面？

10. 根据我国《合同法》的规定，当责任竞合发生时，当事人应如何承担责任？

◎ 案例分析

某县华星苹果园基地（下称华星园）与某区吉利食品有限责任公司（下称吉利公司）于2009年7月7日签订买卖合同，合同主要约定：由华星园于2009年10月1日以前供给吉利公司由华星园所产的新苹果5万公斤，总计货款4万元，货到付款，如那一方违约则按未履行部分的5%支付违约金。在合同履行期限内，因华星园所产苹果均已出口国外，未履行与吉利公司所签合同。吉利公司在合同履行即将到期之时，便通知华星园在2009年10月15日前履行供货义务。华星园告知吉利公司新苹果已全部出口，无货可供，并自愿承担违约责任，吉利公司坚持要货而形成纠纷。吉利公司以华星园为被告于10月20日诉至法院，请求判令华星园支付违约金2 000元(40 000×5% =2 000元)，并继续履行合同。

根据上述案例，分析下列问题：

1. 本案被告应否承担违约金责任？
2. 本案被告应否继续履行？
3. 本案应如何处理？

分析：

华星园与吉利公司签订的买卖合同是合法有效的合同，双方当事人应按合同约定履行义务。华星园未履行合同义务，已构成违约。根据《合同法》第107条的规定应当承担违约责任。本案双方当事人约定了违约金，被告应当按约定支付违约金。

本案双方争议的焦点是被告华星园能否继续履行合同。本案中约定的标的物是华星园在2009年10月1日以前供给吉利公司丰果园所产的新苹果5万公斤，属于非金钱债务。华星园所产的新苹果已全部出口，因此，华星园在事实上已经陷于履行不能。根据《合同法》第110条规定，“当事人一方不履行非金钱债务或者履行非金钱债务不符合约定的，对方可以要求履行，但有下列情形之一除外：（一）法律上或者事实上不能履行……”，因此，吉利公司的继续履行请求权受到限制。

如果华星园给吉利公司支付的约定违约金不足以弥补吉利公司的损失，吉利公司可以变更诉讼请求，请求适当增加违约金。因为根据《合同法》第114条第2款的规定：“约定的违约金低于造成的损失的，当事人可以请求人民法院或者仲裁机关予以增加。”

◎ 案例思考1

船主甲与乙签订了一个为期60天的船舶租赁合同，双方在合同中约定，甲将船舶开到大连港口，并在一定时间内装载一批货物。甲的船舶抵达大连港口后，合同履行期限尚未届满，但乙提出因货源不足拒绝提供货物装船，并明确表示将不履行合同义务。甲以乙违约为由向法院提起诉讼。①

根据上述案例，思考下列问题：

（1）乙的行为是否构成违约，构成何种违约？

（2）乙的行为在合同法上会产生那些后果？

◎ **案例思考 2**

某年 3 月，B 省某市棉纺厂与 B 省 H 市建筑公司签订建设工程合同。

合同规定：由建筑公司承建厂房楼一座，工程造价 160 万元；工程由棉纺厂设计，建筑合同按图施工，包工包料，工程于该年 12 月验收。

合同签订后，建筑公司为节省开支，花低价买入劣质钢筋、水泥、并在施工中偷工减料，为了抢进度，建筑公司对工程中出现的质量问题置之不理。同年 8 月，当工程进行到一半时，棉纺厂派工程师谢某来工地检查施工质量。在检查过程中，楼体因质量有严重缺陷突然倒塌，谢某当场被砸死。

事故发生后，省建筑学会技术人员经过反复查验，认为事故的发生主要是由于建筑公司偷工减料，用劣质建筑材料代替优质建筑材料，同时违章作业，造成工程质量低劣，从而引起事故发生。棉纺厂要求建筑公司赔偿工程损失，谢某的丧葬费及谢某生前抚养的亲属生活费共计 103 万元。建筑公司拒绝赔偿，棉纺厂向法院起诉。②

根据上述案例，回答下列问题：

（1）本案中原告享有哪些性质的请求权？

（2）本案原告行使何种请求权更有利于保护其利益？

---

① 本案例来源李显冬：《中国合同法要义与案例释解》（上），中国民主法制出版社 1999 年版，第 399 页。

② 本案例来源李显冬：《中国合同法要义与案例释解》（上），中国民主法制出版社 1999 年版，第 448～449 页。

第八章　合同的解释

第一节　合同解释概述

一、合同解释的概念和法律意义

所谓合同的解释，是指根据合同解释的原则，通过合同解释的手段，对于当事人有争议的合同内容予以解释，从而确定合同条款的内容、确定合同当事人所享有、承担的权利和义务。在合同关系中，当事人双方的权利和义务，从根本上讲，来自于当事人在合同中的约定，因此，合同内容的确定，对于厘定当事人的权利义务、实现当事人的缔约目的、发挥合同在社会经济生活中的重要作用，具有非常重要的意义。

合同的解释不同于法律的解释。所谓法律的解释，是指立法机关、司法机关或者法学理论对于法律规定的内涵、外延以及不同规定之间的逻辑关系所进行的阐释。尽管从解释的目的、解释的方法上讲，法律的解释与合同的解释具有相似之处，即其两者均以确定规范性规则的含义、消除规范之间的冲突、弥补规范性规则的漏洞为其宗旨，并且均会涉及文义解释、历史解释、目的解释等解释的方法，但是其两者的区别仍然不容忽视：一方面，两者解释的对象不同。合同的解释针对的是作为特定当事人权利、义务依据的合同，而法律的解释则是针对于作为不特定的多数人的权利、义务依据的现行法律。解释对象的差异，决定了法律的解释具有更为广泛的利害性，而合同的解释则仅仅涉及合同当事人的个人利益；另一方面，两者解释的目的不同。合同解释的出发点，在于寻求当事人缔约时的真实意思，旨在使合同解释的结果尽最大可能，与当事人的缔约意思相符，从而有利于当事人缔约目的的实现；而法律解释的出发点，并不在于探究立法者当初立法时的意思，而在于如何使现行法律，最为有效地适应于社会生活，发挥法律的社会关系调整作用。

从一个理想的状态来讲，当事人之间所订立的合同，最好能够完整、清晰、准确地反映当事人的意愿，并对合同履行中的各种可能发生的情况，作出充分的预见并作出合理的安排。但是，在现实生活中，这种理想状态是难以实现的。在大多情况下，在当事人缔结合同时，并不会对未来可能发生的问题提前通过约定作出处置，甚至对于交易本身的问题，当事人也普遍存在着过于追究便捷而忽略交易安全的倾向。由此所可能产生的结果就是，一方面，当事人订立合同的意思表示，在内容上存在着模糊暧昧，可以在理解上发生歧义；另一方面，合同的内容出现漏洞，即对于相关的问题，当事人没有作出约定。如此一来，本应作为界定当事人权利义务的基础性依据的合同，丧失了其应有的功能，合同的顺利履行只能够建立在当事人诚信、善意和及时沟通的基础之上。然而，倘若一旦上述基础发生动摇，如当事人之间无法通过沟通与诚意达成谅解，其权利和义务的确定只能够回到合同约定的基础之上时，一个存在模糊暧昧和漏洞的合同，不仅无法为当事人的争端解决提供依据，反而有可能成为当事人恶意逃避债务、规避责任的依据。

由此可以看出，合同的解释对于消除合同内容的模糊暧昧、弥补合同条款的漏洞、牢固确立合同之于当事人权利、义务之准据的地位，至关重要。因而在合同法理论和实务中，均居于重要的地位。

二、合同解释的种类

从合同解释所固有的清晰合同内容、弥补合同漏洞以及界定当事人之间的权利义务的目的出发，合同的解释可以分为如下类型：

（一）合同的内容解释

所谓合同的内容解释，是指对当事人所订立之合同的内容以及合同条款中文字的含义进行解释。合同的内容解释，针对当事人订立合同意思表示的模糊暧昧之处，旨在通过合同的内容解释消除这种合同内容上的模糊暧昧及其引发的争议，使合同的内容得以准确、清晰。合同内容解释的本质，是通过一系列合同解释的原则和方法，寻求当事人缔约时意思表示的本来含义。我国《合同法》第125条明确规定："当事人对合同条款的理解有争议的，应当按照合同所使用的词句、合同的有关条款、合同的目的、交易习惯以及诚实信用原则，确定该条款的真实意思。合同文本采用两种以上文字订立并约定具有同等效力的，对各文本使用的词句推定具有相同含义。各文本使用的词句不一致的，应当根据合同的目的予以解释。"这一规定以平息当事人对于合同条款理解上的争议、确定合同的内容为旨趣，即属于合同内容解释的规则。

（二）合同的补充解释

所谓合同的补充解释，是指通过合同的解释，对合同中当事人应予约定却并未约定的部分进行补充。合同的补充解释，针对当事人订立合同意思表示所存在的漏洞，旨在通过合同的解释对其加以弥补，使合同的内容趋于完整。合同的补充解释的本质，按照当事人缔约时最常见的心态来推定当事人的缔约意思，并使之延伸到合同并未规定的领域。我国《合同法》第61、62条规定："合同生效后，当事人就质量、价款或者报酬、履行地点等内容没有约定或者约定不明确的，可以协议补充；不能达成补充协议的，按照合同有关条款或者交易习惯确定。""当事人就有关合同内容约定不明确，依照本法第六十一条的规定仍不能确定的，适用下列规定：（一）质量要求不明确的，按照国家标准、行业标准履行；没有国家标准、行业标准的，按照通常标准或者符合合同目的的特定标准履行。（二）价款或者报酬不明确的，按照订立合同时履行地的市场价格履行；依法应当执行政府定价或者政府指导价的，按照规定履行。（三）履行地点不明确，给付货币的，在接受货币一方所在地履行；交付不动产的，在不动产所在地履行；其他标的，在履行义务一方所在地履行。（四）履行期限不明确的，债务人可以随时履行，债权人也可以随时要求履行，但应当给对方必要的准备时间。（五）履行方式不明确的，按照有利于实现合同目的的方式履行。（六）履行费用的负担不明确的，由履行义务一方负担。”上述规定即属于合同的补充解释的规则。需要指出的是，合同的补充解释，对于尊重当事人的合同自由，最大限度地使内容并不完整的合同得以成立并且得到履行，具有重要的意义。反之，倘若合同法中没有关于合同补充解释的规定，那么一个欠缺质量要求、价格、报酬等约定的合同，往往会因欠缺合同的根本性成立要件而被视为不成立。

（三）合同的修正解释

所谓合同的修正解释，是指在合同的内容违背公平原则或者有其他不适当的情形下，通过解释对合同的内容作实质性的修正。合同的修正解释，针对合同内容中不公平或者不适当的部分，旨在通过解释，或者使之归于无效，或者使之趋于公平与适当。因此，合同修正解释的本质，在于主动干预当事人的合同内容，对其作出实质性的修正。例如，我国《合同法》第 53 条关于“合同中的下列免责条款无效：（一）造成对方人身伤害的；（二）因故意或者重大过失造成对方财产损失的”规定，即属于合同的修正解释规则。需要说明的是，合同的修正解释，并不能简单地将其理解为对于当事人私法自治的人为干预。合同中违反公平原则或者其他不适当的内容，往往来自于缔约当事人一方的某种缔约优势，以及他方的某种劣势，其往往是以损害当事人一方的利益、甚至是以损害社会公共利益和善良风俗为代价的。因此，合同的修正解释，具有使合同的内容向公平原则和公序良俗原则回归，使当事人的彼此之间的利益以及其个人利益与社会公共利益相互协调的作用。正是上述作用赋予了合同的修正解释以法律上的合理性与正当性。

第二节　合同解释的原则

一、合同解释的原则概述

所谓合同解释的原则，是指在实施合同解释活动时，合同的解释者所应当遵循的合同解释的准据。从本质上讲，合同的解释，就是法律行为的解释，即对合同当事人缔约意思表示的解释。从构成上讲，意思表示包括内在意思（目的意思、效果意思）和表示行为两个方面的要素。相应的，作为意思表示的解释，合同的解释也就应当立足于这两个方面。在这意思与表示这两个方面中，对于意思而言，意思是当事人缔约目的的集中体现。立足于意思进行合同的解释，自然能够最为充分地发现当事人的真实意图，从而使合同的解释符合当事人的本意。但是，意思具有主观性，不仅合同的解释者难以充分地发现，即便是合同的当事人，往往也难以完全准确地把握对方的缔约意思。再对于表示而言，表示具有外在性，容易使人察觉、感知，立足于表示来解释合同，简便易行。然而，由于表示未必能够准确反映当事人意思，在出现合同条款上的理解争议的情况下，更是如此。因此立足于表示来解释合同，往往容易忽略对于当事人真实意思的把握。由此所产生的问题便在于，合同的解释，究竟应当以当事人的意思为准据，还是应当以其表示为准据？合同解释中意思主义与表示主义的理论分歧即发端于此。

二、意思主义与表示主义

（一）意思主义理论及其方法

所谓意思主义，是指以探究、发现合同当事人的意思作为合同解释的根本性准据的合同解释理论。意思主义学说强调合同是当事人实现其意思自治的重要手段，体现出当事人的意愿对于相关合同法律关系之产生、变更和消灭的直接决定作用。比较而言，表示行为不过是当事人意思的外在流露，是意思的表现形式。由此出发，对于合同的解释，不应当拘泥于合同当事人的表示，而应当深入探究当事人的意思，发现当事人的真意，并以此作为合同解释的准据，这是合同解释活动的根本的出发点和落脚点。从意思主义出发，倘若当事人的表示行为与其意思不相符，合同效力的正当性基础便不复存在。意思主义的合同解释理论建立在如下的判断之上：合同作为一种双方法律行为，其以体现民法的意思自治原则为其根本目标。而在意思自治原则的实现中，人的自由意志乃是驱动人从事有理性的活动的根本要素。在意思与表示的关系中，其两者具有“源”与“流”的关系，意思应当成为法律行为的本质所在。至于表示，其意义仅在于使人的自由意志在外部获得定在，使他人得以察知。表示仅仅是意思的形式。因此，在合同的解释活动中，如果忽略对当事人真实意思的探究，将会导致合同的解释与意思自治原则、合同自由原则的背离。由此可见，意思主义理论的本质，崇尚个人意志自由在合同中的作用，强调寻求当事人的真意是合同解释互动的根基，其本质上是个人自由主义法学思想在合同解释理论中的体现。

（二）表示主义

所谓表示主义，是指以当事人缔结合同的表示行为作为合同解释活动的根本性准据的合同解释理论。从表示主义出发，合同的本质，并不在于当事人的意思，而在于当事人的表示。因为，当事人的意思具有纯粹的主观性，不仅外人难以察知，而且在法哲学的意义上也不应具有法律效力。事实上，只有当内在的意思通过表示行为被表达于外界的时候，其意思才可能通过表示为外人所了解，并且脱离了纯粹的主观性，而获得法律上的效力。换言之，对于法律行为而言，真正具有意义的，乃是当事人外在化的意思，即通过表示行为而表达于外的意思。对于相对人而言，由于其唯一能够察知的就是缔约对方的表示，而对于其内在意思，是无从知晓的。因此，立足于表示来进行合同的解释活动，便具有了维护交易安全的意义。因为，对于表示行为之合同解释之准据的强调，就是对于对方当事人信赖利益的保护。反之，倘若将合同的解释基础从表示行为偏移至内在意思，则无异于许可当事人以变化无常的意思，肆意损害合同内容及其效力的稳定性。从表示主义出发，合同的解释应当完全立足于表示行为。纵然当事人的表示行为非基于其意思而实施，其所做出的表示也同样应当作为一个真正的意思表示而得到承认。显而易见，表示主义的本质是侧重交易安全的社会本位的法学思想在合同解释理论领域的体现。

三、我国《合同法》上的合同解释原则

意思主义与表示主义各有侧重，难以简单评价孰优孰劣。对于立法而言，将这两种理论混合加以规定，乃是最为明智的选择。我国《合同法》对于意思主义和表示主义两种

合同解释的理论，同样采取的混合规定的做法，因此在我国《合同法》的相关制度中，我们既能看到意思主义的理念，也能看到表示主义的做法。例如，我国《合同法》上的合同订立制度，以要约和承诺作为合同的成立要素，而并未规定与当事人意思相符的表示方得构成“要约”与“承诺”。此即是立足于表示主义的做法。与此相适应，我国合同法上的可撤销合同制度，进而表明，一个意思表示不真实的合同，同样是“成立”的合同。在这里，这种合同得以“成立”的依据，依然在于当事人的表示行为。此外，对于合同的解释方法来讲，《合同法》第 125 条“当事人对合同条款的理解有争议的，应当按照合同所使用的词句、合同的有关条款、合同的目的、交易习惯以及诚实信用原则，确定该条款的真实意思”规定所确立的文义解释、体系解释等解释方法，同样是立足于当事人的表示，而不是意思。与此同时，我国合同法也并非完全不考虑当事人的意思。虽然合同的成立基础在于当事人的表示行为，但是其依然可以依据意思表示不真实，通过撤销权的行使来撤销这一合同。这一点，体现出法律对于当事人意思的尊重；另外，合同解释方法中的目的解释、诚信解释、习惯解释等，也同样反映出在合同的解释的过程中，法律对于探究当事人真实意思的努力。

由此可见，我国合同法所采取的合同解释原则，与世界上大多数国家所奉行的原则相同，即采取以表示主义为主，辅之以意思主义的合同解释原则。

第三节　合同解释的规则

所谓合同解释的规则，又称合同解释的方法，是指解释合同以明确当事人的权利和义务所应遵循的具体规则或方法。合同解释的规则，立基于合同解释的原则。从合同解释的意思主义与表示主义的不同原则理念出发，可以衍生出不同的合同解释规则。与此同时，民法的基本原则，作为民事活动的最为一般的准据，其对于合同解释规则的确定，也具有非常重要的作用。

一、立足于意思主义的合同解释规则

（一）目的解释规则

所谓合同的目的解释，是指当出现对合同的条款理解上的争议时，以符合合同目的的解释作为对争议条款的解释。合同的目的解释方法，即是通过当事人订立合同所欲达到的根本目的，来探究当事人的真实意思。当事人之所以与他人订立合同，必然是为了实现某种财产目的。因此，当事人缔约时的意思，即所谓效果意思，乃是实现合同目的——即所谓目的意思——的手段。正是由于目的意思与效果意思之间存在着这种密切的联系，通过探究当事人的目的意思来探究其效果意思，成为了合同解释的重要方法。我国《合同法》第 125 条规定，当事人对合同条款的理解有争议的，应当按照合同的目的确定该条款的真实意思，这就是对目的解释规则的确定。

（二）整体解释规则

所谓整体解释规则，是指对合同各个条款作相互解释，以确定各个条款在整个合同中

所具有的正确意思。合同是当事人旨在设立、变更或终止民事权利义务的协议，通过合同的全部具体条款和构成部分表现出来。因此，合同是一个统一的整体。在当事人对合同条款的理解有争议的情形下，不能孤立地分析某一条款或词句，而应该从合同的整体特性出发，根据各个合同条款及构成部分的相互关联关系、该条款在合同中所处地位等因素进行解释，确定当事人对争议合同条款的词句或条款的含义。就此以观，在当事人对于合同的部分条款的理解上发生争议时，其他的、不存在争议的条款便有可能成为解释该争议条款的依据。从合同的整体性出发，基于“不同条款之间所蕴含的当事人的真实意思是统一的、没有冲突的”这一推定出发，与未发生争议的条款所反映的当事人的意思相符的争议条款解释，就是当事人的真实意思所在。我国《合同法》第 125 条规定，当事人对合同条款的理解有争议的，应当按照合同的有关条款确定该条款的真实意思，即为整体解释规则。

（三）协商条款优于格式条款解释规则

所谓协商条款优于格式条款解释规则，是指在合同中协商条款与格式条款内容上发生冲突的情况下，以协商条款的内容作为合同的解释。如前文所述，格式条款是由当事人一方事先制定，并由相对人附和签字而成立，其特征在于排除了相对人提出异议或者协商的可能。而协商条款则是当事人协商一致的结果，较之于格式条款，其更为真实地反映出当事人的真实意思。因此，在协商条款与格式条款内容上发生冲突时，为使合同的解释合乎当事人的真意，应当以协商条款的含义作为合同的解释。我国《合同法》第 41 条规定：对格式条款的理解发生争议，格式条款和非格式条款不一致的，应当采用非格式条款。此项规定即确立了协商条款优于格式条款的合同解释规则。

（四）习惯解释规则

习惯解释规则，是指在合同当事人对合同所使用的文字、词句等的理解有争议的情形下，在当事人并未明确排斥习惯时，应当按照习惯进行解释。习惯解释规则的基础，在于习惯对于合同当事人意思的影响。在当事人所订立的合同中，其真实意思往往是在习惯的基础上得以形成。相应的，通过客观的习惯来探究当事人的主观意思，也就成为了合同解释的一个重要途径。我国《合同法》第 125 条规定，当事人对合同条款的理解有争议的，应当按照交易习惯确定该条款的真实意思，就是对习惯解释规则的确定。需要注意的是，在运用交易习惯解释合同条款时，应具备以下要件：（1）当事人所属地域或集团中，就该言语的用法存在特别的习惯；（2）当事人明知该习惯的存在，而在合同中没有作相反的意思表示；（3）习惯不得违反强行法、国家政策和公序良俗原则。

二、立足于表示主义的合同解释规则

（一）狭义的文义解释规则

所谓文义解释规则，是指通过对合同所使用的文字语句的含义的解释，来确定合同所表达当事人的真实意思。合同当事人在订立合同之际，旨在通过相互为独立的意思表示而实现达成一致协议之目的。但由于各当事人对语言文字的驾驭能力的差异，对法律知识的掌握不同，以及语言文字本身具有多义性等原因，在为意思表示之中，当事人在合同中使用不准确、不适当的词语，并造成表示于外部的意思与当事人内心的真实意思不一致的情况发生。因此，有必要对合同进行文义解释。我国《合同法》第125条规定，当事人对合同条款的理解有争议的，应当按照合同所使用的词句确定该条款的真实意思，即为文义解释。

（二）第三人解释规则

所谓第三人解释，是指对于合同争议条款所采取的语言、文字，假设由一个处于与当事人相同地位、相同情况下的通情达理的第三人进行解释。该第三人所得出的结论，即应作为合同的解释。第三人解释作为表示主义原则下的合同解释方法，仍然强调当事人表达于外的意思。但是其标准却超越了具体的争议当事人的特殊性，而将对于表示意思的理解置于了一般社会观念之下。由此可见，当事人解释，是广义的文义解释的一种形式。从广义的文义解释出发，立基于合同文义对合同所做的解释，可以从两方面入手：（1）个别解释。在当事人之间对相关争议词句有特殊用法之时，应根据当事人的特殊情况作个别解释。即在合同中，如果当事人就相关争议词句有明示的了解、或者尽管没有明示的了解但从其合同的旨意中可以读出了解的情形下，应作个别解释。狭义的文义解释即是指这种特别解释。（2）一般解释。根据该争议词句的通常用法，即相关词语在一般情况下使用的社会规则为基准，进行解释。如果当事人所属地区或集团中，就该词句的用法存在特别习惯时，只要没有别的意思表示，则按照一般社会观念解释。显然，第三人解释即是这种一般解释。

三、立足于民法基本原则的合同解释规则

所谓立足于民法基本原则的合同解释方法，是指依据民法的有关基本原则，确定合同中争议条款的权利义务内容，从而对合同作出解释的规则。前述合同解释的意思主义原则和表示主义原则，针对民事法律行为的核心要素——意思表示进行解释，无疑构成合同解释的最为重要的规则。然而，这两个原则及其所衍生的各个合同解释方法，却难以适用于合同解释的一切场合。尤其在合同的需要补充性解释和修正性解释的情况下，法院或者仲裁机关往往难以通过探究当事人意思或者理解当事人表示来实现合同解释的目的。因此，依据民法基本原则对合同进行解释，则成为必然之选。我们知道，民法的基本原则不仅具有指导立法、司法活动的法律意义，而且也具有指导民事活动的法律意义。在合同订立中，当事人应当本着民法的基本原则从事缔约活动，约定彼此的权利和义务，这乃是法律的当然要求。这一点，构成了依民法基本原则进行合同解释的法律基础。

（一）依据公平原则对合同进行解释的规则

1. 债权人不利解释规则

所谓债权人不利解释规则，是指对于存在争议的合同条款，做不利于债权人的解释。通常而言，在缔约过程中，当事人一方总是自己债权的维护者。如果在事关其债权的问题上，合同未作出明确的约定，那么其就是由于债权人以防范的原因造成的。从公平原则出发，由债权人所造成的合同条款的约定不明，不应当由债务人承受不利后果。因此，对争议条款应当做不利于债权人的解释。

2. 格式条款提供方的不利解释规则

所谓格式条款提供方的不利解释规则，是指在格式条款合同中，对于存在争议的条

款，应当做不利于格式条款文本提供一方的解释。其原因在于，一方面，格式条款的全部内容，均系文本提供一方事先拟定。如果出现难以明确的事项，则其是由文本提供一方的原因所致；另一方面，提供一方在合同文本中，竭力扩张己方利益的倾向实属必然。为了衡平当事人的利益，实现合同的实质公平，亦有对争议的格式条款，做不利于文本提供一方解释的必要。我国《合同法》第 41 条规定，对格式条款有两种以上解释的，应当作出不利于提供格式条款一方的解释。此项规定也已确立了格式条款提供者的不利解释规则。

（二）依据诚实信用原则对合同进行解释的规则

所谓依据诚实信用原则对合同进行解释，是指在合同当事人对合同所使用的文字、词句等的理解有争议的情形下，还应依据诚实信用原则来解释合同。诚实信用原则作为一种具有极大弹性和极为广泛的适用范围的民法基本原则，也是合同解释的重要依据之一。依据诚实信用原则对合同进行解释，要求解释的结果符合这一法律原则所强调的诚实守信、善良无欺的市场道德标准。我国《合同法》第 125 条规定，当事人对合同条款的理解有争议的，应当按照诚实信用原则，确定该条款的真实意思，就是对诚信解释规则的确定。

◎ 思考题

1. 什么是合同解释？合同解释有哪些种类？
2. 我国合同法上采取什么样的合同解释原则？
3. 合同解释的规则有哪些？

◎ 案例思考

王某拥有祖传平房一套，2004 年 9 月 20 日与保险公司订立期限为 1 年的房屋财产保险合同。合同约定，在保险期间内，倘若该房屋因非可归责于投保人的原因导致毁损，保险公司按照损失的 80% 承担赔付责任。同时，该合同约定了免责条款，规定“因战争、动乱、地震、海啸、山体滑坡、泥石流、台风、龙卷风、洪水所导致的保险房屋出现损害，保险公司不负赔付责任”。保险合同订立之后，王某及时交付了保险费。2005 年 3 月 26 日，王某房屋所在地附近的一个建筑工地出现事故，一座正在作业中的塔吊突然钢索断裂，导致吊在半空中的水泥预制板坠落，砸在地面后，引起地表强烈震动，周围有几户人家的窗户玻璃被震碎，王某的房屋也因此出现墙体裂缝。王某持保险合同找保险公司索赔时，保险公司调查致害原因后指出，王某投保房屋所造成的损害，是由于高空重物坠落引起的地面震动所致，属于保险合同免责事由中所规定的“地震”，因此保险公司对此不负赔偿责任。王某则对于这一观点提出不同意见，认为此种情况并非“地震”，不属于保险合同免责条款的范畴，因此保险公司不应当免责，而应当承担赔付责任。双方意见不能达成统一，遂引发诉讼。

请回答：本案中房屋受损的原因，能否被解释为“地震”？为什么？

第九章 买卖合同

第一节 买卖合同概述

一、买卖合同的概念与特征

关于买卖合同的概念，学界看法不一。一种观点认为，买卖合同仅限于实物买卖，不及于无形的权利买卖；另一种观点认为，买卖合同是买卖财产权（包括所有权和其他财产权）的合同。① 两种观点的区别仅在于对买卖合同标的物的范围理解不同。

《合同法》第130条规定，买卖合同是出卖人转移标的物的所有权于买受人，买受人支付价款的合同。由此可知，我国《合同法》上买卖合同的标的物仅限于有体物，包括动产与不动产。实践中，除了转移标的物所有权的买卖合同外，也存在股权等权利的有偿转让，为此，2012年7月1日施行的《最高人民法院关于审理买卖合同纠纷案件适用法律问题的解释》（下称买卖合同司法解释）第45条对此作出了规定，即法律或者行政法规对债权转让、股权转让等权利转让合同有规定的，依照其规定；没有规定的，可以根据合同法第124条和第174条的规定，参照适用买卖合同的有关规定。

买卖合同中负有转移标的物所有权义务的一方为出卖人。出卖人应当是出卖标的物的所有权人或者其他有处分权人。所谓所有权人，是指对自己的不动产或者动产，依法享有占有、使用、收益和处分权利的人；所谓有处分权人，是指经所有人的授权或基于法律规定，可以对他人的不动产或者动产为出卖行为的人。买卖合同中负有支付价款义务的一方为买受人。买受人原则上可以为买卖合同标的物所有人之外的任何人，但该原则在某些立法例上亦有例外。例如，我国《公司法》第149条规定，公司的董事、高级管理人员不得违反公司章程的规定或者未经股东会、股东大会同意，与本公司订立合同或者进行交易，成为买卖合同的买受人。

买卖合同具有以下法律特征：

（1）买卖合同是出卖人转移标的物所有权的合同。买卖合同中，出卖人不仅要将买卖的标的物交付给买受人，而且还要将标的物的所有权转移给买受人。转移标的物的所有权，使买卖合同与其他单纯交付标的物的合同（比如租赁合同、借用合同、保管合同等）区别开来。

---

① 陈小君主编：《合同法学》，中国政法大学出版社2007年版，第207页。

（2）买卖合同是双务有偿合同。所谓双务是指买卖合同的当事人双方都享有一定的权利，又都负有相应的义务，一方的义务正是另一方的权利，双方的权利、义务相互对应、相互制约。所谓有偿是指出卖人取得价款是以转移买卖标的物的所有权为代价，买受人取得买卖标的物的所有权是以支付价款为代价。买卖合同中的任何一方从对方取得某种利益，均须付出相应的对价。买卖合同这一特征使买卖合同与赠与合同相区别。正是由于买卖合同是最为典型的有偿合同，所以买卖合同的原则基本上能适用于其他有偿合同。为此，《合同法》第174条规定，对于其他的有偿合同，法律有规定的，依照其规定；没有规定的，均可参照买卖合同的有关规定。

（3）买卖合同是诺成合同。买卖合同除法律有特别规定外，双方当事人意思表示一致合同即可成立，并不以标的物的交付为合同成立的要件。因此，买卖合同属于诺成合同，而非实践合同。出卖人交付标的物给买受人，属于买卖合同中出卖人的义务，为履行合同的行为，非买卖合同成立的必要要件。

（4）买卖合同是不要式合同。除法律有特别规定外，买卖合同的成立、有效一般无须采用特定的形式。买卖合同采取何种形式，可由当事人自己决定。当事人可以采取口头形式，也可以采取书面形式。实践中，当事人之间没有书面合同，一方以送货单、收货单、结算单、发票等主张存在买卖合同关系的，依据买卖合同司法解释第1条之规定，人民法院应当结合当事人之间的交易方式、交易习惯以及其他相关证据，对买卖合同是否成立作出认定。对账确认函、债权确认书等函件、凭证没有记载债权人名称，买卖合同当事人一方以此证明存在买卖合同关系的，人民法院应予支持，但有相反证据足以推翻的除外。

二、买卖合同的内容

买卖合同的内容主要由当事人约定，除应具备当事人的名称或者姓名和住所、标的、数量、质量、价款或者报酬、履行期限、地点和方式、违约责任、解决争议的方法等条款外，还可以包括下列条款：

（1）包装方式。包装方式是指买卖标的物所采用的包装方法、包装标准、包装材料的选用及回收、包装费用负担等。当事人在买卖合同中须明确包装方式，不宜作简单的约定。当然，不是所有的标的物都需要包装，如煤炭、矿砂等就不需要包装，这通常称为散装货；如木材、橡胶等只需要简单的捆扎，无需特别包装即可运输或销售，这称为裸装货；但大部分标的物是包装货，即只有经过包装才能运输或销售，否则会使标的物受损。因此，包装条款在买卖合同中应予以明确。

（2）检验标准和方法。买卖合同应对检验标准、检验方法、检验期限以及对标的物质量和数量提出异议和答复的期限作出明确约定，它对确定出卖人所交付的标的物的质量和数量是否符合合同的约定，对双方纠纷的解决等都具有重要意义。检验标准，有国家标准或行业标准的，应执行国家标准或行业标准；没有国家标准或行业标准，或当事人有特殊要求的，应按照约定的标准执行。检验方法亦同。

（3）结算方式。结算方式是买受人向出卖人支付标的物价款及其他费用的方式。结算方式应在合同中明确约定。除国家允许使用现金结算外，须通过银行转账或者采用票据结算、电汇等方式。为便于结算，买卖合同中应注明双方当事人的开户银行、账户名称和账号。

(4) 合同使用的文字及其效力。涉外买卖合同及跨民族买卖合同中，应约定合同使用的文字为中文或其他文字。对于具有两种或两种以上文字的合同，应约定每种文字合同文本的法律效力以及确定不同文本在解释上发生争议时以何种文字的文本为准。

三、买卖合同的种类

买卖合同，依据不同的标准，可作不同的分类。常见的分类主要有以下几种：

1. 即时买卖与非即时买卖

这是依据给付时间的不同所作的划分。即时买卖是指在买卖合同成立的同时，双方当事人即同时履行了债务并清偿完结的买卖。即时买卖合同的成立与合同的履行是同时进行的，合同订立的当时，双方当事人就已货款两清，因而多采用口头合同形式，这也是日常生活中常见的一手交钱、一手交货的买卖；非即时买卖则是指当事人一方或双方不在合同成立时履行债务的买卖。非即时买卖根据当事人双方履行债务的顺序分为：(1) 信用买卖。信用买卖是指出卖人先交付标的物并转移标的物的所有权给买受人，买受人日后支付价款的买卖。如买受人日后一次付清价款，为赊欠买卖；如买受人日后分期支付价款，则为分期付款的买卖。(2) 预约买卖。预约买卖又称预购、先付买卖、前金买卖，是指出卖人先收受价款，日后才转移标的物所有权的买卖。非即时买卖还可根据合同有无履行期限的约定分为：(1) 定期买卖。定期买卖是指合同当事人约定有债务履行期限的买卖。(2) 不定期买卖。不定期买卖是指合同当事人未约定债务履行期限的买卖。

2. 一般买卖与特种买卖

这是根据买卖合同所依据的法律规定作出的划分。一般买卖是指在法律上没有特别规定的买卖，适用合同法关于买卖的一般规定；特种买卖，是指法律有特别规定的买卖，它除了具备买卖合同的一般特点外，还有其特殊性。我国合同法规定的特种买卖主要有分期付款买卖、样品买卖、试用买卖、招标投标买卖及拍卖等。

3. 动产买卖与不动产买卖

这是根据买卖的标的物是动产还是不动产所作的划分。动产买卖是指以动产为标的物的买卖。动产买卖对合同的形式要件一般没有要求，通常适用交付转移所有权的规则；不动产买卖是指以不动产为标的物的买卖。不动产买卖因标的物价值较大，为避免纠纷，一般要求采取书面的形式。不动产买卖通常是以登记作为所有权转移的要件。由于土地禁止买卖，因而不动产买卖集中于房屋买卖。房屋买卖中的商品房买卖因与人们的切身利益息息相关，为此，最高人民法院专门出台了《最高人民法院关于审理商品房买卖合同纠纷案件适用法律若干问题的解释》(2003 年 6 月 1 日起施行)。

4. 自由买卖与竞争买卖

这是依据买卖合同订立方式的不同所作的划分。自由买卖是指由当事人双方自由协商订立买卖合同的买卖，它适用合同订立的一般程序；竞争买卖是指出卖人向多数人发出要约邀请，各应买人竞争报价，由出价最高者与出卖人订立买卖合同的买卖。如出卖人为多人同时竞争向一人出卖时，也为竞争买卖。

5. 现货买卖与期货买卖

这是依据买卖合同订立时标的物是否存在为标准所作的划分。现货买卖是指标的物在买卖合同成立时已客观存在的买卖；期货买卖又称远期交货买卖，是指合同成立时尚不能完成标的物的交付，而另订有交付期限的买卖。这种合同成立时，标的物可能尚未由出卖人直接占有，甚至尚未制造出来，但出卖人已经享有了未来取得标的物的权利，这种买卖在现代商业中非常盛行。

6. 任意买卖、限制买卖与强制买卖

这是依据当事人能否自由买卖所作的划分。任意买卖是指完全依照当事人双方的意思而自由进行的买卖。买卖合同由当事人双方自由签订，国家一般不加干涉；限制买卖是指国家限制在一定主体范围内的买卖；强制买卖是指依照法律或行政法规，强制所有人出卖其标的物而不考虑所有人意志的买卖。如强制执行的拍卖，就不是依出卖人的意思自由决定的买卖。

第二节　买卖合同的效力

买卖合同的效力是指买卖合同成立生效后所产生的法律后果，其表现为出卖人与买受人双方的权利与义务。买卖合同是典型的双务合同，一方的权利就是另一方的义务，因此，对买卖合同的效力仅从双方的义务方面阐述。

一、出卖人的义务

（一）交付标的物的义务

买卖合同中，出卖人应当履行向买受人交付标的物的义务。交付标的物，亦即转移标的物的占有。出卖人须按照合同约定的或法律要求的交付方式、交付期限、交付地点等履行交付标的物的义务，否则即为违约。实践中，出卖人以增值税专用发票及税款抵扣资料证明其已履行交付标的物的义务，而买受人不认可的，出卖人应当提供其他证据证明交付标的物的事实。

1. 交付的方式

交付包括现实交付和拟制交付。现实交付，是指出卖人将标的物置于买受人的实际控制之下，由买受人直接占有出卖的标的物。拟制交付，是指出卖人将对标的物的管领控制权转移给买受人以代替标的物的实际交付。合同法规定出卖人应向买受人交付提取标的物的单证即为拟制交付。

拟制交付分为简易交付、指示交付和占有改定。简易交付是指标的物在订立买卖合同之前已为买受人占有的，买卖合同生效的时间即为交付时间；指示交付是指在标的物由第三人占有时，负有交付义务的出卖人可以将向第三人请求返还的权利让与买受人，以代替标的物的实际交付；占有改定是指买卖双方当事人约定，标的物的所有权转移给买受人，但标的物仍由出卖人继续占有，使买受人取得标的物的间接占有，以代替标的物的实际交付。

依据买卖合同司法解释第5条之规定，标的物为无需以有形载体交付的电子信息产品，当事人对交付方式约定不明确的，可以协议补充；不能达成补充协议的，按照合同有关条款或者交易习惯确定。按照上述方法仍不能确定的，买受人收到约定的电子信息产品或者权利凭证即为交付。

2. 交付的期限

买卖合同对交付期限有约定的，出卖人应当按照约定的期限交付标的物。如约定为某一可以确定的时点的，出卖人应当按照约定的时点交付标的物；如合同约定交付期间的，出卖人可以在该交付期间内的任何时间交付。出卖人提前交付的，应取得买受人的同意，否则买受人可以拒绝出卖人的提前交付，但出卖人提前交付不损害买受人利益的除外。出卖人提前交付给买受人增加费用的，由出卖人负担。出卖人迟延交付的，应承担迟延交付的违约责任。买卖合同对交付期限没有约定或者约定不明确的，可以协议补充；不能达成补充协议的，按照合同有关条款或者交易习惯确定。按照上述方法仍不能确定的，出卖人可以随时履行交付义务，买受人也可以随时请求出卖人履行交付义务，但都应给对方必要的准备时间。

3. 交付的地点

买卖合同对标的物的交付地点有约定的，出卖人应当按照约定的地点交付标的物；买卖合同没有约定或者约定不明确的，可以协议补充；不能达成补充协议的，可以按照合同有关条款或者交易习惯确定。以上方法仍不能确定的，《合同法》规定依照下列方式确定交付地点：(1) 标的物需要运输的，以出卖人将标的物交付给第一承运人的地点为交付地点。依据买卖合同司法解释第11条，此处“标的物需要运输的”，是指标的物由出卖人负责办理托运，承运人系独立于买卖合同当事人之外的运输业者的情形。(2) 标的物不需要运输的，如出卖人和买受人订立合同时知道标的物在某一地点的，则该地点为交付地点；如果不知道标的物在某一地点的，则以订立合同时出卖人的营业地为交付地点。

4. 交付标的物的范围及数量

买卖标的物有从物的，出卖人交付主物时，应将从物一并交付给买受人，但另有约定的，从其约定；出卖人交付标的物时，应按照约定的数量交付标的物。出卖人交付标的物的数量不足的，买受人有权要求出卖人如数补交。出卖人交付的标的物超过约定数量的，买受人可以接收或者拒绝接收多交的部分。买受人接收多交部分的，按照合同的价格支付价款。买受人拒绝接收多交部分的，应当及时通知出卖人。

5. 交付标的物的包装方式

买卖合同对标的物的包装方式有约定的，出卖人应当按照约定的包装方式交付标的物。如果对包装方式没有约定或者约定不明确的，可以协议补充；不能达成补充协议的，按照合同有关条款或者交易习惯确定。上述方法仍不能确定的，出卖人应当按照通用的方式包装，没有通用方式的，应当采取足以保护标的物的包装方式。

（二）转移标的物所有权的义务

买卖合同中买受人的目的就是为了取得买卖标的物的所有权，因此，出卖人在交付标的物的基础上转移标的物的所有权给买受人，就是出卖人的一项主要义务。

出卖人有义务将标的物的所有权转移给买受人，那么标的物的所有权从何时起转移呢？我国《合同法》第133条规定，标的物的所有权自标的物交付时起转移，但法律另有规定或者当事人另有约定的除外。

所谓法律另有规定，是指《合同法》及《物权法》等其他法律关于非因交付转移所有权的规定。就动产而言，我国《物权法》第23条同样规定，动产物权的设立和转让，自交付时发生效力，但法律另有规定的除外。《物权法》第24条规定，船舶、航空器和机动车等特殊动产，其所有权一般亦自交付时起转移，但未办理登记的，所有权的转移不得对抗善意第三人；就不动产而言，《物权法》第9条规定，不动产物权的设立、变更、转让和消灭，经依法登记，发生效力；未经登记，不发生效力，但法律另有规定的除外。由此可知，登记为不动产所有权转移的方式。不动产所有权的买卖，经依法登记，始发生所有权转移的效力。未经登记，尽管买卖合同已成立生效，但买卖标的物的所有权不发生转移的效力。

所谓当事人另有约定，是指《合同法》允许当事人对所有权的转移作出不同于交付时起转移的约定，这是合同自由原则的体现。我国《合同法》为了保护出卖人的利益，规定当事人可以在买卖合同中约定买受人未履行支付价款或者其他义务的，标的物的所有权属于出卖人，这是《合同法》对所有权保留制度的肯定。买卖合同中约定保留标的物的所有权，是出卖人经常采用的一种自我保护的方法，它排除所有权自交付时起转移的一般规定。如果标的物自交付时起转移所有权，而买受人不履行支付价款或其他义务的，那么，出卖人只享有对标的物的债权，只能行使债权的救济措施。如果出卖人与买受人在合同中约定保留标的物所有权的条款，一旦买受人不履行支付价款或者其他义务时，保留标的物所有权的出卖人就可以行使物权的救济措施。当然，在买卖合同中，出卖人与买受人之间也不能随意约定出卖人保留标的物所有权的条件，只能约定在买受人未履行支付价款或其他义务时，即买受人违约时，出卖人才能保留标的物的所有权，否则约定无效。

另外，交付标的物并不涉及标的物知识产权的归属问题。依据《合同法》第137条的规定，出卖具有知识产权的计算机软件等标的物的，如果法律没有特别规定或者当事人之间没有特别约定，买卖的只是计算机软件等载体本身，而不是知识产权，该标的物的知识产权不属于买受人。

（三）瑕疵担保义务

出卖人在履行交付标的物并转移标的物所有权义务的同时，还负有就其交付的标的物，应保证其价值、效用或品质无瑕疵及权利无瑕疵的义务，即物的瑕疵担保义务及权利瑕疵担保义务。出卖人违反瑕疵担保义务，在传统民法上，产生物的瑕疵担保责任，它是出卖人一方应承担的责任。买卖合同作为有偿合同，买受人向出卖人支付相应的价款，就是为了取得无瑕疵的标的物，若标的物存有瑕疵，只有令出卖人承担降低价款、修理、更换等责任，才能平衡买卖双方的利益关系，从而显现出，瑕疵担保责任是法律基于有偿合同的特殊要求而特别设立的一种责任。瑕疵担保责任是一种无过错责任。只要出卖人交付的标的物有瑕疵，出卖人就应承担瑕疵担保责任。① 有学者认为，尽管《合同法》规定了出卖人对标的物负有瑕疵担保义务，但并未规定瑕疵担保责任。只是将违反瑕疵担保义务的行为作为违约的一种形态。如果出卖人违反了瑕疵担保义务，则应对买受人承担违约责任。② 从买卖合同司法解释对物的瑕疵担保责任作出的规定看，其对瑕疵担保责任予以了肯定。

1. 权利瑕疵担保义务

（1）权利瑕疵担保义务的含义。

权利瑕疵担保义务，是指出卖人就交付的标的物，除非法律另有规定，负有保证第三人不得向买受人主张任何权利的义务。买卖合同中，出卖人的主要义务就是将标的物的所有权转移给买受人，出卖人应担保其转移的标的物的所有权无瑕疵。如果第三人得就出卖的标的物向买受人主张权利，从而使买受人不能完全地享有所有权，则出卖人转移的所有权即为有瑕疵，就应承担违反权利瑕疵担保义务的责任。

权利瑕疵，是指第三人对买卖合同的标的物享有合法的权利主张，既包括第三人对出卖的标的物享有所有权或共有权，也包括第三人对标的物享有抵押权、留置权等，还包括出卖人出卖给买受人的标的物，第三人得依据知识产权主张权利等情形。

（2）权利瑕疵担保责任的构成。

权利瑕疵担保责任的构成包括：一是权利瑕疵于合同成立时存在。如权利瑕疵存在于合同成立之时，但此后在履行之前该瑕疵业已除去的，则出卖人无需承担权利瑕疵担保责任。二是买受人须不知有权利瑕疵的存在。如果买受人在订立合同时知道或者应当知道第三人对买卖标的物享有权利的，则出卖人不承担权利瑕疵担保义务。如果买受人于合同订立之时不知有权利瑕疵的存在，但在合同订立之后知道该权利瑕疵的，不影响出卖人权利瑕疵担保责任的承担。

（3）权利瑕疵担保责任的效力。

权利瑕疵担保责任的效力，是指出卖人转移标的物的权利上存在瑕疵所产生的法律后果，这可从两方面理解：从出卖人方面看，出卖人应承担瑕疵担保责任；从买受人方面看，买受人可采取哪些救济的措施。

依据《合同法》的规定，在出卖人违反权利瑕疵担保义务时，买受人可以采取的救济措施有：一是行使抗辩权。《合同法》第152条规定，买受人有确切证据证明第三人可能就标的物主张权利的，可以中止支付相应的价款，但出卖人提供适当担保的除外。即在出卖人违反权利瑕疵担保义务时，为了保全买受人的权利，买受人可以行使抗辩权以免其受到不应有的损害。买受人的抗辩权是以买受人有确切证据证明第三人可能就标的物主张权利为前提，并不以第三人实际就标的物主张权利为必要。抗辩权的效力仅为买受人可以中止支付相应的价款，一旦出卖人向买受人提供了适当的担保，则买受人的抗辩权归于消

① 崔建远：《合同法》，北京大学出版社2012年版，第408页。

② 王利明：《合同法分则研究（上卷）》，中国人民大学出版社2012年版，第63~64页。

灭，买受人就应依合同约定继续支付相应价款。如果买受人没有确切证据证明第三人可能就标的物主张权利而中止支付相应价款的，买受人应承担违约责任。二是要求出卖人承担违约责任。出卖人因未取得所有权或者处分权致使标的物所有权不能转移，买受人可依债务不履行的规定要求出卖人承担违约责任或者要求解除合同并主张损害赔偿等。

（4）权利瑕疵与一物数卖。

与权利瑕疵担保义务相关的涉及一物数卖的问题，即出卖人就同一标的物出卖于数人而订立多重买卖合同。数个买受人有的支付了价款，有的已经占有了标的物，有的已经办理了登记，那么，在数个合同均有效的情况下，应依据哪个买卖合同确定标的物的归属？

就不动产而言，由于不动产登记簿是物权归属和内容的根据，因此，在一物数卖的情况下，先办理不动产登记的买受人取得标的物之所有权。若买受人既未办理过户登记手续，亦未办理预告登记手续，先合法取得占有的买受人有权取得权利。因为占有受《物权法》保护，能够对抗一般债权。①

就动产而言，出卖人就同一普通动产订立多重买卖合同，在买卖合同均有效的情况下，买受人均要求实际履行合同的，依据买卖合同司法解释第 9 条之规定，按照下列标准确定标的物的归属：一是交付标准，即先行受领交付的买受人取得标的物之所有权；二是支付价款标准，即买受人均未受领交付，则保护先行支付价款的买受人，该买受人请求出卖人履行交付标的物等合同义务的，应予支持；三是合同成立时间标准，即买受人均未受领交付，也未支付价款，依法成立在先合同的买受人请求出卖人履行交付标的物等合同义务的，应予支持。该标准虽然在实践中的操作性强，但与债权平等原则相冲突。

就特殊动产而言，出卖人就同一船舶、航空器、机动车等特殊动产订立多重买卖合同，在买卖合同均有效的情况下，买受人均要求实际履行合同的，依据买卖合同司法解释第 10 条之规定，按照下列标准确定标的物的归属：一是交付标准，即保护先行受领交付的买受人，该买受人请求出卖人履行办理所有权转移登记手续等合同义务的，应予支持；二是登记标准，即买受人均未受领交付，保护先行办理所有权转移登记手续的买受人，该买受人请求出卖人履行交付标的物等合同义务的，应予支持；三是合同成立的时间标准，即买受人均未受领交付，也未办理所有权转移登记手续，保护依法成立在先合同的买受人，该买受人请求出卖人履行交付标的物和办理所有权转移登记手续等合同义务的，应予支持；四是交付优先于登记标准，即出卖人将标的物交付给买受人之一，又为其他买受人办理所有权转移登记，保护已受领交付的买受人，该买受人请求将标的物所有权登记在自己名下的，应予支持。

至于不能按照合同约定取得标的物所有权的买受人，如合同不具有合同法第 52 条规定的无效情形，依据2009 年5 月13 日起施行的《最高人民法院关于适用〈中华人民共和国合同法〉若干问题的解释（二）》第 15 条之规定，有权追究出卖人的违约责任。

2. 物的瑕疵担保义务

（1）物的瑕疵担保义务的含义。

① 王利明：《合同法分则研究（上卷）》，中国人民大学出版社 2012 年版，第 65 页。

物的瑕疵分为表面瑕疵和隐蔽瑕疵。表面瑕疵是指存在于标的物的表面，无需专门检验即能发现的瑕疵。隐蔽瑕疵又称内在瑕疵，是指存在于标的物的内部，需经使用或者专门检验后才能发现的瑕疵。物的瑕疵担保义务，是指出卖人就其所交付的标的物，负有保证其符合合同约定或者法律规定的质量要求的义务。

认定标的物是否有瑕疵，亦即标的物是否符合质量标准，其依据为：当事人在合同中约定有标的物的质量要求的，以合同约定为准。出卖人提供有关标的物质量说明的，出卖人交付的标的物应当符合该说明的质量要求。当事人对标的物的质量要求没有约定或者约定不明确的，可以协议补充；不能达成补充协议的，按照合同的有关条款或交易习惯确定。如果仍然不能确定的，按照国家标准、行业标准履行；没有国家标准、行业标准的，按照通常标准或者符合合同目的的特定标准履行。

出卖人依照买受人的指示向第三人交付标的物，出卖人和买受人之间约定的检验标准与买受人和第三人之间约定的检验标准不一致的，以出卖人和买受人之间约定的检验标准为标的物的检验标准。

出卖人交付的标的物存在质量瑕疵的，属于对物的瑕疵担保义务的违反，应承担物的瑕疵担保责任。

（2）物的瑕疵担保责任的构成。

其一，标的物存有瑕疵且该瑕疵于交付时存在。标的物存有瑕疵为物的瑕疵担保责任成立的核心要素，且该瑕疵须于交付时存在。若买卖合同订立时标的物存有瑕疵，但该瑕疵于交付时业已消除的，则不产生瑕疵担保责任的承担。

其二，买受人于合同订立时不知标的物有瑕疵。依据买卖合同司法解释第33条之规定，如买受人在缔约时知道或者应当知道标的物质量存在瑕疵，仍订立买卖合同的，则法律对其无特别保护之必要，但买受人在缔约时不知道该瑕疵会导致标的物的基本效用显著降低的除外。

其三，买受人须于法定或约定的期间内就受领之物为检验通知。依据我国《合同法》及买卖合同司法解释之规定，买受人收到标的物时，有约定检验期间的，应当在约定的检验期间内检验，如发现应由出卖人负责的瑕疵，买受人应当在检验期间内通知出卖人。买受人怠于通知的，视为买受人接受的标的物无瑕疵。如约定的检验期间过短，依照标的物的性质和交易习惯，买受人在检验期间内难以完成全面检验的，应当认定该期间为买受人对外观瑕疵提出异议的期间，并确定买受人对隐蔽瑕疵提出异议的合理期间。如约定的检验期间或者质量保证期间短于法律、行政法规规定的检验期间或者质量保证期间的，应当以法律、行政法规规定的检验期间或者质量保证期间为准。

当事人没有约定标的物检验期间的，买受人应当及时检验。实践中，如买受人签收的送货单、确认单等载明标的物数量、型号、规格的，应认定买受人已对数量和外观瑕疵进行了检验，除非有足以推翻的相反证据。买受人发现或应当发现标的物瑕疵的，应当在合理期间内通知出卖人。有关“合理期间”的认定，应当综合当事人之间的交易性质、交易目的、交易方式、交易习惯、标的物的种类、数量、性质、安装和使用情况、瑕疵的性质、买受人应尽的合理注意义务、检验方法和难易程度、买受人或者检验人所处的具体环境、自身技能以及其他合理因素，依据诚实信用原则进行判断。买受人在合理期间内提出异议，除非当事人另有约定，出卖人不得以买受人已经支付价款、确认欠款数额、使用标的物等为由，主张买受人放弃异议。买受人在合理期间内未通知或者自标的物收到之日起2年内未通知的，视为买受人接受的标的物无瑕疵。2年是最长的合理期间。该期间为不变期间，不适用诉讼时效中止、中断或者延长的规定。如对标的物本身有质量保证期的，则适用质量保证期，不适用2年的规定。上述关于买受人通知时间的规定，不适用于出卖人知道或者应当知道提供的标的物瑕疵的情形。即在出卖人知道或者应当知道其提供的标的物有瑕疵，却仍将标的物出卖给买受人的，属严重的违约行为，此时买受人自不应受上述通知时间的限制。

（3）物的瑕疵担保责任的效力。

物的瑕疵担保责任的效力可从两方面理解：从出卖人方面看，出卖人应承担物的瑕疵担保责任；从买受人方面看，买受人此时可采取哪些救济措施。

依据《合同法》及买卖合同司法解释的规定，买受人可采取的救济措施有：

其一，要求出卖人承担违约责任。当事人在买卖合同中约定违约责任的，应依约定承担责任。买卖合同中，当事人可约定买受人保留部分价款作为质量保证金，以保证出卖人在质量保证期间及时解决质量问题以免影响标的物的价值或者使用效果。当事人在买卖合同中还可约定减轻或者免除出卖人对标的物的瑕疵担保责任，但如出卖人故意或者因重大过失不告知买受人标的物的瑕疵的，则出卖人不得依约减轻或者免除瑕疵担保责任。买卖合同对违约责任没有约定或者约定不明确的，可以协议补充；不能达成补充协议的，按照合同有关条款或者交易习惯确定。如果仍然不能确定的，买受人可根据标的物的性质以及损失的大小，合理选择要求出卖人承担修理、更换、重作、退货、减少价款或者报酬等违约责任。买受人在检验期间、质量保证期间、合理期间内提出质量异议，但因出卖人未按要求予以修理或者情况紧急，买受人自行或者通过第三人修理标的物的，则因此而发生的合理费用由出卖人负担。关于减少价款的时间标准，以符合约定的标的物和实际交付的标的物按交付时的市场价值计算差价。如买受人价款已经支付，出卖人应返还减价后多出部分的价款。另，出卖人在合同法规定的检验期间、合理期间、两年期间经过后，自愿承担了违约责任，又以上述期间经过为由反悔的，人民法院不予支持。

其二，标的物存在瑕疵，致使不能实现合同目的的，买受人可以拒绝接受标的物或者解除合同。依照我国《合同法》的规定，买卖合同标的物主物有瑕疵而解除合同的，解除合同的效力及于从物。标的物从物有瑕疵，买受人仅能就从物部分解除合同，解除合同的效力不及于主物；买卖合同标的物为数物，其中一物不符合约定的，买受人可以就该物解除，但该物与他物分离使标的物的价值显受损害的，买受人可以就数物解除合同；出卖人分批交付标的物的，出卖人对其中一批标的物不交付或者交付不符合规定，包括有瑕疵，致使该批标的物不能实现合同目的的，买受人可以就该批标的物解除合同。出卖人不交付其中一批标的物或者交付不符合约定，包括有瑕疵，致使今后其他各批标的物的交付不能实现合同目的的，买受人可以就该批以及今后其他各批标的物解除合同。买受人如果就其中一批标的物解除，该批标的物与其他各批标的物相互依存的，可以就已经交付和未交付的各批标的物解除合同。在买卖合同解除后，违约金条款能否适用？买卖合同司法解释第26条对此作出了规定，即“买卖合同因违约而解除后，守约方主张继续适用违约金条款的，人民法院应予支持；但约定的违约金过分高于造成的损失的，人民法院可以参照合同法第一百一十四条第二款的规定处理。”

(四) 交付与标的物有关的单证和资料的义务

出卖人除了向买受人交付提取标的物的单证外，还应当按照约定或者交易习惯向买受人交付提取标的物单证以外的有关单证和资料。提取标的物单证以外的有关单证和资料主要包括保险单、保修单、普通发票、增值税专用发票、产品合格证、质量保证书、质量鉴定书、品质检验证书、产品进出口检疫书、原产地证明书、使用说明书、装箱单等。这些单证和资料对于合同的顺利履行是不可缺少的。至于出卖人应提交哪些具体的单证和资料，应根据当事人的约定或交易习惯确定。

二、买受人的义务

(一) 支付价款的义务

支付价款是买受人的基本义务。买受人支付价款应按照合同约定的数额、时间、地点为之。

1. 价款数额的确定

价款是买卖合同的核心条款，价款不确定，买受人就无法履行付款义务。买受人应按照合同约定的数额支付价款。价款没有约定或者约定不明确的，应由当事人协议补充；达不成补充协议的，按照合同有关条款或交易习惯确定。如上述方法仍无法确定的，按照订立合同时履行地的市场价格履行；依法应当执行政府定价或者政府指导价的，按照规定履行。

2. 价款的支付时间

买受人应当按照合同约定的时间支付价款。对支付时间没有约定或者约定不明确，当事人可以协议补充；不能达成补充协议的，可以按照合同的有关条款及交易习惯来确定。上述方法仍不能确定的，买受人应当在收到标的物或者提取标的物单证的同时支付价款。

3. 价款的支付地点

买受人应当按照合同约定的地点支付价款。对支付地点没有约定或者约定不明确，当事人可以协议补充；不能达成补充协议的，可以按照合同的有关条款及交易习惯来确定。上述方法仍不能确定的，买受人应当在出卖人的营业地支付，但约定支付价款以交付标的物或者交付提取标的物单证为条件的，在交付标的物或者交付提取标的物单证的所在地支付。

4. 价款的支付方式

价款的支付方式，可由买卖合同的当事人在合同中作出约定，但其约定，不得违反国家关于货币资金管理的相关规定。

买卖合同约定或者当事人之间习惯以普通发票作为付款凭证，如买受人以普通发票证明已经履行付款义务的，依据买卖合同司法解释第8条第2款之规定，人民法院应予支持，但有相反证据足以推翻的除外。

（二）受领标的物的义务

交付标的物是出卖人的义务，受领标的物则是与此相对应的买受人的义务。买受人按照合同约定的时间、地点、方式受领标的物，买卖合同的目的才能实现。如果出卖人交付的标的物符合合同约定或法定的要求，而买受人拒绝受领的，则应承担受领迟延的违约责任。

买受人受领标的物时，有对标的物进行检验的义务。买受人检验的主要内容为标的物的质量、数量、包装等。如检验发现不符合合同约定或法定的情形时，买受人须通知出卖人。

特定情况下，买受人虽有权拒绝受领标的物，但为避免标的物的损失，买受人对出卖人交付的标的物负有代为保管的义务。拒收标的物并不意味着买受人可以对标的物置之不管，尤其是异地交付，出卖人不在拒收现场时，买受人对拒收之标的物自应暂时保管。对于某些不易保管的标的物，如新鲜蔬菜、鲜活鱼虾等，买受人可采取合理的紧急措施，如紧急变卖等。对于买受人代为保管期间的合理费用，由出卖人负担。买受人代为保管期间非因买受人故意或者重大过失造成的损失，亦由出卖人承担。

三、所有权保留

（一）所有权保留的含义

《合同法》第 134 条规定："当事人可以在买卖合同中约定买受人未履行支付价款或者其他义务的，标的物的所有权属于出卖人。"依此规定，所有权保留是指买卖双方在合同中约定，合同生效后，买受人虽占有使用标的物，但在其履行支付价款或者其他义务之前，出卖人保留标的物的所有权。所有权保留的适用范围为买卖合同，而买卖合同的标的物包括动产、不动产，那么，所有权保留是否既适用于动产买卖，又适用于不动产买卖？买卖合同司法解释第 34 条规定："买卖合同当事人主张合同法第一百三十四条关于标的物所有权保留的规定适用于不动产的，人民法院不予支持。"由此可知，我国所有权保留仅适用于动产买卖。

所有权保留属于动产所有权交付转移的例外，且为非典型的担保。所有权保留虽不是法律规定的担保形式，但确实具有担保的功能。出卖人无须求助于他人或者他物，只需保留标的物的所有权，就可以起到担保其价款债权实现的功能。如买受人履行了支付价款或者其他义务的，买受人就可取得标的物的所有权，反之，如买受人未履行支付价款或者其他义务的，出卖人则可以行使取回权，将标的物取回以防其利益受损。因此，所有权保留属于非典型担保的一种。

（二）所有权保留的效力

1. 出卖人的取回权

取回权，是指在所有权保留的情形下，买受人违约即未履行支付价款或者其他义务的，出卖人依法享有的从买受人处取回标的物的权利。取回权是出卖人的一项特殊的权利，《合同法》对出卖人的取回权未有规定，但买卖合同司法解释明确了出卖人的取回权。

出卖人行使取回权，应符合特定的条件。依据买卖合同司法解释第35条、36条之规定，当事人约定所有权保留，在标的物所有权转移前，买受人有下列情形之一，对出卖人造成损害，出卖人有权主张取回标的物：一是买受人未按约定支付价款的；二是买受人未按约定完成特定条件的；三是买受人将标的物出卖、出质或者作出其他不当处分的。出卖人取回的标的物价值显著减少的，买受人应赔偿损失。

出卖人的取回权是有所限制的，一是受善意取得制度的限制。当买受人将标的物出卖、出质或者作出其他不当处分，如第三人依据《物权法》第106条的规定已经善意取得标的物所有权或者其他物权的，出卖人不得取回标的物，即出卖人的取回权不得对抗善意第三人。二是出卖人的取回权受买受人已支付价款数额的限制。买受人已经支付标的物总价款的百分之七十五以上的，出卖人不得取回标的物。

2. 买受人的回赎权

出卖人取回标的物后，买受人享有回赎标的物的权利。买受人回赎的目的在于阻止出卖人为实现其债权而将标的物再行出卖。买受人的回赎权须在一定期限内（回赎期）行使。回赎期包括法定期间和意定期间。法定期间是法律规定的回赎期间。买卖合同司法解释对法定期间未作规定。意定期间是当事人确定的回赎期间，包括双方约定的期间和出卖人指定的期间。买卖合同司法解释第37条规定，出卖人取回标的物后，买受人在双方约定的或者出卖人指定的回赎期间内回赎。买受人行使回赎权，还须满足回赎的条件，即消除出卖人取回标的物的事由，方可主张回赎标的物。

买受人在回赎期间内没有回赎标的物的，依据买卖合同司法解释第37条之规定，出卖人可以另行出卖标的物。出卖人另行出卖标的物的，出卖所得价款依次扣除取回和保管费用、再交易费用、利息、未清偿的价金后仍有剩余的，应返还原买受人；如有不足，出卖人要求原买受人清偿的，原买受人应予清偿，但原买受人有证据证明出卖人另行出卖的价格明显低于市场价格的除外。

四、标的物的风险负担及利益承受

（一）标的物的风险负担

标的物的风险负担，是指在买卖合同订立后，标的物因不可归责于任何一方的事由而发生毁损、灭失的风险由何方承担的问题。如果风险由买受人承担，即使标的物已毁损灭失，买受人仍有义务向出卖人支付价款；如果风险由出卖人承担，即使标的物已毁损灭失，出卖人仍有义务重新交付标的物或按履行不能处理。

买卖合同中，标的物的风险负担是关乎买卖双方切身利益的重要问题。从比较法上看，主要有三种不同的做法：一是风险从合同订立时起移转于买受人；二是风险随所有权的转移而转移，采取“所有人负担风险”的原则；三是风险随标的物的交付而转移，采取“交付转移风险”的原则。① 我国《合同法》以交付作为划分买卖双方风险责任的界

① 王利明：《合同法分则研究（上卷）》，中国人民大学出版社2012年版，第80~81页。

限，即标的物毁损、灭失的风险，在标的物交付之前由出卖人承担，交付之后由买受人承担，这是一般性的规定，在法律另有规定或者当事人另有约定的情况下除外。这里的另有规定或另有约定包括两种情况：一是交付前标的物风险即由买受人承担；二是交付后的一段时间内标的物的风险仍由出卖人承担。

此外，对特定情形下标的物毁损、灭失的风险负担，《合同法》及买卖合同司法解释设有专条加以规定，具体包括：

1. 买受人迟延受领或没有收取标的物的风险负担

一般情况下，标的物的风险负担自交付时起转移，但在因买受人的原因致使标的物不能按照约定的期限交付的，买受人应当自违反约定之日起承担标的物毁损、灭失的风险。这是以约定的交付日期而不是以实际的交付日期来划分风险负担的，尽管此时标的物仍在出卖人的控制之下，但因买受人的原因迟收标的物的，风险仍按约定的交付日期转移。

出卖人按照约定或者法律规定将标的物置于交付地点的，买受人违反约定没有收取，标的物毁损、灭失的风险自违反约定之日起由买受人承担。

2. 运输途中标的物的风险负担

对于路货买卖的风险承担，我国《合同法》亦作出了规定。所谓路货买卖是指标的物已在运输途中，出卖人出卖在途标的物的买卖。由于路货买卖的标的物已在运输途中，其风险划分就显得尤为重要。《合同法》第 144 条规定，出卖人出卖交由承运人运输的在途标的物，除当事人另有约定的以外，毁损、灭失的风险自合同成立时起由买受人承担。该规定确立了路货买卖的风险负担为合同成立起转移的规则。但如果在合同成立时出卖人知道或者应当知道标的物已经毁损、灭失却未告知买受人的，风险如何分担？买卖合同司法解释第 13 条确定应由出卖人负担标的物毁损、灭失的风险。

3. 交付地点无约定或约定不明确时的风险负担

当事人没有约定交付地点或者约定不明确，标的物需要运输的，出卖人将标的物交付给第一承运人后，标的物毁损、灭失的风险由买受人承担。也就是说，出卖人将标的物交给第一承运人即完成交付义务，风险亦随着交付而转移给买受人，不受运输由谁承担的影响。出卖人仅承担将标的物交付给第一承运人之前的风险。

考虑到实践中存在买卖合同当事人在合同中约定在某一地点交货给承运人即为交付的情形，买卖合同司法解释第 12 条规定，出卖人根据合同约定将标的物运送至买受人指定地点并交付给承运人后，标的物毁损、灭失的风险由买受人负担，但当事人另有约定的除外。

4. 出卖人未依约交付有关标的物的单证和资料的风险负担

《合同法》第 147 条规定，出卖人按照约定未交付有关标的物的单证和资料的，不影响标的物毁损、灭失风险的转移。就是说，即使出卖人按照约定未向买受人交付有关标的物的单证和资料的，标的物毁损、灭失的风险仍自标的物交付时起转移给买受人。

5. 买受人拒收标的物或者解除合同时的风险负担

因标的物质量不符合质量要求，致使不能实现合同目的的，买受人可以拒绝接受标的物或者解除合同。当买受人拒绝接受标的物或者解除合同的，即使出卖人已完成交付，标的物已转至买受人实际占有，标的物毁损、灭失的风险仍由出卖人承担。

6. 未经特定的标的物的风险负担

种类物买卖合同，出卖人在履行交付义务时其种类物必须特定。实践中，常常有出卖人一次托运一批种类物以履行数份合同的情形，如果出现种类物毁损、灭失的风险，在种类物未特定化于某合同项下时，如何分配风险？为此，买卖合同司法解释第 14 条规定：“当事人对风险负担没有约定，标的物为种类物，出卖人未以装运单据、加盖标记、通知买受人等可识别的方式清楚地将标的物特定于买卖合同，买受人主张不负担标的物毁损、灭失的风险的，人民法院应予支持。”也就是说，买卖种类物未经特定的，风险不能由买受人承担。

（二）利益承受

利益承受是指标的物在买卖合同订立后所生孳息的归属。买卖合同中，标的物孳息的归属也是合同中的一个重要问题，一般在法律上都有一个确定其归属的界限。我国《合同法》将利益承受与标的物的风险负担相连，均规定以交付时间为确定的界限。据此，标的物在交付之前产生的孳息，归出卖人所有，交付之后产生的孳息，归买受人所有。

第三节 特种买卖

一、分期付款买卖

分期付款买卖，是指在买卖合同订立后，出卖人将标的物交付给买受人，买受人将其应付的总价款，在一定期限内分期支付给出卖人的买卖。分期付款买卖的特殊性在于买受人受领标的物后，不是一次性付清全部价款，而是分期付款。分期付款应分几期？买卖合同司法解释第 38 条对此作出了规定，即“合同法第一百六十七条第一款规定的‘分期付款’，系指买受人将应付的总价款在一定期间内至少分三次向出卖人支付。”

分期付款买卖合同中，出卖人须先交付标的物。出卖人将标的物交付后，买受人非一次性支付价款，这就增加了出卖人取得价款的风险。出卖人为了避免自己收不到价款的风险，往往会采取一定的保护措施，即在合同中约定有利于自己的条款。实践中，分期付款买卖常有所有权保留的特别约定。由于分期付款买卖并非就是保留所有权的买卖，因此除分期付款买卖中有保留所有权的特约外，标的物的所有权仍自交付时起转移给买受人。

分期付款买卖，除适用买卖合同的规定外，还产生以下效力：

1. 出卖人在法定条件成就时享有请求支付全部价款或解除合同的权利

分期付款买卖合同中，买受人接受标的物后，应按合同规定分期付款，付款迟延时即丧失期限利益，出卖人可以要求买受人支付全部价款或者解除合同。为了防止买受人一旦迟延付款即丧失期限利益的情况出现，我国《合同法》对出卖人要求买受人支付全部价款或者解除合同作了较为严格的规定，即在买受人未支付到期价款的金额达到全部价款的 1/5 时，出卖人才可以要求买受人支付全部价款或者解除合同。当事人在分期付款买卖合同中的约定违反此规定，损害买受人利益的，该约定无效。

2. 出卖人解除合同后享有请求买受人支付标的物使用费的权利

我国《合同法》第167条第2款特别规定，出卖人解除合同的，可以向买受人要求支付标的物的使用费。当事人对标的物的使用费没有约定的，可以参照当地同类标的物的租金标准确定。实践中，因考虑到买受人不能按期付款将会导致合同的解除，出卖人常常于订立合同时与买受人约定，如出卖人解除合同得扣留其已受领的价款。为防止此种约款过于苛刻而不利于买受人，法律一般会有限制性的规定。买卖合同司法解释第39条规定，分期付款买卖合同约定出卖人在解除合同时可以扣留已受领的价金的，则出卖人扣留的金额以不超过标的物的使用费以及标的物受损赔偿额为限，超过的部分，应返还买受人。

二、样品买卖

样品买卖，又称货样买卖，是指以样品来表示标的物的品质并以之作为交货根据的买卖。样品买卖的特殊性在于其以样品来确定标的物，出卖人交付的标的物须与样品具有同一品质。实践中，样品可以由买受人提供，称"买方样"。可以由出卖人提供，称"卖方样"。也可以由买受人提供，出卖人据此复制加工出一个类似样品由买受人确认，称为"回样"或"确认样"。样品买卖是实际中常见的一种买卖方式。凭样品买卖的当事人应当封存样品，并可以对样品质量用语言、文字予以说明。

样品买卖，除适用买卖合同的规定外，还产生以下效力：

1. 出卖人交付的标的物应当与样品及其说明的质量相同

出卖人应按照样品及其说明的质量标准向买受人交付标的物，如果出卖人交付的标的物与样品及其说明的质量不同，构成违约。如果合同约定的样品质量与文字说明不一致且发生纠纷时当事人不能达成合意，样品封存后外观和内在品质没有发生变化的，依据买卖合同司法解释第40条之规定，应当以样品为准；外观和内在品质发生变化，或者当事人对是否发生变化有争议而又无法查明的，应当以文字说明为准。

2. 出卖人承担样品隐蔽瑕疵担保义务

样品买卖虽以样品为交付标的物的品质标准，但在样品存在隐蔽瑕疵而买受人又不知道的情况下，出卖人交付标的物的品质就不能以此瑕疵样品为标准，即使交付的标的物与样品相同，出卖人也应保证交付的标的物的质量符合同种物的通常标准。如果买受人已知样品有隐蔽瑕疵的，出卖人只须交付与样品相同的标的物即可，此种情况下，出卖人不承担样品隐蔽瑕疵担保责任。

三、试用买卖

试用买卖又称试验买卖，是指双方约定由买受人试用标的物，以买受人认可标的物为合同生效要件的买卖。试用买卖的特殊性在于，出卖人将标的物交给买受人，由买受人在一定的期间内试用，在买受人认可标的物时合同生效。如买受人不认可标的物，虽然试用买卖合同成立，但不发生效力。买受人的认可与否，取决于自己的意愿不受其他条件的限制。

买卖合同司法解释第42条规定，以下情形不属于试用买卖：一是买卖合同约定标的物经过试用或者检验符合一定要求时，买受人应当购买标的物的；二是买卖合同约定第三人经试验对标的物认可时，买受人应当购买标的物的；三是买卖合同约定买受人在一定期间内可以调换标的物的；四是买卖合同约定买受人在一定期间内可以退还标的物的。

试用买卖为买卖合同的一种，除《合同法》对试用买卖另有规定外，自应适用买卖合同的一般规定。

试用买卖成立后，产生以下效力：

1. 出卖人应将标的物交付给买受人试用

试用是买受人无代价使用标的物的权利，是出卖人利益的损失。买受人行使这种权利的时间越长，出卖人标的物的磨损就越严重。那么，如何解决出卖人与买受人之间的利益冲突？《合同法》规定，试用买卖的当事人可以约定标的物的试用期间。对试用期间没有约定或者约定不明确的，可以协议补充；不能达成补充协议的，可依合同的有关条款及交易习惯确定。仍不能确定的，由出卖人确定。

试用买卖是否支付使用费，由当事人约定。如试用买卖的当事人没有约定使用费或者约定不明确，买受人不支付使用费。

2. 买受人应于试用期届满前作出是否同意购买的决定

买受人接受标的物后应妥善使用，并在试用期届满前作出是否购买的决定。买受人在试用期内可以购买标的物，也可以拒绝购买标的物，对此，买受人有选择权。同意购买的，应支付价款，取得标的物的所有权，试用买卖转为普通买卖。不同意购买的，应返还标的物，买受人对不同意购买的理由一般无解释的义务。如果试用期间届满，买受人对是否购买标的物未作表示的，则视为购买。如试用买卖的买受人在试用期内已经支付一部分价款的，除非合同另有约定，依据买卖合同司法解释第 41 条之规定，应当认定买受人同意购买。在试用期内，买受人对标的物实施了出卖、出租、设定担保物权等非试用行为的，亦应认定买受人同意购买。

四、招标投标买卖

招标投标买卖，是指由招标人向数人或公众发出招标邀请或招标公告，招标人从相互竞争的投标人中选择出自己最满意的投标人并与之订立买卖合同。

我国《合同法》第 172 条规定：“招标投标买卖的当事人的权利和义务以及招标投标程序等，依照有关法律、行政法规的规定。”目前，有关招标投标的法律有《中华人民共和国招标投标法》(2000 年 1 月 1 日起施行)，条例有国务院《中华人民共和国招标投标法实施条例 》(2012 年 2 月 1 日起施行)。

招标投标买卖一般分为下列阶段：

1. 招标阶段

招标是招标人以招标公告或投标邀请书的方式，向不特定的公众或特定的数人发出的投标邀请。招标人招标的意思表示为要约邀请，其目的在于邀请投标人投标即发出要约，从而使招标人可以从相互竞争的投标人中选择出条件最佳者签订合同。

招标分为公开招标和邀请招标。公开招标，是指招标人以招标公告的方式邀请不特定的法人或者其他组织投标。招标人采用公开招标方式的，应当发布招标公告、编制招标文件；邀请招标，是指招标人以投标邀请书的方式邀请特定的法人或者其他组织投标。招标人采用邀请招标方式的，应当向三个以上具备承担招标项目的能力、资信良好的特定的法人或者其他组织发出投标邀请书。

2. 投标阶段

投标是投标人按照招标文件的要求，在规定的时间内向招标人发出的以订立合同为目的、对招标文件提出的实质性要求和条件作出响应的意思表示。投标的法律性质为要约，应具备要约的条件，发生要约的效力。

3. 开标、评标和中标

开标，是招标人按照招标文件规定的时间和地点，在招标人召开的投标人会议上，当众公开各投标人投标书的内容。

评标，是由招标人依法组建的评标委员会按照招标文件确定的评标标准和方法，对投标文件进行的评审和比较。设有标底的，应当参考标底。评标委员会完成评标后，应当向招标人提交书面评标报告和中标候选人名单。中标候选人应当不超过 3 个，并标明排序。

中标，是招标人根据评标委员会提交的书面评标报告和中标候选人名单确定中标人。国有资金占控股或者主导地位的依法必须进行招标的项目，招标人应当确定排名第一的中标候选人为中标人。排名第一的中标候选人放弃中标、因不可抗力不能履行合同、不按照招标文件要求提交履约保证金，或者被查实存在影响中标结果的违法行为等情形，不符合中标条件的，招标人可以按照评标委员会提出的中标候选人名单排序依次确定其他中标候选人为中标人，也可以重新招标。招标人也可以授权评标委员会直接确定中标人。中标人确定后，招标人应当向中标人发出中标通知书。中标通知书对招标人和中标人具有法律效力。中标通知书发出后，招标人改变中标结果的，或者中标人放弃中标项目的，应当依法承担法律责任。

4. 签订合同

招标人和中标人应当自中标通知书发出之日起 30 日内，按照招标文件和中标人的投标文件订立书面合同。合同的标的、价款、质量、履行期限等主要条款应当与招标文件和中标人的投标文件的内容一致。招标人和中标人不得再行订立背离合同实质性内容的其他协议。

招标、投标作为一种订立合同的方式，不仅适用于买卖合同，而且还适用于建设工程合同等其他合同，具有广泛的适用范围。

五、拍卖

我国《合同法》规定，拍卖的当事人的权利和义务以及拍卖程序等，依照有关法律、行政法规的规定。目前，适用于拍卖的法律是 2004 年修正的《中华人民共和国拍卖法》。

（一）拍卖的含义

拍卖是指以公开竞价的形式，将特定物品或者财产权利转让给最高应价者的买卖方式。拍卖活动应当遵守有关法律、行政法规，遵循公开、公平、公正、诚实信用的原则。

拍卖当事人包括拍卖人、委托人、竞买人、买受人。其中拍卖人是指依法设立的从事拍卖活动的企业法人。委托人是指委托拍卖人拍卖物品或者财产权利的自然人、法人或者其他组织。竞买人是指参加竞购拍卖标的的自然人、法人或者其他组织。买受人是指以最高应价购得拍卖标的的竞买人。

(二) 拍卖的类型

拍卖可以从不同的角度，以不同的标准进行分类，常见的分类有：

1. 强制拍卖与任意拍卖

以拍卖发生原因的不同为依据可将拍卖分为强制拍卖与任意拍卖。强制拍卖是国家机关依照法律强制执行的规定进行的拍卖。任意拍卖是当事人自己决定的拍卖。

2. 有低价拍卖与无低价拍卖

以拍卖是否设有低价为依据可将拍卖分为有低价拍卖与无低价拍卖。有低价拍卖是委托人设定了拍卖标的最低转让价格的拍卖。无低价拍卖是委托人没有设定拍卖标的的最低转让价格的拍卖。

(三) 拍卖程序

拍卖一般须经如下程序：

1. 拍卖表示

拍卖表示是指拍卖人发出的对拍卖标的进行拍卖的意思表示，包括拍卖公告和拍卖人在拍卖开始时所作出的拍卖表示。拍卖表示在性质上属于要约邀请，它只是邀请竞买者出价。拍卖标的无保留价的，拍卖师应当在拍卖前予以说明。拍卖标的有保留价的，竞买人的最高应价未达到保留价时，该应价不发生效力，拍卖师应当停止拍卖标的的拍卖。

2. 应买表示

应买表示是指众多的竞买人向拍卖人出价作出应买的意思表示。应买意思表示在性质上为要约。竞买人出价后，在其他竞买人提出更高价之前，该意思表示对竞买人具有约束力，不得撤回。当其他竞买人有更高应价时，其应价即丧失约束力。因而相互竞争的竞买人彼此都知道他人要约的内容，并可随时修改自己要约的内容，提出新要约，这与招标投标买卖中的投标不同。招标投标买卖中，相互竞争的投标人彼此是不知道他人标书的内容的，且投标人补充、修改或者撤回已提交的投标文件的，须在招标文件要求提交投标文件的截止时间前，并书面通知招标人。

拍卖人及其工作人员不得以竞买人的身份参与自己组织的拍卖活动，并不得委托他人代为竞买；委托人不得参与竞买，也不得委托他人代为竞买。拍卖人及其工作人员、委托人违反规定参加竞买的，除了工商行政管理部门对拍卖人、委托人给予行政处罚外，买卖合同无效。

3. 卖定表示

卖定表示是指拍卖人在众多竞买人的应价中选择最高价予以接受的意思表示。拍卖人卖定表示在性质上属于承诺。一旦竞买人的最高应价经拍卖师落槌或者以其他公开表示买定的方式确认后，拍卖成交。拍卖成交后，买受人即以最高应价购得拍卖标的的竞买人，与拍卖人应当签署成交确认书。

（四）拍卖的效力

1. 拍卖标的的移交

拍卖人应按照约定将拍卖标的移交给买受人。按照约定由委托人移交拍卖标的的，拍卖成交后，委托人应当将拍卖标的移交给买受人。买受人未能按照约定取得拍卖标的的，有权要求拍卖人或者委托人承担违约责任；买受人应按约定受领拍卖标的，如未按照约定受领拍卖标的的，应支付由此产生的保管费用。

拍卖标的需要依法办理证照变更、产权过户手续的，委托人、买受人应当持拍卖人出具的成交证明和有关材料，向有关行政管理机关办理手续。

2. 价款及佣金的支付

买受人应当按照约定支付拍卖标的的价款。未按照约定支付价款的，应承担违约责任，或者由拍卖人征得委托人的同意，将拍卖标的再行拍卖。拍卖标的再行拍卖的，原买受人应当支付第一次拍卖中本人及委托人应当支付的佣金。再行拍卖的价款低于原拍卖价款的，原买受人应当补足差额。

拍卖成交后，拍卖人应当按照约定向委托人交付拍卖标的的价款，委托人、买受人可以与拍卖人约定佣金的比例。委托人、买受人与拍卖人对佣金比例未作约定，拍卖成交的，拍卖人可以向委托人、买受人各收取不超过拍卖成交价 5% 的佣金。收取佣金的比例按照同拍卖成交价成反比的原则确定。

拍卖未成交的，拍卖人可以向委托人收取约定的费用；未作约定的，可以向委托人收取为拍卖支出的合理费用。

3. 瑕疵担保责任的承担

瑕疵担保责任包括权利瑕疵担保责任和物的瑕疵担保责任。依据《中华人民共和国拍卖法》的规定，拍卖标的应当是委托人所有或者依法可以处分的物品或者财产权利。拍卖人有权要求委托人说明拍卖标的的来源和瑕疵，提供拍卖人要求提供的拍卖标的的所有权证明或者依法可以处分拍卖标的的证明及其他资料。竞买人有权了解拍卖标的的瑕疵，有权查验拍卖标的和查阅有关拍卖资料。

拍卖人未向竞买人说明拍卖标的的瑕疵或者委托人未向拍卖人说明拍卖标的的来源和瑕疵，给买受人造成损害的，买受人有权向拍卖人要求赔偿。属于委托人责任的，拍卖人有权向委托人追偿。拍卖人、委托人在拍卖前声明不能保证拍卖标的的真伪或者品质的，不承担瑕疵担保责任。

第四节　互易合同

一、互易合同的概念与种类

互易合同是当事人双方以金钱以外的物相互交换的合同。互易合同的标的物须是金钱以外的物，是一方当事人以交付和转移自己标的物的所有权为代价，来换取他方当事人标的物所有权的合同。互易合同习惯上被称作以物易物的合同。

互易合同除了当事人双方均以取得互易物的所有权为目的外，具备买卖合同的各种特征，且互易合同双方当事人的权利义务与买卖合同极为相似，故《合同法》规定，当事人约定易货交易，转移标的物的所有权的，参照买卖合同的有关规定。

互易合同可分为单纯互易和价值互易。单纯互易是指互易双方以一物换一物，并不考虑互易的两物价值是否相当。比如以笔记本电脑换取数码相机，互易双方并不计较各自财物的价值。价值互易是指互易双方以互易标的物的价值为标准，互换标的物并转移其所有权的一种互易。价值互易中，一方以价值相当的一物换取对方价值相当的另一物。有时互易两物的价值并不相当，则互易的同时，由一方向另一方再支付一定的金额，以补充其中的差价。

二、互易合同的效力

互易合同中，双方均可视为出卖人与买受人。互易一旦成立，即在当事人之间发生以下效力：

（1）相互交付标的物并转移标的物的所有权。因互易合同为双务合同，双方均得向对方行使能够行使的各种抗辩权。

（2）相互就自己交付的标的物向对方负瑕疵担保责任，包括权利瑕疵担保责任和物的瑕疵担保责任。

（3）价值互易中，如价值不等，则互易中多得利益的一方应依约定的时间、地点、方式向另一方补足价差。

◎ 思考题

1. 简述买卖合同的概念与特征。
2. 简述买卖合同的效力。
3. 简述买卖合同标的物的风险负担与利益承受。
4. 简述分期付款买卖合同。
5. 比较招标投标买卖与拍卖。

◎ 案例分析

2008 年 2 月甲公司与乙公司签订买卖合同一份。合同约定，由甲公司给乙公司提供电子汽车衡一台及基本配置，总价款为 10 万元。产品质量保证期为一年，终身提供技术服务。乙公司在签订合同时付货款总额的 20%，货到安装后未验收时付货款总额的 70%，安装调试后留 10% 质保金，六个月内付清。任何一方违约，支付对方货款总额 20% 的违约金。货款未结清之前，该产品所有权归甲公司所有，到期货款未结清者，所付货款抵该产品租赁使用费，该产品无偿归甲公司所有。合同订立后，乙公司依照合同约定于 2008 年 2 月支付货款 2 万元，甲公司于 2008 年 3 月提供了电子汽车衡并安装调试完毕。之后，乙公司未再支付货款。甲公司于 2010 年 2 月起诉，要求乙公司支付拖欠货款 8 万元并承担违约金 2 万元。乙公司辩称：甲公司提供的电子汽车衡至今存在质量问题。认为合同约定有所有权保留条款，乙公司已付的 2 万元货款可抵作产品的租赁使用费，甲公司应将其拥有所有权的该产品自行取回。据此，请求法院依法驳回甲公司的诉讼请求。

问：如果你作为法官，将如何裁判本案？

分析：

1. 甲公司与乙公司于 2008 年 2 月签订的买卖合同，系双方当事人自愿协商，意思表示真实的合法有效合同，当事人应依照合同约定全面履行自己的义务。

2. 乙公司认为甲公司提供的电子汽车衡存在质量问题，但其未依据《合同法》的规定，对买卖标的物即电子汽车衡进行检验，并且未在质量保证期内将电子汽车衡存在质量问题的情形通知甲公司。由于乙公司怠于通知，则电子汽车衡的质量视为符合约定。

3. 关于"货款未结清之前，该产品所有权归甲公司所有，到期货款未结清者，所付货款抵该产品租赁使用费，该产品无偿归甲公司所有"之约定，属于担保意义上保留电子汽车衡的所有权，其目的在于获取货款的清偿。甲公司享有要求付清货款或收回电子汽车衡的选择权，既然甲公司选择要求付清货款，乙公司就不能以电子汽车衡所有权属于甲公司而要求退回电子汽车衡为抗辩。

4. 乙公司未按照合同约定支付剩余货款构成违约，应承担违约责任。

综上分析，本案应作出如下判决：乙公司应向甲公司支付剩余货款 8 万元并支付违约金 2 万元；本案诉讼费用由乙公司承担。

第十章　供用电、水、气、热力合同

第一节　供用电、水、气、热力合同概述

一、供用电、水、气、热力合同的概念与特征

供用电、水、气、热力合同，包括供用电合同、供用水合同、供用气合同及供用热力合同，是指供方提供电、水、气、热力供用方使用，用方利用这些资源并支付价款的合同。从法律性质上言，这类合同具有买卖合同的一般特征，都是一方转移标的物的所有权，另一方支付相应价款的双务、有偿合同，但供用电、水、气、热力合同又是一种特殊的买卖合同。正是考虑到其特殊性，《合同法》将其从买卖合同中分离出来，作为一类独立的有名合同加以规定。

供用电、水、气、热力合同与买卖合同相比，具有以下法律特征：

（1）标的物的特殊性。供用电、水、气、热力合同的标的物为电、水、气、热力，而电、水、气、热力是人们生产、生活所必不可缺少的。为了保障人们生产生活的需要，供方负有强制缔约义务，不得拒绝用方通常、合理的供应要求。国家对这类合同的收费标准都有一定限制，供方不得随意提高收费标准。

（2）债务总量的不确定性。因供用电、水、气、热力合同的标的物，只能从不断地使用中表现出来，故供用电、水、气、热力合同只能是一种连续供给合同。由于用方的需求是随着时间的推移而不断变化的，因而供方的供给量无法在供用电、水、气、热力合同中确定，其供给量的多少只能取决于时间的经过。

（3）债务履行的持续性。由于电、水、气、热力的供应与使用是连续的，因此，这类合同的履行具有持续性，不能一次性地清偿完毕。依照合同，用方须按期支付相应的价款，供方须持续不断地供电、水、气、热力，不得无故中断供电、供水、供气、供热力，而电、水、气、热力使用的同时就是电、水、气、热力的消费，所以供用电、水、气、热力合同中不会发生其他买卖合同中的退货问题。

二、供用水、气、热力合同的法律适用

供用水、气、热力合同与供电合同的区别在于，前者分别是以水、气、热力为合同的标的物，而后者是以电为合同的标的物，除此而外，这几类合同在法律特征、合同的订立、合同的内容、合同的履行等方面都具有相似性，因此，《合同法》只对供用电合同作出了规定，至于供用水、供用气、供用热力合同，可参照供用电合同的有关规定。

第二节　供用电合同

一、供用电合同的概念与特征

供用电合同是指供电人向用电人供电，用电人支付电费的合同。供用电合同主要有工农业和其他生产经营性用电合同及生活消费用电合同。

供用电合同除了具有标的物的特殊性、债务总量的不确定性、债务履行的持续性等特征外，还具有以下法律特征：

（1）主体具有特定性。供用电合同的主体为供电人和用电人。供电人一方是依法取得电力业务许可证、从事供电业务的企业。供电企业在批准的供电营业区内向用户供电，其他任何部门和个人都无权作为供用电合同中的供电人，但在公用供电设施未到达的地区，供电企业可以委托有供电能力的单位就近供电。非经供电企业委托，任何单位不得擅自向外供电。至于用电人的范围则十分广泛，自然人、法人以及非法人组织都可作为供用电合同中的用电人。

（2）强制缔约性。由于供电关乎基本民生，具有公益性，供电企业应当按照国家规定履行电力社会普遍服务义务，依法保障任何人能够按照国家规定的价格获得最基本的供电服务，不得无正当理由拒绝用户用电申请。《中华人民共和国电力法》（1996 年 4 月 1 日起施行）第 26 条规定，供电营业区内的供电营业机构，对本营业区内的用户有按照国家规定供电的义务，不得违反国家规定对其营业区内申请用电的单位和个人拒绝供电。由此可知，从供电人角度言，供用电合同为强制缔约合同。

（3）价格条款的控制性。由于供电企业具有一定的垄断性，如果对供电价款没有限制，很有可能损害用电人的利益，为此，《中华人民共和国电力法》规定，电价实行统一政策，统一定价原则，分级管理。国家实行分类电价和分时电价。分类标准和分时办法由国务院确定。对同一电网内的同一电压等级、同一用电类别的用户，执行相同的电价标准。任何单位不得超越电价管理权限制定电价。国家电力监管委员会颁布的《供电监管办法》（2010 年 1 月 1 日起施行）规定，供电企业不得自定电价，不得擅自变更电价，不得擅自在电费中加收或者代收国家政策规定以外的其他费用。供电企业不得自立项目或者自定标准收费；对国家已经明令取缔的收费项目，不得向用户收取费用。另，因供电企业面对的是范围广泛的用电人，因而在供用电合同中大量采用格式条款，对此，应适用我国《合同法》关于格式条款的相关规定。

（4）合同订立的程序性。用户申请新装用电、临时用电、增加用电容量、变更用电和终止用电，应当依照规定的程序办理手续。供电企业应当在其营业场所公告用电的程序、制度和收费标准，并提供用户须知资料。

二、供用电合同的内容

供用电合同的内容即供用电合同的条款，它是供电人与用电人权利义务的主要内容。依据《合同法》的规定，供用电合同应包括下列条款：

1. 供电方式、供电质量和供电时间

供电方式是指供电人采用何种方式为用电人供电。供电人对用电人提供的供电方式，应当按照安全、可靠、经济、合理和便于管理的原则，根据国家有关规定以及电网规划、用电需求和当地供电条件等因素，与用电人协商确定。供电质量，是指供电的质量标准，由供电频率质量、电压质量和供电可靠性三个指标构成。依据国家电力监管委员会颁布的《供电监管办法》（2010 年 1 月 1 日起施行）第 7 条规定，在电力系统正常的情况下，供电企业的供电质量应当符合下列规定：（1）向用户提供的电能质量符合国家标准或者电力行业标准；（2）城市地区年供电可靠率不低于 99%，城市居民用户受电端电压合格率不低于 95%，10 千伏以上供电用户受电端电压合格率不低于 98%；（3）农村地区年供电可靠率和农村居民用户受电端电压合格率符合派出机构的规定。派出机构有关农村地区年供电可靠率和农村居民用户受电端电压合格率的规定，应当报电监会备案。供电时间，是指供用电合同中规定的供电人供电的时间，也是用电人用电的时间。供电时间的确定对生产性用电十分重要，为了保证合理用电，供电人应与用电人在合同中商定用电的时间。

2. 用电容量和用电地址、用电性质

用电容量，是指供电人认定的用电人受电设备的总容量。用电地址是指用电人使用电力的地址。《合同法》第 178 条规定，供用电合同的履行地点由当事人在合同中约定。当事人在合同中有约定的，按照当事人的约定；当事人没有约定或约定不明确的，供电设施的产权分界处为履行地点。用电性质是指用电人的行业分类和用电分类。用电性质与电价密切相关，目前用电性质分为工业用电、农业用电、经营性用电及生活用电等，它们分别实行不同的电价。

3. 计量方式和电价、电费结算方式

计量方式是指供电人如何计算用电人使用的电量。电价是指供电人向用电人供应电力的价格。电费是电力资源实现商品交换的货币形式。供电人应当按照国家核准的电价和用电计量装置的记录，向用电人计收电费。电力监管机构依法对供电企业执行国家规定的电价政策和收费标准的情况实施监管。关于电费的结算方式，可根据具体情况确定。

4. 供用电设施的维护责任

供用电设施的维护包括公用供电设施的维护管理、共用供电设施的维护管理和用户专用供电设施的维护管理。供电人与用电人责任范围的划分，一般而言，按产权分界点划分。对于公用供电设施的维护管理，由供电人统一维护管理；对于共用供电设施的维护管理，由产权单位协商确定，产权单位可自行维护管理，也可以委托供电人维护管理；对于用户专用的供电设施，由用户维护管理或委托供电人维护管理。

三、供用电合同的效力

供用电合同的效力是指供用电合同成立生效后所产生的法律后果，其表现为供电人与用电人双方的权利义务。由于供用电合同是双务合同，在此，对供用电合同的效力仅从双方的义务方面阐述。

（一）供电人的义务

1. 按照国家规定的供电质量标准和约定安全供电的义务

供电人应保证提供给用电人的供电质量符合国家标准或者电力行业标准，用电人对供电质量有特殊要求的，供电人应当根据其必要性和电网的可能，提供相应的电力。供电人没有按照国家规定的供电质量标准和约定安全供电，造成用电人损失的，应当承担损害赔偿责任。

2. 中断供电应事先通知用电人的义务

供用电合同中，供电人在发电、供电系统正常的情况下，应当连续向用电人供电，不得中断。供电人因供电设施计划检修、临时检修、依法限电或者用电人违法用电等原因，需要中断供电时，应当按照国家有关规定事先通知用电人。《供电监管办法》第 13 条规定，在电力系统正常的情况下，供电企业应当连续向用户供电。需要停电或者限电的，应当符合下列规定：（1）因供电设施计划检修需要停电的，供电企业应当提前 7 日公告停电区域、停电线路、停电时间；（2）因供电设施临时检修需要停电的，供电企业应当提前 24 小时公告停电区域、停电线路、停电时间；（3）因电网发生故障或者电力供需紧张等原因需要停电、限电的，供电企业应当按照所在地人民政府批准的有序用电方案或者事故应急处置方案执行。引起停电或者限电的原因消除后，供电企业应当尽快恢复正常供电。供电企业对用户中止供电应当按照国家有关规定执行。供电企业对重要电力用户实施停电、限电、中止供电或者恢复供电，应当按照国家有关规定执行。供电人事先未通知用电人中断供电，造成用电人损失的，应当承担损害赔偿责任。

3. 及时抢修的义务

《合同法》第 181 条规定，因自然灾害等原因断电时，供电人应当按照国家有关规定及时抢修被损坏的供电设施。电力供应属于高度危险作业，经常会受到大风、洪水、地震等自然灾害的影响，除了自然灾害以外还有其他原因也可能引起断电，此种情况下，供电人虽不承担违约责任，但负有根据国家有关规定及时抢修的义务，以减少用电人的损失。何谓“及时”，应根据自然灾害等原因持续的时间、供电设施受损害的程度、抢修所需时间等因素来判断。供电人没有按照国家有关规定及时抢修，造成用电人损失的，应当承担损害赔偿责任。

（二）用电人的义务

1. 按照规定和约定及时交付电费的义务

用电人应当按照国家有关规定和当事人的约定及时交付电费。《供电监管办法》第 19 条规定，供电企业应当严格执行国家电价政策，按照国家核准电价或者市场交易价，依据计量检定机构依法认可的用电计量装置的记录，向用户计收电费。《合同法》第 182 条规定，用电人逾期不交付电费的，应当按照合同的约定支付违约金。经催告用电人在合理期限内仍不交付电费和违约金的，供电人可以按照国家规定的程序中止供电。国务院《电力供应与使用条例》（1996 年 9 月 1 日起施行）第 39 条规定，用电人逾期未交付电费的，供电人可以从逾期之日起，每日按照电费总额的 1‰至 3‰加收违约金，具体比例由供用电双方在供用电合同中约定；自逾期之日起计算超过 30 日，经催交仍未交付电费的，供电人可以按照国家规定的程序停止供电。

2. 按照规定和约定安全用电的义务

用电人应当按照国家有关规定和当事人的约定安全用电，这既是用电人的权利，也是用电人的义务。如果用电人未按照国家有关规定和当事人的约定安全用电，造成供电人损失的，应当承担损害赔偿责任。

《电力供应与使用条例》第30条规定，用电人不得有下列危害供电、用电安全，扰乱正常供电、用电秩序的行为：(1) 擅自改变用电类别；(2) 擅自超过合同约定的容量用电；(3) 擅自超过计划分配的用电指标；(4) 擅自使用已经在供电企业办理暂停使用手续的电力设备，或者擅自启用已经被供电企业查封的电力设备；(5) 擅自迁移、更动或者擅自操作供电企业的用电计量装置、电力负荷控制装置、供电设施以及约定由供电企业调度的用户受电设备；(6) 未经供电企业许可，擅自引入、供出电源或者将自备电源擅自并网。

◎ 思考题

1. 简述供用电合同的概念与特征。
2. 简述供用电合同的效力。

◎ 案例思考

甲公司拖欠某供电企业电费100万元。供电企业得知甲公司产品滞销，经营状况严重恶化，遂通知甲公司于7日内缴清电费，同时告知甲公司必须为下期用电电费提供担保，否则中止供电。甲公司既不缴清电费，又拒绝提供担保。

问：供电企业能否中止供电？能否要求甲公司提供担保？

第十一章 赠与合同

第一节 赠与合同概述

一、赠与合同的概念与特征

赠与合同是赠与人将自己的财产无偿给予受赠人，受赠人表示接受赠与的合同。赠与合同中，将自己的财产无偿给予他方的人为赠与人，接受财产的人为受赠人。赠与是双方当事人意思表示一致的结果，因而赠与是双方法律行为。仅有一方赠与的意思表示而无另一方愿意接受赠与的意思表示，或仅有一方愿意接受赠与的意思表示而无另一方赠与的意思表示，赠与合同都不能成立。

赠与合同一般是转移财产所有权的合同，这是赠与合同与买卖合同、互易合同的相同之处。赠与合同的履行在于转移赠与财产的所有权，其后果是赠与人财产的减少而受赠人财产的增加。但赠与财产不仅仅只限于赠与人享有所有权的财产，其他财产比如股权、债权等也可以成为赠与财产。

赠与合同具有以下法律特征：

(1) 赠与合同为无偿合同。赠与合同中，赠与人要将自己的财产无偿地给予受赠人，受赠人取得赠与财产不必向赠与人付出任何对价，是为无偿合同。虽然赠与人可以要求受赠人负担一定的义务，但此义务非为对价关系，因而赠与合同仍为无偿合同。因赠与合同为受赠人纯获利益的合同，故不要求受赠人具备完全民事行为能力，无民事行为能力人同样可以作为赠与合同中的受赠人。

(2) 赠与合同为单务合同。赠与合同中，赠与人负有将赠与财产无偿给予受赠人的义务，受赠人享受接受赠与财产的权利，无对待给付义务，故赠与合同为单务合同。附义务的赠与中，受赠人虽负有义务，但该义务与赠与人的义务非对待给付关系，故赠与合同仍不失为单务合同。因赠与合同为单务合同，故赠与人不享有双务合同中的履行抗辩权。

(3) 赠与合同为诺成合同。赠与合同自赠与人与受赠人双方意思表示一致时成立，即一方发出赠与或受赠与的要约，另一方作出同意接受赠与或者同意赠与的意思表示，赠与合同即可成立。我国《合同法》将赠与合同规定为诺成合同，其目的在于对赠与人有所约束，与此同时，为保护赠与人的利益，《合同法》又规定了赠与人享有撤销赠与的权利。

二、赠与的分类

1. 一般赠与与特种赠与

这是依据赠与有无特殊情形所作的划分。一般赠与又称单纯赠与，是指不具有特殊情形的赠与。一般赠与为赠与的常态；特种赠与，是指具有特殊情形的赠与，比如附义务的赠与、死因赠与、定期赠与及混合赠与等。特种赠与有其独有的特殊性，比如附义务的赠与，其特殊性就表现在效力的内容上，即赠与人要在相应的限度内承担瑕疵担保义务；死因赠与，是赠与人与受赠人约定的于赠与人死亡时生效的赠与。死因赠与的特殊性表现在死因赠与合同效力的发生上，即死因赠与成立于赠与人生前，生效于赠与人死亡之时，它是以赠与人的死亡为其生效条件的。死因赠与不同于遗赠，死因赠与为双方法律行为，遗赠为单方法律行为；死因赠与亦不同于遗赠扶养协议，死因赠与为单务无偿行为，遗赠扶养协议为双务有偿行为；定期赠与，其特殊性在于赠与人是每隔一段时间无偿地给予受赠人财产的赠与；混合赠与，是指含有有偿行为的赠与。赠与为无偿行为，但也可以含有有偿行为，比如，当事人一方含有赠与目的，将一财物廉价地出卖给另一方即为混合赠与。混合赠与作为一种特殊赠与，其特殊性在于，双方所为的给付不对等，就给付不对等部分，一方有无偿赠与对方的意思。如果双方就给付不对等部分，并没有赠与的合意，则不是混合赠与。

2. 现实赠与与非现实赠与

这是依据赠与合同的成立与履行是否同时所作的划分。现实赠与，又称即时赠与，是指合同成立时赠与人即将赠与财产交付给受赠人的赠与，其合同的成立与履行是同时进行的；非现实赠与，是指合同成立后赠与人始按照合同的约定将赠与财产交付给受赠人的赠与，其合同的成立与履行不是同时进行的。

3. 具有社会公益和道德义务性质的赠与与不具有社会公益和道德义务性质的赠与

这是依据赠与人赠与的目的是否具有社会公益和道德义务的性质所作的划分。具有社会公益性质的赠与是指为了救灾、扶贫等公益事业所为的赠与；具有道德义务性质的赠与，比如养子女对本无法律义务的生活比较困难的生父母有道德上的扶助义务，养子女对生父母约定赠与一定财物的，即为履行道德义务的赠与；不具有社会公益和道德义务性质的赠与是指赠与人并不是以救灾、扶贫等公益事业和履行道德义务为目的所为的赠与。

4. 公证赠与与非公证赠与

这是依据赠与合同是否办理了公证所作的划分。经过公证的赠与合同，赠与人在赠与财产的权利转移之前不得撤销赠与，赠与人不交付赠与财产的，受赠人有权要求其履行交付义务；未经过公证的赠与合同，赠与人在赠与财产的权利转移之前可以撤销赠与。

第二节　赠与合同的效力

赠与合同为单务合同，仅赠与人一方负担合同义务，故赠与合同的效力表现为赠与人一方的义务和责任，主要有：

一、交付并转移赠与财产权利的义务

赠与人的主要义务就是将赠与财产按照赠与合同约定的期限、地点和方式交付给受赠人，并转移其权利于受赠人。赠与物自交付时起，权利转移给受赠人，但赠与财产依法需要办理登记等手续的，应当办理有关手续。否则，赠与合同虽然有效，但不能发生赠与财产权利转移的效力。

二、不履行给付义务的责任

赠与人不履行给付赠与财产的义务，属违约行为，应当承担债务不履行的责任。赠与人不履行给付义务的形态主要有：给付迟延、给付不能等。考虑到赠与合同为单务合同、无偿合同，故赠与人不履行给付义务时，其责任程度较双务有偿合同为轻。

（1）赠与人给付迟延。赠与人给付迟延的，受赠人仅得请求赠与人给付赠与财产，而不得请求迟延的利息或其他损害赔偿。我国《合同法》第188条规定："具有救灾、扶贫等社会公益、道德义务性质的赠与合同或者经过公证的赠与合同，赠与人不交付赠与的财产的，受赠人可以要求交付。"该规定表明受赠人在赠与人不履行交付赠与财产的义务时，可以要求赠与人交付，但不得主张迟延利息或者其他损失赔偿。

（2）赠与人给付不能。我国《合同法》规定，只有在赠与人因故意或者重大过失致使赠与的财产毁损、灭失而给付不能时，赠与人才对受赠人承担损害赔偿责任。此种损害为受赠人得不到赠与财产的损失，即赠与人承担赠与财产价金损失的赔偿责任，而不是承担其他损害的赔偿责任。

三、瑕疵担保责任

赠与合同在性质上为无偿合同，所以原则上赠与财产有瑕疵的，赠与人不承担责任。但依据《合同法》第191条的规定，赠与人在两种例外的情形下，负瑕疵担保责任。

（1）附义务的赠与，赠与财产有瑕疵的，赠与人在附义务的限度内承担与出卖人相同的责任。附义务赠与中，受赠人处于接受财产并履行义务的地位，如果赠与的财产有瑕疵，赠与人在附义务的限度内承担与出卖人相同的瑕疵担保责任。

（2）赠与人故意不告知瑕疵或者保证无瑕疵，造成受赠人损失的，应当承担损害赔偿责任。赠与人故意不告知瑕疵，具有主观上的恶意，对此赠与人应承担瑕疵担保责任。但若受赠人已知赠与财产之瑕疵，则不发生受赠人因信其无瑕疵而受损害的问题，赠与人就不应负瑕疵担保责任。赠与人保证赠与财产无瑕疵而造成受赠人损失的，应负瑕疵担保责任。

第三节　赠与的撤销与拒绝履行

赠与合同成立后，一般不允许赠与人随意撤销赠与。但由于赠与合同是无偿合同，如果法律对赠与人与受赠人给予同等保护，对赠与人则显然过于严苛。为维护赠与人的利益，在特殊情形下，法律应允许赠与人撤销赠与或拒绝履行赠与义务方为合理。考虑到对

受赠人利益的维护，法律对赠与的撤销及拒绝履行作出了必要的限制。

一、赠与的撤销

赠与的撤销有两大类：一是赠与的任意撤销，一是赠与的法定撤销。

（一）赠与的任意撤销

赠与的任意撤销，是指赠与合同成立后，赠与人得基于自己的意思而单方面地撤销赠与。撤销赠与是赠与人单方面享有的权利，赠与人撤销赠与后，无须再履行合同义务，即不必再将自己的财产无偿给予受赠人。只是，若允许赠与人任意撤销赠与，法律不加任何限制的话，则有违诚信原则且不利于受赠人，也使赠与合同失去了约束力，故《合同法》对任意撤销作出了以下几方面的限制：

（1）须赠与财产未为交付或登记。我国《合同法》规定，赠与人在赠与财产的权利转移之前可以撤销赠与。一般情况下，赠与财产的转移时间为赠与财产的交付时间，但赠与财产须办理登记等手续的，则只有在办理完相应的手续后，赠与财产权利才能转移给受赠人。也就是说，赠与财产在交付及登记之前可以任意撤销。如果赠与财产已为交付或登记，则不得撤销。如果赠与财产一部分交付或登记，则对已交付或登记的部分不得撤销，仅得就未交付或登记的部分为撤销。

（2）须为非公证赠与。得任意撤销的赠与合同仅限于非公证的赠与合同。若赠与合同为经过公证的赠与合同，则赠与人不得任意撤销。

（3）须为非履行社会公益和道德义务性质的赠与。履行具有救灾、扶贫等社会公益、道德义务性质的赠与，具有很强的社会意义，如果允许赠与人任意撤销赠与，则不利于倡导扶危救困的社会主义道德风尚，也与其原赠与的目的相悖，因此，对于这种赠与，赠与人不得任意撤销。

（二）赠与的法定撤销

赠与的法定撤销，是指在具备法定事由时由享有撤销权的人撤销赠与。享有撤销权的人是指赠与合同中的赠与人、赠与人的继承人或者法定代理人。法定撤销与任意撤销的根本区别在于：法定撤销须有法定事由，只要具备法定事由，不论赠与财产是否已交付或登记，享有撤销权的人均可主张撤销赠与。

1. 赠与人的撤销权

我国《合同法》第192条规定，发生下列法定事由时，赠与人可以行使撤销权，撤销赠与：（1）受赠人严重侵害赠与人或者赠与人的近亲属的。此种行为的构成须满足两个要件：一是受侵害人须为赠与人或者赠与人的近亲属；二是侵害行为须达到严重程度。这是从结果上看，并不考虑受赠人的主观状态。（2）受赠人对赠与人有扶养义务而不履行的。此种行为的构成须满足下列条件：一是受赠人对赠与人负有扶养义务。该扶养义务是否包括约定的扶养义务，学界有不同的主张，《合同法》亦未明确；二是受赠人有扶养能力。如果受赠人没有扶养能力，则构成扶养的客观不能，赠与人就不能因此而撤销赠与；三是受赠人不履行对赠与人的扶养义务。（3）受赠人不履行赠与合同约定的义务的。在赠与合同附有义务时，受赠人应按照约定履行义务，如果受赠人能履行而不履行所附义务时，赠与人可撤销赠与。

赠与人的撤销权，属形成权的一种，其享有和行使有除斥期间的限制。依照我国《合同法》的规定，赠与人撤销权的除斥期间为1年，自知道或者应当知道撤销原因之日起1年内行使。如果赠与人在此期间不行使撤销权，撤销权消灭。

2. 赠与人的继承人或法定代理人的撤销权

我国《合同法》第193条规定，发生下列法定事由，赠与人的继承人或法定代理人可行使撤销权，撤销赠与：(1) 因受赠人的违法行为致使赠与人死亡的，赠与人的继承人可以行使撤销权，撤销赠与。构成这一法定事由，须满足两个条件：一是赠与人死亡。如果赠与人未死亡，赠与撤销权不发生转移，由赠与人本人行使撤销权。二是赠与人的死亡是受赠人的违法行为所致。(2) 因受赠人的违法行为致使赠与人丧失民事行为能力的，赠与人的法定代理人可以行使撤销权，撤销赠与。

赠与人的继承人或者法定代理人的撤销权，自知道或者应当知道撤销原因之日起6个月内行使。如果赠与人的继承人或者法定代理人在此期间不行使撤销权，撤销权消灭。

（三）赠与撤销的效力

撤销权人行使撤销权，应采取将其撤销赠与的意思表示通知受赠人的方式为之。撤销权一经撤销权人行使即发生法律效力，即：在赠与财产尚未交付或登记的情况下，撤销权人行使撤销权的，则赠与人不再负给付赠与财产的义务；在赠与财产已交付或登记的情况下，赠与财产的所有权已发生转移，撤销权人撤销赠与，使受赠人再占有赠与财产失去合法依据，撤销权人可以向受赠人要求返还赠与的财产。

二、赠与的拒绝履行

《合同法》第195条规定："赠与人的经济状况显著恶化，严重影响其生产经营或者家庭生活的，可以不再履行赠与义务。"此为赠与的拒绝履行。

有学者认为，赠与的拒绝履行，是情势变更原则的体现或适用；① 有学者认为，《合同法》第195条规定的"可以不再履行赠与义务"实际上是赋予赠与人的一种抗辩权，即允许赠与人反悔而不再履行赠与义务。这种抗辩权一般被称为穷困抗辩权。赠与人的拒绝履行，只有在受赠人请求赠与人履行之后，赠与人才可以行使该抗辩权。如果受赠人没有要求赠与人履行，则赠与人没有行使此种权利的必要。从法律上看，即便是赠与人出现经济状况显著恶化，严重影响其生产经营或者家庭生活的情况，但是赠与人自愿履行的，法律上仍然予以认可。②

拒绝履行的成立必须同时满足下列条件：

(1) 须赠与人于赠与约定后，尚未履行前经济状况显著恶化。《合同法》第195条规定的"可以不再履行赠与义务"，意味着赠与财产尚未交付或尚未转移赠与财产的权利，否则赠与行为已完成，赠与人就无法反悔自己的行为，当然也不能要求返还赠与的财产了。

经济状况的显著恶化，仅限于经济状况，包括积极财产的减少和消极支付的增加。至

---

① 陈小君主编：《合同法学》，中国政法大学出版社2007年版，第252页。

② 王利明：《合同法分则研究（上卷）》，中国人民大学出版社2012年版，第202页。

于造成这种恶化的原因，是否可归责于赠与人，则在所不问。

（2）经济状况显著恶化达到了严重影响赠与人的生产经营或家庭生活的程度。在这种情形下，赠与人已没有足够的财产赠与他人，则可以不再履行赠与义务。

第四节　特种赠与

一、附义务的赠与

（一）附义务赠与的概念与特征

附义务赠与是一种特殊的赠与，是指赠与人在赠与时使受赠人对赠与人或第三人或为公益而负担一定义务的赠与，又称附负担的赠与。附义务的赠与和一般赠与的区别在于：一般赠与中，受赠人仅享有权利，不负担任何义务；而在附义务赠与中，赠与人对其赠与附加一定的条件，使受赠人负担一定的义务，但该义务与赠与人的给付义务无对价关系。

附义务赠与具有以下法律特征：

（1）所附义务是赠与合同的一部分，而不是单独的合同。

（2）所附义务须具有合法性。如果所附义务违背公序良俗或者法律规定，则赠与合同无效。

（3）所附义务的受益人可以是赠与人本人，也可以是特定的第三人或不特定的多数人，但不得是受赠人。

（4）所附义务不是赠与的对价，赠与人不能以受赠人不履行负担义务为抗辩。原则上赠与人履行了给付赠与财产的义务后，受赠人才履行其负担的义务，因此，附义务的赠与仍属单务、无偿合同。

附义务的赠与和附条件、附期限的赠与不同。附义务赠与中，所附义务与赠与合同的法律效力无关，所附义务不是赠与合同生效或终止的根据。而附条件或附期限的赠与合同中，条件或期限直接关系赠与合同的效力问题。

（二）附义务赠与的特殊效力

1. 所附义务的履行

附义务赠与中，受赠人应当按照约定履行义务。赠与人向受赠人给付赠与财产后，如果受赠人不按照赠与合同的约定履行义务的，赠与人有权请求其履行或者撤销赠与，但所附义务非因受赠人的事由不能履行或者不必要履行时，赠与人不得撤销赠与。所附义务的履行请求权不独为赠与人所享有，在所附义务是为特定第三人的利益所设时，受赠人不履行义务的，该第三人也有权请求受赠人履行。在所附义务是为公益而设时，有关部门亦享有履行请求权。受赠人履行的义务，应限于其所得的赠与财产的价值限度内，否则有违赠与合同须使受赠人受益的宗旨。如果所附义务超过赠与财产价值时，受赠人对超过部分无履行义务。

2. 瑕疵担保责任

一般赠与合同中，赠与人原则上不负瑕疵担保责任，但在附义务赠与中，受赠人须履行所附义务，为了使受赠人不致因履行所附义务而受有损失，《合同法》规定，对附义务的赠与，如果赠与的财产有瑕疵的，赠与人在附义务的限度内承担与出卖人相同的责任。

二、捐赠

捐赠，又称捐助，是指为了社会公益事业而自愿无偿地给予他人财产的行为。捐赠与一般赠与合同的主要区别在于，捐赠具有公益性，即捐赠的目的就是为了社会公益事业。

国家鼓励自然人、法人或其他组织对公益事业进行捐赠。《中华人民共和国公益事业捐赠法》（1999 年 9 月 1 日起施行）所规定的公益事业，是指非营利的下列事项：一是救助灾害、救济贫困、扶助残疾人等困难的社会群体和个人的活动；二是教育、科学、文化、卫生、体育事业；三是环境保护、社会公共设施建设；四是促进社会发展和进步的其他社会公共和福利事业。公益性社会团体和公益性非营利的事业单位可以作为受赠人接受捐赠。所谓公益性社会团体是指依法成立的，以发展公益事业为宗旨的基金会、慈善组织等社会团体；所谓公益性非营利的事业单位是指依法成立的，从事公益事业的不以营利为目的的教育机构、科学研究机构、医疗卫生机构、社会公共文化机构、社会公共体育机构和社会福利机构等。

捐赠的类型大致有以下几种：

（1）不附任何条件的捐赠。这是指赠与人为了社会公益，不附加任何条件地，将其财产自愿无偿地捐赠给了受赠人。这种赠与，除了赠与的目的是为了公益事业外，与一般赠与并无区别，应适用一般赠与的有关规定。

（2）附加特定条件的捐赠或对赠与财产指定用途的捐赠。这是指捐赠人在捐赠财产时特别指明了该财产使用目的的一种捐赠。捐赠人有权决定捐赠财产的用途，受赠人有义务按照捐赠财产的用途使用捐赠财产，不得擅自改变捐赠财产的用途。这种捐赠可视为附义务的赠与，适用附义务赠与的有关规定。

（3）募集捐助。这是指为了特定目的的募捐，由一定的组织发起，公开向不特定的人募集捐赠财产的捐助。募捐的特点在于，捐赠人不是直接将捐赠财产交给受赠人，而是交给募集人，再由募集人转交给受赠人。募集人有义务将捐赠人捐赠的财产交给受赠人，或者用于捐赠的目的。如果募集人不履行自己的义务，捐赠人有权请求其履行。

◎ 思考题

1. 简述赠与合同的概念与特征。
2. 简述赠与合同的效力。
3. 简述赠与的撤销。
4. 简述附义务赠与的特殊效力。

◎ 案例分析

甲公司在某电视台举办的赈灾义演晚会上，当场表示向地震灾区的乙学校捐赠 200 万元以重建教学楼。电视节目播出后，甲公司不仅赢得了声誉，而且公司的业务量也随之大幅度提升。但在乙学校要求甲公司履行捐款200万元的承诺时，却被甲公司以公司经营发生严重困难为由予以拒绝。

问：甲公司是否应履行捐款200万元的义务?

分析：

1. 赠与合同为诺成合同。甲公司发出赠与200万元的要约，乙学校作出同意接受200万元赠与的意思表示，赠与合同成立且生效。赠与人甲公司应依赠与合同的约定履行赠与200万元的义务。

2. 具有救灾、扶贫等社会公益性质的赠与合同，甲公司不得撤销。

3. 具有救灾、扶贫等社会公益性质的赠与合同，赠与人甲公司不交付赠与财产200万元的，受赠人乙学校可以要求交付。

4. 甲公司不存在经济状况显著恶化，严重影响其生产经营，可以不再履行赠与义务的情形。

第十二章　借款合同

第一节　借款合同概述

一、借款合同的概念与特征

借款合同是当事人双方约定一方将一定种类和数额的货币转移所有权给他方，他方在一定期间后返还同种类同数额货币并支付或不支付利息的合同。提供货币的一方为贷款人，接受货币的一方为借款人。借款合同的标的为金钱，即货币。

借款合同属于借贷合同的一种。借贷分为使用借贷与消费借贷。使用借贷是当事人约定一方以物，无偿贷与他方使用，他方于使用后，返还其物之契约。① 使用借贷转移的是标的物的使用权，也就是通常所说的借用合同；消费借贷，是当事人约定，一方转移金钱或其他代替物之所有权与他方，而他方以种类、品质、数量相同之物返还之契约。② 包括以货币为标的物的消费借贷合同和以实物为标的物的消费借贷合同。消费借贷合同不同于使用借贷合同，其转移的是标的物的所有权，他方在一定期限后返还的是同种类、同品质、同数量的货币或实物。我国《合同法》对借用合同及以实物为标的物的消费借贷合同均未作出规定，其所规定的借款合同是指以货币为标的物的消费借贷合同，包括金融机构借款合同和民间借款合同。

借款合同具有以下法律特征：

（1）借款合同是转移货币所有权的合同。借款合同的目的在于取得所借货币的所有权并加以处分，以此满足借款人的需求。因此，借款合同生效后，借款人有权取得所借货币的所有权。

（2）借款合同的标的具有特定性。借款合同的标的不是一般的财产，而是货币，即金钱，金钱既是可消耗物，又是特殊的种类物。

（3）借款合同可以是有偿合同，也可以是无偿合同。当事人在借款合同中可以约定利息也可以不约定利息。有利息约定者为有偿合同，无利息约定者为无偿合同。

（4）借款合同为诺成合同，但不排除实践合同的例外。借款合同属于诺成合同，合同当事人双方就合同的主要条款达成合意，合同即告成立。但自然人之间的借款合同，自贷款人实际提供贷款时生效，为实践合同。

---

① 郑玉波：《民法债编各论（上册）》，台北三民书局1981年版，第300页。

② 郑玉波：《民法债编各论（上册）》，台北三民书局1981年版，第311页。

(5) 借款合同为双务合同，但自然人之间的借款合同原则上为单务合同。金融机构借款合同中，当事人双方相互享有权利，同时又相互负有义务。贷款人的主要义务是按照约定的时间、数额提供贷款，借款人的主要义务是按期返还借款，为双务合同。自然人间的借款合同，因其为实践合同，在贷款人将金钱提供给借款人时，合同才生效。合同生效后，贷款人不再承担义务，仅借款人一方承担返还借款的义务，故自然人之间的借款合同原则上为单务合同。

二、借款合同的种类

借款合同，依据不同的标准，可作不同的分类。常见的分类主要有以下几种：

1. 金融机构借款合同与民间借款合同

这是依据借款合同主体的不同所作的分类。金融机构借款合同是指银行等金融机构作为贷款人一方，将金钱出借给借款人使用，借款人于规定的期限内还本付息的合同。金融机构借款合同分为两种：一是由中央银行（在我国为中国人民银行）作为贷款人一方与商业银行等金融机构签订的借款合同（再贷款合同），这是中国人民银行即中央银行实行宏观调控的一种手段，其目的不在于营利，而在于实行货币政策的要求；二是由商业银行作为贷款人一方，与自然人、法人和其他组织签订的借款合同（银行借款合同），这是商业银行为了赢利所开展的信贷业务。民间借款合同是指非金融机构的贷款人，将金钱出借给借款人使用，借款人到期返还借款并支付或不支付利息的合同。

2. 有偿借款合同与无偿借款合同

这是依据借款是否有偿所作的划分。有偿借款合同是指借款人向贷款人借款，到期要还本付息的合同。金融机构借款合同为有偿合同；无偿借款合同是指借款人向贷款人借款，到期仅返还本金而不必支付利息的合同。民间借款合同有无偿借款合同，也有有偿借款合同。

3. 担保借款合同与信用借款合同

这是依据借款合同有无担保所作的划分。担保借款合同是指有担保保障的借款合同，包括保证借款合同、抵押借款合同和质押借款合同等。信用借款合同是指依据借款人的信誉，无须其提供担保而成立的借款合同。依据我国《合同法》及《中华人民共和国商业银行法》（以下简称《商业银行法》）等有关规定，对于商业银行借款合同，借款人应当提供担保，实行担保借款，只有在例外的情况下，经商业银行审查、评估，确认借款人资信良好，确能偿还贷款的，可以不提供担保，实行信用借款。对于民间借款合同，是采用信用借款的形式还是采用担保借款的形式，由当事人自由确定。

第二节　银行借款合同

一、银行借款合同的订立

银行借款合同，由借款人与贷款人在平等自愿的基础上订立，除应遵守合同订立的一般规则外，依据《合同法》、《商业银行法》的规定，还应遵循以下特别要求：

（1）贷款人应严格审查借款人的资信等情况。依据《商业银行法》第 35 条的规定，商业银行贷款，应当对借款人的借款用途、偿还能力、还款方式等情况进行严格审查。商业银行贷款，实行审贷分离、分级审批的制度。因此，银行借款合同的订立，一般先由借款人提出贷款申请，经银行审查批准予以贷款的，贷款人与借款人才签订借款合同。

（2）借款人一般应提供担保。《合同法》规定，订立借款合同，贷款人可以要求借款人提供担保。《商业银行法》第 36 条规定，商业银行贷款，借款人应当提供担保。商业银行应当对保证人的偿还能力，抵押物、质物的权属和价值以及实现抵押权、质权的可行性进行严格审查。只有在例外的情况下，经商业银行审查、评估，确认借款人资信良好，确能偿还贷款的，可以不提供担保。

（3）商业银行不得向关系人发放信用贷款，向关系人发放担保贷款的条件不得优于其他借款人同类贷款的条件。所谓关系人是指商业银行的董事、监事、管理人员、信贷业务人员及其近亲属以及这些人员投资或者担任高级管理职务的公司、企业和其他经济组织。

（4）借款人应提供与借款有关的业务活动和财务状况的真实情况。《合同法》第 199 条规定："订立借款合同，借款人应当按照贷款人的要求提供与借款有关的业务活动和财务状况的真实情况。"为了确保借款能够按时收回，贷款人在订立借款合同的过程中，需对借款人的申请、借款的必要性与可行性、借款人的资信情况等进行认真的审查，借款人应按照贷款人的要求提供与借款有关的业务活动和财务状况的真实情况以配合贷款人的审查，如向贷款人提供其开户行、账号及存款余额等情况。借款人提供的情况，应使贷款人能全面地了解借款人的经营及资信，为贷款人决定是否贷款提供客观的依据。

二、银行借款合同的内容和形式

依据《合同法》第 197 条的规定，银行借款合同应当包括以下内容：

（1）借款种类。从不同的角度，借款有不同的分类。比如，明确借款是工业贷款还是农业贷款，是短期贷款还是长期贷款。不同种类的借款，其利率、偿还方式等都有所不同，因而在合同中应予以明确。

（2）币种。币种是借款人所借货币的种类。借款合同中应明确借款是人民币还是外币。

（3）借款的用途。借款的用途也就是借款人使用借款的特定范围，一般是由借款种类和贷款条件所决定的。对于银行借款合同而言，适用专款专用的原则。

（4）借款的数额。借款的数额是指借款数量的多少，它是确定当事人双方权利义务大小的依据，也是计算借款利息的重要依据，应在合同中准确无误地载明。

（5）借款的利率。利率是在一定期限内借款利息的数额与借款本金的比率。利率一般分为年利率、月利率、日利率。利率是计算利息的主要依据。办理贷款业务的金融机构的贷款利率，应当按照中国人民银行规定的贷款利率的上下限确定。

（6）借款的期限。借款期限是借款人使用借款的期限，是支付利息的期限，也是决定借款人何时归还借款的期限。借款期限根据借款人的生产经营周期，还款能力和贷款人的资金供给能力由双方当事人共同协商确定。

（7）还款方式。还款方式是指借款人采用哪种结算方式，按期将借款归还给贷款人。

（8）当事人双方认为需要约定的其他事项。

银行借款合同须采用书面形式。有关借款的凭证、当事人双方同意修改借款合同的有关书面材料等，都是借款合同的组成部分。

三、银行借款合同的效力

银行借款合同的效力是指银行借款合同成立生效后所产生的法律后果，表现为贷款人与借款人双方的权利与义务。由于银行借款合同是双务合同，在此，对银行借款合同的效力仅从双方的义务方面阐述。

（一）贷款人的义务

（1）按照合同约定的日期、数额提供借款。按时、足额提供借款是贷款人的主要义务，贷款人必须按照合同的约定履行。如果贷款人违约，未按照约定的日期、数额提供借款，造成借款人损失的，应当赔偿损失。

（2）贷款人不得预先在本金中扣除借款的利息。贷款人有义务足额提供贷款，这样才能满足借款人的需求，达到合同的目的。如果贷款人预先在本金中扣除了借款利息，则意味着借款人借款金额的减少，却仍要支付与借款金额不符的利息，这种做法既违背了平等原则，又违反了借款合同应全面履行的规则。如果借款利息预先在本金中扣除的，借款人应按照实际借款数额返还借款并计算利息。

（二）借款人的义务

（1）按照约定的日期、数额收取借款。按照合同的约定收取借款，既是借款人的权利，也是借款人的义务。如果借款人没有按照约定的日期和数额收取借款，贷款人预期的商业利益就可能遭受损失，为公平起见，借款人仍然应当按照约定的日期、数额支付利息。

（2）按照约定的借款用途使用借款。借款人应当按照借款合同约定的用途使用借款，不得挪作他用。由于贷款人是根据借款的用途来确定借款人的偿还能力而同意贷款的，如果借款人擅自改变借款用途，可能会导致贷款人到期不能收回贷款而损害贷款人的利益。如果借款人违约，未按照约定的借款用途使用借款的，《合同法》规定贷款人可以采取措施进行违约补救。贷款人可以采取的救济措施包括：停止发放借款、提前收回借款或者解除合同。

（3）按照约定接受贷款人的检查监督及提供必要资料。在履行借款合同过程中，贷款人按照约定可以检查、监督借款的使用情况，借款人有义务积极配合贷款人的检查、监督。贷款人行使此权利，就是为了保证借款人按照借款用途使用借款和按期收回本息。借款人应当按照约定向贷款人定期提供有关财务会计报表等资料，为贷款人检查、监督借款的使用情况提供客观的依据。当然贷款人的检查监督权，当事人也可以不约定或约定排除。

（4）按合同约定的还款期限和方式及时返还本金和利息。借款人应当按照约定的期限返还借款。对借款期限没有约定或者约定不明确的，当事人可以协议补充；不能达成补充协议的，按照合同有关条款或者交易习惯确定。如仍不能确定还款期限的，借款人可以随时返还，贷款人可以催告借款人在合理期限内返还。所谓合理期限，法律并没有规定一定的标准，应由当事人根据实际情况确定。如果借款人未按照约定的期限返还借款，应当按照约定或者国家有关规定支付逾期利息。借款人在还款期限届满之前向贷款人申请展期，贷款人同意的，可依照新确定的期限返还借款。所谓展期实际上是延长借款合同的期限，是对原借款合同的变更。实践中，经常会出现借款人不能按期归还借款的情况，此时产生借款人请求延期的权利，即借款人可以在还款期限届满之前向贷款人申请展期，但借款人行使要求展期的权利并不当然产生使借款合同延期的效果，须贷款人同意，才可以展期。

借款人按照约定的期限支付利息，也是借款人的重要义务。借款合同中对支付利息的期限没有约定或者约定不明确的，可以协议补充；不能达成补充协议的，按照合同的有关条款或者交易习惯确定。如果仍不能确定的，则依据借款的具体情况采取分段支付的方法，即借款期间不满一年的，应当在返还借款时一并支付，借款期间一年以上的，应当在每届满一年时支付，剩余期间不满一年的，应当在返还借款时一并支付。

借款人提前偿还借款的，除当事人另有约定的以外，应当按照实际借款的期间计算利息。

第三节　民间借款合同

一、民间借款合同的订立

民间借款合同因可以满足借款人的资金需要，具有民间互通有无的作用，因而被法律所认可。由于民间借款合同融通的资金数量有限，故法律对其订立并没有严格的限制，只要贷款人与借款人就借款事宜在平等自愿的基础上达成合意并以书面形式表示的，借款合同即为成立并有效。至于民间借款合同中的自然人间的借款合同，可以采用书面形式，也可以采用口头形式。不论其采用口头形式或书面形式，均自贷款人提供借款时生效。

二、民间借款合同的效力

民间借款合同以自然人之间的借款合同为主，但不限于自然人之间的借款，自然人与法人之间的借款合同以及自然人与非法人组织之间的借款合同也属于民间借款合同。但是，如果非金融企业以借贷名义向职工非法集资，或者以借贷名义非法向社会集资，或者以借贷名义向社会公众发放贷款，或者有其他违反法律、行政法规的行为的，应认定借款合同无效。至于企业之间签订的借款合同，因其违反有关金融法规，自属无效合同。

民间借款合同除自然人之间的借款合同外，为诺成性合同。诺成性的民间借款合同，其当事人之间的权利义务与银行借款合同当事人之间的权利义务基本相同，在此不再重复。实践性民间借款合同即自然人之间借款合同的效力，除了适用银行借款合同的相关规定外，《合同法》还对其作出了下列特别规定：

(1) 自然人借款合同中，仅借款人一方承担义务。自然人之间的借款合同无论采用口头形式还是书面形式签订，均自贷款人提供借款时生效。合同生效后，贷款人不再承担义务，仅借款人一方承担返还借款及利息（有利息约定时）的义务。故自然人之间的借款合同为实践性合同、单务合同。

（2）自然人借款合同中，如当事人对支付利息没有约定或约定不明确的，借款人不承担支付利息的义务。自然人之间的借款合同可以有偿，也可以无偿。如果当事人对利息有约定的，借款人应按照约定支付利息，如果当事人对支付利息没有约定或者约定不明确的，则视为不支付利息。如果自然人之间的借款合同约定支付利息的，则借款的利率不得违反国家有关限制借款利率的规定。

◎ 思考题

1. 简述借款合同的概念与特征。
2. 简述银行借款合同的效力。
3. 比较银行借款合同与自然人之间的借款合同。

◎ 案例思考

甲向乙提出借款20万元，借款期限6个月，乙表示同意。其后，乙因资金周转困难，只给了甲15万元。借款期满后，乙要求甲返还借款并支付借款利息及逾期利息，甲以合同未约定利息为由，拒绝支付利息，同时要求乙承担未足额提供借款的违约责任。

问：乙应否承担违约责任？甲应否支付利息？

第十三章 租 赁 合 同

第一节 租赁合同概述

一、租赁合同的概念、特征和种类

（一）租赁合同的概念

租赁是一种非常古老的交易活动，一方暂时将其物交与他方使用，他方需返还原物，并支付一定的对价。因此，租赁合同是出租人将租赁物交付承租人使用、收益，承租人支付租金的合同。有些国家的民法将租赁分为“使用租赁”和“用益租赁”，仅以使用为目的者，称为使用租赁；以使用及收益为目的者，称为用益租赁。① 在租赁合同中，交付租赁物供对方使用、收益的一方为出租人；使用租赁物并支付酬金的一方为承租人，支付的报酬称为租金。

（二）租赁合同的特征

（1）租赁合同是转移租赁物使用、收益权的合同。在租赁期限内，承租人享有租赁物的使用权、收益权，但当事人可以约定排除承租人的收益权。租赁物的所有权不发生移转，租赁合同届满后，承租人须将原物返还。这是租赁合同区别于买卖合同的根本特征。

（2）租赁合同是双务、有偿、诺成合同。在租赁合同中，交付租金和转移租赁物的使用收益权之间存在着对价关系，交付租金是获取租赁物使用收益权的对价，而获取租金是出租人出租财产的目的，因此，租赁合同为双务、有偿合同。租赁合同的成立不以租赁物的交付为要件，出租人与承租人双方意思表示达成一致，合同即成立，故为诺成合同。

（3）租赁合同具有临时性。租赁合同是一方对另一方的租赁物使用和收益的合同，如果期限过长将使出租人的权利实际上被虚置。因此，在许多国家和地区的立法上都规定了租赁合同的最长租赁期限。如《日本民法典》第604条规定：“租赁的存续期间不得超过20年。长于20年的租赁者，其期间缩短为二十年。”我国《合同法》第214条也规定：“租赁期限不得超过20年。超过20年的，超过部分无效。租赁期间届满，当事人可以续订租赁合同，但约定的租赁期限自续订之日起不得超过20年。”

（4）租赁合同为继续性合同。继续性合同是与非继续性合同（又称一时性合同）相对应的一种合同分类，是指“债的内容，非一次给付可完结，而是继续地实现，其基本

① 史尚宽：《债法各论》，中国政法大学出版社2000年版，第145页。

特色是时间因素，在债的履行上居于重要地位，总给付的内容系于应为给付时间的长度”。① 在租赁合同中，承租人合同目的的实现，有赖于出租人在租赁期间内持续不间断地履行合同义务，因此，租赁合同为继续性合同。

(三) 租赁合同的种类

1. 动产租赁与不动产租赁

根据租赁物的不同，租赁合同可以划分为动产租赁合同和不动产租赁合同。动产租赁合同即以动产为标的物的租赁合同，包括一般的动产租赁、动物租赁、船舶租赁、汽车租赁等；不动产租赁合同即是以不动产为标的物的租赁合同，在我国主要指房屋租赁，另外国有土地使用权租赁、土地承包经营权租赁、宅基地使用权租赁等也视为不动产租赁。

2. 一般租赁与特殊租赁

根据法律对租赁合同是否具有特殊的规定，可以将租赁合同划分为一般租赁和特殊租赁。特殊租赁是相对于一般租赁而言的，指法律有特殊要求的租赁。我国《海商法》对船舶租赁有特殊规定，城市房地产管理法规对城市房屋租赁有特殊要求，这些租赁皆为特殊租赁。

3. 定期租赁与不定期租赁

根据租赁合同是否有固定期限，可以划分为定期租赁合同和不定期租赁合同。定期租赁合同是指约定有明确期限的租赁合同；当事人在租赁合同中未约定租赁期限或约定不明确的，则为不定期合同。依《合同法》第 215 条规定，租赁期限 6 个月以上的定期租赁合同未采用书面形式的，视为不定期租赁；另依《合同法》第 236 条规定，租赁期间届满，承租人继续使用租赁物，出租人没有提出异议的，原租赁合同继续有效，但租赁期限为不定期。对于不定期租赁，任何一方当事人都有权依自己的意愿随时解除合同，但在解除合同之前，应预先通知对方。但是，无论是否约定租赁期间，租赁期间都受 20 年法定期间的限制。

二、租赁合同的内容和形式

租赁合同的内容包括租赁物的名称、数量、用途、租赁期限、租金以及其支付期限和方式、租赁物维修等条款。这些条款并非全部为强制性条款，其中租赁物的名称、数量、用途为合同必备条款，其余条款当事人均可自由约定，即使没有约定也不影响租赁合同的效力。在租赁合同的内容中，关于租赁物情况的条款具有相当重要的地位。租赁物即租赁合同的标的物，是指出租人于合同生效后应交付承租人使用、收益的物。租赁物既可以是动产也可以是不动产，但须是非消耗物、特定物、有形物。非消耗物是能够供权利人反复使用的物，如房屋、机器或各种耐耗物品，否则无从返还原物；特定物是指具有独立特征或被权利人指定，不能以他物替代的物；有形物即具有一定形状的物。至于租赁物可否为物的一部分，学界有不同的观点。史尚宽先生认为，“物之一部，亦得为租赁之标的。此在租赁为当事人之间之关系，固无问题，然在对抗第三人之关系上，则不免发生利用关系

① 王泽鉴：《民法债编总论（一）》，台湾三民书局 1993 年版，第 109 页。

划分不明之情形。立法上应予以考虑”。① 我国学者一般认为，租赁物可以是财产的整体，也可以是财产的一部分。但为避免纠纷的发生，以物的一部分出租的，当事人应明确使用的范围，并且仅限于该物的部分可单独使用的情况。② 在传统民法理论上，租赁是非要式的。而根据《合同法》第215条的规定，具体有下列三种情形：（1）租赁期限为6个月以下的，可以由当事人自由选择合同的形式。无论采用书面形式还是口头形式，都不影响合同的效力。（2）只要租赁期限在6个月以上的租赁合同，应当采用书面形式。这主要是为了避免当事人之间产生就合同条款方面的争议，减少纠纷的发生。（3）如果租赁期限在6个月以上的租赁合同没有采用书面形式，不论当事人对租赁期限做了什么约定，在法律上均视为不定期租赁。

另外，根据我国有关法律法规，有些租赁物的租赁需要进行登记备案。因此，合同双方当事人应当按照有关法律法规的规定，办理租赁登记备案。例如2011年《城市房屋租赁管理办法》规定，房屋租赁实行登记备案制度。

第二节　租赁合同的效力

一、出租人的义务

（一）交付租赁物并在租赁期间保持租赁物符合约定用途的义务

1. 交付租赁物

所谓交付租赁物，是指移转标的物的占有归承租人。出租人应依照合同约定的时间和方式交付租赁物。物的使用以交付占有为必要的，出租人应按照约定交付承租人实际占有使用。物的使用不以交付占有为必要的，出租人应使之处于承租人得以使用的状态。如果合同成立时租赁物已经为承租人直接占有，则从合同约定的交付时间时起承租人即对租赁物享有使用收益权。租赁物附有从物的，出租人于交付租赁物时，应当同时交付从物。出租人交付租赁物后，在租赁存续期间不得任意收回。出租人不能按时交付租赁物的，应负迟延履行的违约责任。

2. 在租赁期间保持租赁物符合约定用途

租赁合同是继续性合同，在其存续期间，出租人有继续保持租赁物的法定或者约定品质的义务，使租赁物合于约定的使用收益状态。一旦租赁物非因承租人方面的事由发生毁损，而不再合乎约定的用途，出租人即应加以修缮，恢复其原来的状态。因修理租赁物而影响承租人使用、收益的，出租人应相应减少租金或延长租期，但按约定或习惯应由承租人修理，或租赁物的损害因承租人过错所致的除外。

（二）维修租赁物的义务

我国《合同法》第220条规定：“出租人应当履行租赁物的维修义务，但当事人另有约定的除外。”出租人的该项义务是出租人应维持租赁物合于使用、收益状态义务的延

---

① 史尚宽：《债法各论》，中国政法大学出版社2000年版，第160页。

② 参见郭明瑞、王轶：《合同法新论·分则》，中国政法大学出版社1997年版，第103页。

伸。其构成要件如下：

(1) 有维修的必要。即租赁物发生损毁等情事，如不维修则不能继续对租赁物进行使用、收益。如出租之房屋因时日长久，遇雨渗漏，承租人无法继续居住。租赁物因可归责于出租人的事由或者因其他不可归责于承租人的事由而致租赁物损毁而有维修的必要时，出租人有维修的义务，自无疑问，但在因可归责于承租人的事由而致租赁物损毁时，出租人是否也有维修之义务，则有不同观点。依德国民法及瑞士债务法的解释，此时出租人不负维修义务，但依日本学者通说认为，于此情形下，出租人仍负有维修的义务。① 我国学者通说认为，出租财产在出租期间所出现的故障，必须非由承租人的过失所引起，出租人才负维修出租财产的义务。②

(2) 有维修的可能。即损毁的租赁物在事实上能够修复，并且在经济上也合算。租赁物虽有维修的必要，然而如其已无维修的可能，如租赁物为房屋而房屋被大火烧塌，除非重建，否则仅靠维修无法继续供人居住的，即为无维修的可能；或者虽有维修的可能，但维修本身耗费过巨，亦可认为属维修不能。③ 如为维修不能，则发生合同的一部或全部不能，合同的效力应依合同履行不能的规定处理。在全部不能时，租赁合同终止。

(3) 在租赁期间承租人履行了通知义务。承租人对于租赁物损毁的情况，应当及时通知出租人。因为租赁物交付承租人占有后，对租赁物是否有维修的必要，承租人最清楚，而出租人不一定知道。所以租赁物由承租人使用期间，如有维修的必要，除出租人已知外，承租人应及时通知出租人。承租人应为通知而未为通知的，出租人不发生维修租赁物的义务。

(4) 当事人无另外的约定。出租人的维修义务，并非法律的强制性规定，当事人可以特约排除。因此，如果当事人约定或者依交易习惯租赁物应当由承租人负责维修的，出租人不负维修的义务。

维修租赁物是出租人的义务，在租赁物需要维修时，承租人可以要求出租人在合理期间内维修。出租人未履行维修义务的，承租人可以自行维修，维修费用由出租人负担。因维修租赁物影响承租人使用、收益的，承租人得请求减少租金或者相应地延长租期。

(三) 瑕疵担保义务

1. 物的瑕疵担保义务

出租人对租赁物的瑕疵担保是指出租人应担保所交付的租赁物能够为承租人依约正常使用、收益，如房屋能够居住、机器设备能够生产合格的产品等。如果租赁物有使承租人不能进行正常使用、收益的瑕疵，出租人即应承担违约责任，承租人得请求修理、更换、解除合同或者请求减少价金。

我国《合同法》第233条规定，如果租赁物危及承租人的安全或者健康的，即使承租人订立合同时明知该租赁物质量不合格，承租人仍然可以随时解除合同。本条赋予承租人以合同解除权，主要是从保护当事人生命健康权的角度出发。且该解除权只须有承租人

---

① 参见史尚宽：《债法各论》，中国政法大学出版社2000年版，第166页。

② 参见王家福主编：《中国民法学·民法债权》，法律出版社1991年版，第652页。

③ 参见郭明瑞、王轶：《合同法新论·分则》，中国政法大学出版社1997年版，第111页。

一方的意思表示即可生效，无须出租人同意。

2. 权利瑕疵担保义务

所谓出租人的权利瑕疵担保义务，是指出租人应担保不因第三人对承租人主张租赁物上的权利而使承租人无法依约对租赁物进行使用、收益。此义务的构成须符合以下条件：(1) 须有第三人就租赁物向承租人主张权利。(2) 第三人主张权利妨碍了承租人对租赁物的使用收益。如果不会妨碍承租人的使用收益，则不发生出租人的担保义务。例如，第三人主张在租赁物上成立抵押权，由于抵押权为价值权，抵押权人的权利不会妨碍承租人对租赁物的使用收益，因此第三人仅主张抵押权存在的，不发生出租人的权利瑕疵担保义务；但于第三人主张抵押权实现时，因其涉及对租赁物实体的处置，所以会妨碍承租人对租赁物的使用收益，此时会发生对出租人的权利瑕疵担保义务。① (3) 第三人所主张的权利须发生于租赁合同生效之前。若发生于租赁合同生效之后，则因承租人的租赁权具有对抗第三人的效力，所以即使有第三人主张权利，亦不会妨碍承租人对租赁物进行使用、收益。(4) 承租人于订立合同时不知有权利瑕疵。如果承租人在订立合同时明知有权利瑕疵，仍自愿承担第三人主张权利的风险，则出租人无须承担违约责任。(5) 须承租人将租赁物上的权利瑕疵通知出租人后，出租人未能及时地进行救济，即没有及时采取措施消除权利瑕疵。

出租人违反权利瑕疵担保义务时，承租人可以请求减少租金或者不支付租金。比如对一台机器的租赁期是 2 年，承租人只使用 1 年，就被出租人的债权人行使抵押权而变卖，则承租人只支付 1 年的租金，而拒绝支付 2 年的租金。如果承租人根本没有使用，租赁物就被他人追夺或者虽使用但由于使用的过程被割断不能达到使用、收益的效果，则有权拒绝支付全部租金。

二、承租人的义务

(一) 按照约定的方法或租赁物的性质使用租赁物的义务

承租人应按照约定的方法使用租赁物；无约定的或约定不明确的，可以由当事人事后达成补充协议来确定；不能达成补充协议的，按合同的有关条款或交易习惯确定；仍不能确定的，应按照租赁物的性质使用，也就是要按租赁物通常的用途使用。承租人按照约定的方法或者按租赁物的性质使用，致使租赁物受到损耗的，因属于正常损耗，租金中已经包含了这种损耗的成本，所以承租人不承担损害赔偿责任。如果损耗导致租赁物需要维修，则应按照租赁合同的约定，承租人有权要求出租人进行维修。如果承租人未按照约定的方法或者以租赁物的性质使用，致使租赁物受到损耗的，依据《合同法》第 219 条的规定，承租人应承担相应的违约责任，出租人可以解除合同并要求赔偿损失。

(二) 妥善保管租赁物的义务

承租人应以善良管理人的注意妥善保管租赁物。租赁物有收益能力的，承租人应保持其能力。如对承租的林地不能砍伐过度，对承租的耕地不能不施肥或任其荒废等。然而保持租赁物的收益能力的费用是为使承租人自己使用收益所必要的费用，此项费用应由承租

① 参见江平主编：《中华人民共和国合同法精解》，中国政法大学出版社 1999 年版，第 175 页。

人负担。承租人因违反保管义务造成租赁物毁损、灭失的，应当承担损害赔偿责任。另外若由于承租人的共同居住人或承租人允许对租赁物使用、收益的第三人的原因造成租赁物毁损、灭失的，承租人也应承担损害赔偿之责。

承租人的保管义务，还派生出以下两种从属义务：

(1) 通知义务。在租赁关系存续期间，承租人为使租赁物保持适于使用、收益的状态，在出现某些情况时负有及时通知出租人的义务，如租赁物有修理、防止危害的必要时或第三人就租赁物主张权利时或其他依诚实信用原则应该通知的事由。若承租人怠于通知，致出租人不能及时救济而受到损害的，承租人应负赔偿责任。

(2) 对出租人保存行为的容忍义务。所谓保存行为，是指为保持租赁物处于适用状态而采取的行为。对保存行为，以其必要为限，承租人不得拒绝。因维修租赁物影响承租人使用的，应当相应减少租金或者延长租期。

(三) 支付租金的义务

支付租金，是承租人最重要的一项义务。租金是使用收益租赁物的对价，一般表现为货币的形式，但是如果当事人约定以租赁物的孳息或者其他物充当租金的，并无不可。承租人对租赁物进行使用收益，如不按时足额支付租金，出租人通过让渡财产使用权而获得租金收入的合法权利就不能得到保障。① 因此，承租人应按照约定的数额、期限和方式向出租人支付租金。租金的数额由当事人任意约定，但法律对租金数额有特别规定的，应依法律的规定。租金的支付方式可以是一次支付，也可以是分期支付。分期支付的可以视为定期支付，每期租金的消灭时效自该期租金到期之日起计算。《合同法》第 226 条规定："承租人应当按照约定的期限支付租金。对支付期限没有约定或者约定不明确，依照本法第 61 条的规定仍不能确定，租赁期间不满 1 年的，应当在租赁期间届满时支付；租赁期间 1 年以上的，应当在每届满 1 年时支付，剩余期间不满 1 年的，应当在租赁期间届满时支付。"从此规定来看，租金支付期限的确定，首先要尊重当事人的意愿；其次在协商不成或无合意时采用后付原则。

依照《合同法》的规定，承租人无正当理由未支付租金或延期支付租金的，出租人可以要求承租人在合理期限内支付。该期限应当根据到期租金的数额、承租人的支付能力及出租人的经济状况等因素确定。承租人经催告在该期限内仍不支付的，出租人可以解除合同。

(四) 不得擅自改善和增设他物

《合同法》第 223 条规定："承租人经出租人同意，可以对租赁物进行改善和增设他物。承租人未经出租人同意，对租赁物进行改善或者增设他物的，出租人可以要求承租人恢复原状或者赔偿损失。"该条规定的主要目的在于：(1) 便于承租人行使租赁权及其生产经营；(2) 不损害出租人的利益。承租人在进行改善租赁物或者在租赁物上增设他物的行为时，必须经出租人同意。如果出租人不同意，出租人没有返还费用的义务，而且享有要求承租人恢复原状或者承担损失的权利。

---

① 参见全国人大法工委研究室编写组：《中华人民共和国合同法释义》，人民法院出版社 1999 年版，第 335 页。

如果出租人同意承租人改善租赁物或者增设他物的行为，而且在租赁关系终止后租赁物的价值增加的，则出租人有义务返还有益费用。出租人的同意可以是明确的同意，也可以是默示同意，“须足以表明有反对支出有益费用之意思，始为反对”。① 所谓有益费用就是承租人支出的使租赁物价值增加的费用。关于有益费用的返还根据，各国认识不一。德国民法上认为，出租人对其补偿应依关于不当得利的规定予以确定；而日本民法则认为，此根据介于不当得利返还与无因管理返还两可之间，可依出租人的选择来决定。我国采不当得利说。② 出租人返还的利益仅以其所得为限，而不能以承租人支出的数额为准。未经出租人同意的改善或者增设他物，出租人不但不负有返还有益费用的义务，而且可以行使要求出租人恢复原状或者赔偿损失的权利。

（五）返还租赁物的义务

租赁合同终止时，租赁物仍然存在的，承租人应将租赁物返还出租人；若租赁物非由承租人的事由灭失的，则承租人无返还义务。

所谓返还，对于动产而言，即将租赁物原物交还于出租人；在不动产场合，则为承租人放弃对不动产的占有，而将占有移转给出租人，如将土地使用权移转，或将房屋腾出等。《关于审理城镇房屋租赁合同纠纷案件具体应用法律若干问题的解释》第十八条规定：房屋租赁合同无效、履行期限届满或者解除，出租人请求负有腾房义务的次承租人支付逾期腾房占有使用费的，人民法院应予支持。国外立法一般认为，依诚实信用原则考虑，对于承租人无过失迟延搬迁的，出租人应给以宽容期间。③ 承租人逾期不及时返还租赁物的，应当承担违约责任。承租人不仅应当交付逾期返还租赁物的租金、偿付违约金或赔偿损失，还应承担租赁物于其逾期返还期间意外灭失的风险。

承租人返还的租赁物应当符合按照约定或者租赁物的性质使用后的状态。在正常使用、收益过程中造成的正常磨损等，仍视为返还的租赁物符合要求。此外，承租人如在租赁物上增加了有可能妨害租赁物通常使用、收益的附着物时，承租人应将其取去，恢复租赁物的原状。承租人如为维修或增加租赁物的价值而增添附着物的，在返还租赁物时可取回附着物。但若取回附着物将会损及租赁物或根本无法取回时，承租人没有恢复原状的义务和取回权，只有费用偿还请求权。

三、租赁合同的特别效力

（一）获取租赁物收益的权利

《合同法》第225条规定：“在租赁期间因占有、使用租赁物获得的收益，归承租人所有，但当事人另有约定的除外。”该条即是关于承租人收益权的规定。

当事人可以协商确定在租赁期间因占有、使用租赁物而获得的收益的归属，如无约定，则此收益归承租人所有。这是因为，租赁合同以物的使用、收益为目的。承租人订立租赁合同最主要的目的就是取得对他人物品的占有、使用和收益的权利，以租赁替代买

---

① 邱聪智：《新订债法各论（上）》，台湾元照出版有限公司2003年版，第333页。

② 参见王轶编著：《租赁合同、融资租赁合同》，法律出版社1999年版，第31页。

③ 参见崔建远主编：《合同法（第三版）》，法律出版社2003年版，第375页。

卖，以较少的成本实现特定的消费或生产目的。所以，在当事人无特别约定时，承租人获取租赁物在租赁期间收益的权利。

（二）租赁权的物权化

《合同法》第229条规定："租赁物在租赁期间发生所有权变动的，不影响租赁合同的效力。"依照本条规定，租赁物所有权在租赁期间内的移转并不影响承租人的权利，原租赁合同对受让租赁物的第三人仍然有效，该第三人不得解除租赁合同，此即"买卖不破租赁"原则。实际上，这一规定并不限于租赁物所有权因买卖而转移的情况，还应包括租赁物抵押、遗赠、互易甚至将租赁物作为合伙投资等情况。但是，租赁房屋具有下列情形或者当事人另有约定的除外：（1）房屋在出租前就已经设立抵押权，因抵押权人实现抵押权发生所有权变动的；（2）房屋在出租前已经被人民法院依法查封的。这一原则突破了传统的合同相对性原则，使租赁权具有对抗第三人的效力。许多国家和地区的立法为了追求社会生活的稳定，并进而追求社会生活的发展，对承租他人的不动产时都采取了巩固承租人地位的方针，与此方针相关的一系列法律现象被学者统称为"租赁权的物权化"。

租赁权尽管出现物权化的趋向，但就一般而言，其性质仍为债权。租赁权的物权化应有一定的边界：首先，租赁权的物权化主要是指不动产租赁权的物权化。考虑到不动产的稀缺性较高，为强化不动产承租人的地位，法律可对不动产租赁实行"买卖不破租赁"的原则；而动产具有较强的可替代性，若对其实行"买卖不破租赁"原则，则不利于财产的流通。其次，即使是不动产租赁权的物权化，也应存在边界。我国的立法上既然已经承认了诸多以不动产的使用、收益为目的的用益物权，若对租赁权的物权化程度不设限制，则难免使一些用益物权无适用的余地。①

（三）房屋承租人的优先购买权

优先购买权是民法优先权的一种，指的是特定权利义务关系的一方当事人依照法律的具体规定享有的、在同等条件下对标的物能够优先购买的权利。所谓承租人的优先购买权，是指当出租人出卖房屋时，承租人在同等条件下，依法享有优先于其他人购买房屋的权利。《合同法》第230条对此予以确认。另外在我国以往的立法和司法解释中，也有相关规定。《最高人民法院关于贯彻执行〈中华人民共和国民法通则〉若干问题的意见》第118条规定："出租人出卖出租房屋，应提前3个月通知承租人，承租人在同等条件下，享有优先购买权；出租人未按此规定出卖房屋的，承租人可以请求人民法院宣告该房屋买卖无效。"但这里的无效，不具有绝对性，承租人若不主张优先购买权，该房屋买卖有效。

承租人的优先购买权是一种法定的权利，是由法律直接规定的，不需要当事人在租赁合同中加以约定。而且它是专属于承租人的权利，不能通过转让或者继承转移至他人。承租人要实现该权利，必须满足以下特定的条件：（1）出租人要转让房屋的所有权；（2）出租人出卖房屋的行为须发生于租赁合同存续期间；（3）在同等的条件下购买。也就是说承租人可以满足出租人与第三人订立买卖合同的条件。同等条件主要是指价格的同一，

---

①　参见王轶编著：《租赁合同、融资租赁合同》，法律出版社1999年版，第58页。

如果出租人基于某种特殊原因给予了其他买受人一种较优惠的价格，而此种优惠能以金钱计算，则应折合金钱加入价格中。如果不能以金钱计算，那么应以市场价格来确定房价。①（4）必须在合理期限内行使。出租人在出卖租赁房屋时，应当在出卖之前的合理期限内通知承租人，给承租人考虑是否购买该房屋的时间。只要承租人未作出放弃优先购买权的表示，出租人不得在这个期限内将该房屋卖给他人。如果出租人违反了该项规定或者存在其他侵害承租人优先购买权情形，承租人请求出租人承担赔偿责任的，人民法院予以支持。但请求确认出租人与第三人签订的房屋买卖合同无效的，人民法院不予支持。房屋租赁合同解释第24条还规定：具有下列情形之一，承租人主张优先购买房屋的，人民法院不予支持：（1）房屋共有人行使优先购买权的；（2）出租人将房屋出卖给近亲属，包括配偶、父母、子女、兄弟姐妹、祖父母、外祖父母、孙子女、外孙子女的；（3）出租人履行通知义务后，承租人在十五日内未明确表示购买的；（4）第三人善意购买租赁房屋并已经办理登记手续的。

第三节 租赁合同中的风险负担

当由于既不可归责于承租人，又不可归责于出租人的事由，致使租赁物部分或全部毁损、灭失时，就产生了租赁合同中的风险负担问题。关于租赁物风险责任的承担，具体可从以下两点来理解：

（1）租赁物的风险负担问题，即当由于不可归责于承租人和出租人双方当事人的事由，致使租赁物部分或全部毁损、灭失的，租赁物部分或全部毁损灭失的损失应由谁负担。对此问题，除非法律有特别规定，或当事人之间有特别约定，自罗马法以来，就形成了由物的所有人负担风险，即天灾归物权人负担的法律思想。② 这是标的物风险负担的一般原则。所以在上述情形下，租赁物部分或全部毁损灭失的损失应由租赁物的所有权人负担。

（2）租金的风险负担问题，是指因不可归责于双方当事人的事由，致使租赁物部分或全部毁损、灭失，从而导致租赁合同部分或全部不能履行时，租金风险应由谁负担的问题。此处的风险负担主要是解决双务合同对待给付义务的履行问题，尤其是承租人支付租金义务的履行问题。依据《合同法》第231条的规定："因不可归责于承租人的事由，致使租赁物部分或者全部毁损、灭失的，承租人可以要求减少租金或者不支付租金；因租赁物部分或者全部毁损、灭失，致使不能实现合同目的的，承租人可以解除合同。"故当因不可归责于双方当事人的事由致使租赁合同部分或全部不能履行时，承租人即可相应地减少履行或不履行其对待给付义务——即请求减少租金或者不支付租金。可见，租金的风险一般由出租人负担。

① 参见王利明：《合同法疑难案例研究》，中国人民大学出版社1997年版，第350页。

② 参见崔建远：《关于制定合同法的若干建议》，载《法学前沿》（第2辑），法律出版社1998年版。

第四节　租赁合同的变更、终止

一、租赁合同的变更

（一）租赁合同主体的变更

1. 出租人的变更

所谓出租人的变更，是指在租赁关系存续中，出租人发生变更。其主要原因不外乎两种：一是继承；二是让与。前者是指出租人死亡，其地位由其继承人继承，原租赁合同中权利义务关系继续存在；后者乃是出租人让与租赁物，受让人取得出租人的地位。

2. 承租人的变更

承租人的变更，是指在租赁关系存续中，承租人发生变更或其他变动。具体形成原因有三种：(1) 租赁权的继承。《合同法》第234条规定："承租人在房屋租赁期间死亡的，与其生前共同居住的人可以按照原租赁合同租赁该房屋。"此外，《房屋租赁合同解释》第十九条规定：承租人租赁房屋用于以个体工商户或者个人合伙方式从事经营活动，承租人在租赁期间死亡、宣告失踪或者宣告死亡，其共同经营人或者其他合伙人请求按照原租赁合同租赁该房屋的，人民法院应予支持。可见在租赁期间，承租人死亡的，与其共同居住的人、共同经营人、合伙人有权继续承租该租赁房屋直至租赁期届满，出租人不得干涉。(2) 租赁权的转让。除非租赁合同对此另有约定，承租人转让租赁权应取得出租人的同意。(3) 转租。所谓转租，是指承租人不退出租赁合同关系，以自己的名义将租赁物出租给第三人（次承租人）使用、收益。它与租赁权的转让不同：在租赁权的转让中，承租人脱离了原租赁关系；而在转租中，承租人依然留在原租赁关系中，承租人与次承租人之间形成新的租赁关系，出租人与承租人之间的租赁关系仍然存在。在转租中，承租人虽没有变更，但原承租人在转租关系上变为出租人（称为转租人），故也属于承租人的一种变更情形。另外，依《合同法》第224条的规定，转租以出租人的同意为必要。这种同意不必明示，在事后不表示反对的也可视为同意。此外，《房屋租赁合同解释》第15～18条对于房屋转租增设了新的规定：①转租期限原则上不得超过承租人剩余租赁期限；②擅自转租的，出租人可在知情的6个月内提出异议，否则视为同意，不得再主张解除权或者转租合同无效，这是为了保护交易安全所作的规定；③为保护次承租人的利益，承租人拖欠租金违约的，次承租人可以代付租金、违约金来阻止出租人的解约权；④房屋租赁合同无效、履行期限届满或者解除后，出租人有权请求占有人次承租人腾房，逾期腾房的，应支付逾期腾房占有使用费。

（二）租赁合同内容的变更

租赁合同内容的变更，主要有以下两方面：

1. 租期的变动

租赁期限的变动，主要是指租期的延长和缩短。(1) 租期的延长。所谓租期的延长，是指不改变原租赁合同的其他内容，只对租期予以延长，属于租期的更新问题。更新的方式有两种：一是约定更新，也称明示更新，是当事人于租赁期限届满后另订合同，约定延长租赁期限。当事人另订租赁合同的，租赁期限也不得超过法律规定的最高期限。二是法定更新，也称默示更新，是指租赁期限届满后，承租人仍为租赁物的使用、收益，而出租人不表示反对的意思的，视为以不定期限继续租赁合同。《合同法》第236条的规定即是关于租赁合同默示更新的规定。（2）租期的缩短。对租期的缩短，法律多不加以限制，可由当事人自由地进行约定。另外，不定期租赁变为定期租赁，或定期租赁变成不定期租赁，均为租赁内容之变更，其原因或因法律特别规定，或由当事人约定所致，均无不可。

2. 租金的变动

租赁合同存续中，当事人双方协商一致，可对租金进行增加或减少，属租赁合同内容的变更。租金的变更，除双方当事人合意而进行外，还可因法律的规定而使一方当事人有权要求增减租金。《合同法》有关法条规定，如因不可归责于承租人的事由致使承租人在使用收益上发生问题，从而影响租金支付的，承租人有权要求减免其租金交付的义务。如因可归责于承租人的事由致不能为租赁物全部或一部之使用、收益的，不得免其支付租金的义务，"此时不能为使用收益之事由既由承租人自己所致，自不应使出租人受不当之损失"。①

二、租赁合同的终止

租赁合同主要因下列事由而终止：

（一）租赁合同期限届满

在租赁合同中明确定有期限时，租赁期限届满而当事人又没有续订租赁合同的，则因期限届满，租赁合同终止。当然，如果租赁期间届满，承租人继续使用租赁物，出租人没有提出异议的，原租赁合同继续有效，视为以不定期限继续租赁合同。

（二）租赁合同因当事人的解除而消灭

租赁合同期限虽未届满，但出现法定或约定情事，而由当事人双方或其中一方解除合同的，租赁合同也因此而消灭。

（三）租赁物灭失

依法律的一般原理，有权利必有其客体，若客体全部灭失，则无论原因如何其权利也归于消灭。对于租赁合同同样适用，如租赁物全部灭失，则租赁关系也归于消灭。

三、租赁合同终止的效力

租赁合同因约定或法定的原因而发生终止时，租赁关系即告消灭，但租赁关系的消灭只能向将来发生，而不能溯及既往，"盖在继续的关系，若认溯及的消灭，则其间之使用收益及已收受之租金，应由双方以为不当得利而返还，未免为迂曲无意之事也"。② 所以，租赁合同终止之效果只能自产生终止原因之日起，向将来发生效力。因终止的原因不同，终止的效力也有所不同。

---

① 林诚二：《民法债编各论（上）》，中国人民大学出版社2007年版，第272页。

② 史尚宽：《债法各论》，中国政法大学出版社2000年版，第239页。

（1）返还租赁物。承租人于租赁关系终止后，除租赁关系因租赁物之全部灭失而终止外，应返还租赁物。如果承租人征得出租人同意，对租赁物进行改善或增设他物，在租赁关系终止后租赁物的价值有所增加的，则承租人可就自己支出之必要及有益费用，得请求出租人偿还。

（2）预收租金之返还。租赁关系除因期限届满而终止的以外，因解除合同而消灭的，则不免有预收租金的情况，因此对终止后才到期的租赁，出租人已预先受领的，应负担返还义务。

◎ 思考题

1. 试述租赁合同的概念和特点。
2. 出租人负有哪些义务？
3. 承租人负有哪些义务？
4. 试述承租人优先购买权的条件。
5. 试述租赁合同终止的原因及效力。

◎ 案例思考

王某与李某房屋租赁合同纠纷案①

2002 年，王某将自己的一套房子出租给他人用于办美容美发店，结果遭到同单元其他居民强烈反对。同年 9 月，居民联名向物业公司及工商行政管理部门发出公开信，要求制止在该房内开办美容美发店。工商部门接到举报后，未给该店核准营业执照。2004 年 4 月，来京从事理发服务十余年的张某欲租用该房经营美容美发业务，遂与王某签订了房屋租赁合同。当日，张某向王某预付三个月租金及相当于一个月租金的押金共计 1.2 万元。随后，张某花4 864元对房屋进行了装修。同月 15 日，张某向工商部门申请在租赁房屋内开办美容美发中心。当月 27 日，该单元对此强烈反对的居民再次联名向物业公司及工商部门发出公开信，要求制止张某在该房内开办美容美发店。工商部门接到举报后，对张某的申请未予批准。同年 6 月 15 日，张某将承租房屋腾退给王某。2004 年 6 月，王某起诉至一审法院称，依合同约定张某违约需给付两个月租金作为违约金，并需结算水、电、气、电话及房屋设备、物品损坏等各种费用，故要求张某支付6 300元房屋租金及6 000元违约金。张某辩称，自己开始装修并办理美容美发中心，申请注册工作时才得知该房屋两年前曾因周边邻居、居委会反对，工商部门未予批准美容美发营业执照。因王某在签订租赁合同时隐瞒真实情况，致使合同无法履行，故不同意王某的诉讼请求。并反诉要求撤销租赁合同，王某返还 1.2 万元租金及押金，并赔偿装修损失。

依据上述案例思考如下问题：

① 安宗林主编：《民事案例研究》，法律出版社 2006 年版，第 183～184 页。

1. 王某认为张某不能办理营业执照，并非自己的原因造成，其已经按约定提供了房屋，张某违约应支付违约金。王某的主张有无法律依据？

2. 张某主张撤销房屋租赁合同能否得到法院支持？为什么？

3. 假使该房屋租赁合同被撤销，该撤销行为有无溯及力？

4. 本案应如何处理？

第十四章　融资租赁合同

第一节　融资租赁合同概述

一、融资租赁合同的概念和特征

（一）融资租赁合同的概念

融资租赁合同，是指出租人根据承租人对出卖人、租赁物的选择，向出卖人购买租赁物，提供给承租人使用，承租人支付租金的合同。

融资租赁合同是融资租赁交易的产物。融资租赁交易是第二次世界大战后发展起来的集金融、贸易和租赁为一体的新型信贷方式。1952 年美国诞生的美国租赁公司，是世界上第一家专业租赁公司。20 世纪 60 年代融资租赁交易传入西欧、日本，70 年代发展中国家的融资租赁活动也发展起来。这种交易方式之所以能够迅速发展，其原因是：就承租人而言，可以经由融资租赁，用较少的资金解决生产所需；就出租人而言，既可获得丰厚的利润，又有较为可靠的债权保障。因此，融资租赁交易不仅在美国，而且在世界范围内，尤其在经济发达国家，获得了飞速的发展。①

我国融资租赁业的发展起步较晚，1981 年成立的中日合资企业——中国东方租赁公司，是我国第一家从事融资租赁的企业。近些年来，融资租赁业不断发展，截至目前，融资租赁业已成为我国引进和利用外资的一条重要途径。②

（二）融资租赁合同的特征

1. 融资租赁合同涉及两个合同、三方当事人

融资租赁合同是由两个合同即买卖合同和融资性租赁合同，三方当事人即出卖人、出租人（买受人）、承租人结合在一起有机构成的新型独立合同。其中，两个合同并非完全独立存在，二者在效力上相互交错，主要体现在：（1）买卖合同的一方当事人即出卖人，不是向买卖合同的买受人履行交付标的物的义务，而是向另一个租赁合同中的承租人交付标的物，承租人享有与受领标的物有关的买受人的权利；（2）在出卖人不履行买卖合同中的义务时，承租人得在一定前提下，有权向出卖人主张赔偿损失；（3）买卖合同的双方当事人不得随意变更买卖合同中与租赁合同的承租人有关的条款等。

2. 融资租赁合同具有融资、融物的双重属性

---

① 参见梁慧星：《民法学说判例与立法研究》，中国政法大学出版社 1993 年版，第 180 页。

② 参见顾昂然：《中华人民共和国合同法讲话》，法律出版社 1999 年版，第 74 页。

在融资租赁合同中，承租人通过出租人购买租赁物（即融物）来达到融资的目的，以解决自己一次性购买租赁物所需资金的不足。从这点看，承租人等于是向出租人借贷，但由于承租人并不是从出租人那里取得租赁物或货币的所有权，而仅是通过租赁的形式取得标的物的使用权，以租金的形式偿还出租人为购买租赁物所付出的对价和费用。因此，它不同于借款合同。

3. 融资租赁合同的出租人为从事融资租赁业务的租赁公司

融资租赁合同的出租人，只能是从事融资租赁业务的租赁公司，而不能是一般的自然人、法人或其他组织。《最高人民法院关于审理融资租赁合同纠纷案件若干问题的规定》（以下简称《融资租赁合同规定》）明确指出，出租人不具有从事融资租赁经营范围的，应认定融资租赁合同为无效合同。如前所述，融资租赁具有融资、融物的双重属性，这就要求出租人必须具有资金上的优势，即具备能够向承租人融通资金的能力，考虑到这点，因而只有经金融管理部门批准许可经营的公司，才有从事融资租赁交易，订立融资租赁合同的资格。

4. 融资租赁合同的标的物一般是由出租人按照承租人的要求购买

在普通租赁合同中，出租人出租的租赁物是依自己的需要并按自己的要求购买的，事先并没有意图出租给某特定的承租人。而在融资租赁合同中，租赁物、卖方都是由承租人选择的，承租人为了实现融资的目的而采用了融资租赁交易模式，由出租人购买特定的租赁物，再出租给承租人。

二、融资租赁合同的内容和形式

（一）融资租赁合同的内容

《合同法》第238条规定："融资租赁合同的内容包括租赁物名称、数量、规格、技术性能、检验方法、租赁期限、租金构成及其支付期限和方式、币种、租赁期间届满租赁物的归属等条款。"

1. 租赁物

融资租赁合同对租赁物的约定应包括租赁物名称、数量、规格、技术性能、检验方法等。适合融资租赁的租赁物范围要小于一般性的租赁合同，通常是企业生产经营所需要的固定资产。《金融租赁公司管理办法》规定，适用于融资租赁交易的租赁物为固定资产，而《关于从事融资租赁业务有关问题的通知》规定试点的企业主要是从事各种先进或适用的生产、通信、医疗、环保、科研等设备，工程机械及交通工具租赁业务。关于租赁物的内容，一般包括租赁物名称、数量、规格、技术性能、检验方法等。其中，检验方法的约定应当尽可能的具体、明确，因为出租人可能在签署融资租赁合同之时尚未占有租赁物、出卖人尚未向出租人交付，甚至买卖合同也尚未签署，因此承租人作为提出具体要求的一方、作为租赁物的实际使用人，如何检验租赁物以使其符合自己的要求就成为融资租赁合同中需要明确的重要内容。当然，检验不仅包括合同当事人对租赁物的检验，还应包括国家有关部门依法进行的检验。

2. 租金

融资租赁合同对租金的约定包括租金总额、租金构成、租金支付方式、支付地点和次数、租金支付期限、租金计算方法、租金币种等。由于融资租赁合同具有信贷因素，其租金并非仅仅是承租人对租赁物进行使用、收益的对价，还包含了出租人向承租人融资的代价，因此一般要高于一般性租赁合同中的租金。影响租金的因素有：购买租赁物的成本、融资的利息及费用、各种税金、租赁手续费、出租人的利润等。根据《合同法》第 243 条，融资租赁合同的租金，除当事人另有约定的以外，应当根据购买租赁物的大部分或者全部成本以及出租人的合理利润确定。购买租赁物的成本包括价款、运输费用、安装费用、保险、财务费用等。

3. 租赁期间届满租赁物的归属

融资租赁合同届满之后，一般而言，承租人对租赁物可以有三种选择：留购、续租或退租。其中，留购是融资租赁特有的方式，即承租人向出租人支付一笔双方约定的设备残值，而取得租赁物的所有权；续租即承租人以预定的租金继续租赁租赁物；退租则是将租赁物返还给出租人。《合同法》第 250 条规定："出租人和承租人可以约定租赁期间届满租赁物的归属。对租赁物的归属没有约定或者约定不明确，依照本法第 61 条的规定仍不能确定的，租赁物的所有权归出租人。"依该条规定，融资租赁合同的当事人可以就租赁期间届满之后租赁物的归属进行约定，只有没有约定或者约定不明确时，租赁物的所有权才归出租人。

（二）融资租赁合同的形式

《合同法》第 238 条第 2 款明确规定："融资租赁合同应当采用书面形式。"由于融资租赁涉及的法律关系复杂，金额巨大，且履行期长，为了明确当事人各方的权利、义务关系，融资租赁合同必须采用书面形式。

第二节　融资租赁合同的效力

融资租赁合同的效力，是指生效的融资租赁合同所具有的法律约束力。它主要是通过融资租赁合同的各方当事人所享有的权益和所负担的义务来具体体现的。由于融资租赁合同涉及两个合同、三方当事人，因此各方当事人在融资租赁交易中的权利义务与一般买卖合同和传统租赁合同中的权利义务有很大不同之处。下面将详述之。

一、出卖人的义务

（一）向承租人交付租赁物的义务

《合同法》第 239 条规定："出租人根据承租人对出卖人、租赁物的选择订立的买卖合同，出卖人应当按照约定向承租人交付标的物，承租人享有与受领标的物有关的买受人的权利。"出租人名义上是买卖合同的当事人，但为了简化交易程序，节省交易成本，便利融资租赁交易的健康运行，实践中多由承租人代为受领租赁物，即由出卖人直接向承租人交付。出卖人没有按照约定向承租人交付租赁物的，属违约行为，应向出租人负违约责任。

（二）瑕疵担保义务

依据《合同法》第 244 条"租赁物不符合约定或者不符合使用目的的，出租人不承担责任，但承租人依赖出租人的技能确定租赁物或者出租人干预选择租赁物的除外”的规定，出卖人对租赁物的质量承担瑕疵担保义务，必须保证交付的租赁物符合国家规定的质量标准或合同约定的标准。这种规定是一种国际惯例。例如《国际融资租赁公约》即规定，除本公约或租赁协议另有规定外，出租人不应对承租人承担设备方面的任何责任，除非承租人由于依赖出租人的技能和判断以及出租人干预选择供应商或设备规格而受到损失。出卖人不履行瑕疵担保义务或者履行有瑕疵的，买受人（出租人）可以依照约定将索赔权转让给承租人。《合同法》第240条规定：“出租人、出卖人、承租人可以约定，出卖人不履行买卖合同义务的，由承租人行使索赔的权利。承租人行使索赔权利的，出租人应当协助。”

（三）向出租人转移租赁物所有权的义务

出租人享有租赁物的所有权，出卖人得向出租人转移租赁物的所有权，并保证租赁物所有权的完整有效，无第三人对租赁物追索或主张权利。若因租赁物的所有权与第三人发生纠纷或第三人主张权利，使出租人遭受损失的，出卖人应负责赔偿。

二、出租人的义务

（一）向出卖人支付租赁物价金的义务

相对于出卖人，出租人就是买受人，支付租赁物的价金是其主要义务。

（二）不得擅自变更买卖合同的义务

融资租赁中的买卖合同，尽管是买受人与出卖人之间订立的合同，但买受人之所以买受，并不是为了自己使用，而是为了出租，出租人必须按照承租人的需要进行购买。所以，在买卖合同签订以后，如果买卖合同的有关变更涉及承租人时，实际上与承租人有重大利害关系。《合同法》第241条规定，出租人根据承租人对出卖人、租赁物的选择订立的买卖合同，未经承租人同意，出租人不得变更与承租人有关的合同内容。

（三）保证承租人对租赁物的占有和使用的义务

依据《合同法》第245条的规定，出租人作为融资租赁合同的当事人，有义务保证在租赁期间，承租人享有对租赁物的独占使用权。这是承租人基于融资租赁合同而享有的基本权利，也是出租人所应承担的基本义务。根据《融资租赁合同规定》第11条，在融资租赁合同有效期间，出租人非法干预承租人对租赁物的正常使用或者擅自取回租赁物，而造成承租人损失的，出租人应承担赔偿责任。《国际融资租赁公约》第8条也规定：“出租人保证承租人的平静占有将不受享有优先所有权或权利或者要求优先所有权或权利并根据法院授权行为的侵扰，如果这一所有权、权利或者要求不是由于承租人的行为或者不行为所产生的话。”可见，承租人在租赁期间，对租赁物享有默示的用益物权。① 承租人的这种用益物权不仅可以对抗出租人的所有权，而且可以对抗对租赁物享有物权者的他物权。

① 参见全国人大法工委研究室编写组：《中华人民共和国合同法释义》，人民法院出版社1999年版，第362页。

(四) 对承租人行使索赔权时的协助义务

《合同法》第240条规定:"出租人、出卖人、承租人可以约定,出卖人不履行买卖合同义务的,由承租人行使索赔的权利。承租人行使索赔权利的,出租人应当协助。"从本条规定可以看出,出租人可以依照约定将对出卖人的索赔权转让给承租人,但这并不能改变出租人在租赁物买卖合同中的法律地位。所以承租人在行使索赔权时,仍然需要得到出租人的协助,如提供一些单据凭证,与出卖人进行协商等。出租人应当认真履行这一义务,同时,承租人在发现出卖人不履行租赁物买卖合同约定的义务时,应及时通知出租人,以便出租人协助其开展索赔工作。

三、承租人的义务

(一) 支付租金的义务

在融资租赁合同中,承租人在取得租赁物使用权的同时,负有向出租人支付租金的义务,这是承租人在融资租赁合同中承担的最主要义务。根据《合同法》第243条的规定,融资租赁合同中出租人所收取的租金,既不同于一般租赁合同的租金,又不同于买卖合同中标的物的价金。这是因为融资租赁合同具有融资的特性,所以承租人支付的租金并非是对租赁物为使用收益的代价,而是融资的代价,租金实际上是承租人分期对出租人购买租赁物的价金的本息和应获得的利润等费用的偿还。

由于租金并非是对租赁物使用收益的对价,所以承租人支付租金的义务有下列特点:(1)在租赁物存在瑕疵时,承租人不得拒付租金。只要承租人通知出租人收到租赁物,则承租人便应支付租金。出租人一般不承担标的物的瑕疵担保责任,如果标的物有瑕疵,则可以向出卖人索赔,但是不得拒付租金。即使标的物的瑕疵致使承租人不能使用收益,也不影响承租人支付租金的义务。(2)在租赁期间,如果标的物因不可归责于双方的事由毁损灭失时,承租人仍应支付租金,而不能免除或减少租金。(3)因承租人违约而由出租人收回标的物时,承租人不能以标的物的收回而拒绝履行支付租金的义务。

依《合同法》第248条的规定,承租人不按照约定支付租金时,出租人享有催告权,即通知承租人,并要求其在一定的合理期间内支付租金。如果承租人在合理期限内仍未支付租金的,出租人可采取以下两种救济措施:

(1)请求承租人支付到期和未到期的全部租金。由于一般情况下,承租人在延迟支付一期租金时,很有可能也无力支付剩余未到期的租金,所以此时出租人如果不能一次性主张全部租金或者不能收回租赁物,将使自己处于默示损失扩大却无能为力的被动局面。① 因此,在承租人违约不支付租金时,出租人有权要求承租人支付到期和未到期的全部租金,这有利于保护出租人的利益。

(2)解除合同,收回租赁物。出租人对租赁物享有所有权,所以,当承租人违约,出租人解除合同时,出租人可以收回租赁物。同时,因为出租人依其所有权收回租赁物不影响其租金债权,所以尽管出租人解除合同而收回租赁物,但仍然有权主张损害赔偿金的

① 参见全国人大法工委研究室编写组:《中华人民共和国合同法释义》,人民法院出版社1999年版,第366页。

支付。

（二）妥善保管、使用和维修租赁物的义务

在租赁期间，承租人占有租赁物，对租赁物负有妥善保管和使用的义务，并且负有维修租赁物的义务。因为承租人使用的是出租人的财产，并通过使用租赁物取得收益。承租人如果希望租赁物充分发挥其功用，就应当妥善保管、使用租赁物。而且从前述可知，在融资租赁合同中，租赁物的瑕疵担保责任是由出卖人承担的，出租人不承担该项责任，因而对租赁物无维修义务。承租人只有对租赁物给予良好的维修保养，保证租赁物处于正常的、良好的使用状态，才能发挥租赁物的正常效能，也才能充分地使用租赁物，实现自己签订融资租赁合同的目的。① 因此，《合同法》第247条第2款规定："承租人应当履行占有租赁物期间的维修义务。"

如果承租人未尽妥善保管、使用租赁物的义务或者没有履行对租赁物的维修义务，造成租赁物毁损、灭失的承租人应当承担相应的法律责任。

（三）返还租赁物的义务

《合同法》第250条规定："出租人和承租人可以约定租赁期间届满租赁物的归属。对租赁物的归属没有约定或者约定不明确，依照本法第61条的规定仍不能确定的，租赁物的所有权归出租人。"依本条规定，融资租赁合同的当事人可以就租赁期间届满之后租赁物的归属进行约定，如果双方明确约定租赁物归出租人所有，承租人应于租赁期限届满时将租赁物返还出租人。对此，《国际融资租赁公约》第9条也规定，"当租赁协议终止时，承租人应将处于前款规定状态的设备退还给出租人，除非承租人行使权力购买设备或者继续为租赁而持有设备"。如果没有约定或者约定不明确，可以进行协议补充，达不成补充协议的，应当按照合同的有关条款或交易习惯确定，仍不能确定的，则租赁期间届满时承租人应将租赁物返还给出租人。

四、对第三人侵权责任的承担

根据《合同法》第246条的规定，承租人占有租赁物期间，租赁物造成第三人的人身伤害或者财产损害的，出租人不承担责任。《国际融资租赁公约》也有类似规定：出租人不应以其出租人身份而对第三人承担由于设备所造成的死亡、人身伤害或财产损害的责任。其中，租赁物造成第三人的人身损害或者财产损害，包括由于租赁物自身原因造成的、承租人使用租赁物造成的等几种情况。在这种情况下，应按照其他法律法规的规定确定承租人或者其他应承担责任的人的责任。具体说来有以下几种情况：

（1）产品责任。因租赁物本身具有缺陷造成他人人身和财产损害的，则产生产品责任。依据《侵权责任法》第五章的规定，因产品缺陷造成损害的，被侵权人可以向产品的生产者请求赔偿，也可以向产品的销售者请求赔偿；因产品缺陷危及他人人身、财产安全的，被侵权人有权请求生产者、销售者承担排除妨碍、消除危险等侵权责任。出租人与承租人皆既非产品之制造者，也非产品之销售者，当然不应承担赔偿责任，应由租赁物之供应商或制造者承担赔偿责任。

---

① 参见肖学治主编：《融资租赁合同》，中国民主法制出版社2003年版，第96页。

(2) 高度危险作业致人损害的赔偿责任。在此种情况下，依据《侵权责任法》第九章以及《民法通则》第123条的规定，从事高度危险作业的经营者对因高度危险作业致人损害时，应承担无过错赔偿责任。在融资租赁合同中，承租人对租赁物的运行拥有支配权，并享有运行利益，当然应作为经营者承担赔偿责任。① 而出租人并未实际占有租赁物，对租赁物的运行没有支配权，也不存在租赁物的运行利益。因此，对租赁物属高度危险作业设备而致第三人损害的情形，出租人不负损害赔偿责任。

(3) 建筑物上搁置物、悬挂物致人损害责任。在此情况下，依据本法及《侵权责任法》第85条的规定："建筑物、构筑物或者其他设施及其搁置物、悬挂物发生脱落、坠落造成他人损害，所有人、管理人或者使用人不能证明自己没有过错的，应当承担侵权责任。所有人、管理人或者使用人赔偿后，有其他责任人的，有权向其他责任人追偿。"从本条可以看出，在承租人占有租赁物期间，承租人即为建筑物的管理人，此时自然应由作为建筑物管理人的承租人对第三人承担侵权责任，而不应由作为建筑物所有人的出租人对第三人承担责任。

(4) 污染环境责任。依据《侵权责任法》第八章以及《民法通则》第124条的规定："违反国家保护环境防止污染的规定，污染环境造成他人损害的，应当依法承担民事责任。"在融资租赁合同中，若由于承租人操作使用不当造成环境污染，责任由承租人承担；若由于租赁物本身缺陷造成环境污染，应按产品责任原则处理。因此，出租人对租赁物污染环境造成他人损害的不负赔偿责任。

第三节　融资租赁合同的终止

一、融资租赁合同终止的原因

融资租赁合同与租赁合同一样，可基于租赁期限的届满、合同的解除等原因而终止。但就合同终止的原因而言，融资租赁合同与租赁合同有一重大区别：在租赁合同中，如没有特殊约定，一旦租赁物因不可归责于承租人和出租人双方当事人的事由而归于消灭时，租赁合同即得因承租人行使解除权而终止。但在融资租赁合同中，由于租赁物毁损灭失所带来的租金风险在当事人没有特别约定时，由承租人承担，因而，即使是租赁物因不可归责于双方当事人的事由而归于消灭，承租人仍应负担支付租金的义务，合同并未终止。这是由融资租赁合同的融资属性所决定的。②

二、因租赁期间届满而终止时租赁物的归属

在融资租赁期间，出租人对租赁物享有所有权，但在租赁期间届满时，根据《合同法》第250条的规定，出租人和承租人可以约定租赁期间届满时租赁物的归属。对租赁

① 参见全国人大法工委研究室编写组：《中华人民共和国合同法释义》，人民法院出版社1999年版，第364页。

② 参见王利明、王轶、房绍坤：《合同法》，中国人民大学出版社2007年版，第431页。

物的归属没有约定或者约定不明确，依照本法第 61 条的规定仍不能确定的，租赁物的所有权归出租人。可见，租赁期间届满时，出租人并不见得一定要收回租赁物。这是因为，租赁物是出租人专门为承租人购买的，而且出租人通过收取租金，已经将自己在融资租赁交易中投入的成本收回，并有了一定的利润，达到了自己从事此融资租赁交易的目的，所以，出租人对是否收回租赁物，并不十分重视。在实践中，出租人与承租人常有这样的约定，即于租赁期间届满时，只要承租人再支付象征性的费用，租赁物的所有权转归承租人所有。这项约定，一方面满足了承租人无须一次性支付大笔资金，即可继续对标的物为使用、收益的需求；另一方面也免却了出租人占有、保管标的物，或者为标的物寻找新的承租人或买受人的麻烦。正是基于以上考虑，《合同法》允许当事人可以约定租赁期间届满时租赁物的归属。

另根据《融资租赁合同规定》第 17 条规定，在承租人破产时，出租人可以将租赁物收回。因为出租人在租赁期间内，享有租赁物的所有权，在承租人破产时，租赁物不属于破产财产，所以出租人享有取回权。所谓取回权，是指破产管理人所接管的财产中有属于他人的财产，该财产的真正所有人不依破产程序，而直接请求从破产财产中取回该项财产的权利。为了切实保护财产所有人的利益，各国破产法中均规定有取回权制度，允许财产所有人依一定程序将该财产取回。可见，取回权设定的本旨一方面在于保证财产的真正权利人恢复其权利，另一方面也在于纠正现实破产财产与法定破产财产之间的不一致。①

◎ 思考题

1. 试述融资租赁合同的概念和特征。
2. 融资租赁合同中出租人与承租人的义务有哪些？
3. 试述融资租赁合同因租赁期间届满而终止时租赁物的归属问题。

◎ 案例分析

太平洋租赁有限公司诉上海光学镜头厂等融资租赁合同租赁设备质量及租金纠纷案②

被告上海光学镜头厂（以下简称光镜厂）为扩大生产，欲进口“不磨损型双面玻璃生产线关键设备”。被告上海仪表电子进出口公司（以下简称仪电公司）作为光镜厂的进口代理人，与香港金田企业公司签订购买该设备的合同。合同约定：设备总价为428 880美元，货到先付 90%，余款在收到最终用户接受证明后给付。

之后仪电公司将上述购货合同转让给原告太平洋租赁有限公司（以下简称租赁公司）。转让合同约定：租赁公司按购货合同约定付款，取得设备所有权后即作为出租人将购进设备租赁给光镜厂，对购货合同的其他权利义务不负责任，购货合同本身及合同执行

① 参见王轶编著：《租赁合同、融资租赁合同》，法律出版社 1999 年版，第 164 页。

② 参见最高人民法院中国应用法学研究所编：《人民法院案例选（1992—1996 合订本）》，上册，中国法制出版社 2000 年版，第 1040 页。

发生争议的索赔、仲裁由仪电公司按购货合同条款办理，同时，仪电公司向租赁公司出具租金偿还保证书，保证光镜厂按时偿付租金，逾期由其承担担保责任。

之后，光镜厂与租赁公司签订融资租赁合同，租金总额为502 376美元，租期42个月，共分7期。此后，仪电公司、光镜厂共赴香港考察购进设备。

购进设备分4批进口，当最后一批设备运抵上海，经开箱检验、调试，发现该套设备存在严重缺陷，不能进行正常生产。租赁公司已实付货款385 992美元，另10%货款42 888美元按约未付。光镜厂、仪电公司已付租赁公司租金113 008美元，余租金未付。多次催款未果，于是租赁公司诉至上海市中级人民法院。

租赁公司诉称：与被告光镜厂签订融资租赁合同后，本公司已按约支付了货款。租赁设备分4批交付完毕。光镜厂仅支付了部分租金，仪电公司也只垫付了部分租金。请求光镜厂立即偿付所欠租金及利息，并由仪电公司承担担保责任。

光镜厂辩称：按照与原告所签订的融资租赁合同，租赁设备所有权为原告所有，我厂只有使用权。由于原告出租的设备存在质量问题，不能验收合格投入使用，我厂不堪忍受损失，已处于无法承受境地。

仪电公司辩称：因为租赁物质量不合格，致光镜厂无法租赁使用。由于租赁物实际买方为原告，且其也参加了对租赁物的咨询、洽谈、签约及开箱检查，故作为出租方的原告对租赁物质量应承担责任和风险。再因原告出租物不能验收合格交付光镜厂使用，致原告与光镜厂的租赁关系未形成，原告要求我公司承担偿还租金的保证责任不能成立。

分析：

本案争议的焦点是，融资租赁物存在质量瑕疵的，是否可免除承租人支付租金的义务。

本案中，原告租赁公司与被告光镜厂签订的融资租赁合同符合国家法律规定，应为有效，具有法律约束力，当事人双方应全面恪守。融资租赁合同的租赁物是由承租人选定并专为承租人使用购买的，说明出租人只承担融资的责任而享有租赁物瑕疵担保的免责权。即由于租赁物的规格、式样、性能等不符合约定或者不符合使用目的的，出租人不负责任，由承租人直接向出卖人索赔并承担索赔不成的风险及损害后果。

但是，并不是在任何情况下出租人都享有租赁物瑕疵担保的免责权。如果承租人依赖出租人的技能确定租赁物，或者出租人干预承租人选择租赁物的，出租人就不再享有租赁物的瑕疵担保免责权。因为此时出租人对租赁物的选择起了决定性作用或者重大影响，所以应当承担租赁物的规格、式样、性能等风险责任。《合同法》第244条规定："租赁物不符合约定或者不符合使用目的的，出租人不承担责任，但承租人依赖出租人的技能确定租赁物或者出租人干预选择租赁物的除外。"本案中，租赁公司虽参与进口租赁设备的咨询、洽谈，但由于该设备是光镜厂自行选定的，故租赁公司对设备质量不负有责任。光镜厂以租赁设备存在质量问题为由拒付租金是没有法律依据的。

第十五章　承揽合同

第一节　承揽合同概述

一、承揽合同的概念和特征

（一）承揽合同的概念

承揽合同是承揽人按照定作人的要求完成工作，交付工作成果，定作人给付报酬的合同。其中，提出工作要求，按约定接受工作成果并给付酬金的一方是定作人；按约定完成并交付工作成果、收取酬金的一方是承揽人。承揽人所应完成的工作成果为定作物。而所谓的工作成果是承揽人利用自己的技术、经验、设备等提供劳务的结果。承揽合同属于典型的完成工作成果的合同，它确立了所有完成工作成果类型合同法律适用的一般规则。

（二）承揽合同的特征

（1）承揽合同以完成一定的工作并交付工作成果为目的。在承揽合同中，承揽人必须按照与定作人约定的标准和要求完成工作。定作人的主要目的在于取得承揽人完成的工作成果，而不是为了获得承揽人提供劳务的过程本身，即承揽人的劳务必须有物化的结果。按照承揽合同所要完成的工作成果可以是体力劳动成果，也可以是脑力劳动成果；既可以是物，也可以是其他财产。

（2）承揽人完成工作的独立性。定作人与承揽人之间订立承揽合同，一般是建立在对承揽人的素质、技能、资质等信任的基础上。承揽人应当以自己的劳力、设备和技术，独立完成承揽工作，才符合定作人的要求。经定作人同意将承揽工作的一部分转由第三人完成的，承揽人对第三人的工作向定作人承担责任。承揽人应承担取得工作成果的风险，对工作成果的完成负全部责任。

（3）承揽合同的标的物具有特定性。承揽合同是为了满足定作人的特殊要求而订立的，因而定作人对工作质量、数量、规格、形状等的要求使承揽的标的物特定化，以满足定作人的特殊需要。无论标的物的最终成果以何种形式体现，都必须符合定作人提出的特殊要求，否则交付的工作成果就不合格。

（4）承揽合同是诺成、有偿、双务合同。承揽合同因当事人意思表示一致而成立，故为诺成合同；承揽合同是有偿合同，承揽人要付出自己的劳动，将材料按照定作人的要求进行加工，定作人取得承揽人完成的工作成果，要向承揽人支付约定的报酬。可见，承揽人负有完成并交付工作成果的义务，定作人负有接受劳动成果并支付报酬的义务，双方的给付互为对价又是各自的义务，因此是双务合同。

二、承揽合同的种类

承揽涉及生活、生产的各个方面，承揽合同种类繁多。依《合同法》第 251 条的规定，承揽包括加工、定作、修理、复制、测试、检验等工作，因而也就有相应类型的合同。

（一）加工合同

加工合同是指定作人向承揽人提供原材料，承揽人以自己的技能、设备和劳力，为定作人进行加工，将其加工成符合定作人要求的成品交付给定作人，定作人接受该成品并向承揽人支付报酬的合同。这里的报酬，实际上是加工费。加工合同是实践中大量存在的合同。

（二）定作合同

定作合同是指依合同约定，由承揽人自备原材料，并以自己的技能、设备和劳力对材料进行加工，按定作人的要求制成特定产品，将该产品交付给定作人，定作人接受该产品并给付报酬的合同。定作合同与加工合同的最大区别是原材料的提供者不同。

（三）修理合同

修理合同是指承揽人为定作人修理功能不良或被损坏的物品，使其恢复原状或价值，定作人支付报酬的合同。它既包括承揽人为定作人修复损坏的动产，如修理汽车、修理电器等；也包括对不动产的修缮，如检修房屋顶的防水层。

（四）复制合同

复制合同是指承揽人按照定作人的要求，根据定作人提供的样品，制作与样品相同的成品，定作人接受复制品并支付报酬的合同。承揽人依照定作人的不同要求可以采取不同的方式进行复制，如对文稿的复印、对相片的翻拍、对画稿的临摹、对塑像的模仿塑造等。

（五）测试合同

测试合同是指承揽人根据定作人的要求，利用自己的技术、仪器设备对定作人制定的项目或工程进行测试，取得测验、实验指标等结果，并将测试结果交付给定作人，定作人接受其成果并支付报酬的合同。

（六）检验合同

检验合同是指承揽人按照定作人的要求，对定作人提出需要检验的内容，以自己的技术、仪器、设备等进行检测、化验、分析等工作，并向定作人提出关于该检验内容相关问题的报告或结论，定作人接受报告或结论并支付报酬的合同。

上述各种合同是《合同法》第 251 条第 2 款明确列举的，事实上，除已列举的这些外，还有一些也是比较常见的。如：

（1）建房合同。即房屋建筑合同，承揽人按照定作人的要求为定作人建筑房屋并收取建筑报酬的合同。本处所指的建房合同是第十六章规定的基本建设工程合同之外的房屋建筑合同，例如自然人自己住房的建筑合同。

（2）印刷合同。承揽人为定作人印刷报刊、杂志、书籍或其他资料，并收取费用的合同。印刷的材料、纸张一般由承揽人提供。

（3）房屋修缮合同。即承揽人为定作人维修、装修房屋并收取报酬的合同。

（4）其他承揽合同。如设计合同、翻译合同、打印合同、画品装裱合同等。

三、承揽合同的内容

《合同法》第252条规定："承揽合同的内容包括承揽的标的、数量、质量、报酬、承揽方式、材料的提供、履行期限、验收标准和方法等条款。"依据契约自由的原则，承揽合同的当事人可以根据合同性质和双方的需要对上述规定的条款进行增减。但承揽合同的最基本的内容有两项：承揽的标的和报酬。

（1）承揽标的。所谓承揽的标的是承揽合同权利义务所指向的对象，也就是承揽人按照定作人要求所应进行的承揽工作。承揽合同双方当事人必须在合同中明确标的的名称，以使标的特定化，明确双方当事人权利义务的对象。在承揽合同中，当事人可以自由约定承揽合同的标的，但是，不得违反法律和社会公共利益。标的不合法包括许多种情况，如加工定作物是非经国家许可不能加工的物，比如私自加工定作枪支、管制物品等；又如加工定作物构成对他人合法权益的侵害的，加工定作合同不受法律的保护。例如委托印刷假冒他人的注册商标。

（2）报酬。所谓的报酬主要是指定作人应当支付承揽人进行承揽工作所付出的技能、劳务的酬金。当事人可以约定报酬的具体数额、币种、支付期限、支付方式等。如果在合同生效后，当事人就报酬没有约定或者约定不明确的，当事人可以协议补充；不能达成补充协议的，按照合同有关条款或者交易习惯确定；仍不能确定的，按照订立合同时履行地的市场价格履行，有政府定价的，按政府定价履行。除报酬外，承揽人提供材料的，定作人应当根据承揽人提供的发票向承揽人支付材料费，没有发票的，按订立合同时市场价格确定。当事人可以约定材料费支付的时间，未约定或者约定不明确的，应当在支付报酬的同时支付。

数量和质量是验收的主要依据，标的不符合数量和质量要求的，承揽人即为违约，应当承担相应责任。承揽方式、材料的提供、履行期限等也应在合同中约定。另外如果是涉外合同还应规定纠纷的处理办法、合同适用的法律等。

第二节　承揽合同的效力

一、承揽人的义务

（一）亲自完成主要工作的义务

承揽合同的订立，是基于定作人对承揽人特定的知识、技能的信赖，所以承揽合同具有人身信任的性质。[①]《合同法》第253条第1款规定，承揽人应当以自己的设备、技术和劳力，完成主要工作，但当事人另有约定的除外。所谓主要工作，即如果工作在性质上是不同的，那么对工作成果的质量起决定性作用的部分为主要工作；如果工作在性质上具

① 参见江平主编：《中华人民共和国合同法精解》，中国政法大学出版社1999年版，第195页。

有同一性，工作成果属于一般人均可完成的工作，那么主要工作就是指数量上的大部分。当然，实践中，很多工作在质和量两方面都有区别，对于何为主要工作，应结合具体案例具体分析。

依据《合同法》第253条第2款的规定，如果当事人约定或经定作人同意，承揽人可以将工作的主要部分交由第三人完成的，承揽人可以将所承揽的工作交由第三人完成，但承揽人应当对第三人的工作对定作人负责。承揽人未经定作人同意，擅自将主要工作交由第三人完成的，将构成根本违约，定作人有权解除其与承揽人之间的合同。因解除合同给定作人造成损失的，定作人可以要求承揽人承担损害赔偿责任。

《合同法》第254条规定："承揽人可以将其承揽的辅助工作交由第三人完成。承揽人将其承揽的辅助工作交由第三人完成的，应当就该第三人完成的工作成果向定作人负责。"依本条规定，承揽人在未经定作人同意的情况下，也可以将其承揽的辅助工作交由第三人完成。此时，发生次承揽法律关系，次承揽也称再承揽，是承揽人"使他人承担其工作的全部或一部之谓"。① 在次承揽合同中，原承揽合同的承揽人为定作人，第三人为承揽人。根据合同相对性原则，承揽人应就次承揽人（第三人）的工作成果向定作人负责。

（二）依约提供材料或接受定作人提供的材料的义务

在承揽合同中，完成定作物所需的材料，可以约定由承揽人提供或由定作人提供。

承揽人提供材料的，应按双方约定的质量标准去选取材料。合同中没有约定材料的质量标准的，承揽人应当选用符合定作物使用目的的原材料，而不能以次充好。承揽人隐瞒原材料的缺陷或使用不符合合同约定的原材料而造成定作物的质量存在问题的，承揽人应当承担责任。定作人有权检验承揽人提供的材料是否符合合同约定的要求。经定作人检验表示同意后，承揽人方可开始制作等工作。

定作人提供材料的，承揽人应当及时接受并检验，如果发现定作人提供的材料不符合约定的，应及时通知定作人补齐、更换或采取其他补救措施。因承揽人的原因，未及时通知定作人原材料不符合约定的，影响完成工作时间的，承揽人应当承担违约责任。如果经承揽人检验，定作人提供的原材料符合约定的，承揽人应当妥善保管该原材料，因承揽人保管不善，造成原材料损失的，由承揽人承担赔偿责任。此外，承揽人还应遵守民法的诚信和善意的基本原则，合理使用承揽人提供的材料，不得擅自更换定作人提供的材料，不得更换不需要修理的零部件。如果因承揽人的行为，导致定作人提供的材料浪费的，承揽人也要负赔偿责任。

（三）接受监督检验的义务

承揽人在工作期间，应当接受定作人必要的监督检验。承揽人不得以合同未约定而拒绝，而应当为定作人的监督检验提供方便和条件，并应当如实地向定作人反映工作情况，不得故意隐瞒工作中存在的问题。对于定作人提出的合理建议和指示，承揽人应当及时采纳。但无论是监督还是检验，都应以不影响承揽人的正常工作为条件，否则，承揽人有权拒绝。

---

① 郑玉波：《民法债编各论》（上），台湾三民书局1992年版，第349页。

（四）交付工作成果的义务

完成承揽工作并交付工作成果，是承揽人的基本义务。交付工作成果时，还需提交必要的技术资料和有关质量证明，如果由定作人提供的材料有剩余，也应返还定作人。承揽人按照合同约定的时间完成工作后，应当按照合同约定的方式和地点将工作成果交给定作人占有。交付方式可以由承揽人在承揽工作完成之后直接送交给定作人，也可以约定由定作人至承揽人处自行提货，或是通过邮政部门或者运送人代为运送的方式交给定作人。交付的地点可以参照适用《合同法》第 141 条关于买卖合同的相关规定。根据承揽合同性质，承揽工作无须特别交付的，如维修房屋、粉刷墙壁等，承揽人完成工作即为交付，完成工作之日即为交付之日。

（五）瑕疵担保义务

瑕疵担保义务包括权利的瑕疵担保义务与物的瑕疵担保义务。考虑到在承揽合同中发生权利瑕疵的情形"殆属不可思议",① 因此，此处仅介绍承揽人所负担的物的瑕疵担保义务。品质担保是承揽人的基本义务之一。承揽人应当遵守合同约定和定作人的要求，按质按量地完成工作成果。承揽人所交付的工作成果不符合合同中约定的质量标准和要求的，承揽人应当就工作成果负瑕疵担保责任，定作人有权要求承揽人承担修理、重作、减少报酬、赔偿损失等违约责任。有些瑕疵在验收过程中可以发现，而有些瑕疵可能在使用一段时间之后才会显现出来。对此，双方可以约定一个期限，在此期限承揽人承担质量保证责任；如果没有约定，则应按照法律法规或者交易惯例确定合理期限。此合理期限之性质，理论上应为除斥期间。②

（六）及时通知和保密的义务

《合同法》第 60 条第 2 款规定，当事人应当遵循诚实信用原则，根据合同的性质、目的和交易习惯履行通知、协助、保密等义务。承揽人的及时通知义务及保密义务即是该条款关于附随义务规定的具体化。

在出现以下情况时，承揽人负有通知义务：（1）定作人提供的材料不符合约定；（2）定作人提供的图纸有错误或者技术要求不合理；（3）可能影响工作质量或者履行期限的其他非承揽人原因的情形，如定作人要求的原材料在市场上买不到须用其他材料代替或承揽人因火灾、洪水影响造成停产等。在上述情况下，承揽人应履行通知义务，以便定作人及时安排工作，减少因此造成的损失。承揽人若怠于通知或不通知，应当就扩大的损失承担责任。

承揽人从定作人那里获得的图纸、技术数据等信息可能是定作人的商业秘密或者知识产权，为此，定作人负有保守秘密不向他人泄露的义务，并且不得不正当地利用自己所掌握的定作人的秘密。《合同法》第 266 条规定："承揽人应当按照定作人的要求保守秘密，未经定作人许可，不得留存复制品或者技术资料。"违反此义务的，承揽人应承担违约责任，给定作人造成损失的，定作人还可以向其请求损害赔偿。

---

① 陈和慧：《承揽契约之履行责任与瑕疵担保责任》，载郑玉波主编《民法债编论文选辑》（下），台湾五南图书出版公司 1984 年版，第 1163 页。

② 参见史尚宽：《债法各论》，中国政法大学出版社 2000 年版，第 341 页。

二、定作人的义务

（一）按约定提供材料的义务

承揽合同约定由定作人提供材料的，定作人应按照约定的质量、数量、规格、种类提供。定作人不提供或提供的材料不符合约定，承揽人就无法进行工作。因此，承揽人应进行检验或催告定作人提供，并且在发现不符合约定时，有权要求定作人更换、补齐或采取其他补救措施。定作人应当予以更换、补齐或采取其他补救措施，否则，定作人要承担违约责任。

（二）协助义务

承揽工作的顺利进行离不开定作人的协助，双方当事人应本着诚实、信用、善意的原则互相配合、互相协助，才能使承揽合同得以顺利履行。《合同法》第259条第1款规定："承揽工作需要定作人协助的，定作人有协助的义务。"

定作人的协助义务，取决于承揽工作的需要。一般来说，定作人的协助义务有如下几种情况：（1）定作人应及时、合理提供设计图纸、技术要求资料或者样品等；（2）依承揽人的通知，定作人应履行的某些协助义务，如及时更换、补齐有瑕疵的材料或技术资料、图表设计等。定作人不予协助致使承揽工作无法完成的，首先应当催告定作人在合理期限内履行义务，并可以顺延履行期限。如果定作人在承揽人确定的合理期限内仍然不履行其义务的，则承揽人有权解除合同。

（三）受领工作成果

对定作人是否有受领承揽人所完成的工作成果的义务，有不同的观点。瑞士民法规定定作人对承揽人已完成的工作部分，有受领及支付其价值的义务。德国民法第640条规定定作人有受领义务。我国台湾地区"民法"认为关于定作人之受领义务，并无一般规定，仅就以个人技能为契约要素之契约，对于工作已完成之部分，特别规定定作人有受领及给付相当报酬之义务，工作依其性质无须交付者，不成立受领义务。① 我国学者多认为定作人有受领义务。②

根据公平和诚实信用原则，定作人在接到工作成果时，应当及时进行验收。在验收时，如果双方当事人对工作成果的质量或者数量等发生争议，可由国家法定的检验机构进行鉴定。经验收，定作人认为承揽人交付的工作成果合格的，定作人应当接受工作成果，并按照合同的约定或者交易习惯支付报酬以及其他应付费用。定作人如无正当理由受领迟延的，承揽人可以请求其受领并支付相应的报酬和费用，包括违约金、保管费用等。定作人并应承担因其受领迟延而发生的工作成果的风险负担。

（四）支付报酬的义务

支付报酬是定作人的主要义务，包括报酬的金额、支付的时间等。报酬的金额一般应在合同中约定。合同中有约定的，按照约定的金额支付，没有约定的，则依通常标准支

---

① 史尚宽：《债法各论》，中国政法大学出版社2000年版，第353～354页。

② 王家福主编：《中国民法学·民法债权》，法律出版社1991年版，第700页。

付。定作人还应当按照约定的期限支付报酬。对支付报酬的期限没有约定或者约定不明确的，合同双方当事人可以协议补充，不能达成协议补充协议的，按照合同有关条款或者交易习惯确定。仍不能确定的，定作人应当在承揽人交付工作成果时支付；工作成果部分交付的，定作人应当相应支付。

定作人逾期不支付报酬的，应当向承揽人支付逾期的利息。定作人拒不支付报酬的，承揽人对定作人享有所有权的工作成果行使留置权，通过留置权担保其报酬请求权的实现。但双方当事人特别约定不得留置，或者留置有悖于社会公德或者公共利益的，承揽人的留置权不能成立。①

三、定作人的中途变更权

《合同法》第258条规定："定作人中途变更承揽工作的要求，造成承揽人损失的，应当赔偿损失。"在承揽合同中，承揽人应当按照定作人的要求进行工作，如果定作人中途变更对承揽工作要求的，如修改设计图纸，提出新的质量要求等，承揽人应当按照定作人的新要求工作。所谓"中途"，一般是指在承揽人已按照原定的要求开始加工制作定作物但尚未完成的这段时间。如果是在加工制作之前提出变更要求，承揽人应当同意，定作人一般不承担责任，但是造成承揽人损失的，应当赔偿损失。如果是在加工制作完成后提出变更要求的，应视为重新制作，定作人不愿受领已完成的定作物的，承揽人有权解除合同，要求赔偿损失。

在中途变更中，出现造成承揽人损失的情况的，定作人应当赔偿承揽人的损失，同时，承揽人应当负有防止损失扩大的义务。承揽人应当采取合理措施，尽可能地降低损失，对于由于承揽人的原因而使损失不当扩大的部分，承揽人不能向定作人要求赔偿。

四、共同承揽人的连带责任

依《合同法》第267条的规定，共同承揽人对定作人承担连带责任，但当事人另有约定的除外。所谓共同承揽人是对同一承揽事务负共同完成工作义务的两个或多个承揽人。即合同一方为定作人，另一方为两个或多个承揽人，只有一个合同，并不是多个承揽人分别与定作人签订合同。在共同承揽合同中，共同承揽人作为一个整体向定作人负责，只要有一个承揽人的工作不合要求，定作人就可以要求所有承揽人承担连带责任。

共同承揽人相互之间可以约定按份承担责任，但这种约定除非得到定作人的同意，否则，不得对抗定作人。另外，第267条所称"当事人另有约定的除外"中的"当事人"仅指定作人与承揽人的另有约定，而不是"承揽人之间的另有约定"。承揽人之间的约定，并不能对抗定作人。

---

① 参见全国人大法工委研究室编写组：《中华人民共和国合同法释义》，人民法院出版社1999年版，第389页。

第三节 承揽合同中的风险负担

一、材料的风险负担

所谓材料的风险负担，是指在承揽合同中，定作人或者承揽人所提供的材料一旦由于不可归责于双方当事人的事由毁损、灭失所造成的损失由谁来承受。从国外的立法例来看，一般都规定承揽人对定作人提供的材料不承担毁损、灭失的风险，例如德国民法典第644条第1款第3项规定："承揽人对定作人所供给材料的意外灭失或意外毁损，不负其责任。"

我国《合同法》虽然对材料毁损、灭失的风险负担没有做出规定，但是从法理上看，在定作人提供材料的承揽合同中，因不可归责于承揽人的事由致使材料毁损、灭失的，其风险应当由定作人负担；而在承揽人提供材料的合同中，材料毁损、灭失与定作人无任何关联，其风险应由承揽人自己承担。所以，材料毁损、灭失的风险负担遵循的是民法上标的物毁损、灭失风险负担的一般规则，即由材料的所有人负担材料毁损、灭失的风险。

二、工作成果的风险负担

工作成果的风险负担，是指承揽人业已完成的工作成果一旦由于不可归责于双方当事人的事由毁损、灭失，工作成果本身所遭受的损失由谁来承受。对于此问题，应区分以下两种情况：

1. 定作人提供材料

在定作人提供材料的承揽合同中，经承揽人工作所完成的工作成果的所有权归定作人，当事人之间无须进行财产所有权的移转。也有观点认为，虽然材料由定作人提供，但经承揽人工作完成的工作成果的所有权属于承揽人。① 依据民法上标的物毁损、灭失风险负担的一般规则，即由工作成果的所有人，即定作人负担工作成果毁损、灭失的风险，当事人另有约定的除外。

2. 承揽人提供材料

在承揽人提供材料时，承揽人完成的工作成果归承揽人所有，当事人之间须进行财产所有权的移转。也有观点认为，此时工作成果的所有权应自始归定作人享有。② 由于存在物权变动问题，应参照适用买卖合同标的物毁损、灭失风险负担的有关规定，工作成果的风险在交付以前由承揽人负担，在交付以后由定作人负担，当事人另有约定或者法律另有规定的除外。定作人受领迟延的，其风险由定作人负担。

---

① 参见崔建远主编：《合同法》，法律出版社2003年版，第390页。

② 参见王和雄：《承揽供给契约之性质及其工作物所有权之归属》，载郑玉波《民法债编论文选辑》（下），台湾五南图书出版公司1984年版，第1136～1138页。

第四节 承揽合同的终止

承揽合同可以因履行而终止，也可以因解除而终止。同时，承揽合同作为合同的一种具体形态，合同终止的一般规定也适用于承揽合同。

一、承揽合同的协议终止

当事人可以约定承揽合同的期限，期限届满时合同当然终止。当事人双方也可以协议解除合同，合同因当事人达成协议而解除。

二、承揽合同因当事人行使解除权而终止

（一）定作人的任意解除权

《合同法》第268条规定："定作人可以随时解除承揽合同，造成承揽人损失的，应当赔偿损失。"该条赋予定作人一种"法定任意解除权"，所谓"法定"，即必须是法律直接规定的合同种类（如承揽合同、委托合同），所谓"任意"是指定作人行使解除权，无需理由，也无须对理由进行举证。只要主观上发生了变化，定作人就可以解除。这种任意解除权的行使，应当在承揽人完成工作成果之前行使。同时。为了保护承揽人的利益，定作人解除合同给承揽人造成损失的，定作人不能免责，应当予以赔偿。

（二）承揽合同因当事人一方严重违约而解除

这种情况主要包括：（1）承揽人未经定作人同意将承揽合同的主要工作交由第三人完成的；（2）定作人未尽到协助义务，经承揽人通知仍不履行的。在以上情况出现时，当事人均可行使合同解除权，有损害存在的并可同时请求损害赔偿。

◎ 思考题

1. 试述承揽合同的概念与特征。
2. 承揽合同中承揽人的义务有哪些？
3. 试述承揽合同中的风险负担。

◎ 案例思考

某高校劳动服务公司与某厨房设备厂承揽合同纠纷案①

定作人某高校劳动服务公司为满足教师乔迁新居的需要，为每位教师提供一套厨房设备，并与承揽人某厨房设备厂签订了承揽合同。合同约定：承揽人按定作人提供的规格制作200套厨房设备；定作人提供材料；加工费1万元，合同签订后预付8 000元，余款于交货时付清；合同期为2个月。合同签订后，定作人向承揽人提供

① 参见房绍坤、郭明瑞主编：《合同法要义与案例析解（分则）》，中国人民大学出版社2001年版，第307页。

了原材料，承揽人即开始生产。在生产过程中，承揽人发现部分原材料有缺陷，很难达到合同规定的性能要求，但承揽人没有向定作人说明，而是使用自己的原材料代替。承揽人生产出100套厨房设备后，由于生产任务紧张，遂将剩余的生产任务交给某机械厂。后机械厂发生火灾，无法按时完成生产任务。合同期满后，承揽人只交付了100套厨房设备。定作人要求承揽人退还多收的预付款和原材料，并承担未交货部分的违约责任。承揽人则称定作人交付的原材料不合格，为此承揽人垫付材料费7 000元，要求定作人支付材料费后，才能退还剩余的原材料和多收的预付款。至于未按期交齐所有的定作物，是因为生产任务交给机械厂后，发生火灾而造成的，自己没有责任，而应由机械厂承担责任。

依据上述案例思考如下问题：

1. 承揽人发现定作人交付的原材料不合格所采取的措施是否妥当？
2. 承揽人是否有权将承揽任务交由机械厂完成？
3. 承揽人是否应承担违约责任？

第十六章　建设工程合同

第一节　建设工程合同概述

一、建设工程合同的概念

建设工程合同是指承包人进行工程建设，发包人支付价款的合同。建设工程合同包括工程勘察、设计、施工合同。发包人与承包人是合同的主体。发包人，一般为建设工程的建设单位，即投资建设该项工程的单位；承包人，即实施建设工程的勘察、设计、施工等业务的单位，包括对建设工程实行总承包的单位和承包分包工程的单位。

二、建设工程合同的特征

建设工程合同是一种特殊的承揽合同，因此，《合同法》第 287 条规定："本章没有规定的，适用承揽合同的有关规定。"但与一般的承揽合同相比较，建设工程合同还具有如下特征：

（1）合同的主体一般只能是法人。建设工程合同的双方当事人的主体资格是有限制的，这主要是由于工程建设本身的特殊性，如投资大、周期长、质量要求高、技术力量要求全面等，再加上我国有关工程建设法律、法规的要求，所以，发包人一般只能是经过批准建设工程的法人，承包人一般也只能是具有从事勘察、设计、施工任务资格的法人。《建筑法》第 13 条规定："从事建筑活动的建筑施工企业、勘察单位、设计单位和工程监理单位，按照其拥有的注册资本、专业技术人员、技术装备和已完成的建筑工程业绩等资质条件，划分为不同的资质等级，经资质审查合格，取得相应等级的资质证书后，方可在其资质等级许可的范围内从事建筑活动。"另根据最高人民法院《关于审理建设工程施工合同纠纷案件适用法律问题的解释》（以下简称《建设工程施工合同解释》）第 1 条的规定，承包人未取得建筑施工企业资质或者超越资质等级的或者没有资质的实际施工人借用有资质的建筑施工企业名义的，建设工程施工合同无效。但该司法解释第 5 条确认，承包人超越资质等级许可的业务范围签订建设工程施工合同，在建设工程竣工前取得相应资质等级，当事人请求按照无效合同处理的，不予支持。

（2）合同的标的物一般仅限于基本建设工程。所谓工程，是指土木建筑工程和建筑业范围内的线路、管道、设备安装工程的新建、扩建、改建及大型的建筑装修装饰活动，主要包括房屋、厂房、运动场、铁路、公路、机场、港口、桥梁、矿井、水库、电站、通讯线路等。为完成一般建设项目而订立的合同不属于建设工程合同，而应属于承揽合同。

例如，个人为建造个人住房而与其他自然人或建筑队订立的合同就是承揽合同，而不属于建设工程合同。

（3）国家管理的特殊性。建设工程合同因涉及城市建设规划，标的物为不动产，承包人所完成的工作成果不仅具有不可移动性，而且须长期存在和发挥效用，对国家和社会生活的各方面影响较大。因此，在建设工程合同的订立和履行上，具有强烈的国家干预的色彩，国家对其实行严格的监督和管理。

（4）建设工程合同为要式合同，即应当以书面形式订立。这是国家对基本建设进行监督管理的需要，也是由建设工程合同履行的特点所决定的。不采用书面形式的建设工程合同不能成立。

第二节　建设工程合同的订立

一、建设工程合同的订立

对于建设工程合同的订立，当事人可以采取一般协商的形式，但由于当事人之间的权利、义务关系复杂，建设质量、建设周期、工程价款等可变因素较多，为确保工程质量和提高投资效益，法律提倡该类合同的订立采用招标、投标形式进行。因此，《建筑法》第19条规定："建筑工程依法实行招标发包，对不适于招标发包的可以直接发包。"

招标投标是市场经济条件下进行大宗货物买卖或者建设工程发包与承包时通常采用的竞争交易方式。所谓建设工程招标，是指工程建设的发包人采取招标通知或招标广告的形式，向不特定的勘察、设计、施工企业发出的，以吸引或邀请相对方投标为目的的意思表示。而建设工程投标，是指投标人按照发包人在招标通知或招标广告中的要求，在规定的期间内发出的以订立合同为目的的，包括全部合同条款的意思表示。建设工程的投标招标活动，应当遵循"公开、公平、公正"三原则。

根据《合同法》第272条第1款的规定，建设工程合同的订立主要采取两种方式：

（1）总承包方式。即发包人与承包人就整个建设工程从勘察、设计到施工签订总承包协议，由该承包人负责工程的全部建设工作。这种工程总承包是国内外建设活动中多有使用的形式，它有利于充分发挥那些在工程建设方面具有较强的技术力量、丰富的经验和组织管理能力的大承包商的专业优势，综合协调工程建设中的各种关系，强化对工程建设的统一指挥和组织管理，保证工程质量和进度，提高投资效益。

（2）独立承包方式。即由发包人分别与勘察人、设计人、施工人签订勘察、设计、施工合同，实行平行发包。各承包人分别对建设工程的勘察、设计、施工阶段的质量、工期、工程造价等与发包人发生债权、债务关系。这种形式有利于吸引较多的承包商参与各项工程建设业务的投标竞争，使发包人有更大的选择余地；也有利于发包人对建设工程的各环节、各阶段实施直接的监督管理，这对于那些具有建设活动方面的专业技术人才，对工程建设有较强的组织管理能力的承包商来说是有利的。

二、建设工程分包合同的订立

（一）分包的适用条件

建设工程的分包，是指工程总承包人或者勘察、设计、施工承包人在承包建设工程后，将其承包的某一部分工程或某几部分工程，交由第三人完成，与其签订分包合同。按照《合同法》的相关规定，建设工程的分包必须具备以下条件：

（1）工程分包须经过发包人的同意。这主要是为了防止总承包人、勘察人、设计人、施工人擅自将应当由自己完成的工程分包出去或者将工程分包给发包人所不信任的第三人，所以只有在经发包人同意的前提下，才可以将工作交给第三人完成。发包人对分包的同意方式一般有两种：一是在合同中事先约定了分包事项，承包人的分包征得了发包人的同意并写入了承包合同；二是在总承包合同中没有规定分包的，在合同签订后，如任务工程的勘察、设计、施工等部分需要分包给其他单位完成的，需取得发包人的认可。①

（2）承包人只能将自己承包的部分工作交由第三人完成。承包人作为对自己承包的建设工程承担全面责任的当事人，不能将全部的工程建设任务交由第三人完成，只能将其中的一部分分包给他人。

（3）第三人必须具备相应的资质，且只能分包一次。因此，总承包人将工程分包给不具备相应资质条件的单位，以及分包人将其承包的工程再次分包的行为，均为法律所禁止。

（4）第三人与承包人共同对发包人承担连带责任。即发包人既可以请求承包人、勘察人、设计人、施工人和分包的第三人共同予以赔偿，也可以单独向承包人、勘察人、设计人、施工人请求赔偿，还可以直接向分包人请求赔偿。这种连带责任的法律设计，增加了分包单位直接对发包人的赔偿责任，强化了对发包人利益的保护。

（二）建设工程的分包与转包

建设工程的分包和转包是两个既有密切联系，又有明显区别的概念。所谓分包是指已经与发包人签订建设工程合同的总承包人或者勘察人、设计人、施工人与第三人签订合同，将其承包的工程建设任务的一部分交给第三人完成。而转包是指承包人在承包建设工程后，又将其承包的工程建设任务转让给第三人。转包中，转让人退出承包关系，受让人称为承包合同的另一方当事人。

分包与转包都是由第三人完成建设工程的部分工作。但二者的根本区别在于：在转包中，原承包人将其工程全部转给他人，自己退出承包关系，并不实际履行合同约定的义务，自然也不承担任何责任；而在分包中，承包人只是将其承包工程的某一部分或几部分再分包给其他承包人，承包人仍然要就承包合同约定的全部义务的履行向发包人负责，且对交由他人完成的部分工程，承包人应当与分包人承担连带责任。根据《合同法》和其他法律规定，承包人经发包人同意将其部分工程分包给他人的行为是允许的，但承包人的转包行为是为法律所禁止的。

---

① 参见崔建远主编：《合同法》，法律出版社 2003 年版，第 398 页。

三、国家重大建设工程合同订立的特殊程序

依据《合同法》第273条的规定，国家重大建设工程合同，应当根据国家规定的程序和国家批准的投资计划、可行性研究报告等文件订立。在我国，一些大型的交通、水利、工厂、移民安置的建设都是由国家投资进行的，这些重大建设工程的特点是需要大量资金，建设周期长，质量要求高，在确定工程的建设上和订立合同的程序上更要严格。①之所以如此规定，是为了规范国家重大工程的建设，保证国家投资计划得以实现，保障质量，避免资源浪费，保证投资效益，减少投资风险。

在实践中，国家重大建设工程在事先应当进行可行性研究，对工程的投资规模、建设效益进行论证分析，并编制可行性研究报告，然后申请立项。立项批准后，再根据立项编制投资计划并报有关国家计划部门进行批准，投资计划批准后，有关建设单位根据工程的可行性研究报告和国家批准的投资计划，遵照国家规定程序进行发包，与承包人订立建设工程合同。对于违反国家投资计划的，要根据情节轻重和造成国家财产损失的大小，追究责任单位的主要领导人和直接负责人的行政责任和民事责任，已构成犯罪的，要依法追究刑事责任。

第三节　建设工程合同的一般效力

一、承包人的义务

（一）承包人的容忍义务

承包人的容忍义务，是指承包人接受发包人检查监督的义务。为了提高工程的建设水平、保证施工进度和质量、充分发挥投资效益、保障建设工程承包合同的实施，保护发包人的利益，发包人可以随时对工程的建设进行检查，承包人也有义务接受发包人对工程进度和工程质量的必要监督，并应予以支持和协助。

在检查过程中发现承包工程质量与合同约定或法律法规的规定不符的，发包人有权提出纠正意见，要求承包人进行补修或返工，承包人应接受发包人指令，及时纠正，以保证工程质量。同时，发包人在行使检查权时不能妨碍承包人的正常作业。如果发包人的检查影响到工程的正常作业的，承包人有权在说明理由的基础上予以拒绝。

（二）承包人的通知义务

《合同法》第278条规定："隐蔽工程在隐蔽以前，承包人应当通知发包人检查。发包人没有及时检查的，承包人可以顺延工程日期，并有权要求赔偿停工、窝工等损失。"所谓隐蔽工程是指地基、电气管线、供水供热管线等需要覆盖、掩盖的工程。对这些隐蔽工程的检查验收要先于主体工程，如果在覆盖隐蔽后再与主体工程一道检查验收，则需要重新开挖和掩盖，必然造成返工等非常大的损失。所以《合同法》第278条确认了承包人的通知义务，即在隐蔽工程隐蔽以前，承包人应当通知发包人检查，以确定工程质量是

---

① 参见江平主编：《中华人民共和国合同法精解》，中国政法大学出版社1999年版，第212页。

否符合合同约定和法律法规规定的要求。怠于通知或未及时通知造成的损失，由承包人承担。

在发包人没有及时检查的情况下，《合同法》规定，即使发包人没有及时对隐蔽工程进行检查，承包人也不能自行检查后将工程隐蔽。此时承包人可以顺延工程日期，并享有请求赔偿停工、窝工损失的权利。

二、发包人的义务

（一）验收义务

所谓验收，是指由承包人、发包人以及工程质量监督检查部门一起，按照国家相关规定和合同约定的内容对已经完成的建设工程进行检验。检验合格后，由发包人接收工程。验收程序在建设工程合同的履行过程中具有非常重要的意义。因为工程项目只有经过验收程序，且验收合格后，才意味着合同履行的彻底完成；验收与否也是决定由哪一方当事人来承担工程质量责任的分界线。作为发包人，对已经竣工的工程进行验收既是他的权利，也是他的义务。

发包人对建设工程验收时，应当以下列文件为依据：（1）施工图纸及说明书。在一项工程中，一般都需经过勘察、设计、施工诸阶段，施工通常以设计的图纸为依据，但在施工过程中，往往会对设计图纸予以更改，所以如果设计图纸与施工图纸不一致的，验收时以施工图纸为准。施工图纸及说明书是对承包人施工条款的具体化，对工程的验收应将其作为重要依据。（2）国家颁发的施工验收规范。如《关于基本建设项目竣工验收暂行规定》、《工程施工及验收规定》等。（3）国家颁发的建设工程质量检验标准，如《建筑安装工程质量评定标准》、《建设工程质量管理办法》，《工程建设国家标准管理办法》等。

验收合格是发包人对承包人所承建工程的质量符合合同约定和法律规定的标准的确认。建设工程必须经竣工验收合格后，方可交付使用；没有经过竣工验收或者经过竣工验收确定为不合格的建设工程，不得交付使用。《建设工程施工合同解释》第 13 条规定，建设工程未经竣工验收，发包人擅自使用后，又以使用部分质量不符合约定为由主张权利的，不予支持；但是承包人应当在建设工程的合理使用寿命内对地基基础工程和主体结构质量承担民事责任。

（二）支付价款并接收建设工程的义务

发包人在对建设工程验收合格后，应当按照约定，扣除一定的保证金后，将剩余工程的价款按约定方式支付给承包人。同时发包人应与承包人办理移交手续，正式接收该项建设工程。对该工程的诸多风险，自接收之日起，即由承包人移转到发包人。

支付价款是发包人最主要的义务。《建设工程施工合同解释》第 2 条规定，即使建设工程施工合同无效，但建设工程经竣工验收合格，承包人请求参照合同约定支付工程价款的，应予支持。同时，第 3 条规定：“建设工程施工合同无效，且建设工程经竣工验收不合格的，按照以下情形分别处理：修复后的建设工程经竣工验收合格，发包人请求承包人承担修复费用的，应予支持；修复后的建设工程经竣工验收不合格，承包人请求支付工程价款的，不予支持。”

当事人对建设工程的计价标准或者计价方法有约定的，按照约定结算工程价款。因设计变更导致建设工程的工程量或者质量标准发生变化，当事人对该部分工程价款不能协商一致的，可以参照签订建设工程施工合同时当地建设行政主管部门发布的计价方法或者计价标准结算工程价款。《建设工程施工合同解释》第 22 条确认，如果当事人约定按照固定价结算工程价款，一方当事人请求对建设工程造价进行鉴定的，不予支持。

（三）协助义务

在建设工程合同中，发包人应当依据诚实信用原则，积极配合承包人的工作，提供进行工程建设所需要的协作条件，这是建设工程合同得以顺利履行的重要保证。发包人应当按照合同约定提供相关材料、设备、场地、资金、技术资料等。具体内容如下：

（1）按照双方约定的供应方式提供材料和设备。对材料和设备的供应方式，除法律、法规规定必须由发包人供应的外，均可由双方自行约定，既可采用包工不包料的方式，也可采用包工全包料或者包工半包料的方式。承包人对建设工程采取包工不包料或者包工半包料的方式，则发包人应负责材料和设备的全部或者部分供应。如果发包人未按照约定的时间和要求提供材料和设备的，即构成违约。

（2）提供约定的场地。由发包人提供场地的，发包人应当按照合同约定向承包人提供承包人施工、操作、运输、堆放材料设备的场地以及建设工作涉及的周围场地（包括一切通道）。具体工作包括：正式工程和临时设施所需土地使用权的征用、民房的拆迁、施工用地和障碍物拆除等许可证的办理等。发包人未能提供符合约定、适合工作的场地的，应承担相应的责任。

（3）保证资金供应。由发包人提供工程建设所需资金的，发包人应当按照约定的时间和数额，在开工前或者施工过程中向承包人支付。如果不按约定时间和支付方式提供工程价款的，须承担相应的责任。

（4）提供技术资料。技术资料是建设工程顺利进行的技术保障。由发包人提供有关工程建设技术资料的，发包人应当按照合同约定的时间和份数及时向承包人提供符合约定要求的技术资料，不得无故拖延或隐匿，否则应承担违约责任。

发包人提供工程建设所需资金的，发包人应当按照约定的时间和数额向承包人支付。这里的资金一般是指工程款。

在发包人有上述违约行为的情况下，《合同法》第 283 条、第 284 条规定发包人应承担如下责任：（1）顺延工程日期；（2）赔偿停工、窝工等损失；（3）因发包人的原因致使工程中途停建、缓建的，发包人应当采取措施弥补或者减少损失，防止损失的扩大。对于工程停建、缓建后，承包人按合同约定投入的人员、物资等需重新作出调整，造成建设工程的停工、窝工、倒运、机械设备调迁、材料和构件积压等，给承包人带来的额外损失和费用，发包人应按承包人的实际损失予以赔偿。

另外，依据《建设工程施工合同解释》第 9 条的规定，发包人提供的主要建筑材料、建筑构配件和设备不符合强制性标准或者不履行合同约定的协助义务，致使承包人无法施工，且在催告的合理期限内仍未履行相应义务，承包人请求解除建设工程施工合同的，应予支持。

三、建设工程承包人的优先受偿权

（一）承包人优先受偿权的性质

《合同法》第286条规定："发包人未按照约定支付价款的，承包人可以催告发包人在合理期限内支付价款。发包人逾期不支付的，除按照建设工程的性质不宜折价、拍卖的以外，承包人可以与发包人协议将该工程折价，也可以申请人民法院将该工程依法拍卖。建设工程的价款就该工程折价或者拍卖的价款优先受偿。"该规定确立了建设工程承包人在发包人逾期不支付工程款的情况下，享有对该建设工程的优先受偿权。对工程款优先受偿权的法律性质，学界有不同的观点。

第一种观点认为，该条是新增加的关于承包人行使不动产留置权的规定；第二种观点认为，该条规定了承包人的法定抵押权；第三种观点认为，承包人的优先受偿权是独立于留置权、抵押权的优先权。①

最高人民法院于2002年6月20日颁布的《关于建设工程价款优先受偿权问题的批复》（以下简称《批复》）第1条规定："人民法院在审理房地产纠纷案件和办理执行案件中，应当依照《中华人民共和国合同法》第286条的规定，认定建筑工程的承包人的优先受偿权优于抵押权和其他债权。"从该条规定看，《批复》实际上没有具体指出承包人的这种优先受偿权是否为法定抵押权或者其他权利。② 但肯定了工程价款优先权优于抵押权和其他债权，从而明确了以上三种观点所追求的共同答案。

（二）承包人优先受偿权的适用

根据《合同法》第286条及《批复》的规定，承包人优先权的适用应遵循如下规则：

1. 优先受偿权的对抗效力

优先受偿权担保的债权得优先于其他民事主体的债权，也优先于其他民事主体在建设工程上设定的抵押权所担保的债权得以实现。但是，在承包人的优先受偿权与消费者的权利发生冲突时，根据《批复》第2条之规定，按下列情形处理：（1）消费者已交付房款，并已办理产权过户登记的情形下，消费者已取得房屋所有权，建设工程承包人的优先受偿权归于消灭；（2）开发商尚未交房或虽交房而尚未办理过户登记，但交付了全部或者大部分款项的情形下，该房屋仍属于开发商所有，但建设工程承包人的优先受偿权不能对抗消费者；（3）消费者未交付房款或者未交付大部分房款，但已办理了产权过户登记或者未办理产权过户登记的情形下，建设工程承包人的优先受偿权具有对抗消费者的效力。

2. 优先受偿权的范围

优先受偿权担保的建设工程价款包括承包人为建设工程应当支付的工作人员报酬、材料款等实际支出的费用，不包括承包人因发包人违约所造成的损失。另根据《建设工程施工合同解释》第6条第2款的规定，承包人的垫资在当事人未作其他约定时，按照工程

---

① 参见王洪亮主编：《合同法难点热点疑点理论研究》，中国人民公安大学出版社2000年版，第385页。

② 参见汪治平：《建设工程价款优先受偿权的若干问题》，载《人民司法》2002年第8期，第5页。

欠款处理。所以，垫资款应当纳入优先受偿权的范围，以充分保护施工人的合法权益。对于装修装饰工程款是否应纳入优先受偿权的范围，实践中有不同的认识。对此，最高人民法院《关于装修装饰工程款是否享有合同法第二百八十六条规定的优先受偿权的函复》认为："装修装饰工程属于建设工程，可以适用《中华人民共和国合同法》第286条关于优先受偿权的规定，但装修装饰工程的发包人不是该建筑物的所有权人或者承包人与该建筑物的所有权人之间没有合同关系的除外。享有优先权的承包人只能在建筑物因装修装饰而增加价值的范围内优先受偿。"因此，装修装饰工程款也应当纳入优先受偿权的范围。

3. 优先受偿权实现的时间

发包人未按照约定支付价款的，承包人可以催告发包人在合理期限内支付价款。发包人逾期不支付的，承包人方可行使优先受偿权。合理期限，应当自发包人收到催告通知之日起算，至于判断合理期限的标准应视个案的具体情形而定。

承包人应在法定期间内行使优先受偿权。根据《批复》第4条的规定，建设工程承包人行使优先权的期限为6个月，自建设工程竣工之日或者建设工程合同约定的竣工之日起计算。《建设工程施工合同解释》第14条确认，当事人对建设工程实际竣工日期有争议的，按照以下情形分别处理：建设工程经竣工验收合格的，以竣工验收合格之日为竣工日期；承包人已经提交竣工验收报告，发包人拖延验收的，以承包人提交验收报告之日为竣工日期；建设工程未经竣工验收，发包人擅自使用的，以转移占有建设工程之日为竣工日期。

4. 优先受偿权的实现方式

承包人对工程款优先受偿权的行使方式有两种：

（1）协议折价。发包人逾期不支付价款的，除按照建设工程的性质不宜折价的以外，承包人可以与发包人协议将工程折价，在支付折价款与工程价款的差额后，取得该项建设工程的所有权，使其工程价款债权得到实现。

（2）依法拍卖。在承包人与发包人无法就工程折价达成协议，或者发包人拒绝进行协议时，除依照建设工程的性质不宜拍卖的以外，承包人有权申请人民法院将该工程依法拍卖，并从拍卖所得价款中优先受偿。

根据《合同法》第286条的规定，只有按照建设工程的性质适宜折价、拍卖的建设工程，才能适用承包人的优先受偿权。但究竟哪些建设工程不能折价或拍卖，法律并没有明确。有人认为，国家重点工程以及具有特殊用途的工程属于不能拍卖的建设工程。①

四、承包人的侵权责任

（一）承包人侵权责任的构成

《合同法》第282条规定："因承包人的原因致使建设工程在合理使用期限内造成人身和财产损害的，承包人应当承担损害赔偿责任。"根据本条规定，承包人承担侵权责任应具备以下要件：

（1）建设工程造成的人身和财产损害是由于承包人的原因造成的。根据《民法通则》

① 参见胡康生主编：《中华人民共和国合同法释义》，法律出版社1999年版，第439页。

的规定，在一般情况下，行为人承担侵权责任必须以自己有过错为前提。因此，如果人身、财产的损害是因第三人的原因，或者受害人自己的原因及其他客观原因造成的，承包人不承担责任；只有在由于承包人自己的原因造成损害时才承担侵权责任。现实中，有的发包人违法发包，因此引起的质量事故，造成他人人身、财产损害的，发包人应当承担相应的责任。

（2）人身、财产损害是发生在建设工程合理使用期限内。任何建设工程都有一个合理的使用期限，建设工程的承包人仅对该建设工程在合理使用期限内造成的他人损害承担侵权责任。关于合理期限是多少，法律未作具体规定，也难以对此作出具体规定，这需要根据各类建设工程的不同情况，如建筑物结构、使用功能、所处的自然环境等因素，由有关技术部门作出判断。① 超过了这一合理使用期限，该工程即属于没有安全保证的工程，即使造成了对他人的损害，承包人也不承担任何责任。

（3）必须是建设工程造成人身或者财产权利的损害。不合格工程所损害的人身或者财产权利，可能是发包人的权利，也可能是发包人以外的人的权利。无论是发包人还是其他人受到损害，承包人都应当承担责任。至于损害发生的时间，可能是在工程未经验收之前，也可能是在工程验收之后。受害人在要求承包人承担责任时，应当举证证明损害的发生是因工程质量等原因并在法定的合理期限内造成的，而且是由于承包人的原因造成的。

（二）承包人侵权责任和违约责任的竞合及其适用

因承包人的原因致使建设工程在合理使用期限内造成发包人的人身或者财产损害的，即受害人是发包人的，则会出现承包人既违反了合同，应承担违约责任，同时也符合侵权责任的构成要件，应承担侵权责任，这就产生了民事责任的竞合。

按照我国通说的责任竞合处理规则，发包人有权选择有利于自己的诉因提起诉讼，即他既可以根据建设工程合同关系请求损害赔偿，也可按侵权关系请求赔偿。

第四节　建设勘察设计合同

一、勘察、设计合同的概念和内容

勘察、设计合同是勘察合同和设计合同的统称，是指建设工程的发包人或承包人与勘察人、设计人之间订立的，由勘察人、设计人完成一定的勘察、设计工作，发包人或承包人支付相应价款的合同。

依据《合同法》第274条的规定，勘察、设计合同的主要内容为如下几项：

（1）提交有关基础资料和文件（包括概预算）的期限。这是对勘察人、设计人提交勘察、设计成果时间上的要求。勘察基础资料包括可行性报告，工程需要勘察的地点、内容，勘察技术要求及附图等。设计的基础资料包括工程的选址报告等勘察资料以及原料（或者经过批准的资源报告），燃料、水、电、运输等方面的协议文件，需要经过科研取

① 参见全国人大法工委研究室编写组：《中华人民共和国合同法释义》，人民法院出版社1999年版，第415页。

得的技术资料等。为了保证勘察设计工作的顺利进行，合同中应当明确提交有关基础资料的期限。超过这一期限的，应当承担违约责任。

（2）勘察或者设计的质量要求。这是此类合同中最为重要的条款，也是勘察人或者设计人承担的最重要的义务。勘察人和设计人应当按照确定的质量要求进行勘察、设计，提交符合质量要求的勘察、设计文件。没有达到合同约定质量要求的勘察或设计方案，勘察人或设计人应承担违约责任。

（3）勘察或者设计费用。即发包人对勘察人、设计人完成勘察、设计工作的报酬。支付勘察、设计费是发包人在勘察、设计合同中的主要义务，因此在勘察、设计合同中应当明确勘察、设计费用的数额或者计算方法，勘察、设计费用的支付方式、地点、期限等内容。

除上述条款外，根据合同的性质和具体情况，当事人还可以协商确定其他必要的条款。

二、勘察设计合同双方当事人的责任承担

1. 发包人的责任

在勘察、设计合同中，发包人除应向勘察人、设计人支付价款外，还应承担以下义务：（1）按照合同约定向勘察人、设计人提供开展勘察、设计工作所需要的基础资料、技术要求并对提供文件的时间、进度和资料的可靠性负责。（2）按照合同约定提供必要的协作条件。在勘察设计人员入场工作时，发包人应当为其提供必要的工作条件和生活条件，以保证其正常开展工作。（3）严守合同的规定，不得随意更改勘察、设计内容。

如果发包人违反上述合同义务，提供的资料不准确，不尽协助履行义务或者单方更改合同条款而造成勘察、设计的返工、停工或者修改设计时，发包人应当按照勘察人、设计人实际消耗的工作量增付费用，即按照勘察人、设计人所受到的实际损失承担赔偿责任。

2. 勘察人、设计人的责任

在建设工程的勘察、设计合同中，勘察人、设计人应按照合同规定的进度完成勘察、设计任务，并在约定的期限内将勘察成果、设计图纸及其说明和材料设备清单、概算等设计成果按约定的方式交付委托人。否则，勘察人、设计人应当承担违约责任。

依据《合同法》第280条的规定，勘察人、设计人的违约行为有两种方式：一是勘察、设计的质量不符合要求，包括勘察设计的质量没有达到合同的要求或者勘察、设计的质量不符合法律、法规的强制性标准；二是勘察人、设计人未按照合同约定的期限提交勘察、设计文件，致使工期拖延的。

勘察人、设计人的违约行为造成发包人损失的，应承担违约责任的方式为：（1）由勘察人、设计人实际履行，继续完成勘察、设计。即勘察人、设计人应当在发包人规定的合理期限内，继续完善勘察、设计，使之达到合同约定或者法律、法规规定的要求。（2）减收或免收勘察、设计费。勘察人、设计人应当根据违约程度的大小，减收或免收勘察、设计费，以补偿相对人的损失。（3）赔偿损失。根据《合同法》的规定，当事人的损失赔偿额应当相当于因违约造成的损失，包括合同履行后可以得到的利益。但不得超过违约合同一方订立合同时应当预见到的因违反合同所造成的损失。如果勘察、设计质量只有轻

微质量瑕疵的，发包人可以请求勘察人、设计人继续完善勘察、设计，如果勘察人、设计人不具备完成符合要求的勘察、设计工作能力或者提交的勘察、设计质量严重不符合约定的，发包人可以解除合同，重新委托其他勘察人、设计人完成勘察、设计工作。①

第五节　建设施工合同

一、建设施工合同的概念和内容

建设施工合同是指发包人（建设单位）和承包人（施工人）为完成商定的施工工程，明确相互权利、义务的协议。依照施工合同，施工单位应完成建设单位交给的施工任务，建设单位应按照规定提供必要条件并支付工程价款。

依据《合同法》第 275 条的规定，建设施工合同的主要内容包括以下几项：

（1）工程范围。当事人应在合同中附上工程项目一览表及其工程量，主要包括工程名称及地点，建筑物的栋数、结构、层数、面积等。

（2）建设工期。即工程的开工和竣工日期。建设工期的长短，直接影响着工程质量的好坏及双方当事人的权利、义务，因此应当在施工合同中确定合理的建设工期。

（3）中间交工工程的开工和竣工时间。所谓中间交工工程，是指需要在全部工程完成期限之前完工的工程，是施工过程中的阶段性工程。中间工程的完工时间，影响着后续工程的开工，制约着整个工程的顺利完成，因此，当事人应当明确约定中间交工工程的开工和竣工时间。

（4）工程质量。根据《中华人民共和国标准化法》第 2 条第 4 款的规定，对建设工程的设计、施工方法和安全需要统一的技术要求，应当制定标准。据此，对建筑、安装工程的质量标准，国家制定了一系列的质量标准，并制定了专门的《技术工程质量监督管理规定》，由建设主管部门对工程质量进行监督。

（5）工程造价。即施工建设该工程所需的费用，包括材料费、施工成本等费用。如为招标工程，则应以中标时确定的金额为准；如按初步设计总概算投资包干时，应以经审批的概算投资中与承包内容相应部分的投资（包括相应的不可预见费）为工程价款；如按施工图预算包干，则应以审查后的施工图总预算或综合预算为准。

（6）技术资料交付时间。工程的技术资料，如勘察、设计资料等，是进行建筑施工的依据和基础，发包人应当在合同约定的时间内向承包人及时、全面地提供与本工程项目有关的技术资料，否则造成的工期损失或者工程变更应由发包人负责。

（7）材料和设备供应责任。即在施工过程中所需要的材料和设备由哪一方当事人负责提供。在实践中，有的由发包人负责提供，也可由施工人负责采购。材料和设备的供应责任应当在双方当事人合同中作出明确约定。

（8）拨款和结算。即发包人向承包人拨付工程价款和结算的方式和时间。对于工程

① 参见全国人大法工委研究室编写组：《中华人民共和国合同法释义》，人民法院出版社 1999 年版，第 412 页。

价款的拨付，需根据付款内容由当事人双方确定，具体有如下四项：预付款；工程进度款；竣工结算款；保修扣留金。至于采用何种方式进行结算，也需双方根据具体情况进行协商，并在合同中明确约定。

（9）竣工验收。该条款一般包括验收的范围和内容、验收的标准和依据、验收人员的组成、验收方式和日期等内容。建设工程竣工后，发包人应当根据施工图纸及说明书、国家颁发的施工验收规范和质量检验标准及时进行验收。

（10）质量保修范围和质量保证期。施工工程在办理移交验收手续后，在规定的期限内，因施工、材料等原因造成的工程质量缺陷，要由施工单位负责维修、更换。保修的范围和质量保证期应当由合同当事人根据相关法律、行政法规的规定和实际情况确定，但不得低于国家规定的保修范围及最低保证期限。

除了上述基本合同条款外，当事人还可以约定其他协作条款，如施工准备工作的分工，施工工程中及时提交相关技术资料、施工进度报告书，对发包人的监督检查提供必要的协助等。

二、施工人的责任

保证建设工程质量符合合同约定，是施工合同中施工人的基本义务。建设工程的施工人必须做到严格按照工程设计图纸和施工技术标准施工，不得偷工减料。从现实情况来看，工程施工中的偷工减料行为，是造成建设工程质量问题的通病，是发生重大质量事故的重要原因。① 如果因施工人的原因致使建设工程质量不符合约定的，施工人应当承担违约责任。

（一）无偿修理或者返工、改建

这是一种违约责任中的实际履行责任。承包人根据不合格工程的具体情况，或修理或返工或改建，使之达到合同约定的质量要求。承包人进行修理、返工或者改建，都必须是无偿的，不得再要求发包人支付价款。

（二）逾期违约责任

由于修理、返工或者改建会拖延工期，这样就会造成施工人超出合同约定的期限交付工作成果，而逾期交付是由于施工人的责任造成的，因此施工人应当承担逾期交付的违约责任，赔偿发包人因此而遭受的损失。

第六节　建设工程监理

一、建设工程监理的概念

建设工程监理，是指由具有法定资质条件的工程监理单位，根据发包人的委托，依照法律、行政法规及有关的建设工程技术标准、设计文件和建设工程合同，对承包人在施工质量、

① 参见全国人大法工委研究室编写组：《中华人民共和国合同法释义》，人民法院出版社 1999 年版，第 413 页。

建设工期和建设资金使用等方面，代表发包人对工程建设过程实施监督的专门活动。

建设工程监理制度是一种先进、科学的管理方式，在国际上已有较长的发展历史，西方发达国家已经形成了一套完整的工程监理制度，可以说，建设工程监理已成为建设领域的一项国际惯例。它的推行，对控制建筑工程的投资、保证建设工期、确保建筑工程质量以及开拓国际建筑市场等都具有重要意义。① 对建设工程是否实行监理，原则上应由发包人自行决定。但是对于使用国家财政资金或者其他公共资金建设的工程项目，为了加强对项目建设的监督，保证投资效益，维护国家利益，国家规定了实行强制监理的建设工程范围。根据《建设工程质量管理条例》的规定，必须实行监理的工程包括：国家重点建设工程，大中型公用事业工程，成片开发建设的住宅小区工程，利用外国政府或者国际组织贷款、援助资金的工程，国家规定必须实行监理的其他工程。属于实行强制监理的工程，发包人必须依法委托工程监理单位实施监理。

二、建设工程监理合同

发包人与其委托的工程监理人应当订立书面委托监理合同，合同的主要内容包括：(1) 工程名称；(2) 工程地点；(3) 监理职责，即监理人所应承担的监督工程的进行和工程质量的合同义务；(4) 监理费用及其支付方法，即发包人向监理人支付的报酬及以何种方式支付。

另外，对发包人与监理人之间的权利、义务关系以及法律责任，应当依照《合同法》中的委托合同以及《建筑法》等其他法律、行政法规的有关规定来确定。具体体现在：

(1) 发包人应当在进行工程监理前将委托的监理人的名称、资质等级、监理人员、监理内容及监理权限，书面通知被监理的建设工程的承包人。

(2) 工程监理人应派出具有相应资质的人员实施监理。工程监理人员发现工程设计不符合建设工程质量标准或者合同约定的质量要求的，应当报告发包人要求设计人改正；工程监理人员认为工程施工不符合工程设计要求、施工技术标准和合同约定的，有权要求施工人改正。工程监理人在监理过程中，应当遵守客观、公正的执业准则，不得与承包人串通，为承包人谋取非法利益。

工程监理人不按照委托监理合同的约定履行监理义务，对应当监督检查的项目不检查或者不按照法律、行政法规和有关技术标准、设计文件和建设工程合同规定的要求和检查方法规定进行检查，给发包人造成损失的，应当承担相应的赔偿责任。工程监理人与承包人串通，为承包人谋取非法利益，给发包人造成损失的，应当与承包人承担连带赔偿责任。

◎ 思考题

1. 试述建设工程合同的概念和特征。
2. 建设工程合同发包人的义务有哪些？
3. 试述建设工程承包人优先受偿权的适用。
4. 试述勘察设计合同当事人的责任。

---

① 参见崔建远主编：《合同法（第三版）》，法律出版社 2003 年版，第 401 页。

◎ 案例分析

诚信公司诉宏达公司、兴业公司等建设工程合同纠纷案①

某市兴业房地产开发公司（以下简称兴业公司）为开发兴业花园，于某年1月11日与该市宏达建筑实业有限责任公司（以下简称宏达公司）签订建设工程合同，合同约定：兴业公司将位于兴业花园A座、B座的商品楼发包于宏达公司，承包形式为包工包料，工程总造价为420万元，开工前拨付工程款120万元，6月30日前再拨付工程款240万元，下余工程款待验收合格后扣除一年的保修金20万元后一次付清。开工日期为1月26日，竣工日期为10月26日。若哪一方违约处以工程款总造价5%的违约金。合同签订后，兴业公司依约履行合同，将工程款拨付给宏达公司。宏达公司于同年1月18日又与该市诚信建筑实业公司（以下简称诚信公司）签订了建设工程承包合同书，宏达公司将承包兴业公司的A座、B座商品楼扣除手续费40万元后以380万元的价款转包给诚信公司，由诚信公司对整个工程负责。诚信公司在整个施工过程中，兴业公司得知后也未提出制止。同年10月6日，诚信公司、宏达公司、兴业公司和有关城建部门对A座、B座的商品楼进行了检查验收，将工程评定为优良工程。而宏达公司总计支付给诚信公司350万元，尚欠的30万元以种种理由拒付。无奈之下，诚信公司以宏达公司、兴业公司为被告诉至法院，请求判令宏达公司支付工程款30万元，兴业公司负连带责任。

分析：

在本案中，兴业公司与宏达公司所签订的建设工程合同，双方主体合格，意思表示真实，应为有效合同。但宏达公司与诚信公司所签订的建设工程承包合同当为无效合同，因为《合同法》第272条第2款规定："承包人不得将其承包的全部建设工程转包给第三人或者将其承包的全部建设工程肢解以后以分包的名义分别转包给第三人。"同时，《建设工程施工合同解释》第4条规定："承包人非法转包、违法分包建设工程或者没有资质的实际施工人借用有资质的建筑施工企业名义与他人签订建设工程施工合同的行为无效。人民法院可以根据民法通则第一百三十四条规定，收缴当事人已经取得的非法所得。"

根据《建设工程施工合同解释》第2条规定："建设工程施工合同无效，但建设工程经竣工验收合格，承包人请求参照合同约定支付工程价款的，应予支持。"本案中，尽管宏达公司与诚信公司所签订的建设工程承包合同为无效合同，但A座、B座的商品楼经诚信公司、宏达公司、兴业公司和有关城建部门检查验收后，被评定为优良工程，即建设工程质量合格，所以应当支持诚信公司的诉讼请求，判令宏达公司支付30万元工程款。而且在诚信公司的整个施工过程中，兴业公司得知后也未提出制止，因此兴业公司应对尚未支付的30万元工程款负连带责任。

---

① 参见黄松有：《合同法司法解释实例释解》，人民法院出版社2006年版，第371～372页。

第十七章 运 输 合 同

第一节 运输合同的概念

一、运输合同的概念

依据《合同法》第288条的规定，运输合同是指承运人将旅客或者货物从起运地点运输到约定地点，由旅客、托运人或者收货人支付票款或者运输费用的合同，又称为运送合同。运输合同具体包含以下内容：

（一）运输合同的主体

运输合同的主体通常有两方：一方是承运人，负责将旅客或货物从起运地点运输到约定地点；另一方为旅客、托运人或者收货人，需支付票款或运输费用。在货物运输合同中还经常包括作为第三人的收货人，托运人可以作为收货人，但是在多数情况下，另有收货人。此时，收货人不是运输合同的一方当事人。国际公约及国外立法一般都规定，货物送达目的地后，承运人有通知收货人的义务，经收货人请求交付后，取得托运人因运输合同所产生的权利。在运输合同中，承运人作为一方当事人，可以是一人或者为数人，如在相继运输中承运人可分为缔约承运人和实际承运人，在多式联运合同中有多式联运经营人和各区段承运人。而且承运人多为法人或者组织，但也可以是个人。

（二）运输合同的内容

所谓运输合同的内容即运输合同当事人的权利义务，具体而言，承运人的义务是将旅客或者货物运输到约定地点，权利是收取票款或者运费；与之相对应，托运人有权要求承运人将自己或货物运输到约定地点，同时需要向承运人支付票款或者运费。

（三）运输合同的标的

运输合同的标的是运送行为，是承运人按照约定，将旅客或者货物从一个地点运送到另一个地点的行为，而不是被运送的货物或旅客本身。一般而言，运送需借助一定运输工具实施，如火车、汽车、轮船等，仅以人力搬运物品或人身，如背负他人过河，可以成立承揽合同或雇佣合同，不宜认为系属运输合同。① 因此，运送行为指借助一定的运输工具将物品或旅客从此地运至彼地的行为，双方当事人的权利与义务均围绕运送行为而产生。

---

① 参见江平主编：《中华人民共和国合同法精解》，中国政法大学出版社1999年版，第224页。

二、运输合同的特征

(一) 运输合同的成立，可以是诺成合同方式或实践合同方式，或依交易习惯确定

运输合同通常是诺成合同，承运人接受托运人发出的要约，例如接受托运人支付的运费，即形成承诺，则合同成立，无需以交付运送对象为成立要件。但当当事人有特别约定或法律有特殊规定时，货运合同也可为实践合同。如在实践中，也有一些运送合同并不需要签订书面运输合同，而以托运单及提单代替，在承运人签发提单或在托运单上签章前，往往要对运送货物作一定核查，故这类合同具有实践性合同的特征。尤其是，根据中国《航空货物运输合同实施细则》第 3 条第 2 款规定："托运人填交的货物托运单经承运人接受，并由承运人填发货单后，航空货物运输合同即告成立。"承运人填发货运单往往是在货物检查之后，所以这种运输合同应属实践性合同。①

(二) 运输合同原则上是双务有偿合同

承运人有义务为托运人运送物品或旅客，同时有权获得报酬；托运人或旅客有义务支付运费或票款，有权要求承运人完成运送行为。可见，双方的义务互为条件且具有牵连性，即具有对价性，故运输合同为双务合同。承运人从事运输业务目的在于收取运费或票款以获得利润，旅客或托运人、收货人有向承运人付款的义务，因此运输合同为有偿合同。但基于政策的规定也有例外情形，如对未达一定身高的儿童（一般为 1.1 米）的运送或对救济物品的运送都是无偿的。

(三) 运输合同多为格式合同

合同条款由承运人事先拟定，托运人和旅客仅有就此条款表示同意与否的权利。客票、客运单、提单等均依照专门法规统一印制，运费一般也是执行统一的规定。将运输合同定为格式合同，一方面可以节约交易成本，提高交易效益；另一方面也可以防止承运人利用强势地位损害托运人或旅客的利益。当然承运人并无统一格式合同可以参照时，就可以奉行合同自由原则，这时，由当事人在合法的前提下自由协商订立运输合同。

三、运输合同的种类

运输合同范围广泛，种类繁多，采用不同的标准，可对运输合同作不同的分类：

1. 根据运输对象的不同，可以将运输合同分为旅客运输合同和货物运输合同。

2. 根据运输工具的不同，可以将运输合同分为铁路运输合同、公路运输合同、航空运输合同、水上运输合同、海上运输合同和管道运输合同等。

3. 根据承运人数量的多少，可以将运输合同分为单一运输合同和多式联运合同。

四、运输合同的一般效力

(一) 承运人的主要义务

1. 从事公共运输的承运人不得拒绝旅客、托运人通常、合理的运输要求

---

① 参见唐德华、孙秀君主编：《合同法及司法解释条文释义（下）》，人民法院出版社 2004 年版，第 1288 页。

所谓公共运输是指面向社会公众提供服务，一般情形该种服务有明确的运输时刻表、运输路线；旅客、托运人通常、合理的运输要求是指按照一般的运输条件，承运人能够承担的运输服务。如果违反此义务，承运人需要承担责任。如公交车司机在正常情形下无端拒绝载运乘客，就违反了此项义务，对乘客因此遭到的损失应负赔偿责任。

2. 承运人应当在约定的或者合理的期间内将旅客、货物安全运输到约定地点

此项义务包括两个方面：一是承运人应当在约定或合理期间内进行运输，如果由于承运人的原因，使得旅客或者货物不能及时到达目的地，承运人需负运输迟延的违约责任；二是承运人在运输过程中，应当保证旅客和货物的安全，安全运输既是运输业的基本原则，也是运输合同立法的基本原则。

3. 承运人有按照约定的或通常路线运输的义务

承运人运送旅客或货物需要按照事先约定或者通常的路线进行，不得绕道而行，否则由此给旅客或托运人造成的损失由承运人负担。

（二）旅客、托运人或者收货人的主要义务

在客运合同中，旅客应持有效车票乘车，如果无票乘车、超程乘车或者持失效的车票乘车，应补交票款，否则即违反合同义务。

在货物运输合同中，支付运费是托运人的基本义务。同时还要按约定的时间、地点和要求，将货物交给承运人。托运的货物必须与货运单记载的品名、重量和体积相符。计划运输货物，托运人还必须提出装运计划。按规定对托运物包装。对于危险和需要特别照料的货物，托运人要履行特别义务。对于易燃、易爆、腐蚀、毒害、放射性等危险品，以及在运输过程中容易引起人身伤亡和财产损失的货物，托运人必须按照运输危险品的有关规定办理。由于托运人故意隐瞒、没有如实说明危险品的性质或其他行为，使承运人或第三人遭受人身或财产损失的，托运人应负责赔偿。情节严重的，还要追究其刑事责任。

收货人的基本义务主要有：首先，按规定及时领取货物。收货人未按规定的时间提取货物，应向货物到站（港）支付规定的保管费；其次，如果运输合同约定由收货人支付运费的，收货人在提货时，应支付上述费用；最后，由于收货人的过错造成承运人或第三人的财产或人身损失时，收货人应承担赔偿责任。

第二节　客运合同

一、客运合同的概念

客运合同，又称旅客运输合同，是指承运人与旅客签订的由承运人将旅客及其行李运输到目的地而由旅客支付票款的合同。客运合同根据运输工具的不同可以分为铁路客运合同、水路客运合同、航空客运合同等，不同的客运合同适用不同的专门性规定。在其他法律法规没有特别规定时，适用《合同法》的规定。

二、客运合同的特征

（1）旅客既是合同一方当事人，又是运送对象。在客运合同中，旅客具有双重身份，

既是客运合同的一方当事人，又是客运合同的运送对象。

(2) 客运合同通常采用客票形式。客运合同通常由承运人预先拟定，通常采用客票形式，如火车票、汽车票、飞机票等。客票为客运合同的书面形式，也是客运合同成立的凭证，也就是说承运人向旅客签发的客票证明了承运人和旅客之间订立了合同。所以客运合同的成立时间一般即是旅客客票的取得时间；但是运输合同的当事人另有约定的除外。

(3) 客运合同包括对旅客行李的运送。在客运合同中，承运人的主要义务是将旅客从起运地运到目的地，而不是为了专门运输行李。但是为了旅客乘运途中的方便，承运人或者有关部门一般允许旅客随身携带一定数量的行李。超过规定限量的行李，应当办理托运手续。托运是凭客票进行的，因此，也属于客运的组成部分。

三、客票的性质

(1) 客票是客运合同的书面形式。客票是客运合同成立的凭据，也就是说承运人向旅客签发的客票证明了承运人和旅客之间订立了合同。

(2) 客票的内容是客运合同的组成部分。客票内容包括旅客乘坐的运送工具的运送时间、区间、班次、座别等情况。上述内容在旅客向承运人交付票款，取得客票后，即成为客运合同的内容。

(3) 客票是资格证券可以转让。① 客票可以是记名的，如飞机票。但大多数客票是不记名的，如火车票、汽车票、船票等。客票作为有价证券，除记名的客票外，旅客在客运合同生效前，可以转让给他人。因为客运合同承运人原则上不问旅客为何人，而以不特定人的运送取得运费为目的。

四、客运合同当事人的义务

(一) 旅客的义务

1. 旅客应当支付票款和运费

旅客的这一义务，一般是在订立合同时就履行完毕，即在取得客票时支付票款，在托运行李时支付运费。

2. 持有效客运票乘运的义务

旅客应当持有效客运票乘运。“有效客票”一般是指票面内容符合旅客乘坐的运送工具的运送时间、区间、班次、座别等情况，由交通运输部门统一规定制作的客票。旅客无票乘运、超程乘运、超级乘运或者持失效客运票乘运的，应当补交票款，旅客不交付票款的，承运人可以拒绝运输。

3. 按时乘坐的义务

《合同法》第295条规定，旅客因自己的原因不能按照客票记载的时间乘坐的，如旅客遇上不可抗力的阻碍耽误了乘运时，应当在约定的时间内，到承运人的售票地点或者承运人委托有权代理退票或者变更客票的售票地点，办理退票或者变更手续。逾期办理的，

① 参见张长青主编：《合同法》，清华大学出版社、北京交通大学出版社2005年版，第326～328页。

承运人可以不退票款，并不再承担运输任务。因为旅客已经违约在先，违反了旅客与承运人之间的运输合同，所以承运人不再承担运输的义务。

4. 限量携带行李的义务

旅客在运输中应当按照约定的限量携带行李。超过限量携带行李的，应当办理托运手续。旅客得凭客票办理托运。行李票是托运行李的货物运输合同的表现形式，但其与客运合同有着密切联系，是附属于客运合同的，不同于不凭客票单独办理的零担货物运输合同。如果旅客拒不办理托运手续，一定要随身携带的，承运人可以拒绝运输。

5. 不得携带或夹带危险品或其他违禁品的义务

旅客不得随身携带或者在行李中夹带易燃、易爆、有毒、有腐蚀性、有放射性以及可能危及运输工具上人身和财产安全的危险物品或者其他违禁物品。旅客违反上述规定的，承运人可以将违禁品卸下、销毁或送交有关部门。例如，在海上旅客运输中，旅客随身携带烟花爆竹上船，在航行途中被承运人发现，为了航行的安全，承运人有权将烟花爆竹抛弃入海。在承运人将危险物品或者违禁物品卸下、销毁或者送交有关部门的情况下，承运人可以不负赔偿责任。如果旅客坚持携带或夹带危险品或其他违禁品的，在运输合同生效前，承运人应当拒绝运输。

（二）承运人的义务

1. 告知义务

告知义务是承运人运送义务的一个附随义务。依据《合同法》第 298 条的规定，承运人应当向旅客及时告知有关不能正常运输的重要理由和安全运输应当注意的事项。因承运人的原因或者天气等原因使运输时间延迟，或运输合同所约定的车次、航班取消等影响旅客按约定时间到达目的地的事项，属于有关不能正常运输的重要事由，承运人应及时告知旅客。在运输过程中，为保障旅客的人身、财产安全，需要提醒旅客注意的事项，属于安全运输应当注意的事项。例如在民用航空运输中，航空承运人就应当在起飞前向乘客告知系上安全带、如何保持正确的乘姿、在发生紧急情况下如何使用氧气袋和安全舷梯等知识。如果因承运人未履行告知义务或者信息告知不够而导致纠纷的，承运人应当承担相应的责任。

2. 按约定运输旅客义务

承运人应当按照客票载明的时间和班次运输旅客。承运人迟延运输的，应当根据旅客的要求安排改乘其他班次或退票。承运人擅自变更运输路线，旅客可以要求退票；中途变更运输路线，旅客可要求承运人将其运回始发地。承运人擅自变更运输工具而降低服务标准的，应当根据旅客的要求退票或者减收票款；提高服务标准的，不应加收票款。

3. 救助义务

承运人在运输过程中，应当尽力救助患有疾病、分娩、遇险的旅客。“患有急病、分娩”是指旅客由于自身的健康原因而遭遇到困难。“遇险”是指旅客因意外事故、自身的原因或遭他人殴打、犯罪行为等情况而遭遇的对其生命、健康造成威胁的危险。① 但是不论旅客遭遇困难的原因是什么，承运人都应当尽力救助。这是承运人在运输过程所应承担

① 参见江平主编：《中华人民共和国合同法精解》，中国政法大学出版社 1999 年版，第 237 页。

的道德义务，也是法定的一种附随义务，强化了对旅客的保护。如果未尽此义务，要承担违约责任。

4. 对旅客的伤亡赔偿责任

保障旅客在运输途中的安全是承运人的主要义务之一。承运人应当对运输过程中旅客的伤亡承担赔偿责任。依据《合同法》第 302 条第 1 款的规定，承运人对旅客伤亡赔偿责任的免责事由有三项，即旅客故意，旅客的重大过失或者旅客自身健康原因造成的。可见，承运人对旅客的人身伤亡承担无过错责任。上述规定同样适用于按照规定免票、持优待票或经承运人许可搭乘的无票乘客。

5. 对行李的损害赔偿责任

承运人应当对运输过程中旅客行李的毁损、灭失承担损害赔偿责任。行李损毁有两种情形：一是旅客自带物品毁损、灭失的，承运人有过错的，应当承担损害赔偿责任。关于过错责任之举证应由何人负担，有学者认为应由旅客负举证责任，① 也有学者认为"此责任系债务不履行责任，故旅客仅举证有运送契约及损害为以足，应由运送人举证证明自己并无可归责之事由，使得免责。"② 我国通说认为，承运人的过错，应当由旅客举证证明。因为，旅客自带物品是由旅客自己保管的，对其毁损、灭失情况，旅客最为清楚；二是旅客托运的行李毁损、灭失的，适用货物运输的有关规定承担损害赔偿责任。

6. 强制缔约义务

依据我国《合同法》第 289 条规定，对于旅客通常、合理的要约，承运人不得拒绝承诺。该规定即为承运人的强制缔约义务。在客运合同中承运人承担强制缔约义务后，当旅客发出请求承运的要约，承运人不得拒绝承诺，即使从事公共运输的承运人不同意，客运合同亦能成立。但对于旅客非通常、不合理的运输要求，承运人有权加以拒绝。例如，对于城市公共汽车，其运输线路、时间都是固定的。如果旅客要求承运人改变运输路线，改变出发时间，就不属于通常、合理的运输要求。

第三节　货物运输合同

一、货物运输合同的概念

货物运输合同，是指承运人将托运人交付的货物运输到指定的地点，而由托运人支付运费的合同。

二、货物运输合同的种类

根据不同的标准，货物运输合同可以分为不同的种类。

（1）根据运输工具的不同，货物运输合同分为公路货运合同、铁路货运合同、航空货运合同等；

---

① 参见郑玉波：《民法债编各论》（下），台湾三民书局 1992 年版，第 620 页。

② 林诚二：《民法债编各论（中）》，中国人民大学出版社 2007 年版，第 343 页。

（2）根据运输货物的不同性质，可以将货物运输合同分为普通货物运输合同、危险货物运输合同、鲜活货物运输合同等；

（3）根据运输货物到站的不同地点，可以将货物运输合同分为国际货物运输合同和国内货物运输合同。

三、货物运输合同的特征

（1）货物运输合同的运送对象是货物。尽管货运合同与客运合同的标的都是运送行为，但二者的运送行为的目的不同，前者以运送货物为直接目的，而后者以运送旅客为目的。

（2）货物运输合同一般涉及第三人。虽然货物运输合同由托运人和承运人订立，当事人为托运人和承运人，但实践中托运人不一定为收货人，收货人往往是第三人。在第三人为收货人的情况下，收货人虽然不是订立合同的当事人，但却是合同的利害关系人，享受合同的权利并为此承担相应的义务。

（3）货物运输合同以货物交给收货人为履行完毕。在货运合同中，承运人将货物运输到目的地，其义务并不能完结，只有将货物安全完整的交给收货人时，才算是将合同履行完毕，在尚未交给收货人之前的合理期间内对货物有保管义务。

四、货物运输合同的效力

（一）托运人的义务

1. 支付运输费用

这是托运人的基本义务。托运人应当按照合同约定的数额、时间、地点、方式等支付运输费用。不支付运费、保管费等应付费用的，除有相反约定外，完成运送的承运人有留置权，以促使托运人或者收货人尽快履行自己的给付义务。如果货物在运输过程中因不可抗力发生毁损灭失的，托运人可以免交运费；运费已交的，可以请求返还。

2. 准确提供收货人和告知必要情况的义务

托运人办理货物运输，应当向承运人准确表明收货人的名称或姓名或者凭指示的收货人以及货物的名称、性质、重量、数量、收货地点等有关货物运输的必要情况。这对于保证货运合同的顺利履行具有特别重要的意义。托运人应当对其提供的与货物运输有关的必要情况的真实性、完整性负责，否则因申报不实或者遗漏重要情况给承运人造成损失的，托运人应当承担损害赔偿责任。比如对收货人、收货地点记载不清，造成运费增加的；对危险货物没有注明，在运输过程中发生了事故的，托运人都应当赔偿承运人为此所受的损失。

3. 包装义务

货物包装是保证货物在运输、装卸、保管过程中保持其良好状态的必要条件。对于需要包装的货物，托运人应当按照约定或适宜保护货物的方法包装。因包装原因造成货物损失的，托运人应当自己负责。如果按照规定货物需要包装，而托运人没有进行包装的或者包装不符合约定或者运输安全需要的，承运人可以拒绝运输。另外，如果是由于货物包装缺陷产生破损致使他人货物或运输工具、机械设备污染、腐蚀和损坏，或者造成人身伤亡的，托运人应承担赔偿责任。但是承运人如果明知包装不合格的，对此也应负一定责任。同时，对于因上述情况给托运人造成的损失，承运人不负赔偿责任。

4. 托运危险物品的妥善包装、警示等义务

在货物运输中，托运人有时会托运一些易燃、易爆、有毒、有腐蚀性的、有放射性等危险物品。如果在运输过程中对这些危险物品不进行妥善处理，就有可能对货物、运输工具等财产或者人身安全造成极大的威胁，为此，托运人负有对危险物品进行妥善包装、对危险物品作出危险标记和标签及将有关危险物品的名称、性质和防范措施的书面材料提交承运人等三项义务。托运人违反上述义务的，承运人可以拒绝进行运输，也可以采取各种措施避免损失的发生，这些措施包括承运人可以在任何地点、任何时间根据情况将货物卸下、销毁或者使之不能为害。如果因为承运人采取这些措施对托运人造成损失的，承运人可以不负赔偿责任。但如果因此而给承运人造成损失的，托运人应当向承运人负赔偿责任，同时承运人因为采取措施而产生的各种费用也应当由托运人承担。

（二）承运人的义务

1. 按约定完成货物运送的义务

承运人应按照约定的时间、地点、运输路线等完成货物的运送。承运人迟延运送的，应承担违约责任；承运人将货物运送至错误的到货地点的，应当无偿地将货物运至约定的地点；如果承运人未按照约定路线或通常路线运输增加运输费用的，托运人或收货人可以拒绝支付增加部分的运输费用。

2. 及时通知收货人的义务

货物运输到达后，承运人知道收货人的，应当及时通知收货人，以便于收货人及时提货。收货人逾期领取货物的，承运人应以善良管理人之注意妥善保管货物，当然可以因此收取保管费。收货人不明或无正当理由拒绝受领的，承运人可以提存货物。

3. 货物毁损灭失的赔偿责任

在货物运输中，承运人应当对自接受货物时起至交付货物时止所发生的货物的毁损、灭失承担损害赔偿责任。但承运人证明货物的毁损灭失是因不可抗力、货物本身的自然性质或者合理损耗以及托运人、收货人的过错造成的，不承担赔偿责任。对于免责事项的举证由承运人负责在实际操作中是合理、可行的。因为，承运人参加全程运输，同时又具备各种运输知识和经验，为自己不承担损害赔偿责任举证，是理所当然的事情。而与其相对的托运人、收货人不具备这些优势，由他们负责举证事实上是困难的。①

另外在实践中，对于金钱、有价证券或其他贵重物品，除托运人于托运时报明其性质及价值外，承运人对于其毁损灭失不负责任。

4. 多个运送人的连带责任

两个以上承运人以同一运输方式联运的，由与托运人订立合同的承运人对全程运输承担责任，其他承运人在各自区段参加运输，只对在自己区段运输过程中发生的损失负责。运送货物有损害的，缔约之承运人与致害运送人负连带赔偿责任。托运人、收货人可以灵

① 参见全国人大法工委研究室编写组：《中华人民共和国合同法释义》，人民法院出版社 1999 年版，第 457 页。

活地选择他们中的任意一个，请求履行货运合同约定的全部损害赔偿义务。

(三) 收货人的主要义务

当托运人与收货人不是同一人时，托运人的部分义务便依托运人与收货人的约定而转移于收货人，根据我国《合同法》的规定，收货人负有如下主要义务：

1. 及时提货

收货人在收到承运人的提货通知后，应及时提货。收货人逾期提货的，应当向承运人支付保管费和因逾期提货所应支付的其他费用。

2. 支付运费及其他运输费用

一般情况下，运费由托运人在发站向承运人支付，但如果合同约定由收货人在到站支付或者托运人未支付的，收货人应支付。在运输过程中发生的其他费用，应由收货人支付的，收货人也必须支付。

3. 检验货物

货物到达目的地后，承运人向收货人交付货物时，需进行相应的交接验收。《合同法》第310条规定："收货人提货时应当按照约定的期限检验货物。对检验货物的期限没有约定或者约定不明确，依照本法第61条的规定仍不能确定的，应当在合理期限内检验货物。收货人在约定的期限或者合理期限内对货物的数量、毁损等未提出异议的，视为承运人已经按照运输单证的记载交付的初步证据。"在实践中货物的检验主要从两方面进行：一是检验货物的外表状况有无损坏；二是检验货物的数量（重量）有无缺少。

第四节 多式联运合同

一、多式联运合同的概念

多式联运合同，是指多式联运经营人将分区段的不同方式的运输联合起来作为承运人履行承运义务的运输合同。多式联运是近十年来迅速发展起来的、实行"一次托运、一次收费、一票到底、一次保险、全程负责"的"一条龙"服务的综合性运输，有独特的优越性。实行联运可以使交通工具得到综合利用，使各个运输环节有机地衔接，紧密合作，从而发挥运输设备的能力，有效地完成各项运输任务。多式联运合同是该种交易形式的法律体现。

多式联运合同以运输工具和部门为标准，可以分为公路、铁路货物联运；公路、水路货物联运；公路、航空货物联运；江河、海水路联运等；从托运量上，还可以分为整批货物联运和零星货物联运；根据多式联运是否涉及境外，还可以分为国内多式联运和国际多式联运。

二、多式联运单据

1. 多式联运单据的签发

多式联运单据是指多式联运经营人或者其代理人签发的，用以证明收到货物并约定到目的地交与收货人的一种证件。它是多式联运合同的证明，也是多式联运经营人向托运人开出的货物收据，同时还是货物所有权的凭证，对多式联运的全程运输起着指示作用。

2. 多式联运单据的种类

多式联运单据是用来证明多式联运合同成立和货物已经由承运人接收或装车、装船或装机，以及经营人据以交付货物的凭证。根据我国《合同法》第 319 条的规定，多式联运单据可以是可转让单据，也可以是不可转让单据。究竟如何签发，应当按照托运人的要求进行。(1) 以可转让方式签发的，应列明按指示交付或向持单人交付。如列明按指示交付，须经背书后转让；如列明向持单人交付，无须背书即可转让，凡单据持有人都有权请求交付货物。(2) 以不可转让方式签发时，应指明记名的收货人。联运经营人将货物交给此不可转让的多式联运单据所指明的记名收货人或经收货人通常以书面正式指定的其他人后，该联运经营人即已履行其交货义务。这种单据将风险降到了最低，一般在一些贵重物品或者特殊货物的运输中使用较多。

三、多式联运合同的特殊效力

1. 承运人的权利和义务由多式联运经营人享有和承担

多式联运经营人是指本人或者委托他人以本人名义与托运人订立多式联运合同的人，并根据多式联运合同负责履行或者组织履行全程运输的人。他处在一般运输合同中的承运人的地位，对全程运输享有承运人的权利，包括收取运输费用，在托运人违约时请求赔偿等；同时，承担承运人的义务，需向托运人履行全部义务和承担全部责任。各实际承运人在运送中造成迟延或者旅客或货物的损害时，由经营人负责赔偿。多式联运之承运人之间的内部责任划分约定，不得对抗托运人。可见，我国在多式联运合同上采取了统一责任制度，而非分散责任制度。①

2. 支付费用的总括性

托运人将全程不同运送设备的运费一次性支付给多式联运经营人，并取得多式联运单据。根据需求可以要求多式联运经营人签发可转让或者不可转让多式联运单据。

3. 多式联运经营人的赔偿责任和赔偿限额法律适用的特殊性

多式联运有分区段运输的特点，所以当货物在运输过程中发生毁损、灭失时，适用何种法律来确定赔偿责任和赔偿限额就成为首要问题。根据《合同法》第 321 条的规定，有两条途径：(1) 货物的损失区段确定的，适用调整该区段运输方式的有关法律规定。这一规定使用了“网状责任制”的原则，即承运人按各区段已存在的国际条约和国内法律规定承担责任，这是现代国际通行的一种联运人责任形式。② (2) 货物的损失区段不能确定的，依照本章规定承担损害赔偿责任。即将《合同法》有关运输合同的规定，作为货物损失发生区段不能确定时，确定赔偿责任和赔偿限额的依据。

---

① 王利明、房绍坤、王轶：《合同法（第二版）》，中国人民大学出版社 2007 年版，第 487 页。

② 参见全国人大法工委研究室编写组：《中华人民共和国合同法释义》，人民法院出版社 1999 年版，第 470 页。

◎ 思考题

1. 试述运输合同的概念和特征。
2. 客运合同有何特征？
3. 试述货运合同的效力。
4. 多式联运合同的效力有何特殊性？

◎ 案例分析

北京市某水果批发公司诉北京市某火车站货物运输纠纷案①

2001 年 9 月 8 日，北京某水果批发公司与河南省某乡签订了一份水果购销合同，水果批发公司向河南省某乡购买2 000箱共 10 万公斤的红富士苹果。河南省某乡于 9 月 10 日从郑州市火车站将红富士苹果如数发出（到站：北京某火车站，收货人：北京市某水果批发公司），9 月 11 日抵达北京某火车站。北京某火车站于 9 月 12 日向北京市某水果批发公司发出了到货通知，同日，北京市某超市到北京市某火车站提取自陕西某火车站运来的2 000箱苹果时，北京市某火车站没有认真核对货物位置及苹果名称，任由某超市盲目提货，致使相邻的2 000箱红富士苹果被一并提走。9 月 13 日、16 日北京市某水果批发公司先后两次到北京某火车站提货未果。9 月 19 日，某超市发现错装了2 000箱苹果，又返还给北京市某火车站，火车站于当天通知某水果批发公司来取货。但某水果批发公司称本公司的货车正在拉长途，所以要过 1 天才能取货。9 月 21 日，某水果批发公司前来提货，发现苹果大部分已烂掉。此时，北京市苹果价格每公斤已涨到 6 元。于是，要求北京市某火车站赔偿货物损失，北京某火车站以第二次通知对方提货而对方没有按时提货致使货物遭雨淋烂掉为由，拒绝赔偿。某水果批发公司向铁路法院提起诉讼。

◎ 案件评析

本案的关键是货物风险应由谁承担。

在本案中，不难看出，北京某火车站没有认真核对货物位置及苹果名称，致使某超市误提，造成了水果批发公司先后两次提货未果。虽然某水果批发公司在对方第二次通知其取货时，没有按时取货，也是造成损失的原因，但是，其没能及时取货，也是由于对方先违约，致使合同不能适时履行。

本案中雨淋也是造成苹果腐烂的原因之一，那么，雨淋是否属于不可抗力？如果属于不可抗力，那么承运方可免除责任。《合同法》第 117 条规定："不可抗力，是指不能预见、不能避免并不能克服的客观情况。"很显然，雨淋属于一般情形，是可

① 参见卢永真：《运输合同》（中国合同法实务操作丛书），中国民主法制出版社 2003 年版，第 213 ~ 214 页。

以预见、可以避免的。北京某火车站完全可以采取保护措施避免苹果遭雨淋，但是其没有实施保护行为。因此，承运方北京某火车站不能以雨淋为由要求免责。

当北京某火车站第二次通知某水果批发公司取货时，对方没有按时取货，此时北京某火车站对苹果是否可以不负责任了呢？根据《合同法》第 311 条的规定，承运人的损害赔偿责任属于严格责任，即不以承运人在运输过程中存在过错为前提条件，只要托运货物在运输过程中发生毁损、灭失的情况，即可构成承运人的损害赔偿。本案中北京某火车站在对方没有将货物提走后，又无免责条件的情况下，虽然已经通知对方取货，但至 9 月 19 日，收货人实质上无法提取。且苹果实际上一直处于其控制之下，所以对苹果应负保管义务。

综上所述，货物损失主要由有过错的一方当事人北京某火车站承担主要责任。水果批发公司第二次收到通知后没有及时提货，具有一定过错，应承担次要责任。

第十八章　技术合同

第一节　技术合同概述

一、技术合同的概念、类型与特征

（一）技术合同的概念

技术合同是当事人就技术开发、转让、咨询或者服务订立的确立相互之间权利和义务的合同。所谓技术，是指根据生产实践经验和科学原理而形成的，作用于自然界一切物质设备的操作方法和技能。科学技术作为一种科学财富，对历史的推动作用越来越大，极大地满足了人们日益增长的物质和精神需要。技术进入交换领域，是市场经济发展的必然结果。技术权利及其衍生的著作权、专利权等，成为与物权、债权并列的一种独立的民事权利也是经济发展的必然结果。所以，技术合同也被作为一种新型的合同形式确立了下来。

（二）技术合同的类型

（1）根据订立合同主体的不同，可以分为国内技术合同和涉外技术合同。

（2）根据技术合同的不同内容，可以分为技术开发合同、技术转让合同、技术咨询合同和技术服务合同。

（三）技术合同的特征

（1）技术合同的标的物是技术成果。技术合同与其他合同相比较，其标的物是一种特殊的商品——技术成果。技术成果是凝聚着人类智慧的创造性劳动成果。依《最高人民法院关于审理技术合同纠纷案件适用法律若干问题的解释》（以下简称《关于技术合同的解释》）第1条的规定，技术成果是指利用科学技术知识、信息和经验作出的涉及产品、工艺、材料及其改进等的技术方案，包括专利、专利申请、技术秘密、计算机软件、集成电路布图设计、植物新品种等。

（2）技术合同履行环节多，履行期限长，价款、报酬或使用费的计算较为复杂，一些技术合同的风险性很强。

（3）技术合同的法律调整具有多样性。技术合同是技术领域中技术成果的交换和使用关系的反映，体现为一种债权关系，因此，技术合同属于合同法调整的范畴。同时，由于技术合同标的物是人类智力活动的成果，这些技术成果中许多是知识产权法调整的对象，涉及技术权益的归属、技术风险的承担、技术专利权的获得、技术产品的商业标记、技术的保密、技术的表现形式等，受专利法、商标法、商业秘密法、反不正当竞争法、著作权法等法律的调整。

(4) 技术合同的主体具有特定性。由于技术合同的标的与技术有关，因此，技术合同的主体有特定的要求，通常应当是具有一定专业知识或技能的技术人员，即至少一方当事人是能够利用自己的技术条件从事技术开发、技术转让、技术服务或技术咨询的组织或自然人。

(5) 技术合同是双务、有偿、诺成性合同。技术合同只要双方当事人意思表示达成一致即告成立；合同成立后，双方当事人互负义务，同时也都享有一定的权利，双方的权利义务是相互对应的；任何一方当事人若想获得权利都需要支付一定的对价。

二、技术合同的订立方式

依据《合同法》第330、342条的规定，技术开发合同、技术转让合同应当采用书面形式，但对技术咨询合同、技术服务合同的形式未作规定。

根据合同法的规定，技术合同订立当事人应恪守诚实信用原则，技术合同不得以妨碍技术进步、侵害他人技术成果或非法垄断技术为目的；同时，根据《合同法》第323条的规定："订立技术合同应当有利于技术进步，加强科学技术成果的转化、应用和推广。"可见，订立技术合同还应遵守促进科技进步的原则，其目的在于鼓励和引导当事人正确地运用技术合同这一法律形式，在科研与生产之间架起一座"桥梁"。

三、技术合同的主要内容

合同法对技术合同的主要条款作了示范性规定，包括项目名称、标的、履行、保密、风险责任、成果以及收益分配、验收、价款、违约责任、争议解决方法和专门术语的解释等条款。其中体现技术合同特殊性的条款，主要有：

(1) 保密条款。保守技术秘密是技术合同中的一个重要问题。在订立合同之前，当事人应当就保密问题达成订约前的保密协议，在合同的具体内容中更要对保密事项、保密范围、保密期限及保密责任等问题作出约定，防止因泄密而造成的侵犯技术权益与技术贬值等情况的发生。

(2) 成果归属条款。即合同履行过程中产生的发明、发现或其他技术成果，应定明归谁所有，如何使用和分享。对于后续改进技术的分享办法，当事人可以按照互利的原则在技术转让合同中明确约定，没有约定或约定不明确的，可以达成补充协议，不能达成补充协议的，应参考合同相关条款及交易习惯确定，仍不能确定的，一方后续改进的技术成果，他方无权分享。

(3) 特殊的价金或报酬支付方式条款。如采取收入提成方式支付价金的，合同应对按产值还是利润为基数、提成的比例等作出约定。

(4) 专门名词和术语的解释条款。由于技术合同专业性较强，当事人应对合同中出现的关键性名词，或双方当事人认为有必要明确其范围、意义的术语，以及因在合同文本中重复出现而被简化了的略语作出解释，避免事后纠纷。

另外在当事人有明确约定的情况下，与履行合同有关的技术背景资料、可行性论证和技术评价报告、项目任务书和计划书、技术标准、技术规范、原始设计和工艺文件，以及其他技术文档如图纸、表格、数据和照片等，也可以作为合同的组成部分。但在当事人就此没有约定时，以上内容仅能成为履行合同的参考。

四、技术合同的价款、报酬和使用费的支付

技术合同的价款、报酬和使用费如何支付，可由当事人在合同中约定。当事人应当根据技术成果的经济效益和社会效益、研究开发技术的成本、技术成果的工业化开发程度、当事人享有的权益和承担的责任，协商议定。价款、报酬、使用费中包含非技术性款项的，应当分项计算。技术合同价款的支付有如下方式：

（1）一次总算，一次总付。指当事人将合同价款一次算清并全部一次性支付。这种方式下，交易风险全部由受让方承担，对转让方较为有利；但对于价格较低的技术合同，这种支付方式简捷便利，能及时结清。

（2）一次总算，分期支付。指当事人将合同价款一次清算后按合同履行的先后顺序分期支付。支付原则通常是按合同相对方的履行程度来确定支付数量。

（3）单纯提成支付方式，指在技术成果应用推广后所产生的经济效益中，受让方按一定比例与期限支付给研究开发人或者转让方一部分，作为技术商品的价款和报酬。这种方式对受让方来说风险较小，而且该支付发生在受让方获得收益之后，没有预先支付而带来的资金负担。在国内外技术贸易活动中，单纯提成的支付方式并不常用，其主要适用于合同履行期限短、技术比较成熟、市场前景稳定的技术交易项目。①

（4）提成支付附加预付“入门费”方式，指受让方首先在一定期限内向转让方支付一部分固定的价款，称为“入门费”，其余的价款则采用提成方式分期支付。这种方式实质是一次总算和提成支付的结合，它既可以公平分担交易风险，又可以给已为技术投入了大量成本的转让方一些固定的补偿，适合于履行期长、技术价格高、技术水平高的技术合同。由于这种支付方式以实际产生的费用为基础，比较合理，易于为合同当事人双方所接受，因此它是目前国内外技术贸易活动中应用得最普遍的一种计价办法。

五、技术合同成果的权利归属

（1）委托开发所完成的技术成果，如属得申请专利的，则申请专利的权利在一般情况下属于研究开发人。但当事人约定申请专利的权利归委托人或由双方当事人共同行使的，从其约定。在没有约定的情况下，技术成果的专利申请权应属于研究开发人。但同时为维护委托人利益，向委托人提供了两项优惠：①研究开发人取得专利权的，委托人有权免费实施该专利；②研究开发人转让专利申请权的，委托人在同等条件下有优先受让的权利。

（2）合作开发所完成的技术成果，如属得申请专利的，申请专利的权利属于合作开发的当事人共有。当事人约定归其中一方或几方所有的，从其约定。当事人任何一方转让技术成果的，必须征得其他各方的同意，所获利益各方等额分配。其他各方在同等条件下有优先受让权；其他各方都行使优先购买权的，得按原有份额共同受让。合作开发的一方声明放弃其共有的专利申请权的，可由另一方单独或其他各方共同申请。申请人取得专利

---

① 参见崔建远主编：《合同法》，法律出版社2003年版，第427页。

权的，放弃专利权的一方可免费实施该项专利。但合作开发的一方不同意申请专利的，另一方或其他各方不得申请专利。

（3）委托开发或合作开发完成的技术秘密成果的使用权、转让权和利益的分配办法，由当事人约定。没有约定或约定不明确，依合同法第 61 条的规定仍不能确定的，当事人均有使用和转让的权利。但是，委托开发的研究开发人不得在向委托人交付研究开发成果前，将研究开发成果转让给第三人。依《关于技术合同的解释》第 20 条的规定，所谓“当事人均有使用和转让的权利”，包括当事人均有不经对方同意而自己使用或者以普通使用许可的方式许可他人使用技术秘密，并独占由此所获利益的权利。当事人一方将技术秘密成果的转让权让与他人，或者以独占或者排他使用许可的方式许可他人使用技术秘密，未经对方当事人同意或者追认的，应当认定该让与或者许可行为无效。

在技术转让合同中，当事人可以按照合理的原则，约定实施专利、使用技术秘密的后续改进技术成果的分享办法。在合同没有约定或者约定不明的情况下，当事人可以协议补充，不能达成补充协议的，按照合同中有关条款或交易习惯确定，依照合同有关条款或交易习惯仍不能确定的，一方后续改进的技术成果，其他各方无权分享，而由后续改进方享有。

六、技术合同无效的特殊规定

除有合同法第 52 条规定的情形之一的技术合同无效外，根据技术合同的特点，合同法第 329 条专门规定：非法垄断技术、妨碍技术进步或者侵害他人技术成果的技术合同无效。依据《关于技术合同的解释》第 10 条的规定，“非法垄断技术，妨碍技术进步”是指限制当事人一方从其他来源获得与技术提供方类似技术或者与其竞争的技术等六种情形。《关于技术合同的解释》）第 10 条的规定：“下列情形，属于合同法第三百二十九条所称的‘非法垄断技术、妨碍技术进步’：（一）限制当事人一方在合同标的技术基础上进行新的研究开发或者限制其使用所改进的技术，或者双方交换改进技术的条件不对等，包括要求一方将其自行改进的技术无偿提供给对方、非互惠性转让给对方、无偿独占或者共享该改进技术的知识产权；（二）限制当事人一方从其他来源获得与技术提供方类似技术或者与其竞争的技术；（三）阻碍当事人一方根据市场需求，按照合理方式充分实施合同标的技术，包括明显不合理地限制技术接受方实施合同标的技术生产产品或者提供服务的数量、品种、价格、销售渠道和出口市场；（四）要求技术接受方接受并非实施技术必不可少的附带条件，包括购买非必需的技术、原材料、产品、设备、服务以及接收非必需的人员等；（五）不合理地限制技术接受方购买原材料、零部件、产品或者设备等的渠道或者来源；（六）禁止技术接受方对合同标的技术知识产权的有效性提出异议或者对提出异议附加条件。”侵害他人技术成果指侵害另一方或者第三方的专利权、专利申请权、专利实施权、技术秘密的使用权和转让权或者发明权、发现权以及其他科技成果权的行为。

无效的技术合同，从订立时起就没有法律约束力。但是，依据《关于技术合同的解释》第 12 条，侵害他人技术秘密的技术合同被确认无效后，除法律、行政法规另有规定的以外，善意取得该技术秘密的一方当事人可以在其取得时的范围内继续使用该技术秘密，但应当向权利人支付合理的使用费并承担保密义务。

第二节　技术开发合同

一、技术开发合同的概念、类型与特征

（一）技术开发合同的概念

技术开发合同，是指当事人之间就新技术、新产品、新工艺或者新材料及其系统的研究开发所订立的合同。依《关于技术合同的解释》第 17 条的规定，所谓新技术、新产品、新工艺或者新材料及其系统，是指当事人在订立技术合同时尚未掌握的产品、工艺、材料及其系统等技术方案，但在技术上没有创新的现有产品改型、工艺变更、材料配方调整以及技术成果的检验、测试和使用的除外。另外，凡进行基础理论研究的合作协议也不属于技术开发合同。①

（二）技术开发合同的类型

技术开发合同分为委托开发合同与合作开发合同两种。委托开发合同是指委托人委托研究开发人进行技术研究开发所订立的合同。合作开发合同是当事人各方就共同进行研究开发工作所订立的合同。

（三）技术开发合同的特征

（1）标的物具有新颖性，包括新技术、新产品、新工艺或者新材料及其系统。这种新技术成果是经过技术开发创造活动新创造出来的，而非已经存在的。即技术开发合同的内容是进行研究开发工作。

（2）技术开发合同是双务、有偿、要式、诺成合同。技术开发合同当事人双方均负有一定的义务，享有一定的权利，每一方从他方取得利益都须支付相应对价，此乃技术开发合同的双务有偿性；技术开发合同自双方当事人意思表示一致时起即告成立，不需要以其他标的物的履行为构成要件，故为诺成合同。因为技术开发合同事关技术成果的研究开发，履行时间长，当事人之间的权利义务关系较复杂，所以《合同法》第 330 条第 3 款规定其应当采用书面形式，即为要式合同。

（3）技术开发合同的风险由双方共同负担。技术开发合同中的风险，是指在履行技术开发合同过程中，遭遇到人类目前尚无法克服的技术难关，导致开发工作全部或部分失败。技术开发合同的技术成果的取得具有一定的或然性。如果研究开发的课题在现有技术水平下具有足够的难度，即使研究开发人做了最大的努力，也可能失败或部分失败。② 这种风险应由研究开发双方共同承担。我国《合同法》第 338 条第 1 款规定：当事人双方有约定的，依其约定；没有约定或者约定不明的，依照第 61 条的规则解决；由此仍不能确定的，由当事人双方合理分担风险。

---

① 参见郭明瑞、王轶：《合同法新论·分则》，中国政法大学出版社 1997 年版，第 401～403 页。

② 参见王利明、房绍坤、王轶：《合同法（第二版）》，中国人民大学出版社 2007 年版，第 496 页。

二、委托开发合同的效力

(一) 委托人的主要义务

1. 按照约定交付研究开发费用和报酬

研究开发费用是指完成研究开发工作所必需的成本，包括必需的设备、材料、能源、安装、技术程序编制、情报资料等项费用。提供经费可以是一次总付，也可以分期支付。研究开发报酬是指研究开发成果的使用费和研究开发人员的科研补贴。合同约定研究开发经费的一定比例作为使用费和科研补贴的，可以不单列报酬。

委托人迟延支付研究开发费用，造成研究工作停滞、迟延的，研究开发方不负迟延责任。委托人经催告于合理期限内仍不支付研究开发费用或者报酬的，研究开发方有权解除合同，请求委托人退还技术资料、补交应付的报酬并且赔偿因此所遭受的损失。

2. 按照合同约定提供技术资料、原始数据并完成协作事项

委托人应该依合同的约定，向研究开发方提供进行研究所需要的技术资料、原始资料，以及完成其他协作事项。在研究开发过程中，委托人应研究开发人的要求，应补充必要的背景资料和数据，但应以研究开发人为履行合同所需要的范围为限。委托人对研究开发人的工作予以协助，也只是为开发工作提供辅助性劳动，不能据此认为其参加了开发研究工作。委托方违反此义务所形成的不利后果应付责任，若因此使研究开发方遭受损失的，还应该赔偿。

3. 按期接受研究开发成果

委托人应当按期接受研究开发成果；当事人可以在合同中约定委托人接受研究开发成果的方式、时间或者期限，便于合同及时履行。由于委托方无故拒绝或迟延接受成果，造成该研究开发成果被合同外第三人以合法形式善意获取时，或者该成果丧失其应有的新颖性时，或该成果遭到意外毁损或灭失时委托方应承担责任。

(二) 研发人的主要义务

1. 制定和实施研究开发计划

研究开发计划是指导研究开发方实现委托开发合同的预期目的的指导性文件，是技术开发合同的组成部分。研发人根据合同约定的研究开发计划，制定具体的工作计划、实施方案和步骤并全面实施。研发人制定的实施研究开发计划的活动，应由委托人认可，并接受委托人对计划实施的监督和检查。

2. 合理地使用研究开发经费

研究开发人员必须按照合同的约定合理使用研究开发经费。首先，应按合同约定的用途使用，专款专用，不能将经费用于与研究开发项目无关的活动上；其次，应做到合理使用，精打细算，避免浪费和给委托人增加不合理的负担。委托人有权检查研究开发经费的使用情况，但不能妨碍研究开发人的正常工作。

3. 按期完成研究开发工作，交付研究开发成果

研究开发人应按照合同约定的条件完成研究开发成果，不得擅自变更标的的内容、形式和要求。研究开发方提交的成果，必须真实、正确、充分、完整，以保证委托方实际应用该成果。

4. 为委托方提供技术资料和具体技术指导，帮助委托方掌握应用研究开发成果

研究开发人按照合同约定，完成研究开发工作并交付工作成果时，还应当向委托人提供有关的技术资料，并给予必要的技术指导，对委托方人员进行技术培训，帮助委托人掌握该技术成果，使之迅速发挥其经济效益。

研究开发人员违反上述义务的，应按照约定承担违约责任。我国《合同法》第334条规定，研究开发人员违反约定造成研究工作停滞、延误或者失败的，应当承担违约责任。

三、合作开发合同的效力

合作开发合同中合作各方的目的是一致的，通过研究开发取得的成果是共有的，按我国民法通则中的共有原则，可以是共同共有，也可以是按份共有。所以合作开发合同的权利与义务关系是平行的或说是共同的，① 具体包括以下几项义务：

1. 合作各方当事人应按照约定进行投资

共同投资是合作开发合同的重要特征，也是合作开发合同各方当事人的主要义务。合同当事人各方应当依照合同的约定投资。投资方式包括资金、设备、材料、场地、试验条件、技术情报资料、专利权、非专利技术成果等，如果以资金以外的形式投资的，应当折算成相应的金额，以明确合作各方在投资中所占的比例。

2. 合作各方当事人应按照约定分工参与研究开发工作

参与研究开发工作，包括按照约定的计划和分工共同进行或者分别承担设计、工艺、试验、试制等研究开发工作。合作开发各方都应通过提出技术构思、完成技术方案或成果，对研究开发课题作出实质性贡献。这既是合作各方的义务，也是各方的权利。合作各方可以成立由双方代表组成的指导机构，对研究开发工作中的重大问题进行决策、协调和组织研究开发工作。如果任何一方不按合同约定的分工参与开发工作则构成违约，需要对另一方负违约责任。

3. 协作配合研究开发工作

合作开发是以双方的共同投资和共同劳动为基础的，各方在合作研究中的配合是取得研究开发成果的关键。因此，各方所掌握的技术资料、数据以及其他与项目有关的知识、研究进度等，都应及时通报他方，以利于研究开发工作的顺利进行。如果任何一方不按照合同约定与其他各方完成协作配合任务，造成研究开发工作停滞、延误或者失败的，应当承担违约责任。

4. 保守技术情报、资料和技术成果的秘密的义务。

合作开发各方对于在合作开发程中知晓的其他方的技术情报、资料和技术成果应当保守秘密，对于合作开发的成果也应当保守秘密，以维护其他当事人的合法权益。

① 参见全国人大法工委研究室编写组：《中华人民共和国合同法释义》，人民法院出版社1999年版，第490页。

四、技术开发合同中风险的负担

技术开发合同的风险，是指在研究开发过程中，虽经当事人的主观努力，却因受现有科学知识、技术水平或试验条件的限制，发生无法预见、无法防止和无法克服的技术困难，导致研究开发部分或全部失败。风险的负担应具备两个条件：一是该课题在现有技术水平下具有足够的难度；二是研究开发人做了主观努力，并且该领域专家认为研究开发失败属于合理的失败。

技术开发是一项高风险的技术活动。国外许多大型公司每年会投入很多资金进行技术开发及研究。成功的几率只有百分之几，但它一旦成功，就会创造高额利润或使公司处于这一研究的领先地位。因此技术开发依然为有远见的公司高层决策者们所钟爱。为保护技术开发方的创造积极性，同时也为维护委托人的权益，风险责任一般由当事人在合同中约定，我国《合同法》第 338 条规定，在履行技术开发合同过程中，因出现无法克服的技术困难而导致研究开发全部或部分失败的，其风险负担由当事人约定；没有约定的，可补充约定或按交易习惯确定，仍不能确定的，由当事人合理分担。

如果当事人一方在开发合同的履行过程中发现可能导致研究开发的失败或者部分失败的情形时，应当及时通知另一方并且采取适当措施减少损失。如在委托开发技术合同中，技术开发方向委托方提供咨询报告和意见，建议改变研究开发内容或者放弃研发工作以减少损失等。与此同时，研究开发方也有权主动停止研发工作。如果当事人一方没有履行及时通知义务并采取适当措施，导致损失扩大的，应当对扩大部分的损失承担责任。

第三节　技术转让合同

一、技术转让合同的概念和特征

技术转让合同，指当事人之间就专利权转让、专利申请权转让、技术秘密转让、专利实施许可所达成的约定双方当事人之间权利义务关系的协议。

技术转让合同具有以下特征：

（1）合同标的物是一个相对完整的技术方案。不同于在技术咨询和技术服务合同中当事人一方向对方提供的一定的技术意见、技术知识。

（2）合同标的物是现有的技术成果。作为技术转让合同标的的技术成果必须是现有的、能够为某人独占或者不具有公开性，能够在生产经营中产生经济效益的技术。它不同于技术开发合同中技术成果在合同订立时尚不存在或尚未形成。

（3）合同标的物必须是已经权利化的技术成果。所谓权利化，包括取得专利权、专利申请权、专利实施权及技术秘密成果权等权利。

（4）技术转让合同的履行往往表现为技术权益的转移。技术转让合同通常是技术成果使用权的转移。一般情况下，让与人将技术成果交付受让人之后，并不丧失对该技术成果的所有权，而受让人只取得对此项技术的使用权。

根据《合同法》的规定，技术转让合同有四种类型：①专利权转让合同；②专利申请权转让合同；③专利实施许可合同；④技术秘密转让合同。

二、专利权转让合同的效力

专利权转让合同，是指让与人即专利权人将其发明创造的专利权转移给受让人，受让人支付约定价款的合同。

（一）让与人的义务

（1）按合同约定的时间将专利权移交给受让人。当然，专利权中的人身权并不因专利权的转让而转让。依《关于技术合同的解释》第24条的规定，如果在订立专利权转让合同前，让与人自己已经实施发明创造的，除合同另有约定外，在合同生效后，让与人应停止实施。但专利权转让合同不影响在合同成立前让与人与他人订立的相关专利实施许可合同。

（2）保证自己是转让专利权的合法拥有者，并保证专利权的真实、有效。如果合同成立后，专利权被宣布无效的，让与人应当返还价款。

（3）按合同约定交付、转让与专利权有关的技术资料，并向受让人提供必要的技术指导。

（4）保密义务。让与人应当按照约定承担保密义务。违反保密义务的，应当承担违约责任。

（二）受让人的义务

（1）按照合同约定向让与人支付约定的价款。合同成立后，受让人应当按照合同约定的时间、地点、数额及支付方式向让与人支付价款。受让人未按照约定支付价款的，应当补齐价款并按照约定支付违约金。

（2）保密义务。受让人应当按照约定的范围和期限，对让与人提供的技术中尚未公开的秘密部分，承担保密义务。

三、专利申请权转让合同的效力

专利申请权转让合同，是指让与人将其就特定的发明创造申请专利的权利移交受让人，受让人支付约定价款所订立的合同。

（一）让与人的义务

（1）将合同约定的专利申请权移交给受让人，并提供申请专利和实施发明创造所需要的技术情报和资料。如果受让人的专利申请未获批准或者先获批准后又被撤销的，受让人无权要求让与人返还价款。但是，如果因让与人的过错造成专利申请未获批准的，让与人应当部分或者全部返还价款。①

（2）保证作为申请权标的的发明创造为让与人自己或自己与他人合作通过创造性劳动合法获得，或者通过委托开发合同获得，即保证自己是所提供的技术的合法拥有者。

（3）按合同的约定承担保密义务。让与人应当按照约定承担保密义务，违反这一义务的，应当承担违约责任。

---

① 王利明、王轶、房绍坤：《合同法》，中国人民大学出版社2007年版，第505页。

（二）受让人的主要义务

（1）向让与人支付合同约定的价款。受让人应当按照合同约定的时间、地点、数额及支付方式向让与人支付价款。受让人未按照约定支付价款的，应当补齐价款并按照约定支付违约金。不支付价款或者不支付违约金的，受让人应当返还专利申请权，交还技术资料，并承担赔偿损失的违约责任。

（2）保密义务。受让人应当按照约定承担保密义务，违反这一义务的，应当承担违约责任。

四、专利实施许可合同的效力

专利实施许可合同是指专利权人或者其授权的人作为让与人许可受让人在约定的范围内实施专利，受让人支付约定使用费所订立的合同。

（一）让与人的义务

（1）保证自己是所提供的专利技术的合法拥有者，即是自己提出专利申请、经专利机关审查后授予了专利权的技术，或者是让与人通过合法的转让合同获得。

（2）保证专利权合法、有效。依《关于技术合同的解释》第 26 条的规定，让与人负有在合同有效期内维持专利权有效的义务，包括依法缴纳专利年费和积极应对他人提出宣告专利权无效的请求，但当事人另有约定的除外。在合同有效期内，专利权被终止的，让与人应当支付违约金或者赔偿损失，专利权被宣布无效的，让与人应当赔偿由此给受让人造成的损失，但已经给付的使用费不再返还。

（3）许可受让人在合同约定的范围内实施专利技术，如果让与人实施专利超越约定的范围，应当承担违约责任。

（4）交付与实施该项专利技术有关的资料，并按约定提供技术指导。让与人应当按照合同约定的期限和要求提供技术资料和必要的技术指导，帮助受让人解决专利技术实施过程中可能出现的各种问题，并为其培训技术人员，协助其进行设备的使用等。

（5）保密义务。让与人应当按照合同约定承担保密义务，违反这一义务的，应当承担违约责任。

（二）受让人的义务

（1）按照合同约定的范围、方式使用技术，未经许可人同意，不得允许第三人使用该专利技术。受让人必须严格按照合同约定的范围实施专利技术，不得有意扩大专利实施的范围或缩小专利保护范围，也不得允许合同约定以外的第三人实施专利，否则应当承担违约责任。

（2）按照合同约定支付使用费。使用费是受让人对专利权人转让其专利使用权的报酬。受让人应当按照约定的时间、地点、数额及支付方式向让与人支付专利使用费。没有按照约定支付使用费的，应当补交使用费并按照约定支付违约金；不补交的，应当停止实施专利，交还技术资料，承担违约责任。

（3）受让人应当按照约定的范围和期限，对让与人提供的技术中尚未公开的秘密部分，承担保密义务。受让人违反约定的保密义务的，应当承担违约责任。

五、技术秘密转让合同的效力

技术秘密转让合同，是指让与人将其拥有的技术秘密转让给受让人，明确相互之间对技术秘密的使用权、转让权，受让人支付约定使用费所订立的合同。

（一）让与人的义务

（1）让与人应是该技术秘密的合法拥有者，保证在订立合同时该项技术秘密未被他人申请获得专利。如果受让人按照约定使用技术秘密侵害他人合法权益，让与人应承担责任，但当事人另有约定的除外。

（2）按约定提供技术资料、进行技术指导。让与人所提供的技术资料是与技术秘密有关的设计资料、图纸、材料配方、数据、工艺流程等；技术指导的目的在于使受让人能够顺利地使用技术秘密。这项义务要求让与人在履行合同时，做到技术资料齐全，技术指导适当，即按照合同所附技术资料清单提供设计、工艺文件，完成各项技术任务。

（3）保证此项技术的实用性、可靠性。所谓实用性，是指所转让的技术在合同约定的行业或者领域内应用；而可靠性是指重复合同约定的试验、生产条件，可以达到约定的技术经济指标。① 让与人应保证所提供的技术完整、无误，能达到预定的目标。

（4）承担合同约定的保密义务。技术秘密是出于秘密状态的技术，为了维护技术的竞争性，如果一旦让与人将其技术内容公开，任何人都会有可能无偿使用该技术，从而使受让人失去竞争优势和市场利益，因此让与人必须按照约定的期限承担保密义务。

让与人未按照合同的约定转让技术的，如不按合同约定提供技术资料或进行技术指导的，除返还部分或全部使用费外，还应当赔偿损失。让与人违反合同约定的保密义务，泄露技术秘密，使受让人遭受损失的，受让人有权解除合同，让与方应当赔偿损失。

（二）受让人的义务

（1）在合同约定的范围内使用该技术秘密。当事人约定使用技术秘密的范围，主要包括使用地区、方式和期限。受让人只能在合同约定的地区内，以约定的方式实施标的技术。受让人超越合同约定的范围使用技术秘密，或者未经转让方同意擅自许可第三方使用该技术秘密的，让与人有权要求其停止使用并赔偿损失。

（2）按合同约定支付使用费。受让人应在合同约定的期限内向让与人支付约定的使用费，这是受让人的主要义务。未按约定支付使用费的，应当补交，并按照约定支付违约金；否则必须停止使用，交还技术资料、支付违约金，赔偿转让人因此遭受的损失。

（3）承担合同约定的保密义务。受让人通过技术秘密转让合同而知道了技术秘密，为保障技术秘密不被第三人知晓，受让人负有保密义务。若受让人违反该义务，公开或向他方泄露技术秘密，给让与人造成损失的，应当负违约责任，支付违约金或赔偿损失。

---

① 参见全国人大法工委研究室编写组编：《中华人民共和国合同法释义》，人民法院出版社 1999 年版，第 511 页。

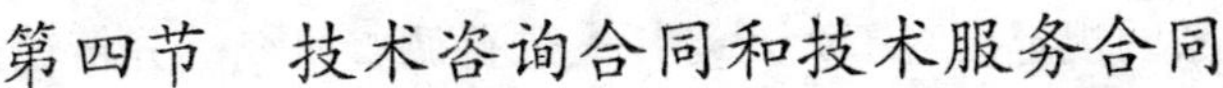

第四节 技术咨询合同和技术服务合同

一、技术咨询合同的概念和特征

技术咨询合同，是指科技人员作为受托人运用自己的科学技术知识和技术手段，对委托人提出的特定技术项目进行可行性论证、技术预测、专题技术调查、分析评价等活动，委托人支付咨询费的合同。所谓“特定技术项目”，依《技术合同司法解释》第 30 条，包括有关科学技术与经济社会协调发展的软科学研究项目，促进科技进步和管理现代化、提高经济效益和社会效益等运用科学知识和技术手段进行调查、分析、论证、评价、预测的专业性技术项目。

实践中，技术咨询合同主要包括：重大工程建设项目的技术可行性论证合同；建立中外合资、中外合作企业或者国内各类经济联合体的技术可行性分析合同；企业技术改造计划、方案和规划的论证合同；对新技术、新产品受托评估、鉴定合同；管理技术咨询或对企业的经营进行诊断的合同；技术及设备的引进策略、方案以及可行性论证合同；专利技术问题咨询合同；国家或地区的经济发展规划咨询论证合同；行业发展规划咨询合同；新产品开发和市场预测合同；技术和产品开发专利检索咨询合同等。①

技术咨询合同具有以下特征：

（1）主体构成的特定性。合同主体的一方，即受托人，是具有特定技术知识和经验，能够对咨询问题给出答案、提出建议、拿出方案的专门机构或专门人才。

（2）标的内容的综合性。技术咨询合同不同于技术服务合同，技术服务合同的标的主要是解决具体的技术性问题。技术咨询合同的标的是科技咨询课题。

（3）成果的决策参考性。受托人提供的咨询报告或意见，是委托人决策的依据和参考。

二、技术咨询合同的效力

（一）委托人的义务

1. 具体阐明咨询的问题，提供技术背景材料及有关技术资料、数据

委托人应及时按合同约定向受托人详细提供项目的技术内容、技术经济指标、比较方案的内容和有关背景资料。以保证受托人能全面、正确理解委托人咨询的意图，使其充分掌握信息，解答委托人咨询的问题。如果委托人提供的技术资料、数据有明显错误和缺陷的，委托人应当接受受托人建议，并及时补充、修改。

2. 接受受托人的工作成果，并支付报酬和有关费用

委托人应当按合同约定的期间及时接受委托人完成的工作成果，不得迟延接受或者拒绝接受，并按合同约定的时间、地点、数额、方式支付报酬和有关费用。但技术咨询合同

① 参见全国人大法工委研究室编写组编：《中华人民共和国合同法释义》，人民法院出版社 1999 年版，第 525 页。

的报酬不包括受托人在工作中进行调查、试验、测试、分析、论证等费用。依《技术合同司法解释》第31条的规定，当事人对受托人进行调查研究、分析论证、试验测定等所需费用的负担没有约定或者约定不明确的，由受托人承担。

（二）受托人的义务

1. 按照合同约定的期限完成咨询报告或者解答问题

受托人一般可以采取咨询报告或对问题直接解答两种方式来完成工作，究竟采取哪种，依当事人在合同中的约定。以咨询报告方式完成的，受托人提供的咨询报告应是向委托人提供全面可靠的信息资料，对资料进行分析调查研究、分析论证的基础上作出的。

2. 提出的咨询报告应当达到合同约定的要求

咨询报告应包括应咨询的项目名称、论证过程、调查分析、评价及结论等几个部分，受托人应当对自己提出的咨询报告的质量负责，保证符合合同约定的要求。

如果受托人未按期提出咨询报告或者解答或者提出了但不符合约定，则应承担减收或者免收报酬等违约责任。

三、技术服务合同的概念和特征

技术服务合同，是指当事人一方以技术知识为另一方解决特定技术问题所订立的合同，不包括建设工程合同和承揽合同。

技术服务合同在实践中包括技术辅助服务合同、技术中介合同和技术培训合同。① 其中技术辅助服务合同，即辅助方利用所拥有的技术知识为委托方解决特定的专业技术问题所订立的合同；技术中介合同，又称技术中介服务合同，即当事人一方运用自己的技术知识，为促成另一方与第三方订立技术合同而进行介绍性活动或协助解决约定的问题而订立的合同；技术培训合同，又称技术培训服务合同，即培训方为委托方指定的人员进行特定技术培训而订立的合同。

技术服务合同具有以下特征：

（1）合同标的是解决特定技术问题的项目。所谓"特定技术问题"，根据《技术合同司法解释》第33条，包括需要运用专业技术知识、经验和信息解决的有关改进产品结构、改良工艺流程、提高产品质量、降低产品成本、节约资源能耗、保护资源环境、实现安全操作、提高经济效益和社会效益等专业技术问题。

（2）履行方式是完成约定的专业技术工作。技术服务合同需要受托人运用科学技术知识完成约定的专业技术工作来实现履行的目的。

（3）工作成果有具体的质量和数量指标。受托人完成的工作成果，应保证质量、符合数量要求。

（4）有关专业技术知识的传递不涉及专利和技术秘密成果的权属问题。技术服务合同的履行旨在通过解决特定的技术问题，达到传递专业技术知识，从而为经济生活服务的目的，但其中并不涉及专利和技术秘密成果的权属问题。

---

① 崔建远主编：《合同法（第三版）》，法律出版社2003年版，第439页。

四、技术服务合同的效力

(一) 委托人的主要义务

1. 按照约定提供工作条件，完成配合事项

委托人应该按照合同约定，为受托人提供服务条件，如提供技术资料、数据、样品、材料或工作条件等。提供的技术资料、数据等应全面、详尽、及时，这样才有利于受托人解决技术问题，达到预期的效果。如果受托人发现委托人提供的技术资料、数据、样品、材料或工作条件不符合合同约定的，应当及时通知委托人，委托人应当在约定的期限内补充、修改或者更换。

2. 接受工作成果并支付报酬

委托人应及时对工作成果进行验收，如果符合合同约定条件的，应接受工作成果的交付，并且应按合同约定的数额、方式、期限支付报酬。委托人如果不接受或者逾期接受工作成果的，已经支付的报酬不得取回，未支付的报酬应当支付。

(二) 受托人的主要义务

1. 按照合同约定完成服务项目，解决技术问题，保证工作质量

受托人应该按时按质按量地完成专业技术工作，使委托人所提出的技术问题得到解决。如果合同中对工作成果的数量和质量有明确规定的，按合同约定处理。如果合同中没有明确约定，当事人可在验收时协商决定，当协商不成时，可依合同法的规定："质量要求不明确的，按照国家标准、行业标准履行。没有国家标准、行业标准的，按照通常的标准履行。"

2. 传授解决技术问题的知识

技术服务合同的受托人不仅要向委托人提交工作成果，而且要向委托人传授解决有关技术问题所需要的知识、技术、要点和经验，通过传授技术知识来促进科学技术的流动，以便使委托人在技术问题解决后能够顺利投入工作。

我国《合同法》第362条规定，受托人未按合同约定完成服务工作的，应当承担免收报酬等违约责任。

另外，受托人还可能负有以下义务：技术辅助服务合同中，辅助方应对委托方交给的技术资料、样品妥善保管；在合同中有保密条款时，辅助方不得将有关技术资料、数据、样品等擅自引用、发表或提供给第三人。在技术中介服务合同中，中介方未经委托人同意，不得以自己名义转让委托人所有的成果；中介方对委托方要求保密的技术内容，不得擅自引用、发表或提供给第三人。

五、技术咨询、技术服务过程中出现的新技术成果的归属问题

在技术咨询和技术服务过程中，受托人和委托人均有可能利用现有的技术资料、工作条件创造出新的技术成果，从而产生新的技术成果的归属问题。对此，《合同法》第363条规定："在技术咨询合同、技术服务合同履行过程中，受托人利用委托人提供的技术资料和工作条件完成的新的技术成果，属于受托人。委托人利用受托人的工作成果完成的新的技术成果，属于委托人。当事人另有约定的，按照其约定。"这是处理技术咨询、技术

服务过程中出现的新技术成果归属问题的法律依据。如果合同当事人任何一方的新创技术成果涉及对方的重大利益，双方可以约定：相互提供新的技术成果，按互利互惠的原则许可对方使用。①

◎ 思考题

1. 技术合同有何特征？
2. 试述技术开发合同中风险责任的分担问题。
3. 试述专利实施许可合同的效力。
4. 试述技术咨询合同和技术服务合同当事人的义务。

◎ 案例思考

某县农艺厂与某农科院研究人员李某技术开发合同纠纷案②

1999年11月，某县农艺厂和某农科院研究人员李某正在研究一项通过嫁接法缩短苹果树生长期的方法，并取得初步成效。农艺厂便向李某表示，愿出钱资助李某继续研究，开发出成熟的嫁接法，使苹果树提前两年挂果，李某表示同意。双方签订一份协议，约定李某在已有的研究成果基础上，研制出成熟的嫁接法，一年后将工作成果交付农艺厂使用，农艺厂提供一切试验条件，负责所有研究开发经费并支付报酬。但有关成果的归属和分享、成果鉴定等内容未作约定。一年后，李某如期完成试验工作，工艺厂也如约支付了所有的费用。2001年初，农艺厂向农业部申请鉴定嫁接法，以便大面积推广。在申报文件中，农艺厂将自己填写为成果完成者，只字未提李某。李某即提出异议，认为他是成果的完成者，应该在申报材料上署名。农艺厂不同意此观点，认为李某是在农艺厂提供研究经费和研究条件的情况下才最终完成嫁接法的研究，而且农艺厂还向李某支付了报酬，故技术成果只能归属农艺厂所有。

试分析：

1. 农艺厂和李某是委托开发关系还是合作开发关系？
2. 谁是嫁接法技术成果的享有者？
3. 嫁接法技术推广后，所获收益在农艺厂和李某之间如何分配？

---

① 参见全国人大法工委研究室编写组编：《中华人民共和国合同法释义》，人民法院出版社1999年版，第535页。

② 参见安宗林主编：《民事案例研究》，法律出版社2006年版，第200页。

第十九章 保管合同

第一节 保管合同概述

一、保管合同的概念

保管合同是保管人保管寄存人交付的保管物，并返还该物的合同，也称寄托合同或寄存合同。保管合同的当事人是保管人和寄存人。保管人也称受寄人，是对保管物进行保管并返还保管物的人；寄存人是交付保管物由保管人保管的人。保管合同的标的是保管人为寄存人提供的保管行为，所保管之物称为保管物。保管物可以是普通的动产，也可以是货币和有价证券。

保管合同是历史悠久的合同类型。保管合同在罗马法中称为“寄托”，有一般寄托和特别寄托之分。一般寄托是无偿的寄托，标的物仅限于动产，且受寄人的义务仅以保管为限。特别寄托是依特别寄托产生的寄托，分为必要寄托、不规则寄托或变例寄托，以及“系争物之寄托”。必要寄托也称紧急寄托或“灾厄寄托”，是当寄托人处于紧迫状态，事实上不可能有证据证明寄托关系的存在；在必要寄托中受寄人如果不顾信义，侵害寄托物并否认寄托关系的存在，则会受到严格的法律制裁，比如处以寄托物两倍价值的罚金。不规则寄托或变例寄托是以可代替物为寄托的标的，受寄人可以消费该物，而返还种类、品质、数量相同的物；由于罗马法关于消费借贷的规定非常复杂，而寄托则较为简单，仅第一次需要采用要式口约，以后存款都不需要繁复的方式，所以在罗马法中这种寄托其实也是消费借贷，但却援用寄托的规定。“系争物之寄托”是以诉讼未决定前，多数人互相争执的物件为寄托标的物；受寄人应当保管至诉讼终了之时，将原物交付于因判决或和解而取得该物之一方。① 后世各国的民法典都规定有完整的保管或寄托合同，也继承了罗马法的一些较为特殊的规定。如《日本民法典》第666条、《德国民法典》第700条等都规定了受寄人依契约得消费寄托物者，适用关于消费借贷的规定；从而体现了对罗马法“不规则寄托”或“变例寄托”的继承。我国《合同法》第19章也专门规定了保管合同，从而使保管合同成为有名合同的一种，但是类型较为单一。

二、保管合同的特征

（一）保管合同以保管人保管寄存人交付的保管物为目的

从保管合同的目的来看，其目的仅限于对保管物进行保管，而不包括对保管物的加工

---

① 参见陈朝壁：《罗马法原理》，法律出版社2006年版，第230页。

和改造，因此保管合同与加工合同的区别很清晰。此外，我国《合同法》第 372 条规定："保管人不得使用或者许可第三人使用保管物，但当事人另有约定的除外。"可见，除非另有约定，保管合同中保管人也无权使用保管物，因此保管合同与租赁合同和借贷合同也不相同。

（二）保管合同是要物合同

要物合同也称实践合同，与诺成合同相对应，是指合同的成立不仅需要当事人达成意思表示的一致，还需要交付标的物的合同。保管合同是较为典型的要物合同。我国《合同法》第 367 条规定："保管合同自保管物交付时成立，但当事人另有约定的除外。"因此，除非当事人另行约定，保管合同自保管物交付时才成立，而不是在双方当事人达成保管意思表示一致时成立。

（三）保管合同原则上是有偿合同，只有在无法确定保管费时才是无偿合同

保管合同在罗马法中属于典型的无偿契约。寄托人将其物交付于受寄人（保管人）后，受寄人没有报酬请求权，却要担负保管的义务，因此，学者将这种情况下寄托物的交付，称为"空虚让渡"。①《法国民法典》中的保管合同按类型区分有偿和无偿，该法典第 1917 条规定"本义上的寄托，本质上是一种无偿契约"。而《德国民法典》第 689 条规定："根据情况，只能期待不受报酬就不受寄托的，视为已经默示地达成寄托的报酬。"我国《合同法》第 366 条规定："寄存人应当按照约定向保管人支付保管费。当事人对保管费没有约定或者约定不明确，依照本法第 61 条的规定仍不能确定的，保管是无偿的。"而第 61 条规定："合同生效后，当事人就质量、价款或者报酬、履行地点等内容没有约定或者约定不明确的，可以协议补充；不能达成补充协议的，按照合同有关条款或者交易习惯确定。"因此，我国的保管合同原则上是有偿合同；但是当事人可以约定为无偿；当是否无偿的约定不明确，并且无法通过补充协议、相关合同条款或者交易习惯来确定保管费时，才将保管合同作为无偿合同。

（四）保管合同是不要式合同

我国《合同法》第 368 条规定："寄存人向保管人交付保管物的，保管人应当给付保管凭证，但另有交易习惯的除外。"其中的"保管凭证"可以是收据、发票、证明书或者其他书面形式；如果交易习惯允许口头形式或其他形式，也未尝不可。因此，保管合同是不要式合同。

（五）保管合同中寄存财物被丢失或者毁损的请求权适用短期时效

我国《民法通则》第 136 条规定，寄存财物被丢失或者损毁的赔偿请求权，适用一年的诉讼时效，属于短期时效。但是保管合同中的其他请求权，例如保管人的报酬支付请求权和费用偿还请求权等则适用普通的时效。

三、保管合同的分类

当代各国对于保管合同也存在一些理论和实践上的分类，各种分类都有其实际意义。我国《合同法》中也体现了一些保管合同的类别，但还不够全面。保管合同一般应有以

① 陈朝壁：《罗马法原理》，法律出版社 2006 年版，第 227 页。

下几类：

（一）特定物保管和非特定物保管

按保管物是特定物还是非特定物，可以把保管合同分为特定物保管和非特定物保管。这种分类的意义在于确定保管人返还的标的物是否应当为原物本身。罗马法中的变例寄托是指受寄人得返还同种类、同质量的物品，以免除责任。① 因此，罗马法中的变例寄托就是非特定物保管。以特定物为保管物的保管合同，保管人必须返还该特定物；以非特定物为保管物的保管合同，保管人可以返还同种类、同质量、同数量的物，除非当事人另有约定。我国《合同法》第 375 条规定："保管人保管货币的，可以返还相同种类、数量的货币。保管其他可替代物的，可以按照约定返还相同种类、品质、数量的物品。"因此，我国也认可了非特定物的保管，但并未如《日本民法典》第 666 条、《德国民法典》第 700 条等那样，将受寄人依契约得消费寄托物者，适用关于消费借贷的规定；而是将非特定物的保管也作为一种保管合同，并不适用消费借贷的规定。

（二）一般物品的保管和货币、有价证券或者其他贵重物品的保管

按保管物的性状和价值可以把保管合同分为一般物品的保管和货币、有价证券或者其他贵重物品的保管。这种分类的意义在于，如果保管物是货币、有价证券或者其他贵重物品，则寄存人有事先向保管人声明的义务，保管人应当验收或封存。例如当前银行开展的保管箱业务，就属于这种情况。如果寄存人事先没有申明，该物品毁损、灭失后，保管人可以按照一般物品予以赔偿。而一般物品的保管中，寄存人并不需要事先履行声明义务。

（三）一般场所的保管合同和特殊场所的保管合同

这是以保管场所是否属于特殊场所进行的分类。区分的意义在于特殊场所的保管是一种商事保管，可能还存在法律的其他要求。根据相关国家的立法例，特殊场所包括超市、影剧院、旅店、浴池等。这些场所本来不是专门为保管物品而设，保管是这些场所在实施其他营业时附带或辅助提供的服务。

对特殊场所的保管合同，我国《合同法》中并未涉及，但是其他国家多有规定。例如《日本商法典》第 593 条规定："商人在其营业范围内受寄托时，虽未接受报酬，也应以善良管理人的注意进行管理。"第 594 条则规定了"店所营业人的责任"："（一）旅店、饭店、浴池等以招徕顾客为目的的店所的主人对其接受顾客寄托物品的灭失或损毁，非证明其系不可抗力所致，不得免除损害赔偿责任。（二）对于顾客携入店所的虽未特别寄托的物品，因店所主人或其使用人不注意而灭失或损毁时，店所主人也应当负损害赔偿责任。（三）店所主人虽表明对顾客携带品不负责任，也不得免除前二款的责任。"《俄罗斯联邦民法典》中专门规定了当铺保管、运输组织寄存处的保管、各组织存衣处的保管、旅店保管等特殊场所的保管。所以，我们可以从原理上将特殊场所的保管合同归纳为以下具体规则：

第一，无论就该项保管是否收取报酬或者当事人如何约定，都应当将特殊场所的保管以有偿保管对待，保管人应当承担有偿保管中善良管理人的注意义务。如果保管物品发生损毁，保管人应当承担损害赔偿责任。这是因为这些特殊场所提供的保管服务是对其主要

---

① 参见王家福主编：《民法债权》，法律出版社 1991 年版，第 713 页。

营业的辅助性营业，依然属于营业的范畴，因此营业主同时作为保管人，也承担商主体的较高注意义务；即使未就保管事项收取特别的保管费用，这种保管责任也是存在的。

第二，处于特殊场所的物品，即使未交付于保管人，保管合同也可能成立，保管人也应当承担相应的保管义务。例如对客人遗忘在上述场所的物品，保管人同样应尽到妥善保管义务。但是，对金钱、有价证券和其他贵重物品的保管则不属于这种自动成立的保管合同。例如《俄罗斯联邦民法典》第925条规定："旅店作为保管人且无须与居住于该店的人（房客）有特别约定，应对房客存放于旅店的物之灭失、短缺或者毁损负担责任，但金钱、其他外币、有价证券和其他贵重物品除外。存放于旅店的物是指托付给旅店工作人员的物品，或者存放于客房、其他指定场所的物品。"

第三，保管人关于保管物品的免责申明无效。特殊场所的保管中，保管人的善良管理人义务是法定义务，不得因保管人的申明免责而免责。如上述《日本商法典》第594条的规定。

（四）一般物寄托和讼争物的寄托

罗马法中与一般物的寄托相对应的是"系争物之寄托"。这种寄托有其特殊的意义，后世不少国家也继承了这种分类。例如《法国民法典》将寄托分为本义上的寄托和讼争物的寄托。本义上的寄托指无偿契约，寄托的标的物仅以动产为限，仅以寄托物的实际交付或虚拟交付而发生法律效力。讼争物的寄托则有约定的讼争物寄托和裁判上的强制讼争物寄托之分。约定的讼争物寄托是指，由一人或数人将有争议之物交至第三人之手的寄托。争议终结后，该第三人有义务将寄托物交还经判决应当取得该物的人；约定的讼争物寄托可以有偿，也可以无偿，所寄托之标的物，可以是动产或不动产。在约定的讼争物寄托中，受寄托人只有经全体利害关系当事人同意，或者以判决认定的正当理由，在争议解决前才可以解除自己的保管责任。裁判上的强制讼争物寄托是由裁判指定的保管人，对债务人已受扣押的动产、二人或数人之间对所有权或占有权发生争议的不动产或动产物件以及债务人提供的用于清偿其债务的物经常保管，并尽到善良管理人的注意义务。裁判上的强制讼争物寄托，可以交付给有利害关系的各当事人协议同意的人，或者交付法官依职权指定的人。裁判上的强制讼争物寄托关系发生在保管人和扣押人之间，扣押人有义务向保管人支付依法律确定的报酬。《俄罗斯联邦民法典》第926条也有类似的"保管为争议标的之物（争讼物）"的规定。我国《合同法》第373条规定："第三人对保管物主张权利的，除依法对保管物采取保全或者执行的以外，保管人应当履行向寄存人返还保管物的义务。第三人对保管人提起诉讼或者对保管物申请扣押的，保管人应当及时通知寄存人。"除此以外并无其他规定。

第二节　保管合同当事人的权利和义务

一、保管人的权利和义务

（一）保管人的权利

（1）在有偿的保管中，保管人有权要求寄存人支付保管费。我国《合同法》将保管合同原则上规定为有偿合同，保管人有权收取保管费。保管费的数额可以由当事人通过事先或事后达成的协议、合同的有关条款或交易习惯来确定。只有在当事人没有约定保管费，或者约定不明确，也无法通过其他方法来明确保管费时，保管才是无偿的。无偿的保管合同中，保管人无权请求寄存人支付保管费。

（2）保管人可以通过行使留置权担保保管费和其他费用的实现。在有偿的保管中，寄存人未按照约定支付保管费以及其他费用的，保管人对保管物享有留置权，但保管合同中的留置权可以由当事人通过特别的约定进行排除。留置权是依据《担保法》规定，当债务人不履行到期债务，由债权人留置已经合法占有的债务人的动产，并且就该动产优先受偿的权利。只要当事人没有明确地排除留置权，保管人就可以在寄存人未按照约定支付保管费以及其他费用的情况下，行使留置权以担保保管费的实现。

（3）保管人在特定情形下请求寄存人赔偿损失的权利。如果寄存人交付的保管物有瑕疵或者按照保管物的性质需要采取特殊保管措施的，寄存人应当将有关情况告知保管人。如果寄存人未告知保管人，致使保管物受损失的，保管人不承担损害赔偿责任；保管人因此受损失的，除保管人知道或者应当知道并且未采取补救措施的以外，寄存人应当向保管人承担损害赔偿责任。

（4）无约定保管期间的保管合同中，保管人享有随时请求寄存人领取保管物的权利。保管合同如果约定了保管期间的，保管人无特别事由，不得要求寄存人提前领取保管物。但是，如果保管合同没有约定保管期间，或者约定不明，保管人可以随时要求寄存人领取保管物。

（二）保管人的义务

（1）妥善保管保管物的义务。保管合同的标的是保管行为，因此在保管合同中，保管人的主要义务就是妥善保管保管物。该义务具体包括以下几点：

第一，保管人在主观上应当尽到相应的注意义务，并承担损害赔偿责任。依据通说，如果保管合同是有偿的，对保管人的注意义务要求比较高，保管人应当尽到善良管理人的注意；如果保管合同是无偿的，对保管人的注意义务则要求比较低，保管人应当尽到与保管自己所有的物同等的注意。

具体说来，我国《合同法》也体现了按有偿或无偿来区分保管人注意义务的原理。该法第 374 条规定："保管期间，因保管人保管不善造成保管物毁损、灭失的，保管人应当承担损害赔偿责任，但保管是无偿的，保管人证明自己没有重大过失的，不承担损害赔偿责任。"因此，保管人应当对保管物尽到妥善保管的义务是法定的。保管期间，因保管人保管不善造成保管物毁损、灭失的，原则上保管人都应当承担损害赔偿责任。只不过因有偿保管和无偿保管的不同情况，保管人的责任有所区别。如果保管是有偿的，保管人应当对"保管不善"导致保管物的毁损、灭失承担损害赔偿责任。所谓保管不善，就是指保管人没有尽到妥善保管义务。只要保管人尽到了妥善保管义务，就不承担保管物的毁损、灭失责任。例如保管物的毁损、灭失是由于保管物自身的性质或者包装不符合约定造成的，保管人就不承担责任。再如因寄存人的过错，对保管物包装不良，致使保管物毁损的，保管人也不承担赔偿责任。如果保管是无偿的，保管人对其故意或者重大过失造成保管物毁损、灭失的情形承担损害赔偿责任。例如保管人故意造成保管物毁损、灭失的，也应当承担损害赔偿责任。至于“重大过失”，是指保管人对保管物明知可能造成毁损、灭失并有可能采取却没有采取相应措施来避免损毁或者灭失。故意或重大过失已经是严重的过错，要求保管人在此种情况下承担保管物的损害赔偿责任也是公平的。

第二，保管人应当亲自保管保管物。除非当事人另有约定，保管人不得将保管物转交第三人保管。如果未经寄存人同意，保管人将保管物转交第三人保管，对保管物造成损失的，应当承担损害赔偿责任。

第三，保管人不得使用或者许可第三人使用保管物，但当事人另有约定的除外。如果保管人未经寄托人同意，擅自将保管物转交第三人保管，对保管物造成损失的，应当承担损害赔偿责任。

第四，保管人应当按约定保管场所或者方法保管保管物。除紧急情况或者为了维护寄存人利益的情形以外，不得擅自改变保管场所或者方法。

（2）保管人向寄存人返还保管物的义务。该义务具体包括以下几点：

第一，保管人在保管期限届满或寄存人提出请求时返还保管物。在保管合同中，寄存人享有随时领取保管物的权利；即使寄存人曾与保管人就保管期间进行过约定，该期间对于寄存人也没有约束力。但是该期间对保管人有约束力。保管人的义务就是在该期间内完成对保管物的保管行为；在该期间届满或者寄存人提前提出领取请求时，返还保管物。

第二，保管人返还的保管物，应当包括原物及其孳息。

第三，保管人保管货币的，可以返还相同种类、数量的货币。保管其他可替代物的，可以按照约定返还相同种类、品质、数量的物品。

第四，只有在依法对保管物采取保全或执行措施时，保管人才可以免除向寄存人返还保管物的义务。应当说，保管合同这一法律关系，仅仅是保管人和寄存人之间的权利义务关系。同保管之前相比，与保管物有关的一切权利不因保管而有任何变化。但是，确实有可能因寄存人与第三人的权利争议，而需要对保管物采取法律上的措施。例如，依法对保管物采取了保全或执行，在这种情况下，保管人自然可以免除向寄存人返还保管物的义务。

第五，保管人的危险通知义务。如果第三人对保管物主张权利，保管人不能将保管物交给第三人，保管人仍然应当履行向寄存人本人返还保管物的义务。第三人对保管人提起诉讼或者对保管物申请扣押的，保管人应当及时通知寄存人。

二、寄存人的权利和义务

（一）寄存人的权利

（1）随时领取保管物的权利。保管合同是寄存人请求保管人保管自己物品的合同，其动机就是为了通过保管行为给寄存人提供方便，一旦寄存人不需要这种服务，应当允许寄存人立即领取保管物。所以，寄存人随时领取保管物的权利是不受限制的。即使保管合同约定有保管期间，寄存人也不受该期间的制约，而是可以随时领取保管物。

（2）请求保管人赔偿损失的权利。如果保管人保管不善，导致保管物毁损、灭失的，寄存人有权向保管人主张赔偿损失。保管人应当承担损害赔偿责任。但是，如果保管是无偿的，保管人证明自己没有重大过失的，不承担损害赔偿责任。

（二）寄存人的义务

（1）寄存人对保管物的声明义务。寄存人寄存货币、有价证券或者其他贵重物品的，应当向保管人声明，由保管人验收或者封存。如果寄存人未声明，该物品毁损、灭失后，保管人可以按照一般物品予以赔偿。

（2）在有偿保管中由寄存人支付保管费的义务。有偿的保管合同，寄存人应当按照约定的期限向保管人支付保管费。当事人对支付期限没有约定或者约定不明确，依照《合同法》第61条的规定仍不能确定的，应当在领取保管物的同时支付。

（3）偿还必要费用的义务。必要费用是保管人在保管期间为保管而支出的费用，与作为报酬的保管费在性质上并不相同。除非当事人另有约定，寄存人应当偿还因保管发生的必要费用。通常情况下，当事人若约定是有偿保管，保管人为保管保管物而实际支出的费用已经包括于报酬（保管费）之内；当事人若约定是无偿保管，还可以约定寄存人应当支付为保管而支出的实际费用。如有此约定，寄存人应依约定行事。即使无此约定，按照公平原则，寄存人也应当支付为保管而支出的必要费用。

◎ 思考题

1. 保管合同的特点是什么？
2. 保管合同当事人的权利义务各是什么？

◎ 案例分析

王某和朋友到某超市购物，按照超市的规定，王某携带的一个旅行包不得带入超市。王某便来到寄存处想将旅行包寄存。但是由于排队的人太多，王某急于赶飞机，于是便将旅行包放进了自动存储柜第40号箱内，并拿走了条码票。等王某和朋友购物完毕，回到自动存储柜处时，发现用条码票根本打不开40号存储柜。后来在保安的帮助下，终于打开了40号箱，但是旅行袋却不翼而飞。旅行袋内装有数码相机等物品，价值5 000元。后王某起诉要求超市赔偿，超市辩称自动存储柜是为顾客方便而设，并未收取任何费用；并且在自动存储柜处的显要地方已经张贴了启示，要求顾客将价值较大的物品存放于人工寄存处，否则超市不负责任，王某却不按指示，将旅行袋放入了自动存储柜，因此风险应当自负。所以超市对于王某旅行袋的丢失不负赔偿责任。

分析：

超市设置的自动存储柜确实是为了顾客购物的方便，但更主要还是为了超市管理的方便和安全。顾客去这些超市必须将不允许带入的物品交由超市保管，因此在本案王某与超市之间就产生了一个保管法律关系；超市同时也是保管人。人工寄存或自动存储柜虽然在物理表现上存在差别，但是仅仅是保管的方式不同而已。对保管人而言，两种不同的保管方式并没有保管义务的差别。至于超市所张贴的提示性告示，按照《合同法》第40条的规定："格式条款具有本法第52条和第53条规定情形的，或者提供格式条款一方免除其责任、加重对方责任、排除对方主要权利的，该条款无效。”所以，该告示不能作为超市据以免责的依据。此外，需要注意的是，尽管超市对于保管顾客的物品并未收取任何费用，但是由于超市的营利性，因此这种保管作为辅助商行为同样具有营利性。所以超市与顾客之间的保管关系仍应当按有偿保管来对待。超市作为善良管理人的保管责任不因其辩称未收取费用而有所变化。不过，我国目前还没有如前述日本、俄罗斯那样在立法上将特殊场所保管人的责任规定为一种独立的保管责任，有关商法的基础理论特别是辅助商行为的理论也很不完善，在立法上还没有得到体现。单纯依据现有《合同法》，对于这类案件，如果追究保管人的保管责任还需要借助附随义务的理论，即将超市的保管义务作为其履行主合同义务的一种附随义务，按照诚实信用原则要求保管人尽到注意义务。

第二十章 仓储合同

第一节 仓储合同概述

一、仓储合同的概念

仓储合同又称仓储保管合同，是典型的商事合同。它是由保管人储存存货人交付的仓储物，存货人支付仓储费的合同。仓储合同的当事人是保管人和存货人。其中的保管人又称仓库营业人，是专为他人储藏、保管货物的商事主体；存货人是将仓储物交由保管人保管并支付报酬的人。仓储合同的标的是保管人为存货人提供储存仓储物的行为。

仓储合同由保管合同在商业实践中发展而来。近现代以来，仓储营业已经成为商法领域中的典型营业类型，在经济生活中发挥着极大的作用，商品的储存、运输已经离不开仓储保管。大陆法系民商分立国家在其商法典中大多规定有“仓库营业”，如《德国商法典》第四编“商行为”中的第六章“仓库营业”，该章第467条规定：“仓库营业人因仓库营业合同而负有储藏和保管货物的义务。”该法典还对仓库营业合同、货物的处理、寄存人的危险通知义务和损害赔偿义务、混合储藏，以及仓库营业人对货物的受领、保存义务、储藏期间、仓单等事项进行了规定。民商合一国家在其民法典中也多规定有仓储保管，例如《俄罗斯联邦民法典》将“商品仓储保管”作为“保管”的一种，属于该法典第四章“债的种类”中的一种。该《法典》第907条规定：“依照仓储保管合同，商品仓库（保管人）应保管货主（寄存人）交给它的商品，收取保管费，并完好地返还该商品。商品仓库是从事商品保管经营活动及提供有关保管服务的组织。”

二、仓储合同的特征

由于仓储合同是从保管合同发展而来，当事人的权利义务与保管合同基本相同。例如也适用我国《民法通则》第136条对寄存财物被丢失或者损毁的赔偿请求权一年的短期诉讼时效。我国《合同法》主要根据仓储营业的特点进行了规定，没有规定的则适用保管合同的规定。相较于保管合同，仓储合同具有以下特征：

（一）仓储合同是诺成合同

与大部分合同一样，仓储合同也是诺成合同。其成立并不需要存货人将仓储物实际交付给保管人，而是双方当事人达成意思表示的一致。并且，也与大部分合同一样，仓储合同自成立时生效。这是与保管合同明显的区别之处。

（二）仓储合同的保管人必须是具有经营仓储保管资格的经营者

仓储合同中，保管人必须是具有经营仓储业务资格的商主体。我国《合同法》对保管人的资格并没有特别规定，但是在大陆法系民商分立国家的商法典中，将仓储规定为一种特定的营业类型，将仓储营业规定为商行为，而商行为往往就是由商主体完成的；因此保管人成为“仓库营业人”，是具备仓储营业所要求的持续性和营利性特征的商主体。从事仓储保管的保管人应当按照商业登记的要求进行仓储营业的登记；保管人储存易燃、易爆、有毒、有腐蚀性、有放射性等危险物品的，应当具备相应的保管条件，同时还需要遵守有关危险物品行政管理的特别规定。而保管合同对于保管人本身并没有特别的要求，保管人既可以是作为民事主体的自然人，也可以是经营者。

（三）仓储合同必然是有偿合同

仓储合同是保管人以营利为目的订立的合同，因此必然是有偿合同。这与保管合同存在无偿保管的情形是不同的。

（四）仓储合同应当符合要式性要求

保管合同是不要式合同。仓储合同作为商事合同，遵循商业交易的便捷和效率原则，本身对于合同的形式也无须进行限制。但我国《合同法》第385条规定：“存货人交付仓储物的，保管人应当给付仓单。”因此在我国，签发仓单成为保管人的一项义务；仓单成为仓储合同的书面形式，从而使仓储合同具有法定的要式性特征。仓单具有以下特征：

第一，要式性。我国《合同法》第386条规定仓单由保管人签字盖章，主要包括以下事项：（1）存货人的名称或者姓名和住所；（2）仓储物的品种、数量、质量、包装、件数和标记；（3）仓储物的损耗标准；（4）储存场所；（5）储存期间；（6）仓储费；（7）仓储物已经办理保险的，其保险金额、期间以及保险人的名称；（8）填发人、填发地和填发日期。

大部分国家都没有强制地要求仓储合同中保管人必须向存货人签发仓单，而是一项由保管人自己决定的权利，只不过保管人一旦签发仓单，就必须遵守关于仓单作为有价证券的形式要件。这就是说，这些国家仅要求仓单符合要式要求，而不要求仓储保管合同符合要式要求。例如《德国商法典》第475c规定：关于交付货物的义务，在仓库营业人获得货物之后，可以由其签发仓单，仓单应包括下列事项：（1）签发仓单的地点和日期；（2）寄托人的名称和地址；（3）仓库营业人的名称和地址；（4）寄托的地点和日期；（5）货物种类的通常名称和包装的种类，对于危险货物，载明其依危险货物规定的名称或其他公认的名称；（6）货件的数量、标志和编号；（7）货物的毛重或以其他方式注明的数量；（8）在混合储藏的情形，对此的记载。《俄罗斯联邦民法典》同样没有把签发仓单规定为保管人的义务，该《法典》第907条第2款规定：“如果合同的订立及商品入库以仓单为凭，则视为已遵守仓储保管合同的书面形式。”

第二，流通性。我国《合同法》第387条规定：“存货人或者仓单持有人在仓单上背书并经保管人签字或者盖章的，可以转让提取仓储物的权利。”背书是有价证券流通的常用方式，存货人或者仓单持有人可以在仓单上背书转让提取仓储物的权利。此外，仓单的流通性与汇票等票据的流通性的区别在于后者的流通无需签发人（出票人）签字或盖章，仓单的流通必须经保管人签字或盖章。

第三，文义性。仓单所创设的权利和义务是依仓单所记载的文义予以确定的，不能以仓单记载以外的其他因素加以认定或变更。因此，仓单是文义证券。我国《合同法》对此并没有明确规定。但是其他国家有明确承认仓单文义性的立法例，如《日本商法典》第602条规定："寄存证券及质人证券制成后，仓库营业人及证券持有人间的有关寄托事项，以其证券所载为准。"

第四，仓单是一种缴回证券。缴回证券是指有价证券的签发人自己为给付义务后，权利人须将证券返还给义务人的证券。仓单由保管人在收到存货人交付的仓储物时签发；在仓单持有人提取仓储物时由保管人履行给付义务，要求存货人缴还保管人自己发的仓单。所以，仓单是一种缴回证券。

第五，仓单是物权证券。仓单是提取仓储物的凭证，属于实物证券。存货人取得仓单后，也就意味着取得了仓储物的所有权；仓单发生转移，仓储物的所有权也发生转移。因而，仓单又是一种物权证券。

第六，仓单具有可分割性。仓单的可分割性，是指仓单的持有人可以请求保管人将保管物分割为数部分，每一部分制作一份与当事人部分财产内容相同的仓单，而仓单持有人将原有的仓单交回给保管人。我国《合同法》对此并未规定，但可分割性应当是仓单的一个特点。而票据法中的票据金额，则不具备可分割性。

第二节　仓储合同当事人的权利义务

一、存货人的权利和义务

（一）存货人的权利

（1）存货人或仓单持有人有权检查仓储物或者提取样品。我国《合同法》第388条规定："保管人根据存货人或者仓单持有人的要求，应当同意其检查仓储物或者提取样品。"因此，存货人或仓单持有人有权检查仓储物或者提取样品。由于仓单是物权证券，存货人可以转让仓单项下仓储物的所有权，也可以对仓单项下的仓储物设定担保物权，即出质。仓单经背书并经保管人签字或者盖章而转让或出质的，仓单受让人或质权人即成为仓单持有人。无论是转让仓单还是出质仓单，仓单持有人与存货人一样，都有检查仓储物或者提取样品的权利。

（2）存货人或仓单持有人享有随时提取仓储物的权利。即使当事人对储存期间有约定，存货人或仓单持有人也有权随时提取仓储物；只不过存货人或者仓单持有人逾期提取的，应当加收仓储费；提前提取的，不减收仓储费。而按照我国《合同法》第391条的规定，如果当事人对储存期间没有约定或者约定不明确的，存货人或者仓单持有人可以随时提取仓储物，保管人也可以随时要求存货人或者仓单持有人提取仓储物，但应当给予必要的准备时间。所谓"给予必要的准备时间"，是指保管人预先通知提货，并给存货人或者仓单持有人留出符合商业惯例的、必要的准备时间，在期限届至前提货即可。

（二）存货人的义务

（1）对危险物品或易变质物品的说明义务。存货人储存易燃、易爆、有毒、有腐蚀性、有放射性等危险物品或者易变质物品，应当向保管人说明该物品的性质，并提供有关资料。如果存货人没有进行说明，或没有提供有关资料，保管人可以拒收仓储物，也可以采取相应措施以避免损失的发生，因此产生的费用由存货人承担。此外，依据《合同法》第 383 条的规定："储存易燃、易爆、有毒、有腐蚀性、有放射性等危险物品或者易变质物品，存货人应当说明该物品的性质，提供有关资料。存货人违反前款规定的，保管人可以拒收仓储物，也可以采取相应措施以避免损失的发生，因此产生的费用由存货人承担。保管人储存易燃、易爆、有毒、有腐蚀性、有放射性等危险物品的，应当具备相应的保管条件。"所以，存货人存放危险品而未将危险品的性质如实告知保管人，保管人可以在储存期间届满前要求存货人提取仓储物并终止合同。

（2）存货人或仓单持有人应当按期提取仓储物。当事人对储存期间没有约定或者约定不明确的，存货人或者仓单持有人可以随时提取仓储物，保管人也可以随时要求存货人或者仓单持有人提取仓储物，但应当给予必要的准备时间。

储存期间届满，存货人或者仓单持有人应当凭仓单提取仓储物。存货人或者仓单持有人逾期提取的，应当加收仓储费；提前提取的，不减收仓储费。仓单是提取仓储物的凭证。因此存货人或者仓单持有人应当凭仓单提取仓储物。

储存期间届满，存货人或者仓单持有人不提取仓储物的，保管人可以催告其在合理期限内提取，逾期不提取的，保管人可以提存仓储物。提存是保管人可以依照《合同法》第 109 条的规定将仓储物提存。

（3）支付仓储费的义务。仓储合同是典型的商事合同，保管人以营利为目的而进行仓储保管，因此存货人或仓单持有人最主要的义务是支付仓储费。

二、保管人的权利和义务

（一）保管人的权利

仓储合同中保管人的权利与保管合同中保管人的权利基本相同，需要再行说明的是以下两种权利。

（1）要求支付仓储费的权利。仓储合同是典型的有偿合同，保管人进行保管的目的就是为了取得营利，因此保管人最主要的权利就是要求存货人或仓单持有人按照约定支付仓储费。根据《合同法》第 392 条的规定，存货人或者仓单持有人逾期提取仓储物应当加收仓储费；如果提前提取，则不减收仓储费。

（2）提存权。储存期间届满，存货人或者仓单持有人不提取仓储物的，保管人可以催告其在合理期限内提取，逾期不提取的，保管人可以提存仓储物。储存期间届满，存货人或者仓单持有人提取仓储物，既是存货人或者仓单持有人的权利，也是存货人或者仓单持有人的义务。如果在储存期间届满，存货人或者仓单持有人不能或者拒绝提取仓储物，保管人可以确定一个合理的期限，催告存货人或者仓单持有人在此期限内提取。如果逾期仍不提取的，保管人可以依照《合同法》第 101 条的规定将仓储物提存。保管人将仓储物提存后，如果存货人或者仓单持有人来支付仓储费的，依照《合同法》第 109 条的规定，可以请求其支付仓储费。存货人或者仓单持有人迟延给付的，还可以按照约定要求存货人或者仓单持有人给付违约金。没有约定违约金的，可以要求支付迟延给付的逾期利息。

（二）保管人的义务

（1）对入库仓储物进行验收的义务。保管人应当按照约定对入库仓储物进行验收。保管人验收时发现入库仓储物与约定不符合的，应当及时通知存货人。保管人验收后，发生仓储物的品种、数量、质量不符合约定的，保管人应当承担损害赔偿责任。因此，保管人对入库仓储物的验收是一项非常重要的义务，也是保管人划清责任范围的一项依据。保管人和存货人应当在合同中对入库货物的验收问题作出约定，验收涉及验收项目、验收方法和验收期限。一般情况下，验收项目包括货物的品名、规格、数量、外包装状况，货物包装内的货物品名、规格、数量等。验收方法分为全部验收和按比例验收两种。验收期限自货物和验收资料全部送达保管人之日起，至验收报告送出之日止。

（2）保管人有签发仓单的义务。存货人交付仓储物的，保管人应当给付仓单。仓单是有价证券的一种，由保管人签字盖章，代表着与仓储物同值的财产权利，是提取仓储物的凭证。

（3）保管危险物品应当具备相应的保管条件。保管人储存易燃、易爆、有毒、有腐蚀性、有放射性等危险物品的，应当具备相应的保管条件。

（4）保管人在保管期间承担的妥善保管义务。妥善保管是指应当按照仓储合同中约定的保管条件和保管要求进行保管。储存期间，因保管人保管不善造成仓储物毁损、灭失的，保管人应当承担损害赔偿责任。双方应当根据货物的性质、状况约定保管的条件和要求，保管人应当按照约定的保管条件和保管要求进行保管。如果保管人没有按照约定的保管条件和保管要求进行保管，造成仓储物毁损、灭失的，保管人应当承担损害赔偿责任。

此外，仓储合同与有偿的保管合同一样，仓储保管中保管人也应当尽到相当的注意义务，承担善良管理人的责任；《合同法》因此为保管规定了一系列法定的保管义务，这些义务具体包括：

第一，保管人根据存货人或者仓单持有人的要求，应当同意其检查仓储物或者提取样品。

第二，保管人对入库仓储物发现有变质或者其他损坏的，应当及时通知存货人或者仓单持有人。保管人应当按照诚实信用原则，根据仓储合同的性质、目的及交易习惯，在仓储物有变质、损坏或者有变质、损坏的危险时，及时通知存货人或者仓单持有人。

第三，保管人对入库仓储物发现有变质或者其他损坏，危及其他仓储物的安全和正常保管的，应当催告存货人或者仓单持有人作出必要的处置。因情况紧急，保管人可以作出必要的处置，但事后应当将该情况及时通知存货人或者仓单持有人。保管人发现入库仓储物有变质或者其他损坏，并且这种变质或损坏是不可归责于保管人的原因造成的，则保管人除及时通知存货人或者仓单持有人外，如果该仓储物已经危及其他仓储物的安全和正常保管的，还应当催告存货人或者仓单持有人作出必要的处置。存货人或者仓单持有人在接到保管人的通知或催告后，应当及时对变质的仓储物进行处置，否则，由此给其他仓储物或者保管人的财产造成损害的，存货人应当承担损害赔偿责任。

第四，储存期间，因保管人保管不善造成仓储物毁损、灭失的，保管人应当承担损害赔偿责任。但是，如果因仓储物的性质、包装不符合约定或者超过有效储存期造成仓储物变质、损坏的，保管人不承担损害赔偿责任。

◎ 思考题

1. 仓储合同与保管合同的区别有哪些？
2. 仓单的特点有哪些？
3. 仓储合同当事人的权利义务是什么？

◎ 案例分析

经营家电的B公司与A商业储运公司于2008年3月31日签订了一份仓储合同，约定自2008年4月1日至6月30日，由A负责保管B公司购进的空调共计3 000套；B公司分别于4月30日、5月30日和6月30日分三次提货，每次提货1 000套。仓储费共计6 000元整，由B公司在每次提货时支付2 000元。由于空调生产厂商的延误，直至2008年4月20日才将3 000套空调运至A公司的仓库。B公司于2008年4月30日提走第一批空调时，B公司财务人员对A公司称由于晚入库20天，应当相应减少仓储费1 000元，因此只愿支付1 000元的仓储费。因市场空调紧俏，双方同意暂时搁置争议。5月30日B公司提走第二批空调并支付仓储费2 000元。2008年5月15日，A公司与B公司另签一份仓储合同，由A负责保管B公司购进的饮水机1 000套，B公司于7月30日提货并支付仓储费2 000元。6月30日，B公司提走最后一批空调1 000套并支付2 000元仓储费。2008年7月30日，B公司要求提走1 000套饮水机时，A公司要求B公司同时付清4月30日所欠仓储费2 000元。B公司则认为只需支付1 000元仓储费。A公司遂留置该批饮水机，B公司急于提货，遂向律师咨询。

分析：

本案主要涉及两个问题：一是仓储合同的成立和生效时间，二是保管人行使留置权的条件。

依据我国《合同法》第381条的规定："仓储合同是保管人储存存货人交付的仓储物，存货人支付仓储费的合同。"第382条规定："仓储合同自成立时生效。"所以，仓储合同是一种诺成合同，也就是双方当事人达成意思表示一致之时就成立，并且仓储合同自成立时就生效。这也是仓储合同与保管合同的区别之处。作为典型商事合同的仓储合同，与大部分合同一样，都是诺成合同，因此要求双方当事人在达成合意之时就应当按照合同的要求履行自己的义务。本案中，B公司与A公司达成的仓储合同并非以保管物的交付为合同的成立和生效要件。按照合同的约定，仓储合同自2008年3月31日生效，A公司作为保管人的责任自4月1日开始；而并非从B公司实际交付仓储物之日起。如果由于B公司一方的原因导致仓储物无法如期入库，则应当按照《合同法》的规定由双方协议变更或者解除合同；但本案不存在变更或解除合同的情况。因此B公司应当按约定分三次支付保管空调的仓储费共计6 000元。

第二个问题是保管人能否行使留置权。我国《合同法》第395条规定："本章没有规定的，适用保管合同的有关规定。”仓储合同由保管合同发展而来，《合同法》对仓储合同没有规定的，可以适用保管合同的规定。《合同法》第380条规定：“寄存人未按照约定支付保管费以及其他费用的，保管人对保管物享有留置权，但当事人另有约定的除外。”因此，本案作为保管人的A公司有权留置B公司的保管物以担保自己仓储费的实现。值得注意的是，按照我国2007年7月1日起施行的《物权法》第231条规定：“债权人留置的动产，应当与债权属于同一法律关系，但企业之间留置的除外。”所以，现行《物权法》实际已经允许商事留置权的行使。所谓商事留置权，就是商事主体之间行使的留置权；这种留置权不要求所留置的动产必须与债权属于同一法律关系，也就是不必存在民法中留置权的牵连关系。本案B公司没有如期支付仓储费的是第一份合同，即A公司保管空调的合同；但是，依据《物权法》的上述规定，只要是债权人（企业即商主体，本案A公司）合法占有（2008年5月15日A公司与B公司所签仓储合同）债务人（企业即商主体，本案B公司）的动产，即这批饮水机；符合留置权发生条件的，都可以由债权人行事留置权。

第二十一章 委托合同

第一节 委托合同概述

一、委托合同的概念

（一）委托合同的概念

委托合同也称委任合同，是委托人和受托人约定，由受托人处理委托人事务的合同。委托合同中，将事务委托他方处理的人称为委托人；承诺为他人处理事务的人是受托人。委托合同的标的是受托人为委托人完成的工作，因此委托合同在本质上也是一种服务合同。委托人可以特别委托受托人处理一项或者数项事务，也可以概括委托受托人处理一切事务。

委托合同是一种历史悠久的合同类型，早在古代巴比伦汉谟拉比法典中，就对委托合同作了专门的规定。以后法国、德国、日本等国的民法典都对委托合同作了规定。委托合同有利于生产经营，方便人们日常生活，加强国际经济贸易的联系。委托合同可产生于自然人之间、法人之间或者自然人与法人之间；可以是概括的委托，也可以是特别的委托。不过具有人身属性的法律行为或事实行为，一般不适用委托合同，如收养关系的建立或终止、婚姻关系的产生和消灭、立遗嘱等。德国学者指出，在一般情况下，委托合同法只适用于那些不受到特别调整的活动。① 正是日常生活中这些“不受特别调整的活动”相当多样，委托合同在民法中的适用范围才非常大，委托合同也成为当代各国民法普遍规定的合同类型，即使在具体规则上各国会有所差异，也不影响委托合同的普遍性。例如《法国民法典》第1984条规定：“委托或代理是指，一人依此规定授权另一人以委托人的名义，为委托人完成某种事务的行为。委托契约，仅以受委托人承诺而成立。”《德国民法典》第662条规定：“因接受委托，受托人有义务为委托人无偿地处理委托人托付给自己的事务。”《俄罗斯联邦民法典》第971条也规定：“依照委托合同，一方（受托人）应当以他方（委托人）的名义和费用为一定的法律行为，受托人所为行为的权利和义务直接产生于委托人。委托合同可指明受托人有权以委托人的名义实施行为的期限，或者不指明期限。”

---

① ［德］迪特尔．梅迪库斯：《德国债法分论》，杜景林、卢谌译，法律出版社2007年版，第337页。

（二）委托合同的分类

（1）特别委托和概括委托。我国《合同法》第397条规定："委托人可以特别委托受托人处理一项或者数项事务，也可以概括委托受托人处理一切事务。"该规定即说明以受托人权限范围为标准把委托划分为两大类，即特别委托和概括委托。

特别委托是指双方当事人约定受托人为委托人处理一项或者数项特定事务的委托，就该事项双方当事人的约定是特定且具体的。例如由委托人特别授权而由受托人进行的不动产出售、出租或者就不动产设定抵押权；再如需要有委托人的特别授权而为的赠与；又如民法上的和解或者诉讼法上的和解，以及破产法上的和解也需要有委托人的特别授权。受托人接受特别委托时，对于委托事务的处理，可以采取一切为维护委托人的合法权益而必要的合法行为。

概括委托是指双方当事人约定受托人为委托人处理一切事务的协议。例如，委托人委托受托人处理其诉讼中的所有事宜，即是概括委托。

（2）直接委托与间接委托。受托人以委托人的名义处理委托事务的，是直接委托，受托人处理事务的法律后果直接归属于委托人。直接委托合同是《民法通则》规定的委托代理的代理权的基础。而受托人以自己的名义处理委托事务，则属于间接委托，其法律效果按照法律规定间接或者直接的归属于委托人。我国《合同法》第403条规定："受托人以自己的名义与第三人订立合同时，第三人不知道受托人与委托人之间的代理关系的，受托人因第三人的原因对委托人不履行义务，受托人应当向委托人披露第三人，委托人因此可以行使受托人对第三人的权利，但第三人与受托人订立合同时如果知道该委托人就不会订立合同的除外。"因此我国合同法中既允许直接委托也允许间接委托。

二、委托合同的特点

（一）委托合同的目的是受托人为委托人的利益完成某些事务

依据我国《合同法》的规定，在委托合同中，由委托人委托受托人处理委托人的事务。因此委托合同的目的是为了便利委托人，维护委托人的利益。委托合同的目的在于受托人处理委托人的事务。立法关于"事务"的解释，直接关系到如何确定委托合同的适用范围，《日本民法典》第643条和第656条规定委托事务仅限于法律行为，就法律行为以外的事务所成立的合同，称为"准"委任合同，准用委任合同的规定。我国《合同法》并没有规定得以委托的"事务"范围，只要能够产生民事权利义务关系的任何事务，委托人均可请受托人办理，既包括实体法规定的买卖、租赁等事项，也包括程序法规定的办理登记、批准等事项，还包括代理诉讼等活动。但委托人所委托的事务不得违反法律的有关规定，如果按照事务的性质不能委托他人代理的事务，如与人身密切联系的婚姻登记、立遗嘱等，也不允许委托。

与雇佣合同相比，委托合同中受托人对于被委托的事务具有独立意思，而雇佣合同中受雇人则是消极地执行委托人的命令。通过委托合同，委托人也希望运用受托人的知识、经验达到比自己事必躬亲更好的效果。这也是委托合同对委托人有利的一个体现。

与委托合同比较相似的还有代理，代理人也是为了被代理人的利益行事；代理人也对相关事务的处理具有独立意思。但是，委托与代理的区别是相当显著的，这些区别体现在：

（1）涉及的法律关系主体不同。代理涉及三个法律关系的主体：被代理人、代理人和第三人；这三方主体之间都存在法律关系。被代理人和代理人之间可能基于法律规定而使代理人享有代理权，也可能基于委托而产生代理人的代理权。只有在委托代理中，被代理人和代理人之间才存在委托合同，所以委托合同仅仅是代理关系的组成部分之一。对委托代理关系中的第三人来说，代理人代理权的存在也不需要委托合同来证明，而是凭借被代理人出具的授权委托书即说明代理权的存在。所以，委托代理中的委托合同是代理权产生的内部关系，对第三人并无效力。

（2）委托的事项在范围上不一致。民法中的代理属于法律行为制度的组成部分，因此代理主要是代理人代被代理人完成法律行为；但是委托合同的委托事项则不限于法律行为，受托人受托处理的行为范围比较广泛。委托的事项可以是持续一段时间的事项，也可以是即时完成的事项；可以是法律行为，也可以是事实行为；可以与财产有关，也可以与财产没有任何关系。

（二）委托合同以委托人和受托人之间的人身信任关系为基础

在民事生活中，一方将自己的事务交由他人代为处理是比较常见的现象。不过，之所以委托人愿意让受托人来处理本来属于自己的事务；受托人之所以愿意为委托人进行事务的处理，都是基于他们之间存在人身的信任关系。这种信任关系，构成了委托合同成立的前提和基础；在委托合同的履行过程中，如果这种信任关系不复存在，委托合同也必然应当解除。因此允许委托合同的双方当事人有权随时解除委托合同。

（三）委托合同既可以有偿，也可以无偿

我国《合同法》第405条规定："受托人完成委托事务的，委托人应当向其支付报酬。因不可归责于受托人的事由，委托合同解除或者委托事务不能完成的，委托人应当向受托人支付相应的报酬。当事人另有约定的，按照其约定。"第406条规定："有偿的委托合同，因受托人的过错给委托人造成损失的，委托人可以要求赔偿损失。无偿的委托合同，因受托人的故意或者重大过失给委托人造成损失的，委托人可以要求赔偿损失。"因此，我国的委托合同既可以是有偿合同，也可以是无偿合同。

依据罗马法的原则，委托契约以受托人无偿处理事务为要件，虽然有对受托人支付报酬的习惯，但是不认为依据委托契约就成立债的关系。因此医师、律师等，不得以委任契约为原因请求报酬，而必须依特别的诉讼程序来请求。①《法国民法典》第1986条规定："（委托合同）除另有约定外，委托无报酬。"《德国民法典》第662条规定："因接受委托，受委托人有义务为委托人无偿地处理委托人托付给自己的事务。"都体现了委托合同的无偿性特点。

不过，也有国家的立法将委托合同规定为既可以有偿，也可以无偿。例如《瑞士债务法》第394条第3项："如依契约或习惯有报酬者，委托人应给付之。"《俄罗斯联邦民法典》第972条专门规定了"受托人的报酬"，按照委托是否属于"经营活动"（商行为）在报酬方面进行了区分："（1）如果法律、其他法律文件或者委托合同规定应付报

① 参见陈朝壁：《罗马法原理》，法律出版社2006年版，第222～223页。

酬，则委托人应向受托人给付报酬。当委托合同与双方或者其中一方从事经营活动有关时，委托人应向受托人给付报酬，但合同另有规定的除外。(2) 在有偿委托合同中规定报酬的数额或者其给付方式的条款，应在委托完成后依照本法典第424条第3款（即比照类似的商品、工作或者服务的通常价格执行）确定的数额给付报酬。”我国基本采用的是这种立法例，只不过并没有规定委托合同有偿或无偿的具体情形。

（四）为了维护委托人的利益，委托合同的终止有特别的规定

委托合同是基于人身信任关系，而由受托人为委托人处理事务，为了保护委托人的利益，委托合同关系在终止问题上存在一些特别规定。具体包括：

(1) 一般情况下，委托人或者受托人死亡、丧失民事行为能力或者破产的，委托合同终止，但当事人另有约定或者根据委托事务的性质不宜终止的除外。当事人可以另行约定即使有死亡、破产及丧失行为能力的情况发生，委托关系仍不消灭，有此约定的，当然依照其约定。例如，在委托律师诉讼的情况下，委托合同可以约定，不因委托人死亡而停止诉讼代理。我国《合同法》第411条对此进行了规定。《德国民法典》第672条规定：“有疑义时，委托不因受托人死亡或者丧失行为能力而消灭。委托消灭，并且延缓会有遭到损害的危险的，受委托人必须执行受托的事务，直到委托人的继承人或者法定代理人能够另作处置为止；在此限度内，委托视为存续。”

(2) 因委托人死亡、丧失民事行为能力或者破产，致使委托合同终止将损害委托人利益的，在委托人的继承人、法定代理人或者清算组织承受委托事务之前，受托人应当继续处理委托事务。我国《合同法》第412条对此进行了规定。一般情况下，因委托人死亡、丧失民事行为能力或者破产，就会导致委托合同终止；但是为了保护委托人的利益，如果委托合同终止将损害委托人利益的，在委托人的继承人、法定代理人或者清算组织承受委托事务之前，受托人应当继续处理委托事务。受托人继续处理事务，如果委托合同是有偿的，则受托人仍得请求报酬。

(3) 因受托人死亡、丧失民事行为能力或者破产，致使委托合同终止的，受托人的继承人、法定代理人或者清算组织应当及时通知委托人。我国《合同法》第413条对此进行了规定。因委托合同终止将损害委托人利益的，在委托人作出善后处理之前，受托人的继承人、法定代理人或者清算组织应当采取必要措施。因此受托人的继承人、法定代理人或者清算组织承担及时通知委托人的义务，并且在委托合同终止将损害委托人利益的情况下，受托人的继承人、法定代理人或者清算组织应当采取必要的措施保护委托人的利益。

第二节 委托合同中当事人的权利义务

一、委托人的权利和义务

（一）委托人的权利

(1) 委托人有权要求受托人交付因处理委托事务而取得的财产，也包括移交其他一切与受托事务相关的后果。这是委托合同的目的所在和委托人的主要权利。

（2）委托人有权随时解除委托合同。委托合同以委托人和受托人的人身信任关系为基础，因此允许任何一方随时解除合同。因委托人解除合同给受托人造成损失的，除不可归责于委托人的事由以外，应当向受托人赔偿损失。

（3）委托人经受托人同意，可以在受托人之外委托第三人处理委托事务。因此给受托人造成损失的，受托人可以向委托人要求赔偿损失。

（二）委托人的义务

（1）预付、偿还费用的义务。我国《合同法》第398条规定："委托人应当预付处理委托事务的费用。受托人为处理委托事务垫付的必要费用，委托人应当偿还该费用及其利息。"因此，委托人承担预付和偿还费用的义务。

预付费用是委托人的主要义务之一。费用是为了委托人的利益而需要支出的，它与合同约定的报酬完全不同。由于委托合同的特点是受托人用委托人的费用处理委托事务，因此，受托人对于费用没有垫付的义务。对于委托人支付的预付款，如果委托事务处理完毕尚有剩余，受托人应当返还给委托人。

如果受托人为处理委托事务垫付了必要费用，委托人应当偿还该费用及其利息。所谓必要费用，比如差旅费用、有关财产的运输费、仓储费、交通费、邮费等。是否属于必要费用应当依据所委托事务的性质及处理时的具体情况来定。委托人应当将这些必要费用偿还给受托人。此外，还应当偿还费用自受托人暂付费用之日起的利息。如果双方当事人在订立合同时对利率有约定的，事后就应按其约定，如果对利率没有约定或者约定不明确时，就应当依照法定利率计算。

（2）支付报酬的义务。除了约定为无偿的委托合同之外，受托人完成委托事务的，委托人应当向其支付报酬。因不可归责于受托人的事由，委托合同解除或者委托事务不能完成的，委托人应当向受托人支付相应的报酬。

在有偿委托合同中，在委托事务完成后，委托人应当按照约定向受托人支付报酬。即使是委托合同中并没有约定报酬的，但依据习惯或者依据委托事务的性质应该由委托人给付报酬的，委托人仍然有支付给受托人报酬的义务。

至于"因不可归责于受托人的事由，委托合同解除或者委托事务不能完成"的情形，主要有三种情况：第一，因委托人的原因，如委托人有《合同法》第94条规定的情形，受托人依法解除合同的。《合同法》第94条规定："有下列情形之一的，当事人可以解除合同：（一）因不可抗力致使不能实现合同目的；（二）在履行期限届满之前，当事人一方明确表示或者以自己的行为表明不履行主要债务；（三）当事人一方迟延履行主要债务，经催告后在合理期限内仍未履行；（四）当事人一方迟延履行债务或者有其他违约行为致使不能实现合同目的；（五）法律规定的其他情形。"第二，委托人不给付处理事务的费用，致使事务无法进行的。第三，由于客观原因，如发生不可抗力，或者委托人死亡、破产，委托合同终止的，或者受托人死亡、丧失行为能力无法使委托事务完成的等。上述事由都不是因受托人的过错造成的，不能归责于受托人，委托人应当根据受托人处理委托事务所付出的工作时间的长短或者所提供事务的大小，给付受托人相应的报酬。

二、受托人的权利和义务

（一）受托人的权利

（1）取得报酬和补偿费用的权利。受托人完成委托事务的，委托人应当向其支付报酬。如果是由于不可归责于受托人的事由，导致委托合同解除或者委托事务不能完成的，委托人应当向受托人支付相应的报酬。如果当事人另有约定的，按照其约定。

在委托合同中，受托人是为委托人处理事务，受托人处理事务的法律后果由委托人承担，委托人自然应承担受托人处理事务过程中花费的必要费用。因此，当受托人为处理委托事务而垫付了必要费用时，可以请求委托人返还，这就是受托人的费用请求权。受托人的费用请求权是由委托合同的性质决定的，是受托人享有的一种法定权利，不因委托合同是否有偿、委托事务是否完成而有所改变，只要受托人为处理委托事务而垫付了必要的费用，无论委托事务最终是否完成或者委托人设立委托的目的是否达到；也无论委托合同是有偿合同还是无偿合同，受托人都享有报酬请求权，委托人都有义务向受托人返还必要的费用。

（2）受托人享有向委托人请求损失赔偿的权利。我国《合同法》第407条规定："受托人处理委托事务时，因不可归责于自己的事由受到损失的，可以向委托人要求赔偿损失。"既然委托合同中，受托人是为了委托人的利益，按照委托人的指示处理委托事务的，受托人是在代替委托人处理委托事务，其处理事务的法律后果由委托人承担。因此，受托人处理委托事务所获得的利益归属于委托人所有，受托人因此受到损失的，也应由委托人承担。这是因为，假如委托人不设立委托，则该损失就有可能直接针对委托人发生，而与受托人无关；现在经过委托，此种损失先由受托人承受，若不转由委托人负担，而委托人可从委托事务中获得的利益不减，这显然是不公平的。

我国《合同法》第410条规定："委托人或者受托人可以随时解除委托合同。因解除合同给对方造成损失的，除不可归责于该当事人的事由以外，应当赔偿损失。"可见，委托人在受托人无过错的情况下，解除委托合同给受托人造成损失时，受托人也享有向委托人请求损失赔偿的权利。

此外，我国《合同法》第408条规定："委托人经受托人同意，可以在受托人之外委托第三人处理委托事务，因此给受托人造成损失的，受托人可以向委托人要求赔偿损失。"委托人另行委托第三人处理委托事务，可能给受托人造成损失，如报酬减少。造成受托人损失的，受托人可以向委托人请求赔偿损失。

（3）随时解除合同的权利。我国《合同法》第410条规定："委托人或者受托人可以随时解除委托合同。因解除合同给对方造成损失的，除不可归责于该当事人的事由以外，应当赔偿损失。"受托人和委托人一样，在委托合同中可以随时解除合同。委托合同的成立既需要委托人对受托人的了解和信任，也需要受托人对委托人的信任。如果受托人不愿意办理受委托的事务，受托人无须表明任何理由，即可解除合同。

与委托人随时解除合同一样，因解除合同给对方造成损失的，除不可归责于该当事人的事由以外，应当赔偿损失。如果是受托人处理事务不尽注意义务，怠于委托事务的处理，委托人无奈而解除委托合同，就属于"可归责于受托人"的事由，这种情况下委托人对受托人因合同终止而遭受的损失不应予以赔偿，受托人也就没有损失赔偿请求权。

（二）受托人的义务

（1）受托人应当按照委托人的指示处理委托事务，需要变更委托人指示的，应当经委托人同意；因情况紧急，难以和委托人取得联系的，受托人应当妥善处理委托事务，但事后应当将该情况及时报告委托人。这是我国《合同法》第 399 条为受托人确立的义务。

应当说，受托人首要的义务就是按照委托人的指示处理委托事务。既然委托合同是受托人接受委托人的委托而订立，那么受托人就应当严格按照委托人的指示，在委托人授权的范围内维护委托人的合法权益，完成委托事务。

受托人原则上不得变更委托人的指示，如果受托人在处理委托事务的过程中，因客观情况发生变化，为了维护委托人的利益而需要变更委托人的指示时，法律规定应当经委托人同意。这主要是指因情况紧急，需要立即作出新的措施，但由于客观上的原因，难以和委托人取得联系等情形。并且变更委托人的指示都必须是为了维护委托人的利益所必需。《德国民法典》也有类似规定，该法典第 665 条规定："受托人受委托人的指示处理委托事务时，依情形认为委托人如知其情事亦能允许变更其指示者，得违反委托人的指示。"

（2）受托人应当亲自处理委托事务。按照我国《合同法》第 400 条的规定："受托人应当亲自处理委托事务。经委托人同意，受托人可以转委托。转委托经同意的，委托人可以就委托事务直接指示转委托的第三人，受托人仅就第三人的选任及其对第三人的指示承担责任。转委托未经同意的，受托人应当对转委托的第三人的行为承担责任，但在紧急情况下受托人为维护委托人的利益需要转委托的除外。"因此受托人有义务亲自处理委托事务，只有经委托人同意，受托人才可以转委托。委托合同的订立和履行是以当事人双方之间的相互信任为基础，因此，委托合同强调当事人的人身属性。这样就要求受托人应当亲自办理委托事务，受托人不得擅自将自己受托的委托事务转托他人处理。

但是在某些情况下，也允许受托人转委托。这些情况具体包括两种：一是事先取得委托人的同意。如果转委托未经同意的，受托人应当对转委托的第三人的行为承担责任。如果委托人同意转委托，受托人可以指定第三人；委托人可以就委托事务直接指示转委托的第三人，受托人仅就第三人的选任及其对第三人的指示承担责任。二是在紧急情况下受托人为维护委托人的利益转委托的，对第三人的行为不承担责任。例如委托人临时患急病，不能前去处理，由于情况紧急，如果不转托第三人代为处理，就会使委托人受到很大的损失。所以，即使法律允许受托人转委托，转委托也必须是为了维护委托人的利益。

（3）受托人应当按照委托人的要求，报告委托事务的处理情况。委托合同终止时，受托人应当向委托人报告委托事务的结果。具体来说，受托人在办理委托事务的过程中，应当根据委托人的要求，向委托人报告事务处理的进展情况、存在的问题，以使委托人及时了解事务的状况。如果委托合同约定了报告的时间，受托人应按时进行报告。委托合同终止时，受托人应就办理委托事务的情况，向委托人全面报告办理经过和结果，如处理委托事务的始末、各种账目、收支计算等，并要提交必要的书面材料和证明文件。

（4）受托人处理委托事务取得的财产，应当转交给委托人。受托人所取得的财产，包括金钱和其他财产，以及孳息。

（5）受托人向委托人的损失赔偿责任。有偿的委托合同，因受托人的过错给委托人造成损失的，委托人可以要求赔偿损失；有偿委托中受托人承担的是善良管理人的注意义务。无偿的委托合同，因受托人的故意或者重大过失给委托人造成损失的，委托人可以要求赔偿损失；受托人应负与处理自己事务的同一注意义务，在因怠于该注意义务有重大过失的，承担损害赔偿责任。受托人超越权限给委托人造成损失的，应当赔偿损失。如果受托人超越权限给委托人造成损失的，无论委托合同是否有偿，都应当赔偿损失。

(6) 两个以上的受托人共同处理委托事务的，他们对委托人承担连带责任。两个以上的受托人共同处理委托事务就构成共同委托。共同委托必须是由数个受托人共同处理委托事务。共同委托中的一个受托人与其他受托人协商后或者数个受托人共同协商后，单独或者共同实施的委托行为，其实施的委托行为应该被认为是全体受托人的共同行为，由此而造成损失的，数个受托人依法应当对委托合同的履行承担连带责任。

(7) 受托人继续处理委托事务义务和受托人的继承人、法定代理人或者清算组织继续处理义务。我国《合同法》第412条规定："因委托人死亡、丧失民事行为能力或者破产，致使委托合同终止将损害委托人利益的，在委托人的继承人、法定代理人或者清算组织承受委托事务之前，受托人应当继续处理委托事务。"第413条规定："因受托人死亡、丧失民事行为能力或者破产，致使委托合同终止的，受托人的继承人、法定代理人或者清算组织应当及时通知委托人。因委托合同终止将损害委托人利益的，在委托人作出善后处理之前，受托人的继承人、法定代理人或者清算组织应当采取必要措施。"这两个条文分别规定了受托人继续处理委托义务和受托人的继承人、法定代理人或者清算组织继续处理义务。

受托人继续处理委托事务的义务是指在委托人死亡、丧失行为能力或者破产时，致使委托合同终止将损害委托人利益的，在委托人的继承人、法定代理人或者清算组织承受委托事务之前，受托人应当继续处理委托事务的义务。一般来说，如果委托人死亡、丧失行为能力或者破产时委托关系就应当终止。但是，如果这种情况下委托合同终止将损害委托人利益的，为了维护委托人的利益，在委托人的继承人、法定代理人或者清算组织承受委托事务之前，受托人应当继续处理委托事务，直至委托人的继承人、法定代理人或者清算组织承受了委托事务为止。

在因受托人死亡、丧失民事行为能力或者破产，致使委托合同终止的情形下，受托人的继承人、法定代理人或者清算组织负有两项义务：一是及时通知委托人的义务。二是委托合同终止将损害委托人利益的情况下，受托人的继承人、法定代理人或者清算组织应当采取必要的措施保护委托人的利益。之所以规定这种继续处理义务是因为委托合同是基于委托人对受托人信任而将自己的事务交由受托人来处理，如果受托人死亡、丧失民事行为能力或者破产而导致委托合同终止，很可能损害委托人的利益。因此，为了维护委托人的利益，法律才特别规定在上述情形下，受托人的继承人、法定代理人或者清算组织应当及时通知委托人。因委托合同终止将损害委托人利益的，在委托人作出善后处理之前，受托人的继承人、法定代理人或者清算组织应当采取必要措施。

三、委托合同涉及的第三人及相关权利义务

由于委托合同是委托人将自己的事务交由受托人来处理，经常就会涉及与第三人的关

系。这里的“第三人”就是委托人和受托人之外的、经由受托人中介，实质上承受与委托人之间权利义务后果的人。在委托合同涉及第三人的情况下，受托人与第三人存在另一个法律关系；因此委托人、受托人和第三人构成了一个间接代理关系。在该代理关系中，由于受托人是用自己的名义而非委托人的名义与第三人产生法律关系，因此是一种间接代理而非传统民法中的直接代理。间接代理是一种常见的商事代理。

英美法系有关间接代理的规定，以及大陆法系有关商事代理的规定，都允许在一定的条件下，受托人以自己的名义从事的活动，其活动后果直接由委托人承担。我国《民法通则》中的代理属于直接代理，要求代理人在为代理行为时必须以被代理人的名义，而不能用自己的名义；对间接代理并未规定。在我国对外开放过程中，因外贸经营权以及其他原因，也出现受托人以自己的名义从事贸易代理活动。为了适应这种现实需要，在《合同法》对委托合同的制订过程中，借鉴国际货物销售代理公约等有关规定，规定了委托人的介入权以及第三人的选择权。具体包括以下三种情形：

（一）委托人的自动介入权

我国《合同法》第402条规定：“受托人以自己的名义，在委托人的授权范围内与第三人订立的合同，第三人在订立合同时知道受托人与委托人之间的代理关系的，该合同直接约束委托人和第三人，但有确切证据证明该合同只约束受托人和第三人的除外。”受托人可以以自己的名义，在委托人的授权范围内，与第三人订立合同。如果第三人在订立合同时就知道受托人与委托人之间存在间接代理关系，那么该合同直接约束委托人和第三人，此时委托人就“自动介入”受托人与第三人所订立的合同，由委托人取代受托人的合同地位。①

委托人的自动介入权有以下构成要件：第一，第三人明知受托人与委托人之间的代理关系，也就是说第三人知道受托人是委托人的代理人；第二，第三人在订立合同时就知道受托人与委托人之间的代理关系，如果是订立合同的当时不知道，是事后知道，则不适用自动介入规定；第三，有确切证据证明该合同只约束受托人与第三人的，就不能适用委托人的自动介入权。这里讲的有证据证明该合同只约束受托人与第三人的情形，比如在行纪合同中，行纪人与第三人之间的合同就仅约束行纪人和第三人，委托人并不享有自动介入权。再如在有证据证明如果委托人作为该合同的当事人，第三人就不会订立该合同的情形下，委托人也不享有自动介入权。

（二）受托人向委托人披露第三人的义务和委托人的介入权

我国《合同法》第403条第1款规定：“受托人以自己的名义与第三人订立合同时，第三人不知道受托人与委托人之间的代理关系的，受托人因第三人的原因对委托人不履行义务，受托人应当向委托人披露第三人，委托人因此可以行使受托人对第三人的权利，但第三人与受托人订立合同时如果知道该委托人就不会订立合同的除外。”该规定确立了受托人向委托人披露第三人的义务和委托人的介入权。

受托人以自己的名义，在委托人的授权范围内，与第三人订立合同时，第三人如果不知道受托人与委托人之间的代理关系的，受托人因第三人的原因对委托人不履行义

---

① 参见崔建远主编：《合同法》，法律出版社2000年版，第508页。

务，受托人应当向委托人披露第三人。这种情况下，委托人享有介入权，即委托人因此可以行使受托人对第三人的权利。介入权在性质上属于形成权，只要受托人因第三人的原因对委托人不履行义务，并且受托人向委托人披露了第三人，介入权就可以行使。但是，如果第三人在订立合同时知道委托人就不会与受托人订立合同的话，委托人就不得行使介入权。

委托人通过行使介入权而行使受托人对第三人的权利的，第三人可以向委托人主张其对受托人的抗辩。

（三）受托人向第三人披露委托人的义务和第三人的选择权

我国《合同法》第403条第2款和第3款规定："受托人因委托人的原因对第三人不履行义务，受托人应当向第三人披露委托人，第三人因此可以选择受托人或者委托人作为相对人主张其权利，但第三人不得变更选定的相对人。委托人行使受托人对第三人的权利的，第三人可以向委托人主张其对受托人的抗辩。第三人选定委托人作为其相对人的，委托人可以向第三人主张其对受托人的抗辩以及受托人对第三人的抗辩。"该规定确立了受托人向第三人披露委托人的义务和第三人的选择权。

当受托人因委托人的原因对第三人不履行义务时，受托人应当向第三人披露委托人，第三人因此可以享有选择权，即选择受托人或者选择委托人作为相对人并主张其权利。这种选择权同样是一种形成权，只要受托人因委托人的原因而无法向第三人履行义务，并且受托人向第三人披露了委托人，这种选择权即可行使，但是一旦选定相对人，第三人就不得再行变更。

第三人选定委托人作为其相对人时，委托人可以向第三人主张其对受托人的抗辩以及受托人对第三人的抗辩。

◎ 思考题

1. 委托合同的特点是什么？
2. 委托合同当事人的权利义务是什么？
3. 如何理解委托合同中委托人的介入权？

◎ 案例分析

甲米业公司与乙货运信息部长期保持业务联系。2005年6月，甲公司又联系乙货运信息部，要求乙为其找一辆货车，将2吨大米运到A市某商场。由于业务繁忙，乙信息部平时熟悉的司机都无暇顾及此事，乙信息部的经理便在劳务市场上找到司机丙，以甲的名义与丙签订了一份货物运输协议，协议中写明托运方为甲，承运方为丙，乙代替甲在协议上签了名，丙将自己的驾驶证、行驶证、身份证复印后留给了乙，乙将甲传真过去的提货手续交给丙，后丙提货后手机再无法接通，人与大米均不知去向。经查，丙留下的驾驶证、行驶证、身份证都是他人的，乙信息部的经理当时没有看出。甲要求乙赔偿损失，协商不成后甲诉至法院。

分析：

本案主要涉及的是甲乙合同的性质和相关责任的确定这两个问题。

本案甲乙之间应当是委托合同而非居间合同。委托合同是以为他人处理事务为目的的合同；居间合同中，居间人只为委托人报告订立合同的机会或提供订立合同的媒介服务，并不参与委托人与第三人之间的关系，居间人不得以委托人的名义或以居间人自己的名义代为订约。本案中由于乙不仅为甲找到了运输者，也以甲的名义与丙订立了合同，因此本案甲乙之间是委托合同。

依据《合同法》第406条的规定："有偿的委托合同，因受托人的过错给委托人造成损失的，委托人可以要求赔偿损失。无偿的委托合同，因受托人的故意或者重大过失给委托人造成损失的，委托人可以要求赔偿损失。"本案中，乙作为专业的货运信息部，与甲公司都属于商主体，因此它们之间的委托关系必然是有偿的。而甲在劳务市场找到丙，未对其身份进行核实，显然对大米被骗存在过错，因此应当承担损失赔偿责任。

第二十二章　行纪合同

第一节　行纪合同概述

一、行纪合同的概念

行纪合同是行纪人以自己的名义为委托人从事贸易活动，委托人支付报酬的合同。行纪合同也是典型的商事合同，其中专门以自己的名义为委托人从事贸易活动的一方称为行纪人，委托行纪人从事贸易活动的一方称为委托人，行纪活动中由行纪人负责买卖的物通常称为委托物。行纪合同的标的是行纪人为委托人完成的贸易活动，行纪合同本质上也是一种服务行为。

行纪合同具有悠久的历史。在15～16世纪的欧洲，商人将代理人派遣至外国经营商业，但是代理人往往滥用其信用，常使商人遭受不测风险；并且事无巨细都设置代理人的话，费用的支出过大。因此如果在外国经商，不如直接经过外国人的手更方便。于是就产生了受他人之委托，以物品的购入、贩卖或其他交易为业的人，① 这就是行纪商。目前在大陆法系民商分立国家的商法典中几乎都有行纪的规定。例如《德国商法典》第383条规定："行纪人是指以他人（委托人）的计算而用自己的名义承担商品或有价证券的买受或出卖并以此为常业的人。"《日本商法典》第551条规定："所称行纪人，指以自己的名义为他人出卖或买入物品为业者。"民商合一国家的民法典中也往往对行纪予以规定，例如《俄罗斯联邦民法典》第990条规定："依照行纪合同，一方（行纪人）应当按照他方（寄售人）的委托，以自己的名义，但用寄售人的费用，实施一个或者几个法律行为，并收取酬金。按照行纪人与第三人订立的合同，行纪人取得权利并负担义务，即使合同中已指明寄售人或者寄售人直接参与同第三人履行合同的关系。"在我国，行纪合同广泛应用于商业贸易领域；普通投资者如果在证券交易所购买证券，与证券公司存在的"证券经纪"关系，本质上也是一种行纪合同关系。

二、行纪合同的特点

（一）行纪合同是行纪人以自己的名义为委托人从事贸易活动

在民法的直接代理中，代理人以被代理人的名义与第三人为法律行为，代理行为的后果由被代理人承担；而行纪人虽然也是为了委托人的利益从事活动，但却以自己的名义独

---

① 参见史尚宽：《债法各论》，中国政法大学出版社2000年版，第481～482页。

立开展与第三人的交易并且承受相关权利义务的后果。我国《合同法》第421条规定："行纪人与第三人订立合同的，行纪人对该合同直接享有权利、承担义务。第三人不履行义务致使委托人受到损害的，行纪人应当承担损害赔偿责任，但行纪人与委托人另有约定的除外。"行纪合同中涉及两种法律关系：行纪人与委托人之间的委托合同关系；以及行纪人与第三人之间的买卖合同关系。行纪合同涉及三方主体委托人。因此行纪合同涉及的法律关系比较复杂，需要具体分析。在行纪人与第三人订立的买卖合同中，行纪人是作为合同一方的当事人为委托人的利益而与第三人订立的合同。行纪人是买卖合同的当事人，就必须自己直接对合同享有权利承担义务。不论行纪人是否告诉第三人自己是代理人的身份，或者第三人是否知道委托人的姓名，都不影响行纪人以自己的名义参与的买卖关系的法律效力。委托人与第三人之间不产生直接的法律关系，委托人也无权对行纪人与第三人之间的买卖关系提出自己的异议。如果发生委托人违约的情况，在追究违约责任时，第三人不得直接对委托人主张损害赔偿权，而只能向行纪人主张权利，并且行纪人也不得以自己没有过错为由而拒绝向第三人承担违约责任；行纪人只能先承担责任后，再向委托人行使追偿权。同理，如果是行纪人违约，第三人也不得直接对委托人行使请求权，而只能向行纪人主张权利，行纪人此时也不得以自己无过错为由而拒绝承担自己的责任。行纪人只能在承担向委托人履行的责任后，再行使向第三人的追偿权。

此外，行纪合同与委托合同比较相似，都是受托人或行纪人以自己的名义、为了委托人的利益完成某些行为，但是这两种合同的区别也比较明显：第一，委托合同中委托事项的范围比较广泛，可以是各种法律行为，也可以是事实行为；而按照我国《合同法》的规定，行纪合同是行纪人以自己的名义为委托人从事贸易活动的合同。因此，行纪事项仅限于贸易活动，即商事买卖。第二，行纪合同中的行纪人只能以自己的名义为委托人为一定的贸易活动，其与第三人之间所为法律行为不能直接对委托人发生效力；在委托合同中，受托人既可以用委托人的名义也可以用自己的名义与第三人进行法律行为。受托人在授权范围内以委托人的名义与第三人订立合同的，对委托人直接发生效力，受托人在受托范围内以自己的名义与第三人订立合同的，如果第三人在订立合同时知道受托人与委托人之间的代理关系的，合同直接约束委托人和第三人。第三，行纪合同中的行纪人必须是从事行纪营业的特定主体，而委托合同中的受托人不受此限制。第四，行纪合同是有偿行为，行纪人可依完成受托贸易行为而收取报酬，而委托合同既可以为有偿合同，也可以为无偿合同。

在行纪合同中，如无约定，行纪人负担处理委托事务支出的费用，但在委托合同中，受托人处理委托事务支出的费用由委托人负担。

（二）行纪合同中的行纪人具有特定的商事主体身份，是有偿合同

依据我国《合同法》的规定，行纪是行纪人以自己的名义为委托人从事贸易活动，因此行纪人必须是具有从事贸易资格的商主体。并且，行纪人卖出或者买入具有市场定价的商品，除委托人有相反意思表示的以外，行纪人自己可以作为买受人或者出卖人。所以，行纪合同必然是一种有偿合同。而委托合同是典型的民事合同，既可能是有偿合同，也可能是无偿合同。

(三) 行纪合同中行纪人与第三人的法律关系独立存在

行纪合同是委托人与行纪人之间的双方法律关系。而行纪人与第三人的法律关系与行纪人与委托人的法律关系各自独立。这种各自独立性，使得行纪作为一种营业方式对各方都颇为便利，具体有以下四点：

(1) 对第三人而言，行纪人是其合同的相对方，第三人只需要考虑行纪人的信用和支付能力，而无须知道委托人是否存在、信用、履约能力等详细信息。所以，行纪能提高交易的安全和效率。

(2) 对委托人而言，行纪人应当为委托人的利益与第三人开展贸易。而由行纪人对第三人负责，可以使委托人免除代理人滥用代理权给自己造成的风险；委托人还可以借行纪人的资格、经验等要素拓展自己的贸易渠道，提高营业收入。

(3) 对行纪人而言，由行纪人对第三人负责，可以使行纪人不受委托人授权的制约，独立开展交易并灵活应变，更适应商业生活中的复杂性。不过，我国《合同法》规定了委托人对行纪人有价格指示权，行纪人应当按此价格进行交易；但是，不遵守指示价格进行的交易并非属于越权并无效，我国《合同法》第418条规定，行纪人低于委托人指定的价格卖出或者高于委托人指定的价格买入的，应当经委托人同意。不过，如果未经委托人同意，行纪人自行补偿其差额的，该买卖对委托人发生效力。行纪人高于委托人指定的价格卖出或者低于委托人指定的价格买入的，可以按照约定增加报酬。没有约定或者约定不明确，依照《合同法》的相关规定仍不能确定的，该利益属于委托人。

(4) 行纪人可以自己作为买受人或者出卖人。也有学者将行纪人的这种权利称为行纪人的介入权或行纪人的自约权。① 与民法直接代理禁止自己代理和双方代理的制度相比，行纪人在商业往来中，可以自己买入委托人的委托物，也可以将自己的物卖给委托人，只要委托人没有相反的约定，并且委托物有市场交易价格。这就使行纪人能够非常灵活地处理贸易事务，极大提高商业往来的效率。

第二节 行纪合同当事人的权利义务

一、委托人的权利义务

(一) 委托人的权利

(1) 取得行纪事务处理结果的权利。行纪合同的目的就是通过行纪人的贸易行为为委托人取得贸易的后果，因此委托人最重要的权利就是取得行纪事务的处理结果。

(2) 价格指示权。委托人有权指示行纪人按特定的价格开展交易。如果委托人作出了对价格的特别指示，行纪人就必须遵守该指示，不得违背该指示卖出或者买入。

行纪人低于委托人指定的价格卖出或者高于委托人指定的价格买入的，应当经委托人同意。不过，如果未经委托人同意，行纪人自行补偿其差额的，该买卖对委托人发生效力。

---

① 参见史尚宽：《债法各论》，中国政法大学出版社2000年版，第504页。

行纪人高于委托人指定的价格卖出或者低于委托人指定的价格买入的，可以按照约定增加报酬。没有约定或者约定不明确，依照《合同法》的相关规定仍不能确定的，该利益属于委托人。

（二）委托人的义务

（1）支付报酬的义务。行纪人完成或者部分完成委托事务的，委托人应当向其支付相应的报酬。如果委托人逾期不支付报酬的，行纪人对委托物享有留置权，但当事人另有约定的除外。

（2）及时受领委托物的义务。行纪人按照约定买入委托物，委托人应当及时受领。经行纪人催告，委托人无正当理由拒绝受领的，行纪人依照合同法有关提存的规定可以提存委托物。委托物不能卖出或者委托人撤回出卖，经行纪人催告，委托人不取回或者不处分该物的，行纪人也可以依据合同有关提存的规定提存委托物。

二、行纪人的权利义务

（一）行纪人的权利

（1）请求支付报酬的权利和对委托物的留置权。我国《合同法》第426条规定："行纪人完成或者部分完成委托事务的，委托人应当向其支付相应的报酬。委托人逾期不支付报酬的，行纪人对委托物享有留置权，但当事人另有约定的除外。"该条确立了行纪人的报酬支付请求权和对委托物的留置权。

就行纪人的报酬支付请求权而言，行纪人就自己处理委托事务的不同情况，可以按照合同的约定请求委托人支付报酬。如果行纪人按照委托人的指示和要求履行了全部合同的义务，有权请求全部报酬；如果因委托人的过错使得合同义务部分或者全部不能履行而使委托合同提前终止，行纪人也可以请求支付全部报酬；如果行纪人部分完成委托事务的，可以就已履行的部分的比例请求给付报酬。行纪人报酬的数额，一般由合同双方当事人事先约定，如有国家规定，则应当按照国家规定执行。原则上应于委托事务完成之后支付报酬，但当事人约定预先支付或分期支付的也可以按约定执行，如果寄售物品获得比原约定更高的价金，或者代购物品所付费用比原约定低，可以约定按比例增加报酬。

就行纪人的留置权而言，如果委托人不按照约定支付报酬，行纪人对其占有的委托物可以行使留置权。留置期届满后，以留置物折价或者从变卖留置物所得价款中优先受偿。留置委托物需具备几个条件：一是已合法占有委托物。行纪人行使留置权，必须是行纪人已经合法占有委托物，非法占有委托物的不得行使留置权。二是委托人没有理由而拒绝支付报酬。行纪人行使留置权，必须有委托人按期不予支付报酬的事实存在。三是委托合同中没有事先约定过不得留置的条款。如果委托人与行纪人在行纪合同订立时已经约定，不得将委托物进行留置的，行纪人就不得留置委托物，但是，委托人需要提供其他物品作为担保。按照担保法对留置物的规定，行纪人留置委托物后，已经给予合理期限的催告，但委托人逾期仍不履行的，行纪人就可以行使留置权，并以留置物折价或者从拍卖、变卖留置物的价款中优先受偿。如果留置物经过折价、拍卖、变卖后，其价款超过了委托人应支付的报酬，剩余部分还应当归委托人所有，如果结果不足以支付行纪人的报酬，行纪人还有权利请求委托人继续清偿。

（2）在特定情形下对委托物的合理处分权利。一般情况下，行纪人只有妥善保管委托物的义务，并没有处分委托物的权利。但是，如果委托物交付给行纪人时有瑕疵或者容易腐烂、变质的，经委托人同意，行纪人可以处分该物；如果行纪人与委托人不能及时取得联系的，行纪人可以合理处分。

（3）行纪人的介入权，即行纪人自己作为买受人或者出卖人的权利。行纪人卖出或者买入具有市场定价的商品，除委托人有相反意思表示的以外，行纪人自己可以作为买受人或者出卖人，这就是行纪人的介入权。行纪人的介入权由商业习惯发展而来，它的最大好处是行纪人没有必要一定与第三人完成有关贸易业务。《德国商法典》第400条第1款规定："买入或者卖出有交易所价格或市价的商品的行纪，以及买入或卖出由官方确认交易所价格或市价的有价证券的行纪，以委托人无其他指定为限，可以由行纪人以其自己作为卖出人交付其应买入的财产或自己作为买入人承担其应卖出的财产的方式实行。"对行纪人的介入权还需要说明以下三点：

①行纪人行使介入权仍承担为委托人利益最大化的义务，应执行公平的价格。由于行纪合同主要是为了委托人拓展贸易渠道，即使行纪人行使介入权，也仍担负为委托人利益最大化的义务，因此要求行使介入权时，行纪人买入或卖出的价格必须公平，不得损害委托人的利益。我国《合同法》要求行纪合同的委托物必须是有市场价格的商品。这一要件既是行纪人产生介入权的要件，又是判定行纪人是否在对委托人不利时实施介入以及行纪人实施介入对委托人不利时损害赔偿的标准。行纪人所依据的价格应当明确，以便能判断行使介入权是否公平。

对于行纪价格的确定，《德国商法典》第400条规定，行纪人要在向委托人报告行使介入权的同时证明自己已经遵从了在实行行纪时存在的交易所或市价，以及对行纪人行使介入权时价格的确定方法。该条还规定："在此种实行行纪的情形，行纪人报告成立买入或者卖出的义务，限于证明，对于计算的价格，已遵从在实行行纪时存在的交易所价格或市价。行纪人向委托人寄发通知的时间，视为实行时间。对于应在交易所或市场营业时间实行的行纪，实行通知是在交易所或市场营业时间结束后才寄发的，计算的价格对委托人不得比在交易所或市场营业时间结束时存在的价格不利。对于应以一定价格（第一价格、中等价格、终局价格）实行的行纪，行纪人无须考虑寄发实行通知的时间，有权利和义务将该价格列入委托人的计算。对于由官方确认交易所价格或市价的有价证券和商品，行纪人在以介入方式实行行纪的情形，不得将比官方确认的价格不利的价格列入委托人的计算。"

为了保护行纪委托人的利益，《德国商法典》除了要求行纪人按实行行纪时存在的交易所价格或市场价格执行外，还允许另外两种定价方式；委托人有权在这三种定价方式中选择对其最为有利的价格。另外的两种定价方式分别是："依符合义务的注意"而为行纪委托人确定的价格；在与第三人订立的内部抵偿行为中所商定的价格。《德国商法典》第401条规定："即使在以介入方式实行行纪的情形，以行纪人在尽相当于自己义务之注意时能够以比依第400条得出的价格有利的价格（即交易所价格或市场价格）实行行纪为限，其仍应以较为有利的价格对委托人进行计算。行纪人在寄发实行通知前基于给予的行纪在交易所或在市价与第三人成立行为的，其不得以比在成立行为时约定的价格不利的价格对委托人进行计算。”

②介入权的行使前提是委托人没有禁止行使行纪人行使介入权。如果在订立行纪合同或者行纪人在履行义务时告之委托人自己想作为买受人或者出卖人时，委托人明确表示不同意的，行纪人便不能实施该行为。

③如果行纪人行使介入权，则在行纪人与委托人之间发生买卖合同关系，适用有关买卖合同的规则。但是在这种情况下，行纪人仍然有权要求委托人支付报酬。这是因为委托人和行纪人之间并存着买卖合同和行纪合同这两个不同的合同关系，所以应当分别由这两个合同关系的法律调整。我国《合同法》第 419 条规定：“行纪人卖出或者买入具有市场定价的商品，除委托人有相反的意思表示的以外，行纪人自己可以作为买受人或者出卖人。行纪人有前款规定情形的，仍然可以要求委托人支付报酬。”《德国商法典》第 403 条规定：“自己作为卖出人交付财产或作为买入人承担财产的行纪人，有权请求通常的佣金，并且可以计算在行纪行为中通常产生的其他费用。”

（4）行纪人的提存权。我国《合同法》第 421 条规定：“行纪人按照约定买入委托物，委托人应当及时受领。经行纪人催告，委托人无正当理由拒绝受领的，行纪人依照本法第 101 条的规定可以提存委托物。委托物不能卖出或者委托人撤回出卖，经行纪人催告，委托人不取回或者不处分该物的，行纪人依照本法第 101 条的规定可以提存委托物。”因此，行纪人的提存权有两种情形：一是行纪人按照约定买入委托物，委托人没有及时受领，经行纪人催告，委托人无正当理由拒绝受领的；二是委托物不能卖出或者委托人撤回出卖，经行纪人催告，委托人不取回或者不处分该物的。此外，委托人无故拒绝受领或者不取回出卖物时，法律赋予行纪人依照法定程序将委托物予以拍卖的权利，并可以优先受偿，即就拍卖后的价款中扣除委托人应付的报酬、偿付的费用以及损害赔偿金等，如果还有剩余，行纪人应当交给有关部门进行提存。

（二）行纪人的义务

（1）行纪人应当按照委托人的指示开展贸易。行纪合同的目的就是要求行纪人为委托人的利益进行交易，因此行纪人最主要的义务就是遵守委托人的指示。如果委托人对交易指示了价格，则行纪人必须遵守该指示。行纪人低于委托人指定的价格卖出或者高于委托人指定的价格买入的，应当经委托人同意。不过，如果未经委托人同意，行纪人自行补偿其差额的，该买卖对委托人发生效力。行纪人高于委托人指定的价格卖出或者低于委托人指定的价格买入的，可以按照约定增加报酬。没有约定或者约定不明确，依照《合同法》的相关规定仍不能确定的，该利益属于委托人。

（2）行纪人负担行纪费用的义务。按照《合同法》第 415 条的规定：“行纪人处理委托事务支出的费用，由行纪人负担，但当事人另有约定的除外。”行纪合同也是一种有偿合同，行纪人依法应当承担行纪费用。不过在商业实践中，行纪合同的双方当事人多把费用包含于报酬之中，并不单独计算行纪费用。

（3）妥善保管委托物的义务。行纪人占有委托物的，应当妥善保管委托物。这种保管义务与有偿保管中保管人的注意义务要求一样；如果因保管不善造成委托物的损毁，则行纪人应当向委托人承担损害赔偿责任。

（4）对委托人的损害赔偿义务。行纪人与第三人订立合同的，行纪人对该合同直接享有权利、承担义务。第三人不履行义务致使委托人受到损害的，行纪人应当承担损害赔偿责任，但行纪人与委托人另有约定的除外。

◎ **思考题**

1. 行纪合同的特点是什么？
2. 行纪合同当事人的权利义务是什么？

◎ **案例分析**

甲公司与乙公司订立一份行纪合同，甲委托乙用乙的名义购买铁矿石一批。甲乙双方在合同中约定了铁矿石的价格，还约定乙方与铁矿石厂商成交后，由乙方通知甲方直接向铁矿石厂商支付货款，甲方在乙方收货后向乙方支付报酬5万元。乙方随后找到生产铁矿石的丙公司，并与丙签订了铁矿石的买卖合同，约定由丙提供铁矿石若干吨；并在乙方收到铁矿石后立即支付价款100万元。后来，丙方在合同约定的期间内向乙方交付了铁矿石，乙方在收到货物之后，立即通知甲方向丙方付款，并向自己支付报酬。甲方收到通知后，对乙称由于生产设备突然发生故障，暂不能使用铁矿石。后经乙方催促，甲方向乙方支付了5万元报酬，该批铁矿石从甲处拉走并由丁公司暂为保管；乙仍督促甲向丙付款，甲称资金紧张无法付款。丙由于一直未收到货款，遂要求乙方支付货款并承担迟延履行的违约责任。乙方则告之丙该批铁矿石是为甲购买，依照其与甲方签订的行纪合同，丙方应当向甲要求付款。丙方遂提起诉讼。

分析：

行纪合同是行纪人以自己的名义为委托人从事贸易活动，委托人支付报酬的合同。本案所涉及的主要问题是行纪合同当事人与第三人的关系，即作为第三人的丙是否有权向甲主张支付货款并承担违约责任。

根据我国《合同法》第421条第1款规定，行纪人与第三人订立合同的，行纪人对该合同直接享有权利、承担义务。因此，乙与丙之间的买卖合同与甲和乙之间的行纪合同是两个独立的合同。在乙与丙之间的合同中，丙作为卖方已经履行了自己的交货义务，因此有权利要求乙付款；而乙作为买方承担向丙的付款义务，如果迟延则应当承担违约责任。因此丙有权要求乙承担付款及违约责任。同理，在甲与乙之间的行纪合同中，乙也履行了自己的义务，为甲找到了符合甲要求的铁矿石，因此有权获得报酬。不过，在甲和乙的行纪合同中，甲应当履行向丙的付款义务，甲未履行即构成违约。乙据此可以在向丙履行之后向甲追偿。

第二十三章　居间合同

第一节　居间合同概述

一、居间合同的概念

居间合同是居间人向委托人报告订立合同的机会或者提供订立合同的媒介服务，委托人支付报酬的合同。为他人报告订立合同的机会或者提供订立合同的媒介者，称为居间人；委托他人为自己报告订约机会或提供订立合同的媒介者称为委托人。居间合同的标的是居间人为委托人提供的服务行为。

居间也是一种历史悠久的合同，它的实践意义体现在可以为潜在的合同当事人提供联络。在欧洲中世纪时期，居间曾被作为一种公职行为，后来才允许按营业自由的原则不再限制居间人的身份。① 当代在有的国家，民法和商法中都有居间合同。例如《德国民法典》第二编"债务关系法"第十节规定了"居间合同"，包括居间合同的一般规定、经营者和消费者之间的金钱消费借贷媒介合同和婚姻居间这几种特殊标的的居间；而《德国商法典》第八章规定了"商业居间人"，系指"（1）为他人承担关于购买或让与商品、有价证券、保险、货物运送、船舶使用租赁或其他商业往来标的物的合同的媒介，并以此为营业，而未由他人依合同关系平常被委托实施此种行为的人，享有商业居间人的权利并承担其义务。（2）对于所称交易以外的其他交易的媒介，特别是对于关于不动产的交易的媒介，即使由商业居间人进行媒介，仍不适用本章的规定。（3）商业居间人的企业依种类或范围不要求以商人方式进行经营的，也适用本章的规定。"除了小规模往来中商品交易的商事居间人以外，其他的商业居间人还承担商法上出具订约凭单和制作日记账的义务。德国学者指出，因为商业居间人的活动仅限于"商品、有价证券、货物运送、船舶使用租赁或者其他商业往来中的标的物"；并且商法典也不适用于不动产，即土地以及营业场所和居住场所，所以民事居间具有重要的意义。

但有的国家也不区分民事居间和商事居间，如《瑞士债务法》第412条对居间人契约作出了统一规定。我国的《合同法》对居间合同也没有区分民事居间和商事居间，不过坚持居间合同的有偿性。例如《合同法》第424条规定："居间合同是居间人向委托人报告订立合同的机会或者提供订立合同的媒介服务，委托人支付报酬的合同。"以及"居间人促成合同成立的，委托人应当按照约定支付报酬"。所以，一方面，德国民法中的婚

---

① 参见史尚宽：《债法各论》，中国政法大学出版社2000年版，第461页。

姻居间在我国是不成立的；另一方面，从我国《合同法》对居间合同的规定看，也没有对居间人做过多的商法上的注意义务要求，当事人之间的权利义务主要依靠自行约定。

二、居间合同的特点

（一）居间合同是居间人为委托人报告订约机会或者提供订立合同的媒介

居间合同中居间人仅仅为委托人报告订约机会或为订约媒介，“报告订约机会”是指受他人的委托，搜索并将订约的机会报告给委托人，这种居间称为“报告居间人”或“指示居间人”；“为订约媒介”是指为他人之间合同的缔结进行说合、周旋，以促使该合同得以订立，这种居间也称“媒介居间人”。在指示居间合同中，居间人和相对人没有合同关系；在媒介居间中，居间人可能同时受委托人和相对人的委托，因此媒介居间人的报酬原则上由交易双方当事人平均负担。在居间人为委托人报告订约机会或为订约提供媒介的过程中，居间人仅是一个中介人，他既不代表委托人，也不代表相对人，他不是交易任何一方的代理人。居间人不直接参与交易双方的谈判，在决定交易双方权利义务的内容上并不体现居间人的意思，所以居间合同中居间人提供的就是一种居间性的服务行为。

从居间合同的这个特点也能看出居间合同、委托合同和行纪合同的区别。虽然居间合同、委托合同和行纪合同都属于行为人因受信于他人而完成某种事务，但事务的内容和合同的目的则是不同的：居间合同中居间人的行为仅限于为委托人报告订约机会或者提供订立合同的媒介；委托合同是受托人为委托人完成某事务，既可以是具体的事项，也可以是概括的事项；行纪合同则是行纪人为委托人从事贸易活动。

此外，居间合同与委托合同还有以下区别：第一，居间合同的居间人在履行合同时，不能参与委托人与第三人的关系，也不能对委托人与第三人关系的内容作出决定。委托合同的受托人在履行合同时，可以参与委托人与第三人的关系，可以对委托人与第三人关系的内容作出决定；受托人的意思有独立价值。第二，居间合同的居间人，不能以委托人的名义从事居间活动。委托合同的受托人，可以以委托人的名义处理委托事务。第三，居间人在提供订立合同的媒介服务时，可以向订立合同的双方当事人往来传递信息，如为当事人准备要约的内容或者准备承诺的内容，但是，尽管居间人传递的缔约内容可能与要约或承诺的内容相同，却没有意思表示的效力。委托合同的受托人，无论是以委托人的名义还是以自己的名义为法律行为，均可向第三人作出意思表示。第四，居间合同是有偿合同。委托合同可以是有偿合同，也可以是无偿合同。第五，居间合同的居间人，一般应当是以居间活动为业的经营主体。委托合同的受托人，则没有主体资格上的特别限制。第六，居间人从事居间活动的费用，在居间人促成委托人与第三人的合同成立的，由居间人负担；未促成合同成立的，则可要求委托人支付必要的居间费用。委托合同的受托人处理委托事务的费用，则由委托人负担。

居间合同与行纪合同的区别在于：第一，居间合同的居间人不能参与委托人与第三人的关系；而行纪合同的行纪人在履行合同时，可以与第三人建立法律关系，并为委托人的利益对自己与第三人合同关系的内容作出决定。第二，居间人传递的缔约内容可能与要约或承诺的内容相同，却没有意思表示的效力。行纪合同的行纪人，在为委托人利益从事贸易活动时，可以以自己的名义为法律行为，向第三人作出意思表示。第三，在费用承担方面，居间人从事居间活动的费用，在居间人促成委托人与第三人的合同成立的，由居间人负担；未促成合同成立的，则可要求委托人支付必要的居间费用。而行纪人处理委托事务支出的费用，则由行纪人自行负担，除非当事人之间另有约定。

（二）居间合同中居间人的行为具有不确定性

即使委托人与居间人签订了居间合同，居间人也并不承担报告订约机会或者提供订立合同的媒介的强行性法律义务，只不过居间人一旦完成这些居间行为，委托人就必须依约支付报酬。所以，对于居间人而言，自己所承诺的报告订约机会或者提供订立合同的媒介，只是未来获得居间报酬的对价，而非可以强制执行的合同义务。这个特点使居间合同与委托合同和行纪合同有了很大的差异，因为委托合同和行纪合同中，受托人或行纪人都负有将事务处理的后果移交给委托人的法定义务。

居间合同的订立是为了实现促成交易的目的，也是非常灵活的一种活动。委托人就同一事项，既可以委托一个居间人，也可以委托多个居间人；而居间人既可以接受一个委托人的委托，也可以接受多个委托人的委托。这同样增加了居间人行为的不确定性。

（三）居间合同是不要式合同、诺成合同和有偿合同

我国《合同法》对于居间合同并没有要求具备特定的形式，因此居间合同属于不要式合同；居间合同也是诺成合同。

我国《合同法》规定，居间合同是居间人向委托人报告订立合同的机会或者提供订立合同的媒介服务，委托人支付报酬的合同。因此，居间合同是有偿合同。不过，居间人只有在居间行为取得了结果时，才能主张居间报酬。例如在订约居间中，居间人促成合同成立的，委托人应当按照约定支付报酬；在媒介居间中，因居间人提供订立合同的媒介服务而促成合同成立的，由该合同的当事人平均负担居间人的报酬。

值得注意的是，《德国民法典》中关于婚姻居间的报酬规定比较特殊。该法典第656条规定："对于报告缔结婚姻的机会或者充当婚姻成立的媒介而许诺报酬的，不因此而成立债务。不得因债务不存在而请求返还依据该项许诺而给付的一切。"《瑞士债务法》和我国台湾地区所谓民法也对婚姻居间有类似规定。可见，对于婚姻媒介，居间人的报酬请求权是一种自然债务。

第二节　居间合同当事人的权利义务

一、居间人的权利义务

（一）居间人的权利

（1）要求委托人补偿费用。居间人能否取得居间报酬，取决于所约定的居间事项是否完成。如果居间人未促成合同成立的，就不得要求支付报酬，但可以要求委托人支付从事居间活动支出的必要费用。"必要费用"即居间人为居间活动的进行而必需且合理地支出的费用，超出这一限度的费用支出则由居间人自行负担。为此，居间人在要求委托人负担费用时有义务说明费用的支出项目以及提出必要的凭证，否则委托人可拒绝承担费用。如果居间人促成合同成立的，居间活动的费用，则由居间人负担。这些费用往往也被计算

到居间报酬中由委托人支付给居间人。

（2）居间目的实现时居间人有权要求支付报酬。居间合同的报酬由当事人进行约定，采取报酬后付，即以合同因其报告或媒介成立而为标准支付报酬。居间合同报酬的给付义务有两种情况：在报告居间中，因居间人仅为委托人报告订约机会，并不与委托人的相对人发生关系，所以报告居间仅由委托人承担给付义务；在媒介居间中，因为交易双方当事人都因为居间人的媒介而得益，所以，除另有约定外，由双方当事人平均负担居间人的报酬。只要居间人促成合同成立，委托人就应当按照约定支付报酬。对居间人的报酬没有约定或者约定不明确，依照《合同法》的相关规定仍不能确定的，根据居间人的劳务合理确定。

（二）居间人的义务

（1）忠实义务。居间人报告订约机会或者提供订立合同的媒介服务，虽然不是居间人强制性的法律义务，但是，一旦居间人从事这些活动，居间人就必须根据诚实信用原则履行对委托人的忠实义务。应当注意的是，在指示居间合同中，因居间人和相对人没有合同关系，因此，居间人对于相对人，并不负有报告委托人有关情况的义务，也就没有义务报告委托人的有关情况。但在媒介居间中，无论居间人是同时受相对人的委托，还是未受相对人的委托的，应将有关订约的事项据实报告给各方当事人，即不仅应将相对人的情况报告给委托人，而且也应将委托人的情况报告给相对人。所以居间人对明显无支付能力或无订约能力的当事人不得为其媒介。不论是指示居间合同还是媒介居间合同，居间人故意提供虚假情况，损害委托人利益的，不应请求支付报酬，如果造成损失的，还须承担损害赔偿责任。

在我国《合同法》中，居间人的忠实义务具体体现在以下几个方面：

第一，居间人应当就有关订立合同的事项向委托人如实报告。如实报告即居间人应当将自己所知的订约情况或者商业信息如实告知给委托人。

第二，居间人的损害赔偿义务。居间人故意隐瞒与订立合同有关的重要事实或者提供虚假情况，损害委托人利益的，不得要求支付报酬并应当承担损害赔偿责任。

第三，居间人不得对订立合同实施不利影响，影响合同的订立或者损害到委托人的利益。居间合同在本质上仍是居间人为了委托人的利益而从事服务活动，因此居间人不得作出与委托人利益相反的行为。

第四，居间人的保密义务。如果委托人要求居间人不得告之第三人自己的姓名或商号，则居间人在居间活动中就必须遵守保密义务。居间人对于向委托人所提供的信息、成交机会以及后来的订约情况，也负有向其他人保密的义务。① 委托人要求居间人不得告之第三人自己的姓名或商号，这种居间称为隐名居间。委托人有权要求居间人不公开自己的名称和姓名，居间人应当遵照该指示。此外，居间人对在为委托人完成居间活动中获悉的委托人的商业秘密以及委托人提供的信息、成交机会、后来合同的订立情况等，应按照合同的约定保守秘密。居间人如违反隐名和保密义务致使隐名当事人或委托人受损害的，应承担损害赔偿责任。

① 参见崔建远主编：《合同法》，法律出版社2000年版，第523页。

（2）尽力义务。居间人的尽力义务是对居间人完成居间行为的尽责性要求，我国《合同法》对居间人的尽力义务并没有明确规定。学理上认为，居间人是否有积极的尽力义务，以及其范围如何，应按诚实信用原则和交易上的习惯来解释。有时居间人的活动仅限于第三人契约的受领和通知，有时则是尽力取得订约的机会，有时则是传达双方当事人的意思表示或在订约时为委托人服务。

（3）承担居间活动的费用。居间活动需要一定的费用。按照我国《合同法》第426条的规定，居间人促成合同成立的，居间合同的费用，由居间人负担。

二、委托人的权利义务

（一）委托人的权利

（1）委托人有权拒绝订约。即使居间人提供了满足委托人要求的订约机会，或者居间人提供了符合双方委托人要求的订约媒介，但是，是否订约依然是委托人的权利，而非委托人在居间合同中承担的义务。

对委托人的拒绝订约权，我国《合同法》尚无规定，但是基于居间合同的原理，应当认可委托人的该项权利。既然居间合同是居间人为委托人提供的报告订约机会或者提供订立合同的媒介，那么委托人是否按照居间人的帮助与第三人订约，是居间合同法律关系之外的另外一个法律关系，应当由委托人自己的意思表示来决定是否缔结合同。当然，只要居间人报告了符合委托人要求的订约机会，或者提供了符合委托人要求的订立合同的媒介，即使委托人不与第三人签约，居间人仍有权要求委托人支付从事居间活动支出的必要费用。

值得注意的是，商业居间中委托人拒绝订约的权利可能会受到一定的限制。例如《德国商法典》第95条规定："（1）一方当事人接受一项订约凭单，而商业居间人在此项订约凭单上保留指定另一方当事人的，该方当事人受与嗣后向其指定的当事人交易的约束，但可以对凭单提出异议，并且异议是有根据的，不在此限。（2）另一方当事人应在当地为通常的期间内指定，无此种期间的，应在依情形为适当的期间内指定。（3）不进行指定，或可以对指定的人或商号提出有根据的意义的，当事人有权请求商事居间人履行交易。当事人经商事居间人催告没有不迟延地对其是否请求履行作出表示的，排除请求权。"有学者对该规定评价为：该条的意义在于促成以下交易成为可能：居间商相信可以为委托人介绍有关合同，委托人对其内容也同意，但是居间商还没有为委托人找到成立交易的当事人，这种情况下，委托人的拒绝订约权就受到了一定的限制；但是这种限制对于委托人而言并无损害，反而会便捷地促进交易。如果没有该规定，则双方当事人要面临一个悬而未决的境地：一方面，居间人会担心其委托人拒绝订立有关合同；另一方面，委托人也要承担居间人是否会找到更适宜成交的第三人的风险。为了解决这个两难境地，德国商法既"给委托人原则上的拒绝自由，又规定了居间人对于业务履行的担保责任"。①

（2）要求居间人赔偿损失的权利。如果居间人故意隐瞒与订立合同有关的重要事实

① ［德］卡纳里斯：《德国商法》，法律出版社2006年版，第522～523页。

或者提供虚假情况，损害委托人利益的，不仅不得要求支付报酬，还应当承担损害赔偿责任。

（二）委托人的义务

（1）按约定支付报酬的义务。居间人促成合同成立的，委托人应当按照约定向居间人支付报酬。居间报酬也称居间费，一般均由当事人自行约定。如果约定的报酬相较于居间人所任劳务的价值超过太多，则法院可以依委托人的请求酌减。但是，已经给付的报酬则不在此限。对约定报酬的酌减问题，我国《合同法》并没有规定。《德国民法典》第655条规定："对于报告订立雇佣合同的机会或者充当此种合同的媒介，达成了为数过巨的居间佣金的协议的，可以根据债务人的申请，以判决将居间佣金减少到适当之额。佣金被支付后，佣金的减少即被排除。"

（2）支付必要的居间费用。依据我国《合同法》第427条的规定，居间人未促成合同成立的，虽然不得要求支付报酬，但可以要求委托人支付从事居间活动支出的必要费用。

◎ 思考题

1. 居间合同的特点是什么？
2. 居间合同当事人的权利义务是什么？

◎ 案例分析

2006年8月6日，李某与A房屋中介公司签订了一份房屋代购委托协议，委托期限为90天。在此期间，A公司作为李某的非独家代理服务提供者为李某找到交易对象，在签订房屋买卖合同时，李某按合同总房款的1%向A公司支付佣金。协议还约定李某不得与A公司介绍过的房主自行成交，否则A公司有权获得该协议中约定的佣金。2006年8月15日，A公司员工带李某看了位于某小区的张先生拟出卖的一套房屋。李某对房屋的面积、价格、位置、环境等均表示满意，并支付了看房费20元。A公司便在自己印制的"客户服务确认单"签下"确认中介成功"字样。后来，李某欲与张先生签约时被A公司告之：该房系张先生与其妻的共同财产，现张先生之妻不愿出卖，已经于2006年8月16日终止与A公司的委托关系。

2006年9月20日，李某在与朋友吃饭时，偶然结识了张某和其妻。两人一见如故，李某得知张某拟将那套房子卖掉炒股，并且其妻现在已经同意将房卖掉，李某诉说了自己的购房需求；张某和妻子也被李某的诚意打动。于是李某与张某立即签订了房屋买卖合同，并于2006年9月30日办理了房屋过户手续。2006年10月8日，A公司起诉李某，认为李某与张某的房屋买卖合同系本公司居间活动而达成，遂要求李某支付佣金、违约金和调查费等。李某则认为自己并未违反与A公司所签的协议，他与张某的房屋买卖合同并非A公司居间活动的结果，而是自己通过网络直接与张某接洽买得。

分析：

本案涉及A公司与李某之间的法律关系。A公司与李某所签的“房屋代购委托协议”在性质上应当属于居间合同。我国《合同法》第420条规定“居间合同是居间人向委托人报告订立合同机会或提供订立合同的媒介服务，委托人支付报酬的合同”。居间合同既可以是报告居间也可以是媒介居间。

本案中“房屋代购委托协议”约定，A公司作为李某的非独家代理服务提供者为李某找到交易对象，在签订房屋买卖合同时，李某按合同总房款的1%向A公司支付佣金。因此在总体上属于报告居间。居间人A公司有权按此约定要求委托人支付佣金。

原告A公司接受被告李某委托购买房产，除找寻合适的房子外，还应积极斡旋于被告与卖房人之间，介绍、撮合双方订立房屋买卖合同，只有在被告与卖房人签订了房屋买卖合同，原告的居间义务方履行完毕，原告才有权收取合同约定的佣金。但原告在与被告签订了委托协议后，仅仅为被告提供了对张某房屋的看房服务，并没有促成被告与该套房屋的房主张某签订房屋买卖合同，不能认为原告已履行完合同约定之居间义务。被告能买到该房，是他与张某协商的结果，并非原告为居间行为导致的后果。此外，原、被告签订的客户服务确认单属于原告自己印制的，其中“确认中介成功”等内容属于格式化条款，这些条款的规定与本案中原告所履行的义务不相符合，因此对被告没有法律上的约束力。因被告没有履行完自己的居间义务，其无权要求被告支付合同约定的佣金。

值得注意的是，上述案例揭示的其实是居间合同中一个非常常见的现象，即委托人的“跳单”。“跳单”即买方利用中介人的信息但跳过中介而径行与出卖人签订房屋买卖合同。最高人民法院2011年12月20日发布了《指导案例》1号，即“上海中原物业顾问有限公司诉陶德华居间合同纠纷案”。在该案中，房屋出卖人委托了多家中介公司公告自己的房源信息，中原公司是受托人之一。中原公司与陶德华签订了居间合同，其中约定了禁止跳单。中原公司认为陶德华利用了本公司的房源信息构成跳单，要求陶德华支付其违约金1.65万元。但陶德华举证证明自己是通过其他中介公司的信息而签约。最高法院认定只要买方没有利用先前与之签约中介公司的房源信息，就不构成违约；本案中陶德华没有利用中原公司的信息，故驳回了中原公司的诉讼请求。从上述案例及最高法院的指导案例看，只有在居间人独占、排他地发现了某缔约机会却被委托人拿去直接缔约，而逃脱了应当给付居间人的报酬时，委托人才应当承担跳单的相关责任。

后　记

为了适应高等学校合同法的教学和社会各界学习合同法的需要，由武汉大学出版社策划，我们编写了这本合同法教材。教材按照我国《合同法》的章目结构编排章节，依据合同法的条文规定和有关司法解释，阐述合同法的基本知识和原理，适当介绍有关学术观点，为了便于复习，每章都设置了若干思考题，同时为了力求做到理论联系实际，培养学生的应用能力并提高其学习兴趣，每章都设置了案例分析或者案例思考。教材自2008年出版以来，有多个关于合同法的司法解释发布，合同法的理论研究也有新的发展，据此，我们对教材进行了适当修订。在编写和修订过程中参考了有关学者的学术成果文献，在此表示感谢！本书的编写分工为：由西北政法大学民商法学院教授、法学博士韩松撰写第一、二章，西北政法大学民商法学院教授、法学博士张翔撰写第三、六、八章，北京化工大学法律系教授、法学博士樊丽君撰写第四、七章，西北大学法学院教授杨丽珍撰写第九、十、十一、十二章，山东大学法学院教授、法学博士牟宪魁撰写第十三、十四、十五、十六、十七、十八章，西北政法大学民商法学院教授、法学博士程淑娟撰写第五章和第十九、二十、二十一、二十二、二十三章。

由于编写者的水平所限，不妥之处，敬请注意和批评！

编　者

二〇一四年六月